임동석중국사상100

# 사기열전

## 史記列傳

司馬遷 著 / 林東錫 譯註

象犀珠玉珍怪之物有悅於人之耳目而不適於用金石草木絲麻五穀六材有適於用而用之則弊取之則竭悅於人之耳目而適於用用之而不弊取之而不竭賢不肖之所得各因其才仁智之所見各隨其分才分不同而求無不獲者惟書乎

丁亥菊秋錄東坡李氏山房藏書記 丘堂 呂元九

"상아, 물소 뿔, 진주, 옥. 진괴한 이런 물건들은 사람의 이목은 즐겁게 하지만 쓰임에는 적절하지 않다. 그런가 하면 금석이나 초목, 실, 삼베, 오곡, 육재는 쓰임에는 적절하나 이를 사용하면 닳아지고 취하면 고갈된다. 그렇다면 사람의 이목을 즐겁게 하면서 이를 사용하기에도 적절하며, 써도 닳지 아니하고 취하여도 고갈되지 않고, 똑똑한 자나 불초한 자라도 그를 통해 얻는 바가 각기 그 자신의 재능에 따라주고, 어진 사람이나 지혜로운 사람이나 그를 통해 보는 바가 각기 그 자신의 분수에 따라주되 무엇이든지 구하여 얻지 못할 것이 없는 것은 오직 책뿐이로다!"

《소동파전집》(34) 〈이씨산방장서기〉에서 구당(丘堂) 여원구(呂元九) 선생의 글씨

## 책머리에

한창 젊을 때 서당에서 우전雨田 선생에게 《사기》를 배웠다. 그 때는 너무 재미있고 너무 가슴 벅차 큰 희열감을 느낀 적이 한두 번이 아니었다. 그러나 당시 중국 원전을 구하기도 어려웠고 마음껏 다른 관련 자료를 구해 본다는 것도 쉬운 일이 아니었다. 그리하여 겨우 일본 판 〈한문대계〉 《사기열전》을 보며 있는 대로 관련 부분을 찾고 내용을 정리하여 내 나름대로 노트를 만들었던 기억이 지금도 새롭다.

그리고 천행으로 복을 받아 대만臺灣 유학 길에 나서서 그곳에 닿았을 때 그 많고 흔한 고전 원전과 전적에 흥분을 감출 수 없었다. 마음껏 중국 고전을 접할 수 있다는 것은 나로서는 세상에 태어난 기쁨이었으며 공부한다는 그 이상의 행복감을 안겨다 주었다. 그리하여 없는 돈을 털어 우선 〈25사〉 전질을 사서 전체 목록을 보며 "아, 이런 이야기의 원전이 여기에 들어 있구나!"라고 밤새는 줄 몰랐었다.

당장 《사기》를 처음부터 끝까지 읽으리라. 그리하여 노트를 마련 내용을 적어가며 전체를 파악하고 다시 《중국통사》를 곁에 놓고 대조하여 나의 사전 하나를 마련하였다.

그것이 지금 내가 고전 역주에 매달리도록 한 원동력이었다.

그리고 시간이 흘러 벌써 이렇게 훌쩍 망륙望六을 넘어 곧 기축己丑의 한 바퀴를 맞으면서 다시 그 젊은 날 고민도 걱정도 없이, 아니 앞으로 어떻게 살리라는 다짐도 없이 편하고 근심 없던 시절, 흥분에 차 읽던 《사기》를 다시 접하게 됨에 여러 상념이 나를 사로잡는다. 물론 일일이 각주를 달고 관련 자료를 제시하는 나의 역주 방식과 달리, 이 《사기》는 우선 양도 많고 내용도 복잡하여 급한 대로 원문 해석만을 위주로 책이 이루어지고 말았지만 그래도 그나마 조그만 결실은 맺었다고 위로하고 있다. 시중에 이미 《사기》

전체 번역도 나와 있고, 중국 본토에는 많은 역주서와 백화어 해석서가 있어 이에 관심이 있고 정밀하게 연구할 학자라면 그러한 자료를 활용하면 된다고 여기기 때문에 책임을 미루고자 한다. 그리하여 지금도 그 옛날 젊은 시절처럼 부담 없이 다시 책을 펼치며 읽고 싶은 생각에 전체 〈임동석중국사상100〉에 끼워 넣어 구색을 맞추어 보려는 것이다.

《사기》의 가치나 내용, 그리고 사마천의 그 울분에 찬 일생, 사학으로서의 《사기》와 중국 사학의 위대한 학술적 내용은 일일이 설명하지 않는다. 다만 이미 널리 알려진 일화와 숱한 고사, 전고典故, 이야기를 통해 우리는 사마천과 《사기》에 대하여 충분히 넘치도록 알고 있다고 믿는다.

따라서 이 《사기열전》은 일반 독자들도 그저 눈길 가는 대로, 혹 아무 페이지나 넘기면서 익히 들어온 이야기의 그 내용과 깊은 맛을 느끼면 되도록 만들었다.

이해하기 위하여 읽는 것은 그리 감동을 주지 못한다. 느끼면서 그저 내 이야기를 하고 있다고 여기는 것이 항상 사람 가슴에 오래 남는 법이다.

茁浦 임동석 취벽헌醉碧軒에서 적음.

## 일러두기

1. 이 책은 사마천司馬遷《사기史記》130권 중에 열전列傳 부분인 제61권 〈백이열전伯夷列傳〉부터 제130권 〈태사공자서太史公自序〉까지 모두 70권 전체를 완역한 것이다.
2. 제목의 001(61)은 앞은 전체 일련번호이며, 괄호 안의 숫자는 사기 원전의 차례에 따른 권 번호이다.
3. 각 열전은 한 사람의 전기만 실려 있는 경우도 있으나 복수로 실려 있을 경우 각 열전 아래 함께 실려 있는 인명(자, 호, 시호) 등을 부기하여 쉽게 그 인명을 찾아볼 수 있도록 하였다. 이에 따라 그 인물의 이름을 따로 제목으로 삼아 〈 〉안에 순서를 정하여 표시하였다.
4. 전체 문장은 각 열전 안에서의 내용도 주제나 단락의 구분에 따라 쉽게 이해할 수 있도록 한글로 제목을 풀어 실었다.
5. 앞에 한글 풀이를 싣고 뒤이어 원문을 현대 표점 방식에 따라 정리하여 실었다.
6. 주석註釋은 싣지 않았으며, 어쩔 수 없는 경우 간단하게 해당하는 곳에 괄호 안에 설명하였다.
7. 직역을 위주로 하였으나 일부 전체 뜻에 맞추어 의역한 부분도 있다.
8. 가능한 한 그림자료나 관련 삽화를 넣어, 읽고 느끼며 이해하는 데 편하도록 하였다.

# 해 제

## Ⅰ. 역사 기록과 사서史書의 분류

중국의 역사 기록은 아주 먼 《상서》나 《춘추》 등까지 올라가며 실제 모든 기록은 역사였다고 말할 수 있다. 그 뒤 문서 기록의 구분으로 역사라는 분류가 있어 드디어 청대에는 '경사자집經史子集'의 4대 분류 중에 아주 중요한 자리를 차지하게 되었다.

그렇다면 역사 기록이란 무엇인가? '史'자는 《설문해자說文解字》에 "史, 記事者也, 從又(手)持中, 中正也"라 하였다. 또 《옥편玉篇》에는 "史, 掌書之官也"라 하였고, 《周禮》에는 "史, 掌官書以贊治"로 설명하였다.

이로 보면 '史'는 본래 고대에 문서를 관장하고 사건의 기록을 맡은 관리를 지칭하는 말이었다. 그가 맡은 일은 사실을 기록하는 것으로 사실을 그대로 기록하되 '중정공평中正公平'해야 하였다.

한편 중국에서 사관史官의 설치와 임명은 고대 황제黃帝 때부터 시작되었다고 한다. 즉, 창힐倉頡이라는 자를 좌사(左史: 왕의 언어를 기록함)로 삼고, 저송沮誦이라는 자를 우사(右史: 나라의 사건을 기록함)로 삼았다는 기록이 전하고 있다. 그에 대한 정확한 의미는 《예기禮記》 옥조편玉藻篇에 "임금의 행동이 있으면 좌사가 이를 기록하고, 임금의 명령에 대해서는 우사가 이를 기록한다"(動則左史書之, 言則右史書之)라 하여 각각 두 명씩 두어 그 기록의 범위와 임무를 나누었던 것이다.

그리고 주대周代에는 이미 태사太史와 소사小史, 그리고 내사內史, 외사外史, 좌사左史, 우사右史 등으로 세분하여 관리를 두었다고 하였다. 춘추시대의 제후들도 노魯, 위衛, 진晉은 태사를 두었고, 제齊는 남사南史, 초楚는 좌사左史 등의 관직을 둔 것으로 되어 있다. 그 뒤 한漢나라 때는 태사공(太史公, 武帝 때), 태사령(太史令, 宣帝 때), 난대령(蘭臺令, 明帝 때) 등을 두었고, 위진魏晉 때에는 저작랑著作郞, 수당隋唐 때에는 감수국사監修國史 명청明淸 때에는 한림원翰林院 등의 관직과 부서를 두어 역사 기록을 관장하였다.

또 '史'를 다르게 분(墳: 三墳, 즉 三皇의 역사 기록), 전(典: 五典, 즉 五帝의 역사 기록), 서(書: 尙書), 색(索, 좋은 것만 추린 것), 춘추春秋, 기紀, 지志, 략略 등으로 부르기도 하였으며 '史'라 칭한 것은 사마천司馬遷의 《사기》 이후로 보고 있다.

이러한 역사 기록의 저서가 고대에는 달리 구분되지 않았다. 즉 《한서》 예문지 유흠劉歆의 《칠략七略》에도 '史'를 분류한 것은 없다. 다만 〈육예략(六藝略 즉, 經學)의 《춘추春秋》 다음에 《전국책戰國策》, 《사기》 등을 넣어 경經의 부속으로 여겼던 것으로 볼 수 있다.

그 뒤 남조 양梁의 완효서阮孝緖가 12가지로 나누었으며, 《수서隋書》 경적지經籍志에 13가지로, 다시 《구당서舊唐書》 경적지經籍志와 《신당서新唐書》 예문지, 《송사宋史》 예문지 등도 이를 따랐다. 한편 《명사明史》 예문지에서는 10가지로 나누어 정사正史, 잡사雜史, 사초史抄, 고사故事, 직관職官, 의주儀注, 형법刑法, 전기傳記, 지리地理, 보첩譜牒으로 하였고 청대淸代 《사고전서총목제요四庫全書總目提要》에서는 15가지로 나누었다.

① 正史類 : 紀傳體의 史書로 《史記》, 《漢書》, 《後漢書》 등.
② 編年類 : 年代에 의한 記錄體로 《竹書紀年》, 《漢紀》, 《資治通鑑》 등.
③ 紀事本末類 : 事件의 始末을 기록한 것으로 《通鑑紀事本末》 등.
④ 別史類 : 《逸周書》, 《通志》, 《路史》 등.
⑤ 雜史類 : 《國語》, 《戰國策》 등.
⑥ 詔令奏議類 : 《兩漢詔令》, 《唐代詔令集》 등.
⑦ 傳記類 : 《晏子春秋》, 《高士傳》, 《列女傳》 등.
⑧ 史抄類 : 《漢書抄》, 《晋書抄》, 《正史削繁》 등.
⑨ 載記類 : 《吳越春秋》, 《越絶書》, 《十六國春秋》 등 僭僞書 종류.
⑩ 時令類 : 《歲時廣記》, 《月令通考》 등.
⑪ 地理類 : 《元和郡縣志》, 《太平寰宇記》 등.
⑫ 職官類 : 《唐六典》, 《玉堂雜記》 등.
⑬ 政書類 : 《通典》, 《通志》, 《文獻通考》 등.
⑭ 目錄類 : 《崇文總目》, 《集古錄》, 《金石錄》 등.
⑮ 史評類 : 《史通》, 《唐鑑》 등.

그 외에 近代 梁啓超는《中國歷史研究法》에서 네 가지로 나누었다.

① 紀傳體: 사람 위주로 사건을 설명.《史記》,《漢書》,《後漢書》등.

② 編年體: 시간 위주로 기록.《春秋》,《左傳》,《資治通鑑》,《竹書紀年》등.

③ 紀事本末體: 사건 위주로 기록.《通鑑紀事本末》등.

④ 政書體: 제도 위주로 기록.《通典》,《通志》,《文獻通考》등.

이에 따라 현대는 주로 중국 역사 기록 방법으로 '기전체', '편년체', '기사본말체' 등 세 가지 체재를 가장 중요한 3대 기술 방법으로 여기고 있다.

〈사마천(司馬遷)〉 清 上官周(畫)〈晚笑堂畫傳〉

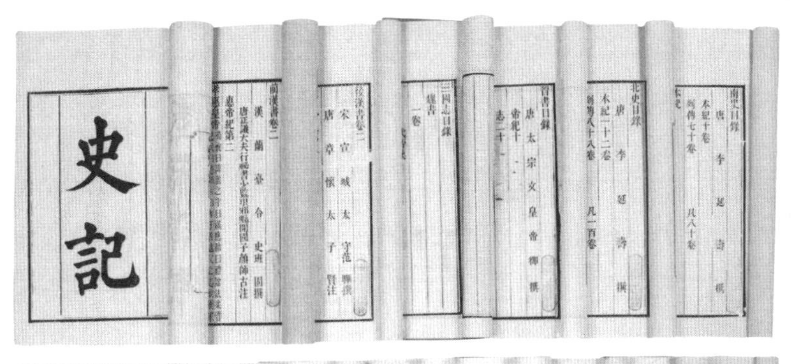


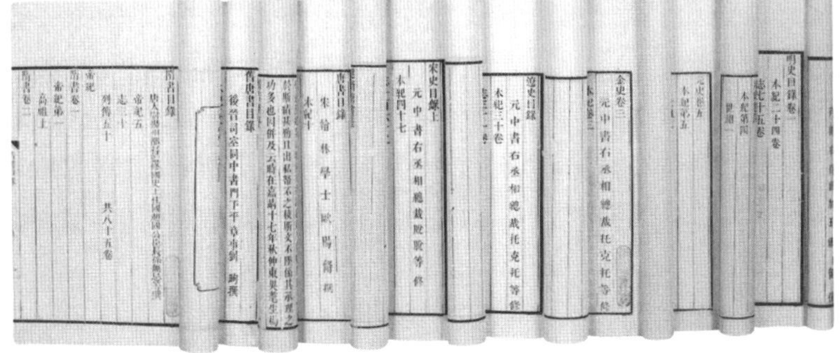

〈二十四史〉 淸 乾隆《明史》 완간 후 24사를 正史로 정함.(史記, 漢書, 後漢書, 三國志, 晉書, 宋書, 南齊書, 梁書, 陳書, 魏書, 北齊書, 周書, 隋書, 南史, 北史, 舊唐書, 新唐書, 舊五代史, 新五代史, 宋史, 遼史, 金史, 元史, 明史) 뒤에 《新元史》를 넣어 현재 25사가 됨.

## II. 紀傳體와 《사기》

### 1. 기전체와 〈이십오사二十五史〉

기전체는 흔히 '정사正史'로 불리며 현재의 '이십오사'가 그것이다.

이 기전체는 《사기》를 효시로 삼고 있다. 《사기》의 체제, 즉 본기本紀, 표表, 서書, 세가世家, 열전列傳 중에서 '본기'와 '열전'의 '紀'와 '傳'을 따서 붙인 명칭이다. 그러나 이십오사의 전체 체제가 비슷하기는 하나 상황에 따라 명칭과 분류가 다르다. 이를테면 '세가'를 '載記'(《진서》)로, '표'를 '年'으로, '서'를 '志'로 하는 등 다양하다.

기전체는 '인물'을 중심으로 한 역사 기술 방법이다. 기전체의 효시가 되고 있는 《사기》를 중심으로 살펴보면 '기(본기)'는 역사를 움직인 제왕(천자)에 대한 기록이다. 그러나 실제에 있어서는 '오제'를 하나로 묶고 하夏, 은殷, 주周, 진秦은 조대로 하나씩 기를 삼았고, 그 뒤는 인물(진시황, 한 고조 등)을 하나의 '紀'로 서술하였다. 그리고 제왕 아래의 여러 제후와 상국相國, 왕자 등은 '세가'라는 분류명칭을 써서 서술하였으며, 제후 아래의 서민과 개인적 역사인물은 '전'이라 하여 기술하되 성격이 같은 인물을 묶어 '열전'으로 넣기도 하였으며, 이민족도 이곳 열전에 넣어 기술하였다.

이상 세 가지는 바로 인물 위주의 역사 서술 방법이다. 그러나 역사 서술에서 인물만으로는 모든 역사 사실을 기록하기에는 부족하다. 그 때문에 표(역사연대표)를 만들어, 길게는 세대별로, 세밀하게는 월별로까지 구분하여 기록하였으며, 인물 이외의 제도, 즉 예악禮樂, 율력律曆, 천관天官, 봉선封禪, 하거河渠, 평준平準 등도 설명하는 등 총체적 기술 방법을 전개하여 독특한 체례를 형성하고 있다.

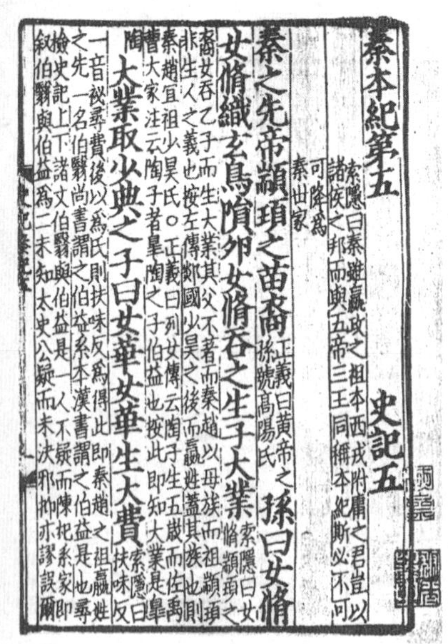
秦本紀第五 史記五

秦之先帝顓頊之苗裔孫曰女脩

女脩織玄鳥隕卵女脩吞之生子大業

大業取少典之子曰女華女華生大費

南宋 黃善夫 출간의 《史記》. 〈三家注〉를 合刻한 것임.

淸代 武英殿 〈二十四史〉本 《史記》. 〈三家注〉 합본.

한편 지금의 이십오사가 확정되기까지는 '三史', '四史' 등 수의 증가가 있었다. 이를 대강 살펴보면 다음과 같다.

① 三史 : 당대 '九經三史'에서 《사기》, 《한서》, 《후한서》를 지정하여 이를 과거과목科擧科目으로 삼았다.

② 四史 : 三史에 진수陳壽의 《삼국지三國志》를 더한 것이다.

③ 十史 : 《삼국지》, 《진서晉書》, 《송서宋書》, 《남제서南齊書》, 《양서梁書》, 《진서陳書》, 《후위서後魏書》, 《북제서北齊書》, 《주서周書》, 《수서隋書》 등의 십대사를 '十史'라 하였으며 《사기》, 《한서》, 《후한서》는 포함하지 않았다.

④ 十三史 : '十史'에 《사기》, 《한서》, 《후한서》를 넣어 '十三史'라 하였다.

⑤ 十七史 : '四史'는 晉初에 완비되었으나, 그 후 《진서晉書》와 남북조에 대한 여러 사서는 당唐 태종太宗과 고종高宗 때에 이르도록 일반에게 공개되지 않았다. 그 뒤 송宋 인종仁宗 천성天聖 2년(1024)에 이르러 《수서隋書》를 숭문원崇文院에서 판각해 내기 시작하여, 그 후 13史와 《남사南史》, 《북사北史》, 《신당서新唐書》, 《신오대사新五代史》를 합하여 '十七史'라 부르게 된 것이다.

⑥ 十八史 : 앞의 十七史에 《송사宋史》를 더하여 원대元代에 증선지曾先之가 《십팔사략十八史略》을 지었다. 그러나 《송사》는 원 지정至正 5년(1345)에 이루어졌고, 《요사遼史》와 《금사金史》는 지정 4년에 이루어져 이 세 사서는 원 말에야 유포되었다. 따라서 증선지의 《십팔사략》은 실제 《송사》를 근거로 한 것이 아니고 다른 자료(《宋鑑論編》)를 이용한 것이다.

⑦ 十九史 : '十八史'에 《원사元史》를 넣은 것이다. 명초明初 양맹인梁孟寅의 《十九史略》은 《십팔사략》에 이 《원사》를 더하여 이루어진 약사略史이다.

⑧ 二十一史 : 명明 가정嘉靖 초에 남경의 국자감좨주國子監祭酒인 장방기張邦奇 등이 사서의 교각을 청하여 《요사》, 《금사》를 합하여 이십일사를 만들었고, 신종神宗 때 북경 국자감에서도 이십일사를 판각하였다(萬曆 24~34년).

⑨ 二十二史 : 청淸 건륭乾隆 4년(1739)에 《명사明史》가 완성되자 간행을 서둘렀다. 전대흔錢大昕의 《이십이사고이二十二史考異》와 조익趙翼의 《이십이사차기二十二史箚記》는 이를 고증한 것이다.

⑩ 二十三史 : 건륭 초에 《구당서舊唐書》를 더하여 '이십삼사'로 하였다.

⑪ 二十四史 : '二十三史'에 《영락대전永樂大典》에 실려 있던 설거정薛居正의 《구오대사舊五代史》와 구양수歐陽修의 《오대사기五代史記》를 뽑아 분리시킨 후 각각 하나의 사서로 삼았다.

⑫ 二十五史 : 민국 10년(1921년)에 산동山東의 가소민柯劭忞이 《신원사新元史》를 짓자, 당시 대총통 서세창徐世昌이 이를 정사에 넣을 것을 주장하여 《이십오사》로 확정되었다.

이상의 이십오사를 역사 순서에 맞추어 내용, 권수, 수찬자, 찬술 시기, 편찬 동기 등으로 나누어 분류하면 다음과 같다.

|  | 1 | 2 | 3 | 4 | 5 | 6 | 7 | 8 | 9 | 10 | 11 | 12 | 13 | 14 | 15 | 16 | 17 | 18 | 19 | 20 | 21 | 22 | 23 | 24 | 25 |
|---|---|---|---|---|---|---|---|---|---|---|---|---|---|---|---|---|---|---|---|---|---|---|---|---|---|
| 이름 | 史記 | 漢書 | 後漢書 | 三國志 | 晉書 | 宋書 | 南齊書 | 梁書 | 陳書 | 後魏書 | 北齊書 | 周書 | 南史 | 北史 | 隋書 | 舊唐書 | 新唐書 | 舊五代史 | 新五代史 | 宋史 | 遼史 | 金史 | 元史 | 新元史 | 明史 |
| 本紀 | 12 |  |  |  |  |  |  |  |  |  |  |  |  |  |  |  |  |  |  |  |  |  |  | 26 |  |
| 世家 | 30 |  |  |  |  |  |  |  |  |  |  |  |  |  |  |  |  |  | 10 | 6 |  |  |  |  |  |
| 表 | 10 | 8 |  |  |  |  |  |  |  |  |  |  |  |  |  |  |  |  |  | 32 | 8 | 4 | 6 | 7 | 13 |
| 書 | 8 |  |  |  |  |  |  |  |  |  |  |  |  |  |  |  |  |  |  |  |  |  |  |  |  |
| 列傳 | 70 |  |  |  |  |  |  |  |  |  |  |  |  |  |  |  |  |  |  |  |  |  |  |  |  |
| 紀(본기) |  | 12 | 10 | 4 | 10 | 10 | 8 | 6 | 6 | 12 | 8 | 8 | 5 | 10 | 12 | 20 | 10 | 61 | 12 | 47 | 30 | 19 | 47 |  | 24 |
| 傳(열전) |  | 70 | 80 | 61 | 70 | 60 | 40 | 50 | 30 | 92 | 42 | 42 | 50 | 70 | 88 | 150 | 150 | 77 | 45 | 249 | 46 | 73 | 97 | 151 | 220 |
| 載記(세가) |  |  |  |  | 30 |  |  |  |  |  |  |  |  |  |  |  |  |  |  |  |  |  |  |  |  |
| 年(보표) |  |  |  |  |  |  |  |  |  |  |  |  |  |  |  |  |  |  | 1 |  |  |  |  |  |  |
| 志(서) |  | 10 |  |  | 20 | 30 | 11 |  |  | 10 |  |  | 30 |  |  | 30 | 50 | 12 |  | 162 | 31 | 39 | 53 | 70 | 75 |
| 考(서) |  |  |  |  |  |  |  |  |  |  |  |  |  |  |  |  |  |  | 3 |  |  |  |  |  |  |
| 錄 |  |  |  |  |  |  |  |  |  |  |  |  |  |  |  |  |  |  | 3 |  |  |  |  |  |  |
| 권수 | 130 | 100 | 90 | 65 | 130 | 100 | 59 | 56 | 36 | 114 | 50 | 50 | 85 | 80 | 100 | 200 | 225 | 150 | 74 | 496 | 115 | 135 | 203 | 227 | 332 |
| 편찬자 | 司馬遷 | 班固 | 范曄 | 陳壽 | 房玄齡(등) | 沈約 | 蕭子顯 | 姚思廉 | 姚思廉 | 魏收 | 李百藥 | 令狐德棻 | 李延壽 | 李延壽 | 魏徵(등) | 劉昫(등) | 歐陽修(등) | 薛居正(등) | 歐陽修(등) | 托克托(등) | 托克托(등) | 托克托(등) | 宋濂(등) | 柯劭忞 | 張廷玉 |
| 편찬시기 | 漢 | 後漢 | 南朝梁 | 晉 | 唐 | 梁 | 梁 | 唐 | 唐 | 北齊 | 唐 | 唐 | 唐 | 唐 | 唐 | 後晉 | 宋 | 宋 | 宋 | 元 | 元 | 元 | 明 | 民國 | 淸 |
| 경위 | 私撰 | 私撰 | 私撰 | 私撰 | 官撰 | 勅撰 | 私撰 | 勅撰 | 勅撰 | 勅撰 | 勅撰 | 勅撰 | 私撰 | 私撰 | 官撰 | 官撰 | 官私 | 官撰 | 私撰 | 官撰 | 官撰 | 官撰 | 官撰 | 私撰 | 官撰 |
| 비고 |  |  |  |  |  |  |  |  |  |  |  |  |  |  |  |  |  |  |  |  |  |  |  |  |  |

한편 二十五史가 다루고 있는 시대와 조대를 연결하면 다음과 같다.

各 正史가 다루고 있는 시대(숫자는 기간을 뜻함)

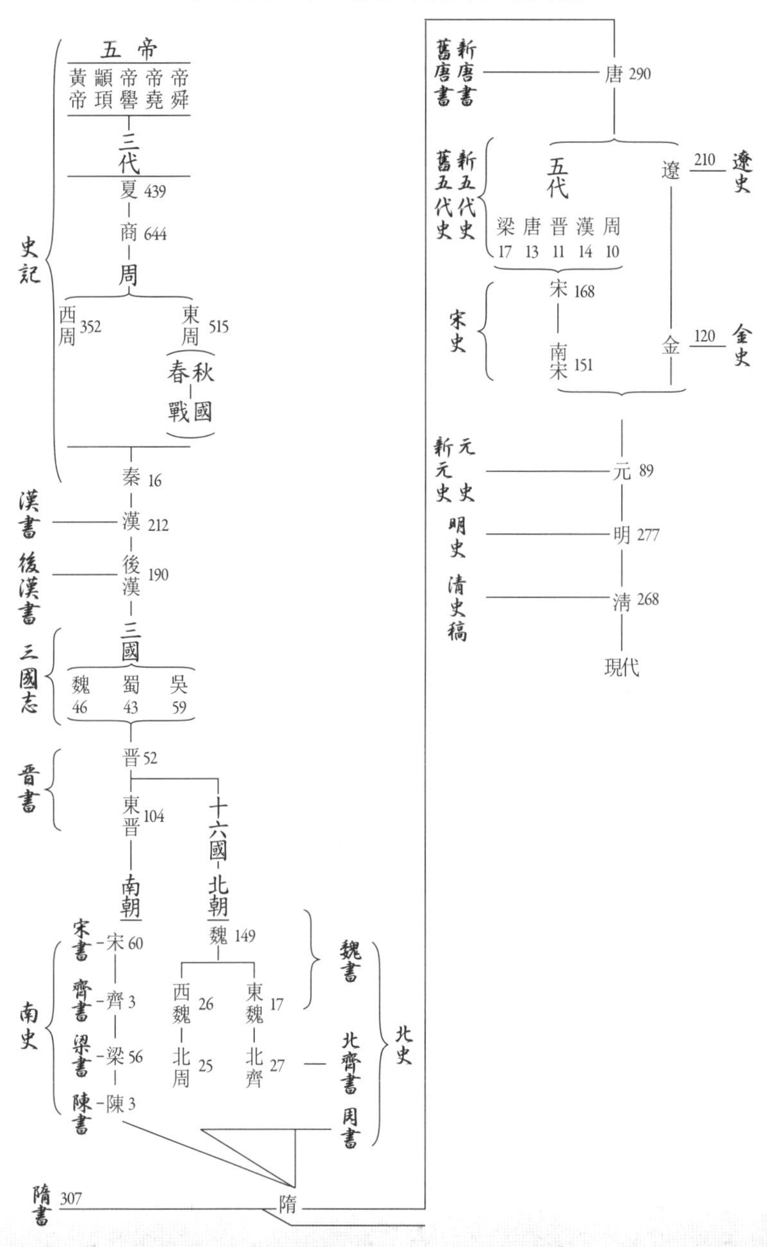

《史記》가 다루고 있는 시대와 조대

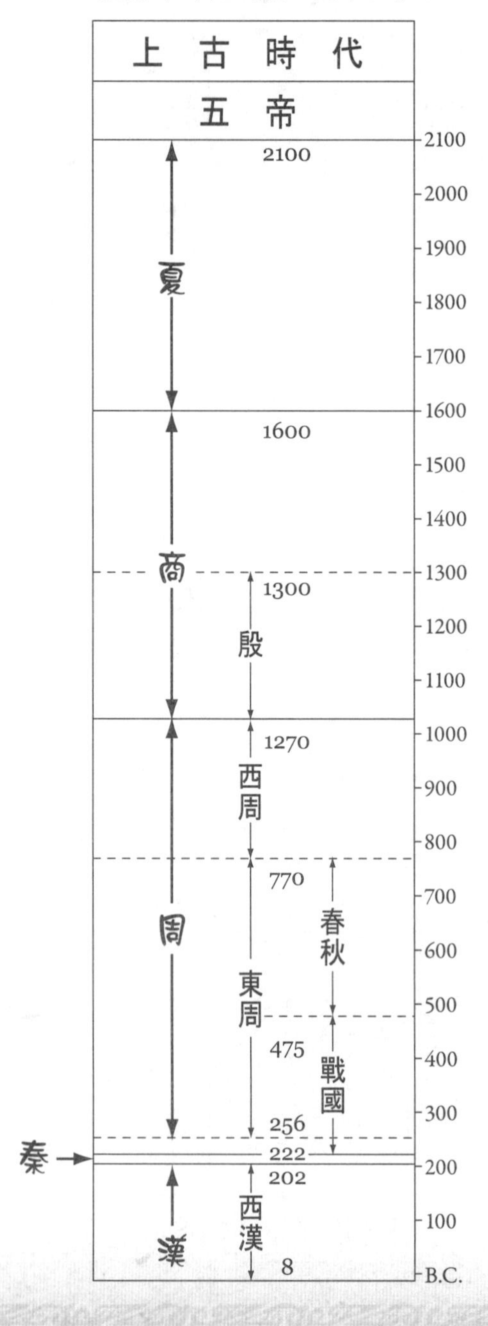

2. 《史記》(130권)

작자 사마천(司馬遷: B.C. 145?~B.C. 86?)은 사마담司馬談의 아들로 자는 子長이며 용문龍門에서 태어났다. 10세에 고문에 통달하였고, 20세에 강회江淮지역을 돌아 회계산會稽山의 우혈禹穴을 살펴보고 원상沅湘을 거쳐 북으로 문汶과 사泗 지방을 유람하였다. 제로(齊魯: 산동)를 돌아 양초梁楚를 다시 유람한 후, 낭중郎中이 되었으며, 뒤에 아버지를 이어 태사령太史令의 직책에 올랐다. 마침 이릉李陵을 변호하다가 무제武帝의 노여움을 사서 궁형宮刑을 자청하고, 그 울분을 사서史書 저술에 쏟아 황제黃帝 때부터 자신이 살았던 한漢 무제 때까지의 일을 기록한 불후의 명작《태사공서太史公書》130권을 지었다. 이것이 바로 지금의《사기》이다. 이는 정사인 기전체의 효시가 되었으며, 역사서로서뿐만 아니라 문학서로서도 높은 가치를 인정받고 있다. 그리고 자신의 일생과 가계, 책을 저술하게 된 동기, 아울러《사기》전체 각 편의 요약 등을 맨 끝〈태사공자서〉에 실어 설명하였다.

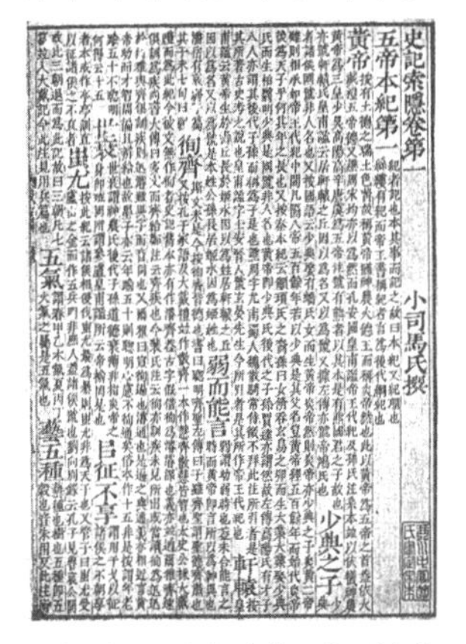
史記索隱卷第一

五帝本紀第一　小司馬氏撰

黃帝 [illegible] 少典之子 [illegible] 軒轅 [illegible] 弱而能言 [illegible] 徇齊 [illegible] 世衰 [illegible] 以征不享 [illegible] 蚩尤 [illegible] 五氣 [illegible] 藝五種 [illegible]

明代 毛氏 汲古閣에서 北宋 刊本을 覆刻한《史記索隱》

이 책에 대해 배인(裴駰: 438년경, 南朝 宋의 聞喜 사람으로 裴松之의 아들)은 구경九經과 여러 사서를 근거로《사기집해史記集解》를 남겼으며, 당唐 사마정(司馬貞: 河內 사람, 字는 子正)이《사기색은史記索隱》을, 그리고 당 현종玄宗 때 장수절張守節이《사기정의史記正義》를 써서 지금까지의《사기》연구에 좋은 참고가 되고 있다.

清 乾隆 12년(1747) 御製重刻本〈二十一史〉의《사기》

이 《사기》는 12본기, 10표, 8서, 30세가, 70열전 등 총 130권으로 이루어져 있다. 이를 살펴보면 다음과 같다.

① 12본기 : 五帝, 夏, 殷, 周, 秦, 始皇, 項羽, 高帝, 呂太后, 孝文, 孝景, 今上(武帝).

② 10표 : 三代世表, 十二諸侯年表, 六國年表, 秦楚之際月表, 漢興以來諸侯年表, 高祖功臣侯者年表, 惠景間侯者年表, 建元以來侯者年表, 王子侯者年表, 漢興以來將相名臣年表.

③ 8서 : 禮, 樂, 律, 曆, 天官, 封禪, 河渠, 平準.

④ 30세가 : 吳泰伯, 齊太公, 周公, 燕, 管蔡, 陳杞, 衛, 宋, 晋, 楚, 越王句踐, 鄭, 趙, 魏, 韓, 田敬仲完, 孔子, 陳涉, 外戚, 楚元王, 荊燕, 齊悼惠王, 蕭相國, 曹相國, 留侯, 陳丞相, 絳侯, 梁孝王, 五宗, 三王.

⑤ 70열전: 이 부분은 대개 네 가지로 분류해 볼 수 있다.

㈎ 自序類(1편)------太史公自序

㈏ 事類別(9편)------循吏, 儒林, 酷吏, 游俠, 佞幸, 滑稽, 日者, 龜策, 貨殖.

㈐ 異民族(6편)------匈奴, 南越, 東越, 朝鮮, 西南夷, 大宛.

㈑ 人勳物(54편)——이외에 伯夷列傳 등 오로지 人物 한 사람, 혹은 비슷한 성격의 인물을 몇 사람씩 묶어 기록한 것.

앞서 밝혔듯이 이 책은 최초의 통대사通代史이며, 동시에 최초의 정사正史, 최초의 기전체紀傳體, 최초의 사찬(私撰, 私纂)이다. 이에 이 책이 다루고 있는 시기는 고대부터 기록하되 상고시대 전설에 대하여는 사마천 자신이 본기本紀로써 쓸 수 없다고 여겨 오제五帝를 묶어 〈오제본기五帝本紀〉로써 첫 본기로 삼았다. 그 뒤를 이어 중국 최초 왕조인 하夏나라를 시작으로, 은殷, 주周를 거쳐 진秦나라까지는 나라 이름, 혹 조대 이름을 본기로 하였으며, 첫 개인 제왕의 본기는 특이하게 진시황秦始皇을 시작으로 하고 있다. 그 다음부터는 자연스럽게 한나라 첫 고조로부터 천자(제왕)를 본기로 하여 자신이 살았던 시대의 무제武帝는 시호가 없이 살아 있던 제왕이므로 이를 〈금상본기今上本紀〉라 하여 모두 12본기가 된 것이다. 이를 조대와 제왕의 계보로 표시하면 다음과 같다.

## 夏朝世系圖
(B.C. 2100?~B.C. 1600?)

(一)禹 —— (二)啟 ┬ (三)太康
　　　　　　　　　└ (四)仲康 —— (五)相 —— (六)少康 —— (七)予
└ (八)槐 —— (九)芒 —— (十)泄 ┬ (十一)不降 —— (十四)孔甲
　　　　　　　　　　　　　　　└ (十二)扃 —— (十三)廑
└ (十五)皋 —— (十六)發 —— (十七)履癸(桀)

## 商朝世系圖
(B.C. 1600?~B.C. 1028)

(一)湯(太乙) ┬ 太丁 —— (四)太甲 ┬ (五)沃丁
　　　　　　　│　　　　　　　　　└ (六)太庚 ┬ (七)小甲
　　　　　　　├ (二)外丙　　　　　　　　　　├ (八)雍己
　　　　　　　└ (三)中壬　　　　　　　　　　└ (九)太戊
├ (十)仲丁 —— (十三)祖乙 ┬ (十四)祖辛 —— (十六)祖丁 ┬ (十八)陽甲
├ (十一)外壬　　　　　　　└ (十五)沃甲 —— (十七)南庚 ├ (十九)盤庚
└ (十二)河亶甲　　　　　　　　　　　　　　　　　　　　├ (二十)小辛
　　　　　　　　　　　　　　　　　　　　　　　　　　　└ (二十一)小乙
└ (二十二)武丁 ┬ (二十三)祖庚
　　　　　　　　└ (二十四)祖甲 ┬ (二十五)廩辛
　　　　　　　　　　　　　　　　└ (二十六)庚丁 —— (二十七)武乙
└ (二十八)太丁 —— (二十九)帝乙 —— (三十)帝辛(紂)

## 西周世系圖
(B.C. 1027~B.C. 771)

(一)武王發 (B.C.1027~1025年) —— (二)成王誦 (B.C.1024~1005年) —— (三)康王釗 (B.C.1004~967年) —— (四)昭王瑕 (B.C.966~948年)
└ (五)穆王滿 (B.C.947~928年) ┬ (六)共王緊扈 (B.C.927~908年) —— (七)懿王囏 (B.C.907~898年)
　　　　　　　　　　　　　　　└ (八)孝王辟方 (B.C.897~888年)
└ (九)夷王燮 (B.C.887~858年) —— (十)厲王胡 (B.C.857~842年) —— (十一)宣王靜* (B.C.827~782年) —— (十二)幽王宮涅 (B.C.781~771年)

* 선왕(姬靜) 즉위 전 B.C.841~828년은 '共和' 시기(총14년)임.

## 東周世系圖
(B.C.770~B.C.256)

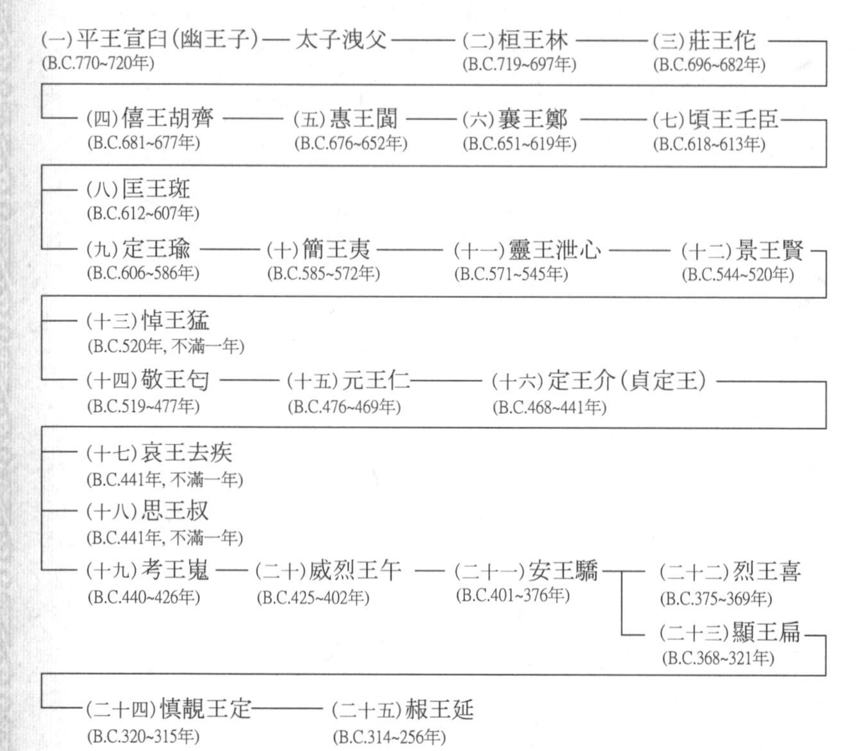


## 秦朝世系圖
(B.C.221~B.C.207)

(一)秦始皇嬴政
(B.C.246~210年)

太子扶蘇

(三)秦王子嬰
(B.C.207年 在位46日)

(二)二世胡亥
(B.C.209~207年)

## 西漢世系圖

(B.C. 202~A.D. 8)

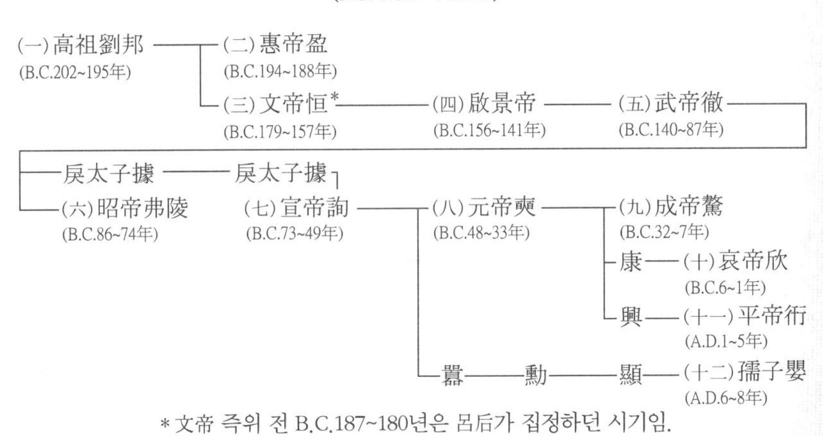


* 文帝 즉위 전 B.C.187~180년은 呂后가 집정하던 시기임.

史記評林卷之三
吳興凌稚隆輯校
殷本紀第三
殷契 索隱曰契始封商其後裔盤庚遷殷殷在鄴
南遂爲天下號契是殷家始祖故言契○正
義曰括地志云相州安陽本盤庚所都即北冢殷
墟南去朝歌城百四十六里竹書紀年云盤庚自
也北冢曰殷墟南去鄴四十里是舊都城西南三
十里有洹水南岸三里有安陽城西有城名殷墟
所謂北冢者也今按洹水在相州
北四里安陽城即相州外城也
母曰簡狄 索隱曰舊
本作易狄音同 有娀氏之女爲帝嚳次妃 淮南子
又作逷吐歷反 曰有娀
在不周之北○正義曰按記云桀 三人行浴見玄
敗於有娀之墟有娀當在蒲州也
鳥墮其卵簡狄取吞之因孕生契 索隱曰譙周云
契生堯代舜始
舉之必非嚳子以其父微故不著名其母娀氏女
與宗婦三人浴于川玄鳥遺卵簡狄吞之則簡狄

楊慎曰此因詩有天命玄鳥降而生商之句求其說而不得從而爲之說蓋馬遷好奇之過而生于詩傳亦因之不改且按古毛詩註云玄鳥至日

明代 凌稚隆 輯校의 《史記評林》

御製重刻二十一史序
七錄之目首列經史四庫因之史者輔
經以垂訓者也尚書春秋內外傳尚矣
司馬遷創爲紀表書傳之體以成史記
班固以下因之累朝載筆之人類皆爛
掌故貫舊聞旁羅博采以成信史後之
述事考文者咸取徵焉朕既命校刊十
三經注疏定本復念史爲經翼監本亦
日漸殘闕併敕校讐以廣刊布其辨譌
別異是正爲多卷末考證一視諸經之
例明史先經告竣合之爲二十二史煥
乎冊府之大觀矣夫史以示勸懲昭法
戒上下數千年治亂安危之故忠賢奸
佞之實是非得失具可考見居今而知
古鑒往以察來揚子雲曰多聞則守之
以約多見則守之以卓豈不在善讀者
之能自得師也哉
乾隆十二年二月朔

史記集解序 裴駰
班固有言曰
司馬遷
據左氏國語
采世本戰國策
述楚漢春秋
接其後事訖于天漢
其言秦漢詳矣至於采經摭傳
分散數家之事甚多疏略或有抵梧
亦其所涉獵者廣博貫
穿經傳馳騁古今上下數千載間斯已勤矣
又其是非頗繆於聖人
論大道

清 乾隆 12년(1747) 御製重刻本 〈二十一史〉 서문과 《史記集解》

### 3. 《사기》 열전

다음으로 70열전에 대한 문제이다. 이는 제왕과 제후를 제외한 일반인에 대한 전기를 모은 것이다. 모두 70편으로 구성하였으나 그에 열거된 인물은 당연히 그보다 훨씬 많다. 각 편에 한 사람씩을 넣은 것도 있지만 같은 성격을 하나로 묶어 제목을 삼기도 하였고 또는 외국 이민족에 대한 기록도 이 열전에 넣었기 때문이다. 이에 〈어제중각본御製重刻本〉(清 乾隆 12년, 1747) 《사기》 목록에 실린 표제 인물을 보면 다음과 같다.

61. 백이 열전(伯夷) → 伯夷
62. 관안 열전(管晏) → 管子(管仲), 晏子(晏嬰)
63. 노장신한 열전(老莊申韓) → 老子, 莊子, 申不害, 韓非子
64. 사마양저 열전(司馬穰苴) → 司馬穰苴
65. 손자오기 열전(孫子吳起) → 孫武, 吳起
66. 오자서 열전(伍子胥) → 伍子胥
67. 중니제자 열전(仲尼弟子) → 70제자 및 그 외 인물들
68. 상군 열전(商君) → 商鞅
69. 소진 열전(蘇秦) → 蘇秦
70. 장의 열전(張儀) → 張儀, 陳軫, 犀首
71. 저리자감무 열전(樗里子甘茂) → 樗里子, 甘茂, 甘羅
72. 양후 열전(穰侯) → 穰侯
73. 백기왕전 열전(白起王翦) → 白起, 王翦
74. 맹자순경 열전(孟子荀卿) → 孟子, 淳于髡, 愼到, 騶奭, 荀卿
75. 맹상군 열전(孟嘗君) → 孟嘗君
76. 평원군우경 열전(平原君虞卿) → 平原君, 虞卿
77. 위공자 열전(魏公子) → 信陵君
78. 춘신군 열전(春申君) → 春申君
79. 범저채택 열전(范雎蔡澤) → 范雎, 蔡澤
80. 악의 열전(樂毅) → 樂毅

81. 염파인상여 열전(廉頗藺相如) → 廉頗, 藺相如, 趙奢, 李牧
82. 전단 열전(田單) → 田單
83. 노중련추양 열전(魯仲連鄒陽) → 魯仲連, 鄒陽
84. 굴원가생 열전(屈原賈生) → 屈原, 賈誼
85. 여불위 열전(呂不韋) → 呂不韋
86. 자객 열전(刺客) → 曹沫, 專諸, 豫讓, 聶政, 荊軻
87. 이사 열전(李斯) → 李斯
88. 몽염 열전(蒙恬) → 蒙恬
89. 장이진여 열전(張耳陳餘) → 張耳, 陳餘
90. 위표팽월 열전(魏豹彭越) → 魏豹, 彭越
91. 경포 열전(黥布) → 黥布
92. 회음후 열전(淮陰侯) → 淮陰侯(韓信)
93. 한신노관 열전(韓信盧綰) → 韓王信, 盧綰
94. 전담 열전(田儋) → 田儋, 田橫
95. 번역등관 열전(樊酈滕灌) → 樊噲, 酈商, 夏侯嬰, 灌嬰
96. 장승상 열전(張丞相) → 張蒼, 周昌, 任敖, 申屠嘉, (附)韋賢, 魏相, 邴吉, 黃霸, 韋玄成, 匡衡
97. 역생육가 열전(酈生陸賈) → 酈食其, 陸賈, 朱建
98. 부근괴성 열전(傅靳蒯成) → 傅寬, 靳歙, 周緤
99. 유경숙손통 열전(劉敬叔孫通) → 劉敬, 叔孫通
100. 계포난포 열전(季布欒布) → 季布, 欒布
101. 원앙조착 열전(袁盎鼂錯) → 袁盎, 鼂錯
102. 장석지풍당 열전(張釋之馮唐) → 張釋之, 馮唐
103. 만석장숙 열전(萬石張叔) → 石奮, 衛綰, 直不疑, 周文, 張叔
104. 전숙 열전(田叔) → 田叔, 田仁 (附)任安
105. 편작창공 열전(扁鵲倉公) → 扁鵲, 倉公
106. 오왕비 열전(吳王濞) → 吳王(劉濞)
107. 위기무안후 열전(魏其武安侯) → 竇嬰, 田蚡, 灌夫
108. 한장유 열전(韓長孺) → 韓安國

109. 이장군 열전(李將軍) → 李廣

110. 흉노 열전(匈奴) → 匈奴

111. 위장군표기 열전(衛將軍驃騎) → 衛靑, 霍去病, 公孫賀, 李息, 公孫敖, 李沮, 張次公, 蘇建, 趙信, 張騫, 李蔡, 曹襄, 韓說, 郭昌, 趙食其, 荀彘, 路博德, 趙破奴

112. 평진후주보 열전(平津侯主父) → 公孫弘, 主父偃

113. 남월 열전(南越) → 南越尉佗

114. 동월 열전(東越) → 東越

115. 조선 열전(朝鮮) → 朝鮮

116. 서남이 열전(西南夷) → 西南夷

117. 사마상여 열전(司馬相如) → 司馬相如

118. 회남형산 열전(淮南衡山) → 淮南厲王, 淮南王(劉安), 衡山王

119. 순리 열전(循吏) → 孫叔敖, 子産, 公儀休, 石奢, 李離

120. 급정 열전(汲鄭) → 汲黯, 鄭當時

121. 유림 열전(儒林) → 申公, 轅固生, 韓生, 伏勝, 董仲舒, 胡毋生

122. 혹리 열전(酷吏) → 郅都, 甯成, 周陽由, 趙禹, 張湯, 義縱, 王溫舒, 楊僕, 減宣, 杜周

123. 대완 열전(大宛) → 大宛, 烏孫, 康居, 奄蔡, 大月氏

124. 유협 열전(游俠) → 朱家, 劇孟, 郭解

125. 영행 열전(佞幸) → 鄧通, 韓嫣, 李延年

126. 골계 열전(滑稽) → 淳于髡, 優孟, 優旃 (附) 東方朔, 東郭先生, 王先生, 西門豹

127. 일자 열전(日者) → 司馬季主

128. 귀책 열전(龜策) → 龜策

129. 화식 열전(貨殖) → 范蠡, 子貢, 白圭, 猗頓, 卓氏, 程鄭, 宛孔氏, 師史, 任氏

130. 태사공자서(太史公自序) → 司馬遷

이상 순수 인명만 〈중니제자열전〉의 많은 인물을 제외하고도 정식으로 178명이나 되며, 지역(이민족 국가)은 10곳, 기타龜策 1곳 등 다양하며 숫자도 상당량이 된다. 따라서 《사기》 내에 실려 있는 인물은 제목만으로는 알 수 없으며 함께 포함된 자들도 일일이 찾아보아야 그 진정한 내용을 알 수 있다.

태사공 사마천 출생지 陝西省 韓城市의 '태사공 祠堂 정문'

한편 문장 중간에 〈보유補遺〉로 저선생褚先生으로 표기된 부분이 있다. 이는 한나라 원제元帝와 성제成帝 연간의 박사博士였던 저소손褚少孫을 가리킨다. 그는 사마천 사후 《사기》의 몇몇 부분을 보충하였으며, 지금 전하는 《사기》에는 이 〈보유〉 역시 그대로 싣고 있어, 본 〈열전〉 번역에도 이를 그대로 따랐음을 밝힌다.

태사공 사마천 출생지 陝西省 韓城市의 '태사공 祠堂과 司馬坡'

태사공 사마천의 무덤(陝西 韓城市)

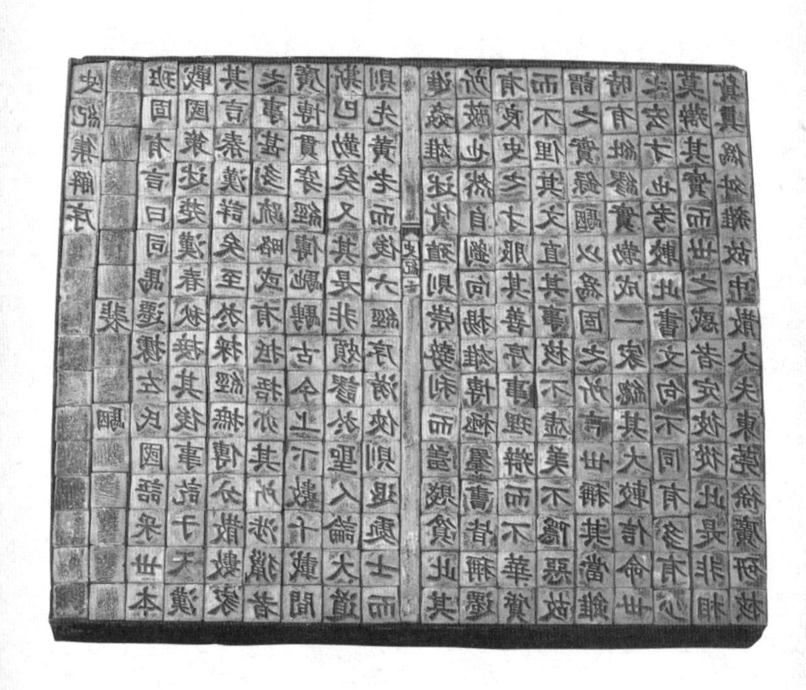

진흙 활자판(泥活子版)《史記》版框

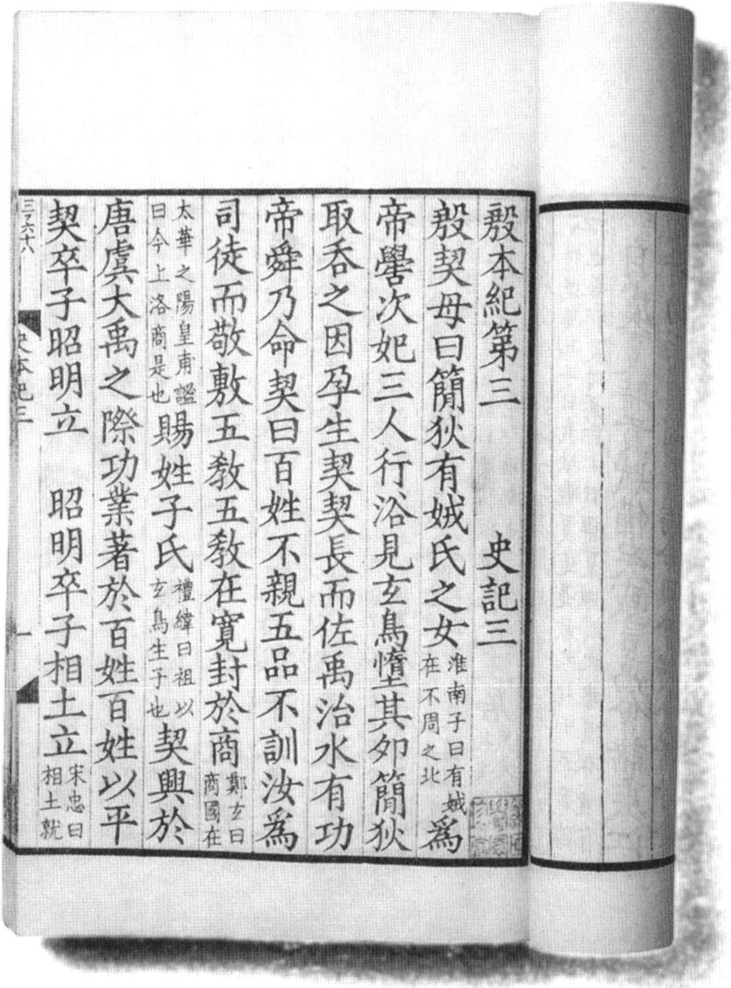

殷本紀第三　史記三

殷契母曰簡狄有娀氏之女淮南子曰有娀在不周之北爲帝嚳次妃三人行浴見玄鳥墮其卵簡狄取吞之因孕生契契長而佐禹治水有功帝舜乃命契曰百姓不親五品不訓汝爲司徒而敬敷五教五教在寬封於商鄭玄曰商國在太華之陽皇甫謐曰今上洛商是也賜姓子氏禮緯曰祖以玄鳥生子也契興於唐虞大禹之際功業著於百姓百姓以平

契卒子昭明立　昭明卒子相土立宋忠曰相土就

《사기》 부분 〈은본기〉

# 차 례



## 史記列傳 하

史記列傳 上

# 史記列傳 중

## 史記列傳 下

史記列傳

# 040(100) 계포난포 열전季布欒布列傳

能摧剛作柔卒爲列臣 欒公不劫於埶而倍死 作季布欒布列傳

① 계포季布 ② 조구생曹丘生 ③ 계심季心
④ 정공丁公 ⑤ 난포欒布

## 〈1〉계포季布

### 계포를 숨겨주는 자는 삼족을 멸하리라

계포季布는 초楚나라 사람으로 의기가 사내다움으로써 초나라에서 유명하였다. 항적項籍은 그를 장수로 삼아 군대를 거느리게 하여 여러 번 한漢나라 왕을 괴롭혔다. 항우가 죽자 고조는 천금의 상을 걸어 계포를 수배하고 숨겨 주는 자가 있으면 삼족을 멸하겠다고 선언하였다.

계포는 복양濮陽의 주周씨 집에 숨어 있었다. 주씨가 말하였다.

"한나라는 장군을 추격하기 위해 급하기 이를 데 없습니다. 자취를 더듬어 필경에는 이곳 우리 집에까지도 들이닥칠 것입니다. 장군은 내 말을 들어 주신다면 계책을 하나 말씀드리겠습니다. 그러나 만약 그것이 안 된다면 아무쪼록 스스로 목숨을 끊어주십시오."

계포가 승낙을 하자, 그의 머리를 깎아 칼을 씌우고 베로 짠 보잘것없는 옷을 입혀 종과 같은 몸차림을 만들더니, 광류거廣柳車에 실어 하인들 수십 명과 함께 노魯나라 주가朱家에게 팔아 버렸다.

주가는 속으로 계포인 줄을 알면서도 그를 사들여 농막에 숨겨 두고 자신의 아들에게 이렇게 경계하였다.

"밭일은 이 하인에게 물어서 하라. 그리고 너는 필히 그와 함께 식사를 하고 잠시도 떨어져 있지 않도록 하라."

주가는 몰래 가벼운 수레를 타고 낙양으로 가서 여음후汝陰侯 등공滕公 하후영夏侯嬰을 만났다.

등공은 주가를 머물러 있도록 하면서 며칠 동안 함께 술을 마셨다. 그런 중에 주가가 등공에게 물었다.

"계포에게 어떠한 큰 죄가 있기에 임금께서 그토록 엄하게 찾아내려는 것입니까?"

등공이 말하였다.
“계포는 항우를 위해 여러 번 대왕을 괴롭혔소. 이에 대왕은 그를 원망하여 꼭 잡으려는 것이오.”
주가가 물었다.
“그대는 계포를 어떠한 인물로 보십니까?”
등공이 대답하였다.
“어진 인물이라 생각하오.”
주가가 말하였다.
“신하는 저마다 자신의 군주를 위해 일합니다. 계포가 항우를 위해 일한 것은 당시 직분에서 당연히 해야 할 일을 다한 것뿐입니다. 항우의 신하가 직분을 다하였다고 하여 그 신하를 모두 죽여야 합니까? 임금께서는 비로소 천하를 평정하셨는데, 다만 사사로운 원한만으로 한 사람의 목숨을 노린다는 것은 임금의 도량이 좁다는 것을 천하에 보여 주는 것이외다! 더구나 계포 같이 어진 사람을 현상금까지 걸어 수배한다면, 계포는 북쪽 흉노로 달아나거나 남쪽 월越로 달아나게 될 것입니다. 이는 장사를 기피하다가 적국의 세력을 도와주는 것과 같고, 오자서伍子胥가 초나라 평왕平王의 무덤을 파헤쳐 시신에 매를 친 것과 같은 일입니다. 그대는 어찌하여 임금을 위하여 조용히 말씀을 아뢰지 않습니까?”
여음후 등공은 주가가 의협심 있는 사람인 것을 알고 있고 계포가 주가에게 숨어 있을 것임을 짐작하여 이에 허락하였다.
“좋습니다. 그렇게 하겠습니다.”
등공은 임금이 틈이 있는 때를 보아 주가가 한 말을 아뢰었다. 이에 임금은 계포를 용서하였다. 당시에 공경들은 계포가 자신의 강직한 성격을 잘 억제하여 유순하였음을 칭찬하였고, 주가는 이 일로 해서 이름을 날리게 되었다. 이윽고 계포가 불려가 한왕을 뵙고 사과하자, 한왕은 그를 낭중郎中에 임명하였다.

季布者, 楚人也. 爲氣任俠, 有名於楚. 項籍使將兵, 數窘漢王. 及項羽滅, 高祖購求布千金, 敢有舍匿, 罪及三族. 季布匿濮陽周氏. 周氏曰: 「漢購將軍急, 迹且至臣家, 將軍能聽臣, 臣敢獻計; 卽不能, 願先自剄.」季布許之. 迺髡鉗季布, 衣褐衣, 置廣柳車中, 幷與其家僮數十人, 之魯朱家所賣之. 朱家心知是季布, 迺買而置之田. 誡其子曰:「田事聽此奴, 必與同食.」朱家迺乘軺車之洛陽, 見汝陰侯滕公. 滕公留朱家飮數日. 因謂滕公曰:「季布何大罪, 而上求之急也?」滕公曰:「布數爲項羽窘上, 上怨之, 故必欲得之.」朱家曰:「君視季布何如人也?」曰:「賢者也.」朱家曰:「臣各爲其主用, 季布爲項籍用, 職耳. 項氏臣可盡誅邪? 今上始得天下, 獨以己之私怨求一人, 何示天下之不廣也! 且以季布之賢而漢求之急如此, 此不北走胡卽南走越耳. 夫忌壯士以資敵國, 此伍子胥所以鞭荊平王之墓也. 君何不從容爲上言邪?」汝陰侯滕公心知朱家大俠, 意季布匿其所, 迺許曰:「諾.」待閒, 果言如朱家指. 上迺赦季布. 當是時, 諸公皆多季布能摧剛爲柔, 朱家亦以此名聞當世. 季布召見, 謝, 上拜爲郎中.

### ◎ 흉노 정벌은 잘못된 것입니다.

혜제孝惠帝 때에 계포는 중랑장中郞將이 되었다. 일찍이 선우單于는 방자한 글을 올려 여후呂后를 모욕하였으며 그 태도가 불손하였다. 여후는 크게 노하여 장수들을 불러 이 일을 의논하였다. 상장군 번쾌樊噲가 말하였다.

"저에게 10만의 군사를 주시면 흉노의 한복판을 마음껏 짓밟고 다니겠습니다."

장수들은 번쾌가 여후의 사위이므로 모두들 여후의 뜻에 아첨하여 이를 찬성하였다. 그러자 계포가 나서서 이렇게 말하였다.

"번쾌는 조심성이 없는 자이니 목을 쳐야 합니다. 고조께서는 군사 40만 명을 이끌고도 평성平城에서 곤욕을 치렀습니다. 그런데 번쾌가 10만 명의 군사로써 어떻게 흉노의 한복판을 마음대로 짓밟고 다닐 수 있다니 이는 태후를 면전에서 속이는 것입니다! 뿐만 아니라 진나라가 흉노정벌에 전력하다가 진승陳勝이 반란하도록 틈을 준 것입니다. 이제 전란의 상처가 아직 아물지도 않았는데 번쾌가 눈앞에서 아부하며 천하를 동요시키려 하는 것입니다."

이때에 전상에 있던 사람들은 모두 두려워하였다. 태후는 조회를 끝내고 두 번 다시 흉노 정벌에 대해 논의하지 않았다.

孝惠時, 爲中郎將. 單于嘗爲書嫚呂后, 不遜, 呂后大怒, 召諸將議之. 上將軍樊噲曰: 「臣願得十萬衆, 橫行匈奴中.」 諸將皆阿呂后意, 曰: 「然.」 季布曰: 「樊噲可斬也! 夫高帝將兵四十餘萬衆, 困於平城, 今噲柰何以十萬衆橫行匈奴中, 面欺! 且秦以事於胡, 陳勝等起. 于今創痍未瘳, 噲又面諛, 欲搖動天下.」 是時殿上皆恐, 太后罷朝, 遂不復議擊匈奴事.

## 칭찬하는 자와 비방하는 자

계포가 하동河東 태수가 되었다. 문제孝文帝 때에 어떤 사람이 계포가 현명하다고 칭찬하자, 문제는 그를 불러 어사대부를 삼으려고 하였다. 그때 또 다른 사람이 계포가 용감하기는 하지만, 술만 마시면 난폭하여 가까이할 수 없는 인물이라고 말하였다. 계포는 불려 와서 장안에 도착하여 한 달을 머물러야 하였으며, 문제를 뵙고 나자 계포는 이 기회에 임금 앞에 나아가 말하였다.

"신은 공로가 없이 은총을 입어 황공하게도 하동에 근무하고 있습니다. 이번에 폐하께서는 아무 까닭도 없이 신을 부르셨습니다. 그런데, 이는 틀림없이 누군가가 신을 칭찬하여 폐하를 속인 자가 있기 때문일 것입니다. 신이 상경하였으나 폐하로부터 어떤 말씀도 없이 돌려보내시니 이는 어떤 자가 폐하께 신을 악담한 자가 있기 때문일 것입니다. 폐하께서 어떤 사람이 칭찬한다고 신을 부르고, 어떤 사람이 비방한다고 신을 돌려보내신다면, 천하의 지혜 있는 자들이 폐하의 견식을 의심하지나 않을까 두렵습니다."

임금은 잠자코 있다가 말하였다.

"하동은 나의 수족으로 생각하는 고을이오. 그 때문에 특히 그대를 부른 것뿐이오."

계포는 인사 말을 하고 임지로 돌아갔다.

季布爲河東守, 孝文時, 人有言其賢者, 孝文召, 欲以爲御史大夫. 復有言其勇, 使酒難近. 至, 留邸一月, 見罷. 季布因進曰: 「臣無功竊寵, 待罪河東. 陛下無故召臣, 此人必有以臣欺陛下者; 今臣至, 無所受事, 罷去, 此人必有以毁臣者. 夫陛下以一人之譽而召臣, 一人之毁而去臣, 臣恐天下有識聞之有以闚陛下也.」上黙然慙, 良久曰:「河東吾股肱郡, 故特召君耳.」布辭之官.

## 〈2〉조구생曹丘生

### 계포일락季布一諾

초나라 사람 조구생曹丘生은 변설이 좋은 사람으로 여러 차례 권세에 빌붙어 사람들의 일처리를 해 주고 돈을 받았다. 그는 귀인 조동趙同을 섬겼으며, 특히 두장군竇長君과 친밀한 사이였다. 계포가 이 소문을 듣고 곧 두장군에게 편지를 보내어 간하였다.

"조구생은 장자長者가 아니라고 들었소. 그와 내왕하지 않도록 하십시오."

조구생이 초나라로 돌아가는 길에 계포를 만나보기 위하여 두장군에게 소개장을 얻으려고 하자 두장군이 말하였다.

"계 장군은 그대를 좋게 생각하지 않소. 그대는 가지 않는 것이 좋을 것이오."

그러나 조구생은 굳이 소개장을 얻어 떠났다. 사람을 시켜 먼저 소개장을 계포에게 바치자, 계포는 크게 노기를 품은 채 조구생을 기다렸다.

조구생은 도착하자 인사도 하지 않고 고개를 끄떡하는 것으로 즉석에서 계포에게 말하였다.

"초나라 사람들 사이에 '황금 100근을 얻는 것보다 계포의 한 번 승낙이 더 낫다'고 하는데 그대는 어찌하여 이러한 명성을 양나라와 초나라 사이에서 얻게 되었습니까? 나는 초나라 사람이며 그대 또한 초나라 사람입니다. 내가 천하를 유람하면서 그대의 명성을 알린다면 그대 이름은 천하에서 귀하게 되지 않겠습니까? 어찌하여 그대는 나를 그렇게 심하게 거절하십니까?"

계포는 크게 기뻐하며 맞아들여 몇 달 동안 머물게 하면서 상객으로 대접하고 후히 선물을 주어 보냈다. 계포의 명성이 더욱 높아진 것도 조구생이 그의 이름을 알리며 돌아다녔기 때문이다.

楚人曹丘生, 辯士, 數招權顧金錢. 事貴人趙同等, 與竇長君善. 季布聞之, 寄書諫竇長君曰:「吾聞曹丘生非長者, 勿與通.」及曹丘生歸, 欲得書請季布. 竇長君曰:「季將軍不說足下, 足下無往.」固請書, 遂行. 使人先發書, 季布果大怒, 待曹丘. 曹丘至, 卽揖季布曰:「楚人諺曰『得黃金百(斤), 不如得季布一諾』, 足下何以得此聲於梁楚閒哉? 且僕楚人, 足下亦楚人也. 僕游揚足下之名於天下, 顧不重邪? 何足下距僕之深也!」季布迺大說, 引入, 留數月, 爲上客, 厚送之. 季布名所以益聞者, 曹丘揚之也.

## 〈3〉계심季心

### 천하 사람이 좋아한 계심

계포의 아우 계심季心은 의기가 관중關中을 덮을 만큼 성하였다. 사람을 공손히 응대하고 사내다워 사방 수천 리 멀리 있는 인사들이 모두 그를 위해 죽을 것을 다툴 정도였다.

일찍이 사람을 죽이고 도망하여 오吳나라로 가서 원사袁絲, 袁鴦에게 의탁하여 몸을 숨기고 있었다. 원사를 형님으로 섬기고 관부灌夫·적복籍福 등을 아우처럼 돌보았다. 벼슬에 나아가 중사마中司馬가 되었다. 당시 중위中尉 질도郅都는 극히 엄격한 사람이었으나, 계심에게만은 경의를 표하지 않을 수 없었다. 젊은이들도 때때로 몰래 계심의 도당이라 일컫고 그 이름을 빌려 행동하는 자도 있었다. 당시에 계심은 의용義勇으로써 계포는 한번 허락하면 그대로 들어주는 것으로써, 관중에 이름이 높았다.

季布弟季心, 氣蓋關中, 遇人恭謹, 爲任俠, 方數千里, 士皆爭爲之死. 嘗殺人, 亡之吳, 從袁絲匿. 長事袁絲, 弟畜灌夫·籍福之屬. 嘗爲中司馬, 中尉郅都不敢不加禮. 少年多時時竊籍其名以行. 當是時, 季心以勇, 布以諾, 蓋聞關中.

## 〈4〉정공丁公

### 나를 살려준 것은 좋지만

계포의 외삼촌 정공丁公은 초나라 장수였다. 정공은 항우를 위하여 팽성 서쪽에서 고조를 추격하여 괴롭힐 때 단병短兵으로써 접전하였다. 위험한 지경에 처한 고조가 정공을 돌아보며 말하였다.

"우리 둘이 다 어진 사람인데 어찌 서로 싸울 필요가 있겠는가?"

이 말을 들은 정공은 군사를 거두었고, 한왕 고조는 마침내 목숨을 구하여 돌아갈 수 있었다. 항우가 멸망하자 정공은 고조를 찾아갔다. 고조는 정공을 군중에 돌려 보이고 말하였다.

"정공은 항왕의 신하가 되어서 불충하였다. 항왕이 천하를 잃도록 한 자는 바로 정공이다."

고조는 정공을 베어 죽이고 말하였다.

"후세에 신하된 자로서 정공을 본뜨지 않기를 경계하기 위해서이다."

季布母弟丁公, 爲楚將. 丁公爲項羽逐窘高祖彭城西, 短兵接, 高祖急, 顧丁公曰:「兩賢豈相戹哉!」於是丁公引兵而還, 漢王遂解去. 及項王滅, 丁公謁見高祖. 高祖以丁公徇軍中, 曰:「丁公爲項王臣不忠, 使項王失天下者, 迺丁公也.」遂斬丁公, 曰:「使後世爲人臣者無效丁公!」

## 〈5〉난포欒布

### 노예로 팔려간 난포

난포欒布는 양梁나라 사람으로, 처음에 양나라 왕 팽월彭越이 아직 평민이었을 때에 서로 사귐이 있었다. 둘 모두 곤궁하여 제齊나라에서 고용살이도 하고 술집 머슴살이도 하였다.

몇 년 후에 팽월은 거야巨野에 가서 도적이 되었고, 난포는 남에게 납치되어 연나라에 노예로 팔려 갔다.

난포가 주인을 위해 원수를 갚아 준 공로로, 연나라 장수 장도臧荼가

도위都尉를 시켜 주었다가, 뒤에 장도가 연나라 왕이 되자 난포를 장수로 삼았다. 그런데 장도가 모반하자, 한나라는 연나라를 치고 난포를 사로잡았다.

양왕 팽월은 이를 듣고 고조에게 청원하여 난포의 죄값을 치르고 난포를 양나라의 대부로 삼았다.

欒布者, 梁人也. 始梁王彭越爲家人時, 嘗與布游. 窮困, 賃傭於齊, 爲酒人保. 數歲, 彭越去之巨野中爲盜, 而布爲人所略賣, 爲奴於燕. 爲其家主報仇, 燕將臧荼擧以爲都尉. 臧荼後爲燕王, 以布爲將. 及臧荼反, 漢擊燕, 虜布. 梁王彭越聞之, 廼言上, 請贖布以爲梁大夫.

### 나를 삶아 죽여 주시오

난포가 사신으로 제나라에 간 사이, 한왕은 팽월을 불러 모반죄를 물어 삼족을 멸하였다. 그리고 팽월의 머리를 낙양에 걸어 이렇게 명령하였다.

"감히 그의 머리를 거두어 돌보는 자가 있으면 체포한다."

난포는 제나라에서 돌아오자, 팽월의 머리 아래에서 사신으로 갔던 일을 아뢰고 제사를 지내며 통곡하였다. 그러자 관리가 난포를 체포하고 고조에게 그 사실을 아뢰었다.

"너도 팽월과 함께 모반하였는가? 나는 명령을 내려 그 자의 머리 거두는 것을 금하였거늘, 네놈이 제사를 지내고 통곡한 것은 팽월과 함께 모반한 것이 분명하다. 어서 삶아 죽여라."

관리가 난포를 끌고 끓는 물로 데려가자 난포가 돌아보며 말하였다.

"한 마디만 하고 죽게 해 주십시오."

고조가 말하였다.

"무엇을 말인가?"

난포는 이렇게 말하였다.

"폐하께서 팽성에서 고통을 받고 형양滎陽·성고成皐 사이에서 패전하였을 때, 항왕이 서쪽으로 진군하지 못한 것은 팽왕彭王이 양梁나라 땅에 있으면서 한나라와 연합하여 초나라를 억제해 주었기 때문이었습니다. 그 때에

만약 팽왕이 초나라 편이 되었다면 한나라가 깨어졌을 것이고, 한나라 편이 되었다면 초나라가 깨어졌을 것입니다. 또 해하垓下의 싸움에 팽왕이 참가하지 않았다면, 항우는 망하지 않았을지도 모릅니다. 천하가 평정된 뒤의 팽왕은 부절을 쪼개어 받고 봉지를 받았으며, 또 이것을 자손 대대로 전하기를 바랐습니다. 그런데 폐하께서는 군사를 양나라에서 징발할 때, 팽왕이 병들어 한 번 나아가지 못하자 의심하여 모반이라 하고, 모반의 증거도 나타나지 않았는데 가혹하게 문초하여 죽이고 가족까지 멸하였습니다. 신은 이렇게 되면 공신들이 자기들 신상에 미칠 위험을 느끼지 않을까 염려됩니다. 이제 팽왕은 이미 없어졌고, 신은 살아 있기보다 죽는 편이 나으니 아무쪼록 삶아 죽여 주십시오."

고조는 난포의 죄를 용서하고 그를 도위로 임명하였다.

使於齊, 未還, 漢召彭越, 責以謀反, 夷三族. 已而梟彭越頭於雒陽下, 詔曰:「有敢收視者, 輒捕之.」布從齊還, 奏事彭越頭下, 祠而哭之. 吏捕布以聞. 上召布, 罵曰:「若與彭越反邪? 吾禁人勿收, 若獨祠而哭之, 與越反明矣. 趣亨之.」方提趣湯, 布顧曰:「願一言而死.」上曰:「何言?」布曰:「方上之困於彭城, 敗滎陽·成皐閒, 項王所以(遂)不能[遂]西, 徒以彭王居梁地, 與漢合從苦楚也. 當是之時, 彭王一顧, 與楚則漢破, 與漢而楚破. 且垓下之會, 微彭王, 項氏不亡. 天下已定, 彭王剖符受封, 亦欲傳之萬世. 今陛下一徵兵於梁, 彭王病不行, 而陛下疑以爲反, 反形未見, 以苛小案誅滅之, 臣恐功臣人人自危也. 今彭王已死, 臣生不如死, 請就亨.」於是上迺釋布罪, 拜爲都尉.

## 곤궁할 때 치욕을 참지 못하면

문제孝文帝 때에 난포는 연나라의 재상이 되고 장군에 이르렀다. 그 때 난포는 이렇게 말하였다.

"곤궁하였을 때 치욕을 참지 못하면 대장부가 아니고, 부귀할 때 뜻대로 하지 못하면 현명한 사람이 아니다."

그리고 일찍이 자신에게 은혜를 베푼 자에게는 후히 보답하고, 원한이 있었던 자에게는 반드시 법에 의해 파멸시켰다. 오나라와 초나라가 반란을 일으켰을 때, 군공을 세워 유후俞侯로 봉해졌고, 다시 연나라의 재상이 되었다. 연나라와 제나라에서는 모두 난포를 위해 사당을 세우고 난공사欒公社라 불렀다.

孝文時, 爲燕相, 至將軍. 布迺稱曰:「窮困不能辱身下志, 非人也; 富貴不能快意, 非賢也.」於是嘗有德者厚報之, 有怨者必以法滅之. 吳(軍)[楚]反時, 以軍功封俞侯, 復爲燕相. 燕齊之閒皆爲欒布立社, 號曰欒公社.

### 난포의 후손

경제景帝 중원中元 5년에 난포가 세상을 떠났다. 그의 아들 분賁이 뒤를 이었다. 분은 태상太常이 되었는데 종묘 제향에 쓰는 짐승을 법령대로 하지 않은 일로 인해 봉국封國을 해제당하였다.

景帝中五年薨. 子賁嗣, 爲太常, 犧牲不如令, 國除.

### 사마천의 평어

나 태사공은 이렇게 생각한다.

항우의 의기로도 덮을 수 없을 만큼 계포의 용맹은 초나라에 드러나서, 여러 번 몸소 적군을 무찌르고 적의 깃발을 빼앗았으니 의당 장사라 칭할 만하다. 그러나 형벌을 받고, 남의 노예가 되어서까지 죽지를 못한 것은 얼마나 비겁한 일인가? 생각건대 그는 분명히 자기의 능력을 믿고 있었기 때문에 치욕을 받아도 부끄러워하지 않고, 자신의 능력을 펼칠 수 있기를 바랐던 것이며, 그로 인해 마침내 한나라의 명장이 되었다. 현명한 사람은 진실로 자신의 죽음을 중히 여긴다. 비첩婢妾이나 천한 사람이 분개하여 스스로 목숨을 끊는 것은 참된 용기가 아니라 계획을 다시 고쳐 도전할 만한 용기가 없기 때문이다.

난포가 팽월을 위하여 통곡하고 끓는 물 속에 들어가기를 마치 자기 집에 돌아가는 것같이 한 것은, 참으로 그가 죽음에 대처하는 길을 알고 그 죽음을 겁내지 않았기 때문이다. 옛날의 열사도 이 이상 무엇을 더할 수 있겠는가!

太史公曰: 以項羽之氣, 而季布以勇顯於楚, 身屨(典)軍搴旗者數矣, 可謂壯士. 然至被刑戮, 爲人奴而不死, 何其下也! 彼必自負其材, 故受辱而不羞, 欲有所用其未足也, 故終爲漢名將. 賢者誠重其死. 夫婢妾賤人感慨而自殺者, 非能勇也, 其計畫無復之耳. 欒布哭彭越, 趣湯如歸者, 彼誠知所處, 不自重其死. 雖往古烈士, 何以加哉!

史記列傳

# 041(101) 원앙조착 열전袁盎鼂錯列傳

① 원앙袁盎 ② 조착鼂錯 ③ 등공鄧公

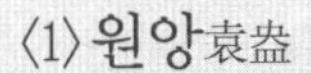

## 〈1〉원앙袁盎

### 도적의 아들

원앙袁盎은 초楚나라 사람으로 자는 사絲라고 하였다. 아버지는 원래 도적이었다가 안릉安陵으로 이주하였다.

여태후呂太后 때 원앙은 여록呂祿의 가신으로 있다가, 문제孝文帝 즉위 후 원앙의 형 쾌噲의 추천으로 낭중郎中이 되었다.

袁盎者, 楚人也, 字絲. 父故爲群盜, 徙處安陵. 高后時, 盎嘗爲呂祿舍人. 及孝文帝卽位, 盎兄噲任盎爲中郎.

### 공신에 불과할 뿐 사직지신은 아닙니다

그 무렵 승상으로 있던 강후絳侯 주발周勃은 조회를 마치고 물러나올 때의 모습이 매우 의기양양하였다. 황제는 그런 그를 정중하게 대하였고 심지어는 그가 물러갈 때마다 손수 배웅하곤 하였다. 그런 어느 날 원앙은 황제 앞에 나아가 이렇게 말하였다.

"폐하께서는 승상을 어떤 인물로 생각하십니까?"

임금이 말하였다.

"국가와 안위를 함께 하는 사직지신社稷之臣으로 알고 있소."

그러자 원앙은 이렇게 말하였다.

"강후는 사직지신이 아니라 이른바 공신에 불과합니다. 사직지신이란 군주와 존망을 같이 하는 것입니다. 그런데 강후는 여씨 일족이 정권을 독점하고 있던 여태후 때 태위로서 병권을 쥐고 있었습니다만 여씨들이 마구 왕에 책봉되어 마침내는 유劉씨의 명맥마저 위태로웠는데도 이를 바로잡지 못하였습니다. 그러다 여태후가 돌아가신 것을 기회로 대신들이 일치 단결해 여씨 일족과 맞서자, 마침 병권을 쥐고 있었던 관계로 우연히 공을 거두게 되었을 뿐입니다. 그러므로 이른바 공신이기는 하지만 사직지신은 아닙니다. 그런데도 승상은 교만한 태도를 취하고 있으며 또 폐하께서는 겸손하게 그를 대하고 계십니다. 이는 군주와 신하가 다 예를 잃은 것이 됩니다. 따라서 폐하께서 취하실 바가 아닌 줄로 아옵니다."

그 뒤부터 황제는 조회 때마다 위엄을 보였고 승상은 차츰 황제를 두려워하게 되었다. 그런 어느 날 강후는 원앙을 보자 이렇게 꾸짖었다.

"나는 그대의 형과 친한 사이다. 그런데 그대가 조정에서 나를 헐뜯는단 말인가?"

그래도 원앙은 끝내 사과하지 않았다.

絳侯爲丞相, 朝罷趨出, 意得甚. 上禮之恭, 常自送之. 袁盎進曰:「陛下以丞相何如人?」上曰:「社稷臣.」盎曰:「絳侯所謂功臣, 非社稷臣. 社稷臣主在與在, 主亡與亡. 方呂后時, 諸呂用事, 擅相王, 劉氏不絶如帶. 是時絳侯爲太尉, 主兵柄, 弗能正. 呂后崩, 大臣相與共畔諸呂, 太尉主兵, 適會其成功, 所謂功臣, 非社稷臣. 丞相如有驕主色. 陛下謙讓, 臣主失禮, 竊爲陛下不取也.」後朝, 上益莊, 丞相益畏. 已而絳侯望袁盎曰:「吾與而兄善, 今兒廷毁我!」盎遂不謝.

## 원수를 변호하여 주다

그 뒤 강후가 승상에서 물러나 자신의 봉국으로 돌아간 후의 일이다. 봉국 안의 어떤 자가 강후가 반역을 꾀한다고 밀고해 왔다. 이에 강후는 소환되어 옥에 갇혔으나 종실과 대신들은 누구 한 사람 강후를 위해 변호해 주는 자가 없었다.

이때 원앙만이 그의 무죄를 분명히 주장하고 나섰으며, 강후가 무사히 풀려나게 된 데는 원앙의 노력이 컸던 때문이었다. 그 뒤 강후와 원앙은 친교를 굳게 맺었다.

及絳侯免相之國, 國人上書告以爲反, 徵繫淸室, 宗室諸公莫敢爲言, 唯袁盎明絳侯無罪. 絳侯得釋, 盎頗有力. 絳侯乃大與盎結交.

## ◎ 제후가 지나치게 교만하면

회남淮南 여왕厲王은 입조하여 벽양후辟陽侯 심이기審食其를 죽이는 등 행동이 몹시 교만하였다. 그러자 원앙은 황제에게 이렇게 간언하였다.

"제후가 지나치게 교만하면 틀림없이 화가 생기게 마련입니다. 회남왕을 책하시고 그의 봉토를 깎아야 마땅한 줄로 압니다."

그러나 황제는 이를 듣지 않았다. 이에 회남왕은 점점 더욱 횡포해지기만 하였다. 그 사이에 극포후棘蒲侯 시무柴武가 태자의 반역에 관련된 사건이 발각되어 조사를 받게 되었다. 그 결과 회남왕과도 관련이 있다는 것이 밝혀져 회남왕은 소환되어 조사를 받게 되었다. 황제는 회남왕을 촉蜀으로 귀양보내기로 하되 죄수용 수레인 함거檻車에 태워 역驛을 따라 보내게 하였다. 이때 원앙은 중랑장中郎將으로써 이렇게 간언하였다.

"폐하께서 평소에 회남왕의 교만한 행동을 용인하시고 조금도 제지하지 않았기 때문에 이런 결과에 이른 것입니다. 그런데 지금 갑자기 이를 꺾으려 하십니다. 회남왕은 워낙 억센 성격이라 어떤 사태가 일어날지 알 수 없습니다. 또 만일 험한 여정에 죽기라도 하면 폐하께서는 넓은 천하를 차지하고 계시면서 아우 하나를 포용하지 못하여 죽였다는 오명을 듣게 될 것입니다. 그렇게 되면 이를 어찌하시겠습니까?"

그러나 황제는 이 말을 받아들이지 않고 결국은 회남왕을 촉으로 떠나보냈다.

淮南厲王朝, 殺辟陽侯, 居處驕甚. 袁盎諫曰:「諸侯大驕必生患, 可適削地.」上弗用. 淮南王益橫. 及棘蒲侯柴武太子謀反事覺, 治, 連淮南王, 淮南王徵, 上因遷之蜀, 轞車傳送. 袁盎時爲中郎將, 乃諫曰:「陛下素驕淮南王, 弗稍禁, 以至此, 今又暴摧折之. 淮南王爲人剛, 如有遇霧露行道死, 陛下竟爲以天下之大弗能容, 有殺弟之名, 柰何?」上弗聽, 遂行之.

## 세 가지 훌륭하신 덕행을 갖추고 계십니다

회남왕은 가는 도중 옹현雍縣에 이르러 병으로 죽고 말았다. 황제는 보고를 받자 식음을 전폐하며 통곡하였다. 원앙이 황제께 머리를 조아리며 그 때 더 강하게 간하지 못한 죄를 청하자, 황제는 이렇게 말하였다.

"경의 말을 듣지 않아 이런 결과가 나타났소."

원앙이 말하였다.

"폐하께서는 너무 상심하지 마십시오. 이미 지나간 일이옵니다. 후회한들 무슨 소용이 있겠습니까? 어쨌든 폐하께는 세상에 뛰어난 세 가지의 훌륭한 행적이 있으므로 이번 일로 폐하의 이름에 금이 가지는 않을 것입니다."

그러자 임금이 물었다.

"나에게 세 가지 뛰어난 행적이 있다니 무슨 말이오?"

원앙은 이렇게 설명하였다.

"폐하께서 대代에 계실 때 태후께서 3년 동안이나 병석에 계셨습니다. 그때 폐하께서는 밤에도 편히 주무시지 못하며, 옷도 벗지 않으시고 탕약도 폐하께서 친히 맛보신 다음에야 태후께 드렸습니다. 효행으로 유명한 증삼曾參이 평민의 자유로운 몸으로도 행하기 어려운 일을 폐하께서는 황제의 귀하신 몸으로 친히 실행하신 것입니다. 다음으로 여씨 일족이 정권을 쥐고 대신들이 제멋대로 일을 결정하고 있을 때, 폐하께서는 대에서 고작 여섯 대의 역전차驛傳車를 타고 어떤 위험이 도사리고 있는지도 알 수 없는 심연 같은 수도로 달려오셨습니다. 맹분孟賁과 하육夏育의 용기로도 폐하께는 미칠 수 없었습니다. 또 폐하께서는 대왕代王 저택에서 천자의 지위를 서향해서 두 번, 남향하여 세 번이나 사양하셨습니다. 저 허유許由도 한 번밖에 사양하지 않았는데 폐하께서는 다섯 번이나 천하를 사양하신 것입니다. 허유보다 네 번이나 더 하신 것입니다. 폐하께서 회남왕을 귀양보내신 것은 왕이 스스로 반성하여 허물을 고치게 하려는 생각에서였습니다. 다만 관리들이 조심하여 보호하지 못한 탓으로 회남왕이 병사한 것입니다."

이 말을 듣고 난 뒤로 황제의 아픈 마음은 가시었다. 황제는 원앙에게 물었다.

"앞으로 어떻게 하면 좋겠소?"

원앙이 일러주었다.

"회남왕에게는 세 아들이 있습니다. 그들을 어떻게 하실 것인가는 폐하의 생각에 달려있습니다."

이에 문제는 그 세 아들을 모두 왕으로 봉하였다.

원앙의 이름은 이 일로 인해 조정에서 더욱 중시되는 인물이 되었다.

淮南王至雍, 病死, 聞, 上輟食, 哭甚哀. 盎入, 頓首請罪. 上曰:「以不用公言至此.」盎曰:「上自寬, 此往事, 豈可悔哉! 且陛下有高世之行者三, 此不足以毁名.」上曰:「吾高世行三者何事?」盎曰:「陛下居代時, 太后嘗病, 三年, 陛下不交睫, 不解衣, 湯藥非陛下口所嘗弗進. 夫曾參以布衣猶難之, 今陛下親以王者脩之, 過曾參孝遠矣. 夫諸呂用事, 大臣專制, 然陛下從代乘六乘傳馳不測之淵, 雖賁育之勇不及陛下. 陛下至代邸, 西向讓天子位者再, 南面讓天子位者三. 夫許由一讓, 而陛下五以天下讓, 過許由四矣. 且陛下遷淮南王, 欲以苦其志, 使改過, 有司衛不謹, 故病死.」於是上乃解, 曰:「將柰何?」盎曰:「淮南王有三子, 唯在陛下耳.」於是文帝立其三子皆爲王. 盎由此名重朝廷.

## 이 나라에 인재가 그리도 없습니까

원앙은 항상 근본 문제를 내세워 강개하게 굴면서 세상일을 개탄하곤 하였다. 그 무렵 황제의 총애를 받던 환관 조동趙同이 늘 원앙을 미워하여 중상하고 있어 원앙은 그것이 꺼림칙하였다. 그러자 원앙의 조카로서 상시위常侍衛가 되어 부절符節을 잡고 황제 가까이 수종하던 종種이 원앙에게 이렇게 귀띔해 주었다.

"조동과 만나게 되거든 어전에서 그에게 모욕을 주십시오. 그러면 그 녀석의 중상이 먹혀들지 않을 것입니다."

이에 원앙은 기회를 기다렸다. 어느 날 문제가 외출하는 데 조동이 마침 같은 수레에 타고 있는 것을 보았다. 그러자 원앙은 황제가 탄 수레

앞으로 나아가 엎드려 말하였다.

"신은 듣건대 '천자께서 여섯 대의 수레에 함께 탈 수 있는 사람은 모두 천하의 호걸과 영웅'이라고 합니다. 지금 한나라에 인재가 부족하다고는 하나 폐하께서 어찌하여 궁형을 받은 죄인 환관과 함께 수레를 타십니까?"

황제는 웃으며 조동을 내리게 하였다. 조동은 울면서 수레에서 내릴 수밖에 없었다.

袁盎常引大體忼慨. 宦者趙同以數幸, 常害袁盎, 袁盎患之. 盎兄子種爲常侍騎, 持節夾乘, 說盎曰:「君與鬬, 廷辱之, 使其毁不用.」孝文帝出, 趙同參乘, 袁盎伏車前曰:「臣聞天子所與共六尺輿者, 皆天下豪英. 今漢雖乏人, 陛下獨柰何與刀鉅餘人載!」於是上笑, 下趙同. 趙同泣下車.

## 천금의 부잣집 아들은 마루 끝에 앉지 않는다

문제가 패릉霸陵 위에서 서쪽으로 가파른 고갯길을 말을 달려 내려가려 하였다. 원앙은 타고 있던 말을 황제의 수레와 나란히 하여 수레를 끄는 말고삐를 잡아당겼다. 그러자 황제가 말하였다.

"장군은 두렵소?"

이에 원앙은 이렇게 말하였다.

"신이 듣건대 '천금을 가진 부잣집 아들은 마루 끝에 앉지 아니하고, 백금을 가진 부잣집 아들은 난간에 기대서지 않으며, 현명한 군주는 위험을 무릅써 가며 요행을 바라지 않는다'라 합니다. 지금 폐하께서는 여섯 마리가 끄는 마차를 몰고 험한 산비탈을 내려가려 하시는데, 만일 말이 놀라 수레가 부서지기라도 한다면, 폐하께서 몸을 가벼이 하신 것은 물론이거니와 종묘와 태후를 어떻게 대하실 수 있겠습니까?"

이에 황제는 달릴 생각을 그만두었다.

文帝從霸陵上, 欲西馳下峻阪. 袁盎騎, 並車擥轡. 上曰:「將軍怯邪?」盎曰:「臣聞千金之子坐不垂堂, 百金之子不騎衡, 聖主不乘危而徼幸. 今陛下騁六騑, 馳下峻山, 如有馬驚車敗, 陛下縱自輕, 柰高廟·太后何?」上乃止.

### ◎ 위해 주는 것이 화를 부르는 일입니다

황제가 상림원上林苑에 가면서 황후와 신부인愼夫人을 동반하였을 때였다. 황후와 신부인은 궁중에서는 언제나 같은 줄에 자리를 하고 앉았기 때문에 여기서도 관리가 같은 줄에 자리를 폈다. 그러자 원앙은 신부인의 자리를 뒷줄로 끌어내렸다. 신부인은 화가 나서 자리에 앉기를 거절하고 황제 역시 기분이 언짢아 자리에서 일어나 궁중으로 돌아가 버렸다. 그러자 원앙은 즉시 내전으로 들어가 황제 앞으로 나아가 이렇게 설명하였다.

"제가 듣건대 '존비의 순서가 확립되어 있으면 상하가 화목하다'라 하였습니다. 지금 폐하께서는 이미 황후를 세우셨으니 신부인은 첩입니다. 첩과 정처가 같은 자리에 앉아서야 되겠습니까? 이것은 높고 낮음의 분별을 잃는 것입니다. 폐하께서 그처럼 신부인을 사랑하시면 후하게 금품을 하사하실 일입니다. 지금 폐하께서 신부인을 위하는 걸로 알고 하시는 일은 실상 신부인에게 화가 되는 일이옵니다. 폐하께서는 설마 저 인체人彘의 일을 모른다 하지는 않으시겠지요?"

이에 황제는 기뻐하며 신부인을 불러 그 까닭을 말하였다. 이에 신부인은 원앙에게 황금 50근을 내렸다.

上幸上林, 皇后·愼夫人從. 其在禁中, 常同席坐. 及坐, 郎署長布席, 袁盎引卻愼夫人坐. 愼夫人怒, 不肯坐. 上亦怒, 起, 入禁中. 盎因前說曰:「臣聞尊卑有序則上下和. 今陛下旣已立后, 愼夫人乃妾, 妾主豈可與同坐哉? 適所以失尊卑矣. 且陛下幸之, 卽厚賜之. 陛下所以爲愼夫人, 適所以禍之. 陛下獨不見『人彘』乎?」於是上乃說, 召語愼夫人. 愼夫人賜盎金五十斤.

### ◎ 술이나 마시며 세월을 보내십시오

그러나 원앙은 너무 자주 직간하였기 때문에 궁중에 오래 있지 못하고 농서隴西의 도위都尉로 좌천되었다. 거기에서는 사졸들을 사랑으로 대해 주었기 때문에 그들은 모두 그를 위해 앞다투어 몸을 내던지려 하였다. 나중에 그는 제齊나라 재상이 되었다가 다시 오吳나라 재상이 되었다.

그가 오나라로 부임하며 하직 인사를 하고 떠날 때 조카 종이 그에게 말하였다.

"오나라 왕은 이미 오래 전부터 교만할 뿐 아니라 나라에는 간악한 신하들이 많습니다. 지금 만일 그들을 탄핵하거나 고발하여 바로잡으려 하면 그들은 거꾸로 폐하에게 글을 올려 숙부를 고발하거나 아니면 날카로운 검으로 해치려 들게 뻔합니다. 남쪽은 지대가 낮고 습기가 많은 곳이니 그저 술이나 마시고 날을 보내며 다른 일에 대해서는 일체 간섭을 하지 마시고 이따금 왕에게 '반역을 꾀하지 마십시오'라고 말하는 정도로 그치십시오. 그러면 요행히 난을 벗어날 수 있을 것입니다."

원앙은 종이 하라는 대로 하자, 오나라 왕이 후대하였다.

然袁盎亦以數直諫, 不得久居中, 調爲隴西都尉. 仁愛士卒, 士卒皆爭爲死. 遷爲齊相. 徙爲吳相, 辭行, 種謂盎曰:「吳王驕日久, 國多姦. 今苟欲劾治, 彼不上書告君, 卽利劍刺君矣. 南方卑濕, 君能日飮, 毋何, 時說王曰毋反而已. 如此幸得脫.」盎用種之計, 吳王厚遇盎.

## 아무런 공도 세우지 못한 자가 승상이 되다니

원앙이 휴가를 얻어 집에 돌아올 때였다. 도중에서 승상 신도가申屠嘉를 만나자, 원앙은 수레에서 내려 정중히 인사를 드렸다. 그런데 승상은 수레 위에서 가볍게 답례할 뿐이었다. 원앙은 집으로 돌아와 생각해 보았다. 부하들 보는 데서 승상에게 홀대받은 것이 부끄러워 참다 못해 승상의 관저로 찾아가 명함을 내밀며 면회를 청하였다. 승상은 얼마가 지나서야 겨우 만나 주었다. 원앙은 무릎을 굽히고 말하였다.

"바라건대 사람을 물려주십시오."

승상이 말하였다.

"당신이 하고 싶어하는 말이 공사公事라면 청사로 나가 장사長史와 연掾 등 속관들과 상의해 주시오. 그러면 내가 그것을 황제께 올릴 것이오. 만일 사사로운 일이라면 받아들이지 않겠소."

원앙은 곧 일어나 말하였다.

"상공은 승상의 자격으로서 자신을 진평陳平이나 강후와 비교해 누가 낫다고 생각하십니까?"

승상이 대답하였다.

"내가 그들보다 못하오."

원앙은 이렇게 말하였다.

"좋습니다. 상공은 자신이 못하다 하셨습니다. 저 진평과 강후는 고조를 도와 천하를 평정하고 대장과 재상이 되어 여씨 일족을 물리쳐 유씨를 편안하게 만든 인물입니다. 그런데 상공은 용력과 재능을 인정받아 재관궐장材官蹶張이 되고, 대장隊長으로 발탁되어 공을 쌓음으로써 회양淮陽 군수로 승진되었을 뿐, 기발한 계책을 세워주었거나 성을 치고 들에서 싸운 공이 있었던 것은 아닙니다. 그리고 폐하께서는 대에서 대궐로 들어오시게 될 즈음, 조회가 열릴 때마다 봉련鳳輦을 멈추어 낭관이 올리는 상소를 받았습니다. 그리고 그 내용이 쓸모 없는 것이면 버려 두고, 쓸만한 것이면 곧 채택을 하시어 '좋다'라고 칭찬하지 않은 일이 없었습니다. 이유는 천하의 현명한 사대부들을 불러모으려는 생각을 갖고 계셨기 때문입니다. 폐하께서는 또 날마다 아직 듣지 못한 것을 들으시고 아직 알지 못한 것을 분명히 하시어 나날이 성인의 지혜를 더해 가고 계신데, 상공은 지금 스스로 천하 사람들의 입을 막아 날로 더욱 우매해져 가고 있습니다. 만일 현명한 군주께서 어리석은 재상을 책하신다면 상공이 화를 받게 되는 것도 그리 먼 날이 아닐 것입니다."

그제야 승상은 원앙에게 두 번 절하고 말하였다.

"나는 미천한 사람이라 아무것도 모릅니다. 장군께서 여러 모로 가르쳐 주시면 다행이겠습니다."

말을 마치자 원앙을 끌고 안으로 들어가 자리를 함께 하고 상객으로 후히 대접하였다.

盎告歸, 道逢丞相申屠嘉, 下車拜謁, 丞相從車上謝袁盎. 袁盎還, 愧其吏, 乃之丞相舍上謁, 求見丞相. 丞相良久而見之. 盎因跪曰:「願請閒.」丞相曰:「使君所言公事, 之曹與長史掾議, 吾且奏之; 卽私邪, 吾不受私語.」袁盎卽跪說曰:「君爲丞相, 自度孰與陳平·絳侯?」丞相曰:「吾不如.」袁盎曰:「善, 君卽自謂不如. 夫陳平·絳侯輔翼高帝, 定天下, 爲丞相, 而誅諸呂, 存劉氏; 君乃爲材官蹶張, 遷爲隊率, 積功至淮陽守, 非有奇計攻城野戰之功. 且陛下從代來, 每朝, 郎官上書疏, 未嘗不止輦受其言, 言不可用置之, 言可受採之, 未嘗不稱善. 何也? 則欲以致天下賢士大夫. 上日聞所不聞, 明所不知, 日益聖智; 君今自閉鉗天下之口而日益愚. 夫以聖主責愚相, 君受禍不久矣.」丞相乃再拜曰:「嘉鄙野人, 乃不知, 將軍幸敎.」引入與坐, 爲上客.

## 조착과의 불편한 관계

원앙은 평소 조착鼂錯을 좋아하지 않았다. 조착이 자리에 앉아 있으면 원앙이 가버리고, 원앙이 앉아 있으면 조착 역시 자리를 떠나버리는 관계였다. 이에 두 사람은 한 번도 같은 방에서 말을 나눈 적이 없었다.

문제가 죽고 경제孝景帝가 즉위하자 조착이 어사대부가 되었다. 그는 즉시 원앙이 오나라 왕에게서 뇌물을 받았다 하여 형리에게 조사시킨 다음 죄를 씌웠다. 그러나 황제는 원앙을 서인으로 만드는 정도로 죄를 용서하였다.

盎素不好鼂錯, 鼂錯所居坐, 盎去; 盎坐, 錯亦去: 兩人未嘗同堂語. 及孝文帝崩, 孝景帝卽位, 鼂錯爲御史大夫, 使吏案袁盎受吳王財物, 抵罪, 詔赦以爲庶人.

## 조착의 목을 쳐 주십시오

오나라와 초나라의 반란이 전해지자, 조착은 승丞과 사史에게 이렇게 일렀다.

"원앙은 오나라 왕의 돈을 많이 받고, 오로지 오나라 왕을 위해 사실을 은폐하며 반역하지 않았다고 말하고 있다. 그런데 지금 오나라 왕은 역시 반역을 꾀하였다. 원앙을 심문할 것을 황제께 청하려 한다. 그렇게 되면 그놈의 음모를 밝혀낼 수 있을 것이다."

그러나 부관들이 일제히 반대하였다.

“모반이 일어나기 전에 원앙을 처벌하였더라면 그들의 역모를 방지할 수도 있었겠지만, 지금 반란군은 서쪽으로 가고 있는 이 마당에 원앙을 처벌한다고 하여 무슨 도움이 있겠습니까? 게다가 원앙은 그런 음모를 꾸밀 리 없습니다.”

조착이 결정을 내리지 못하고 주저하고 있었다. 그러자 누군가가 원앙에게 그런 사실을 일러 주었다. 원앙은 두려워 밤을 타 두영竇嬰을 만나 오나라가 모반한 원인을 설명하고 덧붙여 이렇게 말하였다.

“내가 직접 폐하의 어전으로 나가 상세히 말씀을 드릴 수 있도록 해 주십시오.”

두영은 내전으로 들어가 황제께 아뢰었다. 황제는 즉각 원앙을 불러 만났다. 조착이 어전에 모시고 있었으나, 원앙이 잠시 사람을 물려 달라고 청하여 어쩔 수 없이 물러나 있었다. 물론 조착은 몹시 분해하였다. 원앙은 오나라가 모반하게 된 것은 조착이 멋대로 제후들의 영토를 깎아 내린 때문이라는 것을 설명하고 이렇게 말하였다.

“지금 당장 조착의 목을 베어 오나라에 사과하는 뜻을 보여 주십시오. 그러면 오나라의 반란은 곧 그치게 될 것입니다.”

이의 상세한 내용은 〈오왕비 열전〉에 기록하였다. 황제는 이어 원앙을 태상太常에 임명하고, 두영을 대장군에 임명하였다. 두 사람은 원래부터 사이가 좋았다. 오나라가 모반하자 장안 주변의 여러 능陵 근처로 옮겨와 살고 있던 장자長者들과 장안 도읍 안에 있는 고관들이 앞다투어 두 사람 밑으로 모여들었다. 두 사람의 문 앞에는 매일 수백 대의 수레가 들끓었다.

吳楚反, 聞, 鼂錯謂丞史曰:「夫袁盎多受吳王金錢, 專爲蔽匿, 言不反. 今果反, 欲請治盎宜知計謀.」丞史曰:「事未發, 治之有絶. 今兵西鄕, 治之何益! 且袁盎不宜有謀.」鼂錯猶與未決. 人有告袁盎者, 袁盎恐, 夜見竇嬰, 爲言吳所以反者, 願至上前口對狀. 竇嬰入言上, 上乃召袁盎入見. 鼂錯在前, 及盎請辟人賜閒, 錯去, 固恨甚. 袁盎具言吳所以反狀, 以錯故, 獨急斬錯以謝吳, 吳兵乃可罷. 其語具在《吳事》中. 使袁盎爲太常, 竇嬰爲大將軍. 兩人素相與善. 逮吳反, 諸陵長者長安中賢大夫爭附兩人, 車隨者日數百乘.

## 시녀와 밀통한 부하

조착이 처형되고 난 다음 원앙은 태상으로 오나라에 사신 길을 떠났다. 오왕은 원앙을 장군으로 삼고자 하였으나, 그가 말을 듣지 않자 죽여 없애려고 도위 한 사람에게 500명의 군사를 거느리고 원앙을 감시하도록 하였다.

한편 이에 앞서 원앙이 오나라 재상으로 있을 무렵, 그의 속관 종사從史 한 사람이 원앙의 시녀와 밀통한 일이 있었다. 그때 원앙은 사실을 알고 있으면서도 말을 하지 않고 전과 다름없는 대우를 해 주었었다. 그런데 누군가가 종사에게 말하였다.

"재상께서는 자네가 시녀와 밀통하고 있는 것을 알고 계시다네."

이 말을 듣자 그는 고향으로 달아났다. 그것을 안 원앙은 직접 말을 달려 뒤쫓아가 그를 데리고 돌아왔다. 그리고 자기 시녀를 그에게 보내주고 종사를 전처럼 지내게 하였다.

그런데 이번에 원앙이 오나라에 사신으로 가서 포위되어 감시당하고 있을 때, 공교롭게도 교위사마校尉司馬가 되어 있던 그 종사가 원앙을 감시하게 되었다. 그는 가지고 있던 옷가지와 물건들을 몽땅 팔아 독한 술 두 섬을 샀다. 마침 추운 때였고, 사졸들은 굶주리고 목말라 있었다. 그런 사정에 교위사마가 술을 내주자 사졸들은 모두 취하도록 마시고 잠들었다. 밤이 깊어지자, 사마는 원앙을 깨워 말하였다.

"어서 달아나십시오. 오왕은 내일을 기하여 상공을 죽일 것입니다."

원앙은 믿어지지가 않았다.

"당신은 누구요?"

사마가 말하였다.

"소인은 그전 종사로 있던 사람으로 상공의 시녀와 밀통했던 자입니다."

원앙은 놀라며 거절하였다.

"그대는 다행히도 양친이 살아 계시지 않는가? 나로 인해 그대에게 누를 끼칠 생각은 없네."

종사는 재촉하였다.

"상공께서는 달아나시기만 하면 됩니다. 저도 도망쳐 양친을 피신시키면 될 텐데 무슨 걱정을 하십니까?"

사마는 칼로 군막을 찢어 벌리고 원앙을 인도하여 취해 잠들어 있는 사졸들 틈을 누비며 서남쪽 모퉁이를 빠져나온 다음 서로 반대 방향으로 달아났다.

원앙이 절모節毛를 끌러 품 속에 넣고, 지팡이를 짚은 채 7, 8리를 걸어가자 날이 밝았다. 그리고 다행히 관군官軍인 양나라 기병부대와 마주치게 되었다. 원앙은 곧 말을 얻어 타고 마침내 수도로 돌아와 보고를 올렸다.

及鼂錯已誅, 袁盎以太常使吳. 吳王欲使將, 不肯. 欲殺之, 使一都尉以五百人圍守盎軍中. 袁盎自其爲吳相時, 有從史嘗盜愛盎侍兒, 盎知之, 弗泄, 遇之如故. 人有告從史, 言「君知爾與侍者通」, 乃亡歸. 袁盎驅自追之, 遂以侍者賜之, 復爲從史. 及袁盎使吳見守, 從史適爲守盎校尉司馬, 乃悉以其裝齎置二石醇醪, 會天寒, 士卒飢渴, 飲酒醉, 西南陬卒皆臥, 司馬夜引袁盎起, 曰:「君可以去矣, 吳王期旦日斬君.」盎弗信, 曰:「公何爲者?」司馬曰:「臣故爲從史盜君侍兒者.」盎乃驚謝曰:「公幸有親, 吾不足以累公.」司馬曰:「君弟去, 臣亦且亡, 辟吾親, 君何患!」乃以刀決張, 道從醉卒(直)隧[直]出. 司馬與分背, 袁盎解節毛懷之, 杖, 步行七八里, 明, 見梁騎, 騎馳去, 遂歸報.

### 극맹을 사귀는 이유

이윽고 오초의 반란군을 격파되고 난 뒤, 경제는 다시 원왕元王의 아들 평륙후平陸侯 유례劉禮를 초왕에 봉하고, 원앙을 초나라 재상으로 임명하였다. 그 뒤 원앙은 황제에게 글을 올려 의견을 말한 적도 있었으나 채택되지 않았고, 그 와중에 병으로 벼슬을 그만두고 집에 들어앉게 되었다. 그리고 마을 사람들과 똑같은 모습으로 살아가며 함께 어울려 닭싸움과 개싸움으로 날을 보냈다.

낙양의 극맹劇孟이란 사람이 원앙의 집에 들른 적이 있었다. 그때 원앙은 그를 후히 대접하였다. 그러자 안릉의 어느 부자가 원앙에게 이렇게 말하였다.

"듣기로 극맹은 한낱 노름꾼이라 합니다. 장군은 어찌하여 그런 사람과 교제를 하십니까?”

원앙은 이렇게 대답하였다.

“극맹은 노름꾼이기는 하지만, 그의 어머니가 죽었을 때에는 조상 온 손님의 수레가 천 대가 넘었소. 이것은 극맹이 무언가 남보다 뛰어난 데가 있기 때문일 것입니다. 그리고 위급한 경우는 누구에게나 있기 마련이오. 만일 하루아침에 급한 일을 당해 문을 두들기며 도움을 청해 왔을 때, 늙은 부모가 살아 계시다는 것을 핑계로 거절을 하거나 다른 볼일을 구실로 집에 없다고 따돌리거나 하지 않고, 누구나 의지할 수 있는 사람은 계심季心과 극맹뿐이오. 지금 당신은 언제나 몇 명의 말 탄 시종들을 데리고 다니지만 일단 다급한 일이 생겼을 경우 그들을 믿을 수 있다고 생각하시오?”

원앙은 이같이 그 부자를 꾸짖고는 절교를 해 버렸다. 뜻 있는 사람들은 이 말을 듣자 모두 원앙을 칭찬하였다.

吳楚已破, 上更以元王子平陸侯禮爲楚王, 袁盎爲楚相. 嘗上書有所言, 不用. 袁盎病免居家, 與閭里浮沈, 相隨行, 鬭雞走狗. 雒陽劇孟嘗過袁盎, 盎善待之. 安陵富人有謂盎曰:「吾聞劇孟博徒, 將軍何自通之?」盎曰:「劇孟雖博徒, 然母死, 客送葬車千餘乘, 此亦有過人者. 且緩急人所有. 夫一旦有急叩門, 不以親爲解, 不以存亡爲辭, 天下所望者, 獨季心·劇孟耳. 今公常從數騎, 一旦有緩急, 寧足恃乎!」罵富人, 弗與通. 諸公聞之, 皆多袁盎.

## 자객을 조심하시오

원앙은 비록 벼슬을 그만두기는 하였지만, 그 뒤에도 경제는 가끔 사람을 보내어 정책에 관한 그의 의견을 물었다. 그 무렵 경제의 동생인 양왕이 황제의 뒤를 이을 생각이었으나, 원앙이 이를 반대하였기 때문에 이야기가 중단되고 말았다. 양왕은 이 일로 원앙에 대해 원한을 품고 사람을 보내어 그를 찔러 죽이고자 하였다. 그러나 자객이 관중으로 찾아와 원앙의 사람됨을 알아보았더니 훌륭한 사람들이 모두 그를 칭찬해 마지않는 것이었다. 이에 자객은 원앙을 만나 이렇게 말하였다.

"소인은 양왕에게서 돈을 받고 상공을 죽이러 왔지만, 상공은 덕이 있는 분이라 차마 해칠 수가 없소. 그러나 상공을 해치려는 사람이 10여 명이나 더 있으니 앞으로도 조심하시오!"

이 말을 듣자 원앙은 불안하기만 하였다. 또 집안에서도 이상한 일들이 자주 일어나기도 하여 배생棓生이란 점쟁이를 찾아가 점을 보았다. 그리고 돌아오던 도중 안릉安陵 성문 밖에서 그를 뒤쫓던 양나라 자객에게 살해되고 말았다.

袁盎雖家居, 景帝時時使人問籌策. 梁王欲求爲嗣, 袁盎進說, 其後語塞. 梁王以此怨盎, 曾使人刺盎. 刺者至關中, 問袁盎, 諸君譽之皆不容口. 乃見袁盎曰:「臣受梁王金來刺君, 君長者, 不忍刺君. 然後刺君者十餘曹, 備之!」袁盎心不樂, 家又多怪, 乃之棓生所問占. 還, 梁刺客後曹輩果遮刺殺盎安陵郭門外.

## 〈2〉조착鼂錯

### 형명학을 배우다

조착鼂錯은 영천潁川 사람이다. 그는 신불해申不害와 상앙商鞅의 형명학刑名學을 지軹 땅에 사는 장회선생張恢先生 밑에서 배웠는데, 낙양의 송맹宋孟과 유례劉禮와는 동문 제자 사이였다. 이윽고 조착은 학식을 인정받아 태상의 장고掌故가 되었다.

鼂錯者, 潁川人也. 學申商刑名於軹張恢先所, 與雒陽宋孟及劉禮同師. 以文學爲太常掌故.

### 복생에게 상서를 전수받다

조착의 사람됨은 인정이 없고, 지나칠 정도로 강직하며 준엄하였다.

문제 때에는 천하에 《상서尙書》를 공부한 사람이 없었다. 다만 진秦나라의 박사였던 복생伏生이 제남濟南에 있으며 《상서》에 통달해 있다고는 하였으나,

이미 나이가 90이 넘고 노쇠하여 조정으로 불러들일 수가 없었다. 이에 황제는 태상에게 명하여 누군가를 복생에게 보내어 배워 오도록 하였는데, 태상은 조착을 보내게 되었다.

조착은 모두 배우고 돌아오자 《상서》에서 말을 끌어내어 유익한 정책에 관한 의견을 글로 작성하여 올렸다. 황제는 조착을 태자사인으로 임명한 다음, 이어 문대부門大夫·가령家令으로 승진시켰다.

조착은 뛰어난 구변으로 태자의 총애를 받았으며, 태자궁에서 '지혜 주머니'라 불리었다.

조착은 문제 때 자주 글을 올려 제후들의 봉읍을 깎아 내릴 것과 법령을 개정해야 할 것에 대하여 논하였다. 그가 올린 상소문은 몇 십 통에 이르렀다. 문제는 이를 받아들이지 않았으나, 그의 재주를 인정하여 중대부中大夫로 승진시켰다. 그 무렵 태자는 조착의 계책에 찬성의 뜻을 표하였으나, 원앙 등 대신과 공신 중에는 조착을 좋아하지 않는 사람이 많았다.

錯爲人峭直刻深. 孝文帝時, 天下無治《尚書》者, 獨聞濟南伏生故秦博士, 治《尚書》, 年九十餘, 老不可徵, 乃詔太常使人往受之. 太常遣錯受《尚書》伏生所. 還, 因上便宜事, 以《書》稱說. 詔以爲太子舍人·門大夫·家令. 以其辯得幸太子, 太子家號曰「智囊」. 數上書孝文時, 言削諸侯事, 及法令可更定者. 書數十上, 孝文不聽, 然奇其材, 遷爲中大夫. 當是時, 太子善錯計策, 袁盎諸大功臣多不好錯.

## 사당의 담을 뚫은 죄목

경제가 즉위하자 조착은 내사內史에 임명되었다. 조착은 자주 주위 사람들을 물리치고 황제에게 정치에 대한 의견을 말하였으며, 조착의 의견은 그때마다 받아들여졌다. 황제의 총애는 구경九卿보다 앞서 그의 한 몸에 모아지고, 법령은 그의 말에 의해 개정되는 것이 많았다. 승상인 신도가는 속으로 못마땅하게 여겼지만, 조착을 억제할 만한 힘이 없었다.

내사의 청사는 태상황太上皇의 사당 담 안쪽과 담 바깥 사이의 빈 터에 있었는데 문이 동쪽에 붙어 있어 불편하였다. 그 때문에 조착은 남쪽으로도 나갈 수 있도록 문을 하나 더 만들어 둘로 하였다. 그런데 새 문을 만들기 위해 구멍을 뚫은 곳이 사당 빈 터 바깥담이었다. 승상 신도가가 이를 알자, 크게 화를 내며 그 허물로써 조착을 처형할 것을 주청하고자 하였다.

조착은 이 소식을 듣고 그 날 밤으로 사람을 물리칠 것을 청하고 황제에게 상세한 경위를 말하였다. 뒤에 승상이 정사에 대한 보고를 하고 나서 그 기회에 조착이 제멋대로 사당 담에 구멍을 뚫어 문을 만든 것을 문제삼아 조착을 정위廷尉에게 넘겨 처형할 것을 청하였다. 그러자 황제는 이렇게 말하였다.

"그것은 사당 담이 아니라 빈 터가 있는 바깥 담이오. 그러니 법에 저촉되지 않소."

승상은 황제에게 사죄하고 물러날 수밖에 없었다. 조정에서 물러나온 승상은 화가 나 장사長史에게 이렇게 말하였다.

"나는 마땅히 먼저 조착을 베고 나서 폐하께 말씀을 드렸어야 하였다. 주청부터 먼저 하려고 하였기 때문에 어린 녀석에게 모욕을 당하였으니 애초 생각을 잘못하였다."

승상은 마침내 그것이 화병이 되어 죽고 말았다. 조착은 이로써 더욱 귀한 신분이 되었다.

景帝卽位, 以錯爲內史. 錯常數請閒言事, 輒聽, 寵幸傾九卿, 法令多所更定. 丞相申屠嘉心弗便, 力未有以傷. 內史府居太上廟壖中, 門東出, 不便, 錯乃穿兩門南出, 鑿廟壖垣. 丞相嘉聞, 大怒, 欲因此過爲奏請誅錯. 錯聞之, 卽夜請閒, 具爲上言之. 丞相奏事, 因言錯擅鑿廟垣爲門, 請下廷尉誅. 上曰:「此非廟垣, 乃壖中垣, 不致於法.」丞相謝. 罷朝, 怒謂長史曰:「吾當先斬以聞, 乃先請, 爲兒所賣, 固誤.」丞相遂發病死. 錯以此愈貴.

### 유씨는 편안하지만 조씨는 불행하다

조착은 결국 어사대부에까지 올랐다.

그 뒤 조착은 죄과를 범한 제후들의 봉지를 삭감하고, 변경 지대의 군郡은 모조리 몰수할 것을 주청하였다. 그 주청이 올라오자, 황제는 공경·열후·종실들을 불러모아 의논하게 하였다. 그런데 그때 누구도 감히 반대하려 들지를 못하였는데, 오직 두영만은 이를 반대하여 이때부터 조착과 사이가 나빠졌다.

조착이 개정한 법령은 30장章에 달하였다. 제후들 사이에서는 조착을 미워하는 소리가 날로 높아갔다. 조착의 아버지가 이를 듣고 영천에서 올라와 조착을 만나 이렇게 말하였다.

"금상 폐하께서 즉위하신 처음부터 너는 정사를 자기 멋대로 하며, 제후들의 봉토를 깎아 남의 골육 사이를 벌어지게 만들고 있어, 원망하는 사람들이 많다 하니 어찌 된 일이냐?"

그러자 조착은 이렇게 말하였다.

"당연하신 말씀입니다. 그러나 그렇게 하지 않으면 천자는 존엄해질 수 없고 종묘는 편안해지지 않습니다."

아버지가 다시 말하였다.

"유씨는 편안해졌지만, 우리 조씨는 위태로워졌으니 차라리 나는 죽어 버리겠다."

이리하여 조착의 아버지는 독약을 마시고 죽었다. 그는 죽기 전에 이렇게 말하였다.

"화가 내 몸에 미치는 것을 나는 차마 볼 수 없다."

그가 죽은 지 열흘 남짓해 과연 '오·초 7국의 난'이 일어났는데 조착을 주살할 것을 명분으로 내세웠다. 그때 두영과 원앙이 어전에 나아가 황제를 설득하여 결국 황제는 조착에게 조복朝服을 입힌 채 동시東市에서 참형에 처하도록 하였다.

遷爲御史大夫, 請諸侯之罪過, 削其地, 收其枝郡. 奏上, 上令公卿列侯宗室集議, 莫敢難, 獨竇嬰爭之, 由此與錯有卻. 錯所更令三十章, 諸侯皆諠譁疾鼂錯. 錯父聞之, 從潁川來, 謂錯曰:「上初卽位, 公爲政用事, 侵削諸侯, 別疏人骨肉, 人口議多怨公者, 何也?」鼂錯曰:「固也. 不如此, 天子不尊, 宗廟不安.」錯父曰:「劉氏安矣, 而鼂氏危矣, 吾夫公歸矣!」遂飮藥死, 曰:「吾不忍見禍及吾身.」死十餘日, 吳楚七國果反, 以誅錯爲名. 及竇嬰·袁盎進說, 上令鼂錯衣朝衣斬東市.

## 조착은 죽인 것을 후회하고 있소

조착이 죽고 나서 알자복야謁者僕射인 등공鄧公이 교위校尉가 되어 오초의 반란군을 치고 장군으로 승진하였다. 군사 업무를 보고하러 돌아온 그가 군사에 관한 글을 올리고 황제께 알현하였을 때 황제가 물었다.

"경이 싸움터에서 돌아왔으니 묻겠소. 조착이 죽은 것을 알고 오초의 반란군이 싸움을 중지하려 하지 않았소?"

등공이 말하였다.

"오왕이 반란을 꾀한 것은 수십 년에 이르고 있습니다. 봉토 삭감에 반감을 품고 조착을 주살해 줄 것을 명분으로 삼고는 있으나, 그의 뜻은 조착에 있지 않습니다. 신은 오히려 천하의 선비들이 이 일로 인해 입을 다물고 감히 의견을 말할 수 없게 되지나 않을까 두렵습니다."

황제가 물었다.

"무슨 말이오?"

등공은 이렇게 설명하였다.

"조착의 생각은 제후들이 너무 강대해지면, 통제할 수 없게 되지 않을까 걱정하여 제후들의 봉토를 줄이도록 주청하여 나라의 존엄을 꾀하였던 것입니다. 이것은 만세에 걸친 이익이옵니다. 그리고 그 계획이 겨우 시행을 보게 되자, 조착이 갑자기 극형을 받게 된 것입니다. 이것은 안으로는 충신의 입을 막고 밖으로는 제후들을 위해 원수를 갚아 준 것이 됩니다. 신은 그것이 폐하께서 해서는 안 될 일로 여깁니다."

경제는 한동안 말이 없다가 얼마 후에야 입을 열었다.

"경의 의견이 옳소. 나도 후회하고 있소."

그리하여 등공은 성양城陽의 중위中尉에 임명되었다.

鼂錯已死, 謁者僕射鄧公爲校尉, 擊吳楚軍爲將. 還, 上書言軍事, 謁見上. 上問曰:「道軍所來, 聞鼂錯死, 吳楚罷不?」鄧公曰:「吳王爲反數十年矣, 發怒削地, 以誅錯爲名, 其意非在錯也. 且臣恐天下之士噤口, 不敢復言也!」上曰:「何哉?」鄧公曰:「夫鼂錯患諸侯彊大不可制, 故請削地以尊京師,萬世之利也. 計畫始行, 卒受大戮, 內杜忠臣之口, 外爲諸侯報仇, 臣竊爲陛下不取也.」 於是景帝黙然良久, 曰: 「公言善, 吾亦恨之.」 乃拜鄧公爲城陽中尉.

## 〈3〉등공鄧公

### 구경에 오른 등공

등공은 성고成固 사람으로 기이한 계책을 많이 내 놓았던 사람이다. 건원建元 연간에 무제孝武帝가 현량賢良을 뽑아 올릴 때 공경들이 등공을 천거하였다. 그때 등공은 벼슬에서 물러나 있었는데, 다시 몸을 일으켜 구경九卿이 된 것이다.

1년이 지나 등공은 다시 병으로 벼슬을 그만두고 집으로 돌아갔다. 그의 아들 장章은 황로술黃老術를 공부하여 사람들 사이에 알려져 있다.

鄧公, 成固人也, 多奇計. 建元中, 上招賢良, 公卿言鄧公, 時鄧公免, 起家爲九卿. 一年, 復謝病免歸. 其子章以脩黃老言顯於諸公閒.

### 사마천의 평어

나 태사공은 이렇게 생각한다.

원앙은 학문을 좋아하지는 않았으나, 뛰어난 착안에 의해 이것저것을 합쳐 체계 있는 이론을 세웠다. 어진 마음을 바탕으로 하고 정의감에 비추어 세상을 개탄하였다. 문제가 즉위한 초기에 그의 능력은 때를 만났다. 그러나 시대는 변하고 바뀌어 오초의 반란이 일어나게 되었고, 경제를 한 번 설득시킴으로써 그의 주장이 실천을 보게는 되었으나, 반란을 평정하는 공을 세우지는 못하였다. 그는 명성을 좋아하고 재주를 자랑하였으나, 결국은 그 명성 때문에 죽고 만 것이다.

조착은 태자의 가령家令이었을 때 자주 의견을 말하였으나 채택되지 않았다. 뒤에 권력을 마음대로 휘두르며 많은 법령을 고쳤다. 제후들이 반란을 일으켰을 때 당연히 해야 할 국난의 해결에 서둘러 힘쓰지 않고 사사로운 원한을 푸는 데만 급급하다가 도리어 자신을 망치고 만 것이다.

옛말에 '예부터 내려오던 법을 바꾸고 습관이 된 도리를 어지럽게 하는 자는 죽거나 죽음을 당한다'라 하였는데 바로 조착 같은 경우를 두고 한 말이리라!

太史公曰: 袁盎雖不好學, 亦善傅會, 仁心爲質, 引義忼慨. 遭孝文初立, 資適逢世. 時以變易, 及吳楚一說, 說雖行哉, 然復不遂. 好聲矜賢, 竟以名敗. 鼂錯爲家令時, 數言事不用; 後擅權, 多所變更. 諸侯發難, 不急匡救, 欲報私讎, 反以亡軀. 語曰「變古亂常, 不死則亡」, 豈錯等謂邪!

史記列傳

# 042(102) 장석지풍당 열전張釋之馮唐列傳

① 장석지張釋之 ② 왕생王生 ③ 풍당馮唐

## 〈1〉장석지張釋之

### 원앙의 추천을 받다

정위廷尉 장석지張釋之는 도양堵陽 사람으로 자는 계季이다. 그는 형 장중張仲과 같이 살다가 기랑騎郎이 되어 문제孝文帝를 섬겼다. 그러나 10년이 지나도 승진이 되지 않고 이름도 알려지지 않자 그는 이렇게 말하였다.

"오랫동안 벼슬을 하기는 하였지만, 형의 재산을 축냈을 뿐 뜻을 이룰 수가 없구나."

석지는 벼슬을 그만두고 고향으로 돌아가려 하였다. 그러자 그가 어질다는 것을 알고 있던 중랑장中郎將 원앙袁盎이, 그의 낙향을 애석하게 여긴 나머지 황제에게 주청하여 그를 알자謁者로 전임시켜 주었다.

장석지는 조회를 마치고 어전에 나아가 백성들을 편안하게 하는 일에 관해 말하자 문제가 말하였다.

"알기 쉽고 현실에 가까운 것을 말하시오. 너무 격이 높은 견해는 말하지 마시오. 지금 실행할 수 있는 것만 말하시오."

이에 석지는 진나라와 한나라에 관한 이야기, 즉 진나라가 천하를 잃게 된 까닭과 한나라가 일어나게 된 원인에 대해 장시간에 걸쳐 설명하였다. 그러자 문제는 훌륭하다고 칭찬하며 그를 알자복야謁者僕射에 임명하였다.

張廷尉釋之者, 堵陽人也, 字季. 有兄仲同居. 以訾爲騎郎, 事孝文帝, 十歲不得調, 無所知名. 釋之曰: 久宦減仲之産, 不遂.」欲自免歸. 中郎將袁盎知其賢, 惜其去, 乃請徙釋之補謁者. 釋之旣朝畢, 因前言便宜事. 文帝曰: 「卑之, 毋甚高論, 令今可施行也.」於是釋之言秦漢之閒事, 秦所以失而漢所以興者久之. 文帝稱善, 乃拜釋之爲謁者僕射.

## 말 잘하는 것이 곧 능력은 아닙니다

장석지가 황제의 행차를 따라 범을 기르고 있는 호권虎圈에 갔을 때이다. 황제는 상림원上林苑의 위尉들에게 그곳 짐승들에 대해 물어 보았다. 10여 가지를 걸쳐 물었는데도 속관들은 서로 얼굴만 쳐다볼 뿐 하나도 제대로 대답하지 못하였다. 때마침 옆에 있던 호권의 색부嗇夫 한 사람이 상림위를 대신하여 황제의 질문에 대답하였다. 그는 이 기회에 자신이 유능함을 보이고 싶은 생각에 매우 자세하게 대답하였다. 그의 대답이 마치 메아리치듯 묻는 대로 척척 나오자 문제는 이렇게 칭찬하였다.

"관리란 이래야만 되지 않겠소? 상림위들은 믿을 수가 없소."

그리고 석지에게 그 색부를 상림령上林令에 임명하도록 명하였다. 석지는 잠시 생각해 보다가 황제에게 이렇게 말하였다.

"폐하께서는 강후絳侯 주발周勃을 어떤 사람이라고 생각하십니까?"

황제가 대답하였다.

"덕망이 있는 사람이오."

석지가 다시 물었다.

"그러면 동양후東陽侯 장상여張相如는 어떤 사람이라고 생각하십니까?"

황제가 대답하였다.

"그도 덕망이 있는 사람이오."

이에 석지는 이렇게 아뢰었다.

"강후와 동양후를 덕망이 있는 사람이라고 칭찬을 하셨는데, 이 두 사람은 무엇인가 말을 할 때면 구변이 없어서 제대로 표현을 못하였습니다. 그런데 어찌 이 색부처럼 수다스런 말재주를 본받으라고 요구하시다니요! 그리고 진나라는 도필리刀筆吏와 같은 낮은 관리에게 정치를 맡겼기 때문에 서리들은 서둘러 일처리를 해야 했고, 잘못에 대해서는 혹독하게 처리하는 것으로 자랑을 삼았습니다. 그러나 그것은 한갓 형식적인 규정만을 갖추었을 뿐, 백성들을 아껴주는 실속이 없었던 것입니다. 따라서 황제는 스스로의 잘못을 지적해 주는 말을 들을 수 없게 되었고, 정치는 차츰 쇠해져서 2세에 이르러 천하는 흙이 무너지듯 허물어지고 만 것입니다. 그런데 지금 폐하께서는 이 색부의 말재주를 높이 평가하시고 그를 발탁하여 승진시키려 하십니다. 신은 천하 사람들이 바람에 흔들리듯 서로 다투어 말재주에만 힘써 실속이 없게 되지나 않을까 걱정입니다. 또 아랫사람이 윗사람을 본받는 것은 그림자가 형체를 따르고 메아리가 소리에 대답하는 것보다 빠릅니다. 인사 문제는 신중히 다루지 않으면 안될 줄로 압니다."

문제가 수긍하였다.

"훌륭합니다."

그리하여 색부를 영令에 임명하는 것을 그만두었다.

釋之從行, 登虎圈. 上問上林尉諸禽獸簿, 十餘問, 尉左右視, 盡不能對. 虎圈嗇夫從旁代尉對上所問禽獸簿甚悉, 欲以觀其能口對響應無窮者. 文帝曰:「吏不當若是邪? 尉無賴!」乃詔釋之拜嗇夫爲上林令. 釋之久之前曰:「陛下以絳侯周勃何如人也?」上曰:「長者也.」又復問:「東陽侯張相如何如人也?」上復曰:「長者.」釋之曰:「夫絳侯·東陽侯稱爲長者, 此兩人言事曾不能出口, 豈斅此嗇夫諜諜利口捷給哉! 且秦以任刀筆之吏, 吏爭以亟疾苛察相高, 然其敝徒文具耳, 無惻隱之實. 以故不聞其過, 陵遲而至於二世, 天下土崩. 今陛下以嗇夫口辯而超遷之, 臣恐天下隨風靡靡, 爭爲口辯而無其實. 且下之化上疾於景響, 擧錯不可不審也.」文帝曰:「善.」乃止不拜嗇夫.

### 사마문에서 내리지 않으면 들어갈 수 없습니다

황상은 수레에 오르자 장석지를 불러 동승시킨 다음, 천천히 수레를 몰면서 그에게 진나라의 병폐에 대해 물었다. 석지는 상세하게 사실대로 말하였다. 궁중으로 돌아오자, 황제는 장석지를 공거령公車令에 임명하였다.

그로부터 얼마 후에 태자가 양왕과 함께 수레를 타고 조회에 들어가면서 사마문司馬門에서 내리지 않고 그대로 지나갔다. 석지는 뒤쫓아가서 태자와 양왕을 멈춰 세운 다음 대궐문으로 들어가지 못하게 하면서 이렇게 말하였다.

"사마문에서 내리지 않는 것은 불경한 일입니다."

그리고 그 사유를 황제께 아뢰었다. 이것이 박태후薄太后에게도 알려지자 문제는 관을 벗고 태후에게 정중히 사과하였다.

"자식을 제대로 가르치지 못한 탓입니다."

박태후는 이에 사람을 보내어 황제의 영을 받들고 가서 태자와 양왕을 용서받도록 하였으며, 그 뒤 두 사람은 대궐로 들어갈 수가 있었다. 문제는 이 일로 장석지를 장하게 생각하고 그를 중대부中大夫에 임명하였다.

上就車, 召釋之參乘, 徐行, 問釋之秦之敝. 具以質言. 至宮, 上拜釋之爲公車令.

頃之, 太子與梁王共車入朝, 不下司馬門, 於是釋之追止太子·梁王無得入殿門. 遂劾不下公門不敬, 奏之. 薄太后聞之, 文帝免冠謝曰:「教兒子不謹.」薄太后乃使使承詔赦太子·梁王, 然后得入. 文帝由是奇釋之, 拜爲中大夫.

## 욕심만 없다면 누가 훔쳐가리오

얼마 뒤 장석지는 중랑장으로 승진하여 황제의 행차를 따라 패릉霸陵으로 갔을 때였다. 황제는 북쪽 절벽 위에 올라서서 먼 곳을 바라보았다. 이때 신부인愼夫人이 옆에서 모시고 있었다. 황제는 손가락으로 신부인에게 신풍新豐으로 통하는 길을 가리키며 이렇게 말하였다.

"저곳이 그대의 고향 한단邯鄲으로 가는 길이오."

그리고는 신부인에게 비파를 타게 하고 황제는 그 곡조에 맞추어 노래를 불렀다. 그 곡조가 몹시 처량하고 슬펐다. 이윽고 황상은 신하들을 돌아보며 이렇게 말하였다.

"아! 저 북산北山의 아름답고 굳은 돌로 곽槨을 만들고 모시와 솜을 썰어 틈을 막고 그 위를 옻칠을 하여 붙여 놓으면 누가 그것을 움직일 수 있으리오!"

좌우 신하들이 말하였다.

"아무도 들어올리지 못할 것입니다."

그러자 장석지가 앞으로 나서며 이렇게 말하였다.

"그 안에 사람이 갖고 싶어하는 보물을 넣어둔다면, 저 남산南山 그대로를 곽으로 하고 쇠를 녹여 틈을 막아 두더라도 역시 꺼낼 틈은 있게 마련입니다. 그러나 그 안에 사람이 욕심내는 것이 없으면 돌로 만든 곽이 없더라도 누가 들어서 옮길까 어찌 걱정할 일이 있겠습니까!"

황상은 옳다고 칭찬하고, 그 뒤에 장석지를 정위廷尉로 임명하였다.

頃之, 至中郞將. 從行至霸陵, 居北臨廁. 是時愼夫人從, 上指示愼夫人新豐道, 曰: 「此走邯鄲道也.」 使愼夫人鼓瑟, 上自倚瑟而歌, 意慘悽悲懷, 顧謂羣臣曰: 「嗟乎! 以北山石爲椁, 用紵絮斮陳, 蕠漆其閒, 豈可動哉!」 左右皆曰: 「善.」 釋之前進曰: 「使其中有可欲者, 雖錮南山猶有郄; 使其中無可欲者, 雖無石椁, 又何戚焉!」 文帝稱善. 其後拜釋之爲廷尉.

## 제멋대로 법을 적용할 수는 없소

얼마 후 황제가 중위교中渭橋에 이르렀을 때, 갑자기 한 사람이 다리 밑에서 급히 달려 나오는 바람에 황제의 수레를 끄는 말을 놀라게 되었다. 이에 호위 기병이 그 자를 붙들어 정위의 손에 넘겼다. 장석지가 심문을 하자, 그는 이렇게 말하였다.

"저는 이곳 장안현 사람인데 왕의 행차로 청도계엄清道戒嚴 소리가 들리기에 급한 나머지 다리 밑에 숨었던 것입니다. 얼마 뒤 행차가 이미 다 지나갔으려니 하고 나왔는데, 아직도 황제의 수레와 기병이 보였으므로 놀라 달아났을 뿐입니다."

정위는 심문을 끝내고 판결 내용을 아뢰면서 그것은 임금의 행차를 범한 것이므로, 벌금형에 해당한다고 보고하였다. 그러자 문제는 화를 내며 이렇게 말하였다.

"그놈은 바로 내 말을 놀라게 한 자요. 내 말이 다행히 순하였기에 망정이지 만일 다른 말 같았으면, 나는 떨어져 다쳤을 것이오. 그런데 정위는 그 자를 겨우 벌금형에 처하겠다는 것이오?"

장석지는 이렇게 대답하였다.

"법률이란 황제와 천하의 백성들과 함께 다같이 지켜야 하는 것입니다. 지금 법이 이렇게 정해져 있는데, 법과 달리 무거운 벌을 주게 된다면 백성들은 법을 믿지 않게 됩니다. 그때 즉시 폐하께서 그 사람을 베어 버리라고 하셨다면 그것으로 그만이겠지만, 지금은 그를 정위의 손에 넘겨주신 뒤의 일이며 정위는 천하를 공정한 법으로 다스리는 관리인 이상 한 번 그것이 기울게 되면, 천하의 법을 다스리는 사람들이 모두 제각기 법을 가볍게 또는 무겁게 하게 될 것입니다. 이렇게 되면 백성들은 손과 발을 어디에 두겠습니까? 폐하께서는 깊이 살피시기를 바랍니다."

황제는 한참 생각하고 나서 말하였다.

"정위의 판결이 옳소."

頃之, 上行出中渭橋, 有一人從橋下走出, 乘輿馬驚. 於是使騎捕, 屬之廷尉. 釋之治問. 曰:「縣人來, 聞蹕, 匿橋下. 久之, 以爲行已過, 卽出, 見乘輿車騎, 卽走耳.」廷尉奏當, 一人犯蹕, 當罰金. 文帝怒曰:「此人親驚吾馬, 吾馬賴柔和, 令他馬, 固不敗傷我乎? 而廷尉乃當之罰金!」釋之曰:「法者天子所與天下公共也. 今法如此而更重之, 是法不信於民也. 且方其時, 上使立誅之則已. 今旣下廷尉, 廷尉, 天下之平也, 一傾而天下用法皆爲輕重, 民安所措其手足? 唯陛下察之.」良久, 上曰:「廷尉當是也.」

### 사당의 옥가락지를 훔친 자

그 뒤 어떤 자가 고묘高廟의 신주 앞에 있는 옥가락지를 훔쳐 잡혀왔다. 문제는 노하여 정위에게 넘겨 이를 다스리도록 하였다. 장석지는 종묘에 차려 놓은 물건을 훔친 자에 관한 법률 조문을 적용시켜 기시棄市의 형에 해당한다고 판결하였다. 문제는 크게 노하여 말하였다.

"그 자는 나쁜 짓을 하였으며 선제의 종묘 안에서 물건을 훔친 놈이오. 나는 정위가 그놈의 일족을 멸족시키기를 바랐는데 정위는 법률대로만 처형하겠다고 하니 그것은 내가 종묘를 높이 받들려는 생각과는 맞지 않소."

장석지는 관을 벗고 머리를 조아리며 사죄를 하였다.

"법률로서는 그 이상 더할 수가 없습니다. 그리고 똑같은 죽을죄라 하더라도 그 정도에 따라 차등을 두어야 마땅한 줄로 아옵니다. 종묘에 차려둔 물건을 훔쳤다고 하여 범인과 온 집안을 몰살시키게 된다면 혹시라도 장릉長陵의 한 줌 흙을 훔치는 어리석은 백성이 있을 경우 폐하께서는 어떠한 형벌을 내리시겠습니까?"

문제는 한참 생각하더니 태후와 상의한 끝에 정위의 판결을 승낙하였다. 그 당시 중위中尉인 조후條侯 주아부周亞夫와 양나라 재상 산도후山都侯 왕염개王恬開는 장석지의 의론이 공정한 것을 보고 그와 교제를 맺어 친한 친구가 되었다. 석지는 이 문제로 인해 온 천하의 칭송을 들었다.

其後有人盜高廟坐前玉環, 捕得, 文帝怒, 下廷尉治. 釋之案律盜宗廟服御物者爲奏, 奏當弃市. 上大怒曰:「人之無道, 乃盜先帝廟器, 吾屬廷尉者, 欲致之族, 而君以法奏之, 非吾所以共承宗廟意也.」釋之免冠頓首謝曰:「法如是足也. 且罪等, 然以逆順爲差. 今盜宗廟器而族之, 有如萬分之一, 假令愚民取長陵一抔土, 陛下何以加其法乎?」久之, 文帝與太后言之, 乃許廷尉當. 是時, 中尉條侯周亞夫與梁相山都侯王恬開見釋之持議平, 乃結爲親友. 張廷尉由此天下稱之.

## 지난 일을 묻지 않겠소

뒤에 문제가 죽고 경제孝景帝가 즉위하였다. 장석지는 경제가 아직 태자로 있을 때, 탄핵을 한 일이 있어 죄를 받지나 않을까 겁이 났다. 이에 병을 핑계로 벼슬을 그만두고도 싶었으나 더 큰 형벌을 초래하지나 않을까 겁이 났고, 사죄를 할까 생각도 하였으나 결과가 어떻게 될지 알 수가 없었다. 그러나 결국 왕생王生의 의견대로 경제를 뵙고 사죄를 하였다. 경제는 그의 허물을 묻지 않았다.

後文帝崩, 景帝立, 釋之恐, 稱病. 欲免去, 懼大誅至; 欲見謝, 則未知何如. 用王生計, 卒見謝, 景帝不過也.

## 〈2〉왕생王生

### 내 버선 끈을 매어 주시오

왕생은 황로술黃老術의 학문에 능통한 처사處士였다. 일찍이 나라의 부름을 받아 궁중으로 들어온 적이 있었는데, 그는 노인이라 앉아 있고 삼공三公과 구경九卿들은 모두 서 있었다. 이때 왕생은 "내 버선 끈이 풀어졌군"라고 중얼거리며 장석지를 돌아보고 이렇게 말하였다.

"내 버선 끈 좀 매어 주시오."

장석지는 무릎을 꿇고 끈을 매어 주었다.

모임이 끝나고 누군가가 왕생을 보고 물었다.

"어찌하여 조정에서 장정위에게 무릎을 꿇고 버선 끈을 매도록 모욕을 주셨습니까?"

그러자 왕생은 이렇게 말하였다.

"나는 늙고 천한 사람이오. 내가 장정위를 도울 만한 것이라고는 아무것도 없소. 그는 지금 천하에서 이름 있는 대신이오. 이에 나는 잠시 장정위에게 무릎을 꿇고 버선 끈을 매게 함으로써 그의 겸허하고 덕이 높은 모습을 분명히 보여 주어 그의 이름을 더욱 높여 주려고 하였던 것이오."

공경들은 이 말을 듣고 왕생을 어진 선비라고 칭찬하면서 장정위를 존경하였다.

王生者, 善爲黃老言, 處士也. 嘗召居廷中, 三公九卿盡會立, 王生老人, 曰「吾襪解」, 顧謂張廷尉:「爲我結襪!」釋之跪而結之. 旣已, 人或謂王生曰:「獨柰何廷辱張廷尉, 使跪結襪?」王生曰:「吾老且賤, 自度終無益於張廷尉. 張廷尉方今天下名臣, 吾故聊辱廷尉, 使跪結襪, 欲以重之.」諸公聞之, 賢王生而重張廷尉.

### 장석지의 아들

장정위는 경제를 섬긴 지 1년 남짓하여 회남왕淮南王의 재상으로 전임되었다. 역시 앞서 있었던 탄핵 때문이었다.

그 뒤 얼마 뒤 장석지는 죽었다. 그의 아들은 장지張摯는 자를 장공長公이라 하였다. 벼슬은 대부大夫까지 올랐다가 그만두게 되었다. 자기 지조를 굽혀가며 세속을 따를 그런 사람이 아니었기 때문에 그 뒤로는 죽을 때까지 벼슬을 하지 않았다.

張廷尉事景帝歲餘, 爲淮南王相, 猶尚以前過也. 久之, 釋之卒. 其子曰張摯, 字長公, 官至大夫, 免. 以不能取容當世, 故終身不仕.

## 〈3〉풍당馮唐

### 염파같은 장군이 있다해도 쓸 줄 모르십니다

풍당馮唐은 그 할아버지가 조趙나라 사람이었으며, 아버지는 대代로 이주해 살다가 한나라 시대가 되어 안릉安陵으로 옮겼다. 풍당은 효자로 이름이 나 있었고, 중랑서장中郎署長이 되어 문제를 섬겼다. 문제가 수레를 타고 마침 중랑 관서를 지나면서 풍당에게 물었다.

"늙은 나이에 어떻게 낭관으로 있소? 집은 어디요?"

풍당이 자세히 사실대로 대답하자 문제는 이렇게 말하였다.

"내가 대代에 있었을 때, 내 상식감尙食監 고거高袪가 가끔 나에게 조나라 장군 이제李齊가 얼마나 훌륭하며, 거록鉅鹿 성 밑에서 어떻게 싸웠는가에 대해 이야기해 주었소. 지금도 밥을 먹을 때면 생각이 거록으로 달려가는 것을 금할 길이 없소. 노인도 이제를 아시오?"

풍당이 대답하였다.

"이제는 그래도 염파廉頗와 이목李牧만한 명장은 되지 못합니다."

문제가 물었다.

"어째서 그렇소?"

풍당이 대답하였다.

"신의 할아버지는 조나라에 있을 때, 관군의 솔장率將이었는데 이목과는 가깝게 지냈습니다. 또 아버지는 대나라에서 재상으로 지낼 때, 조나라 장수 이제와 사이가 좋았기 때문에 두 사람의 사람됨을 알고 있습니다."

황제는 염파와 이목의 인물 됨됨이를 다 듣고 나자, 매우 기뻐 무릎을 치며 말하였다.

"안타깝도다! 나는 왜 염파와 이목 같은 인물을 얻을 수 없단 말인가? 지금 그들 같은 명장이 있다면 내가 어찌 흉노를 걱정하겠는가!"

이에 풍당이 대답하였다.

"말씀드리기 황공하오나 폐하께서는 염파와 이목을 거느리고 계셔도 그들을 제대로 쓰시지 못할 줄로 아옵니다."

이 말에 문제는 노하여 자리를 박차고 일어나 궁중으로 돌아갔다.

얼마 후 문제는 기어이 풍당을 불러들여 꾸짖었다.

"그대는 어째서 많은 사람 앞에서 나를 부끄럽게 만들었는가? 조용한 곳이 없는 것도 아닐 텐데?"

풍당은 사죄하여 말했다.

"저는 시골 촌놈이라 무엇을 조심해야 하는지를 몰랐습니다."

馮唐者, 其大父趙人. 父徙代. 漢興徙安陵. 唐以孝著, 爲中郎署長, 事文帝. 文帝輦過, 問唐曰:「父老何自爲郎? 家安在?」唐具以實對. 文帝曰:「吾居代時, 吾尚食監高祛數爲我言趙將李齊之賢, 戰於鉅鹿下. 今吾每飯, 意未嘗不在鉅鹿也. 父知之乎?」唐對曰:「尚不如廉頗·李牧之爲將也.」上曰:「何以?」唐曰:「臣大父在趙時, 爲官(卒)[率]將, 善李牧. 臣父故爲代相, 善趙將李齊, 知其爲人也.」上旣聞廉頗·李牧爲人, 良說, 而搏髀曰:「嗟乎! 吾獨不得廉頗·李牧時爲吾將, 吾豈憂匈奴哉!」唐曰:「主臣! 陛下雖得廉頗·李牧, 弗能用也.」上怒, 起入禁中. 良久, 召唐讓曰:「公柰何衆辱我, 獨無閒處乎?」唐謝曰:「鄙人不知忌諱.」

## 사람을 부릴 줄 알아야 합니다

그 당시 흉노가 다시 크게 몰려와 조나朝那를 침입하고 북지北地의 도위都尉 손앙孫昻을 죽였다. 문제는 걱정이 되어 다시 풍당에게 물었다.

"그대는 내가 염파와 이목을 제대로 부릴 수 없는 것을 어찌 알았소?"

풍당이 말하였다.

"신이 듣건대, 옛 임금은 장수를 싸움터에 보낼 때에는 몸소 무릎을 꿇고 수레의 횡목을 밀어주며 '도성 안의 일은 내가 처리할 터이니 도성 밖의 일은 장군이 처리하시오'라 말하고, 공과 작위와 상을 내리는 것은 모두 도성 밖에서 장군이 결정한 다음, 돌아온 뒤에 그것을 보고하였다고 합니다. 이것은 빈말이 아닙니다. 저의 할아버지도 '이목이 조나라 장군으로 변경을 지키고 있을 때는 군 관할 밑에 있는 시장의 세금을 마음대로 써서 군사들을 대접하였고, 상을 주는 것도 궁궐 밖에서 결정하여 조정에서는 이를 간섭하지 않았다'라고 하더이다. 즉 조나라 조정에서는 일체를 그에게 위임하여 다만 성공만을 바랐던 것입니다. 그러므로 이목은 그의 지혜와 재주를 다할 수 있었습니다. 그리고 골라 뽑은 전거戰車 1천 300승乘, 구기彀騎 1만 3천 명, 100금金의 상을 내릴 만한 용사 10만 명의 정예 병사들을 보냈습니다. 그러했기 때문에 북쪽으로는 선우單于를 쫓아내고 동호東胡를 깨뜨리고, 담림澹林을 없앴으며, 서쪽으로는 강한 진나라를 눌렀고, 남쪽으로는 한韓나라와 위魏나라와 대항할 수 있었던 것입니다. 그 당시는 조나라가 거의 천하에 패주霸主가 되었습니다. 그 뒤 조나라 왕 천遷이 즉위하게 되었는데, 그의 어머니는 원래 길거리에서 노래부르며 돈을 벌던 여자였습니다. 조나라 왕 천은 즉위하자, 총신 곽개郭開의 참소를 곧이 듣고 드디어 이목을 죽이는 한편 안취顔聚를 그의 후임으로 보냈습니다. 그로 인해 싸움에서 패하여 군사들은 도망쳤으며, 왕은 진나라에 잡히고 나라는 망하게 된 것입니다.

지금 신이 듣건대, 위상魏尙은 운중雲中 태수가 된 뒤로, 군 관할 아래 있는 시장의 세금은 모두 병사들의 대접에 쓰여지고, 자기의 사양전私養錢으로 5일에 한 번씩 소를 잡아 빈객과 군리軍吏·사인舍人들을 대접하였으므로, 흉노는 겁을 먹고 멀리 떨어져 있으면서 운중의 요새에 가까이 오지 못하였습니다. 오직 한 번 침입이 있었을 뿐인데, 그때 위상은 거기車騎를 이끌고 적을 쳐서 죽인 적군의 수가 매우 많았다고 합니다. 위상의 군사들은 모두가 평민의 아들들로 논밭을 갈다가 군대에 복무하고 있었습니다. 그들이 어떻게 척적尺籍과 오부伍符와 같은 군법을 알고 있겠습니까? 하루 종일 힘껏 싸워서 적의 머리를 베기도 하고 사로잡기도 하여, 그 공을 군감부軍監府에 보고할 때, 단 한 마디라도 맞지 않는 것이 있으면 문리文吏가 법에 의해 이를 캐묻고 그 공에 대한 포상은 무효가 되고 맙니다. 그리고 관리가 법에 정해진 대로라고 주장을 하게 되면, 그것은 반드시 통과되게 되어 있습니다. 신의 어리석은 생각으로는 폐하의 법은 너무도 밝은 데, 비해 상은 너무 가벼우며 벌은 너무 무거운 것으로 알고 있습니다. 또 운중 태수 위상이 부하의 공을 보고할 때, 수급과 포로의 수효 중 여섯 가지가 틀렸다는 것을 두고 폐하께서는 그를 형리에게로 넘겨 작위를 빼앗은 다음 징역에 처하셨습니다. 이런 것으로 미루어 볼 때, 폐하께서는 비록 염파와 이목을 두셨더라도 제대로 쓰지 못하실 줄로 아옵니다. 신은 참으로 어리석은지라 폐하의 뜻에 거슬리는 말씀을 드렸사오니 죽어 마땅한 줄로 압니다."

문제는 기뻐하였다. 그 날로 풍당에게 부절을 가지고 가서 위상을 풀어주고 그를 운중 태수로 다시 복직시키도록 하는 한편, 풍당을 또 거기도위車騎都尉에 임명하여 중위中尉 및 군국郡國에 소속된 전투 수레와 병사를 지휘하도록 하였다.

當是之時, 匈奴新大入朝那, 殺北地都尉卬. 上以胡寇爲意, 乃卒復問唐曰: 「公何以知吾不能用廉頗·李牧也?」 唐對曰: 「臣聞上古王者之遣將也, 跪而推轂, 曰閫以內者, 寡人制之; 閫以外者, 將軍制之. 軍功爵賞皆決於外, 歸而奏之. 此非虛言也. 臣大父言, 李牧爲趙將居邊, 軍市之租皆自用饗士, 賞賜決於外, 不從中擾也. 委任而責成功, 故李牧乃得盡其智能, 遣選車千三百乘, 彀騎萬三千, 百金之士十萬, 是以北逐單于, 破東胡, 滅澹林, 西抑彊秦, 南支韓·魏. 當是之時, 趙幾霸. 其後會趙王遷立, 其母倡也. 王遷立, 乃用郭開讒, 卒誅李牧, 令顏聚代之. 是以兵破士北, 爲秦所禽滅. 今臣竊聞魏尙爲雲中守, 其軍市租盡以饗士卒, [出]私養錢, 五日一椎牛, 饗賓客軍吏舍人, 是以匈奴遠避, 不近雲中之塞. 虜曾一入, 尙率車騎擊之, 所殺甚衆. 夫士卒盡家人子, 起田中從軍, 安知尺籍伍符. 終日力戰, 斬首捕虜, 上功莫府, 一言不相應, 文吏以法繩之. 其賞不行而吏奉法必用. 臣愚, 以爲陛下法太明, 賞太輕, 罰太重. 且雲中守魏尙坐上功首虜差六級, 陛下下之吏, 削其爵,罰作之. 由此言之, 陛下雖得廉頗·李牧, 弗能用也. 臣誠愚, 觸忌諱, 死罪死罪!」 文帝說. 是日令馮唐持節赦魏尚, 復以爲雲中守, 而拜唐爲車騎都尉, 主中尉及郡國車士.

## 풍당의 아들

한나라 문제 후원後元 7년, 새로 즉위한 경제는 풍당을 초나라 재상으로 보냈는데 얼마 지나지 않아 해임되고 말았다.

그 뒤 무제孝武帝가 즉위하여 천하의 현량賢良을 찾았을 때 풍당도 추천을 받았으나, 그 때 나이 이미 90이 넘어 다시 벼슬에 오를 수 없었다. 이 때문에 풍당의 아들 풍수馮遂를 낭관에 임명하였다. 풍수의 자字는 왕손王孫으로, 그 역시 뛰어난 선비였으며 나司馬遷와는 서로 친한 사이였다.

七年, 景帝立, 以唐爲楚相, 免. 武帝立, 求賢良, 擧馮唐. 唐時年九十餘, 不能復爲官, 乃以唐子馮遂爲郎. 遂字王孫, 亦奇士, 與余善.

## 사마천의 평어

나 태사공은 이렇게 생각한다.

장계張季가 덕이 있는 사람에 관해 논한 것은, 법을 지켜 황제의 뜻에 아부하지 않았던 것이고, 풍공馮公이 장수將帥에 대해 논한 점 등은 참으로 훌륭하다 할 것이다. 옛말에 '그 사람을 모르거든 그 친구를 보라'고 하였으니, 장계와 풍공 두 사람이 칭송한 말은 낭묘廊廟에 기록하여 남겨둘 만하다. 또《서》에는 '치우치지도 않고 파당도 짓지 않으니, 어진 임금의 도는 넓고도 크도다. 파당도 짓지 않고 치우침도 없으니, 어진 임금의 도는 끝없이 평온하다'라 하였는데, 장계와 풍공이 이와 가깝다 할 수 있다.

太史公曰: 張季之言長者, 守法不阿意; 馮公之論將率, 有味哉! 有味哉! 語曰「不知其人, 視其友」. 二君之所稱誦, 可著廊廟.《書》曰「不偏不黨, 王道蕩蕩; 不黨不偏, 王道便便」. 張季·馮公近之矣.

史記列傳

# 043(103) 만석장숙 열전萬石張叔列傳

① 석분石奮 ② 위관衛綰 ③ 직불의直不疑
④ 주문周文, 周仁 ⑤ 장숙張叔, 張歐

## 〈1〉석분石奮

### 어린 나이에 고조를 따르다

만석군萬石君의 이름은 분奮, 성은 석石이며, 아버지 때에는 조趙나라에 살다가 조나라 멸망 후 온溫 땅으로 옮겨 살았다.

한나라 고조高祖가 항우項羽를 공격하기 위하여 동쪽으로 진출하면서 하내河內를 통과할 때, 석분은 나이 15살로 소리小吏가 되어 고조를 모시게 되었다. 고조는 그에게 이야기를 걸어 보고는 그의 예의바른 태도를 귀여워하게 되었다.

"집엔 누가 있느냐?"

석분이 대답하였다.

"홀어머니가 있는데 불행하게도 앞을 보지 못하며 집도 가난합니다. 그리고 누이가 있는데 거문고를 잘 탑니다."

고조가 다시 물었다.

"너는 나를 계속해 따르겠느냐?"

석분이 대답하였다.

"있는 힘을 다하고자 합니다."

그리하여 고조는 그의 누이를 불러 미인美人으로 삼고, 석분에게 중연中涓이란 벼슬을 주어 문서와 배알의 일을 맡아보게 하였다. 그리고 누이가 미인이 되었기 때문에, 집도 장안長安의 척리戚里로 옮겨 살게 해 주었다.

그 뒤 석분은 공로를 쌓아 문제孝文帝 때에는 태중대부太中大夫로 승진하였으며, 학문은 없어도 공손하고 근실한 면에서는 그를 당할 사람이 없었다.

萬石君名奮, 其父趙人也, 姓石氏. 趙亡, 徙居溫. 高祖東擊項籍, 過河內, 時奮年十五, 爲小吏, 侍高祖. 高祖與語, 愛其恭敬, 問曰:「若何有?」對曰:

「奮獨有母, 不幸失明. 家貧. 有姊, 能鼓琴.」高祖曰:「若能從我乎?」曰:「願盡力.」於是高祖召其姊爲美人, 以奮爲中涓, 受書謁, 徙其家長安中戚里, 以姊爲美人故也. 其官至孝文時, 積功勞至大中大夫. 無文學, 恭謹無與比.

## 만석군 석분의 집안

문제 때에 태자태부太子太傅로 있던 동양후東陽侯 장상여張相如가 해임되어 태부가 될 만한 사람을 찾게 되자, 모두가 석분을 추천하여 그로 인해 석분이 태자태부가 되었다.

뒤에 태자였던 경제孝景帝가 즉위하자, 그를 구경九卿에 올려 주었다. 그러나 경제는 그가 지나치게 예의을 차려 가까이하기가 거북하게 느껴 그를 제후의 재상으로 전출시켰다.

석분의 맏아들인 석건石建, 둘째 석갑石甲과 셋째 석을石乙 및 넷째 아들 석경石慶도 모두 착실한 선비로서 효행이 놀랍고 행실이 단정하여 벼슬이 모두 2천 석石에 올라 있었다.

경제가 말하였다.

"석군石君과 그의 네 아들 모두 벼슬이 각각 2천 석에 이르니, 신하로서 누릴 수 있는 존귀와 은총이 한 집안에 다 모여 있구나."

그리하여 경제는 석분을 만석군萬石君이라 불렀다.

文帝時, 東陽侯張相如爲太子太傅, 免. 選可爲傅者, 皆推奮, 奮爲太子太傅. 及孝景卽位, 以爲九卿; 迫近, 憚之, 徙奮爲諸侯相. 奮長子建, 次子甲, 次子乙, 次子慶, 皆以馴行孝謹, 官皆至二千石. 於是景帝曰:「石君及四子皆二千石, 人臣尊寵乃集其門.」號奮爲萬石君.

## 천하에 모범을 보여 소문이 자자하였다

경제 말년에, 만석군은 상대부上大夫의 작위를 그대로 가진 채 고향으로 은퇴해 있었으나, 세시歲時 때마다 신하로서 조정에 나와 황제를 뵙는 은총을 누렸다. 만석군은 수레가 대궐 문을 지날 때면 반드시 내려서 걸어 들어갔고, 황제의 수레를 보면 반드시 수레의 횡목에 손을 짚고 엎드려 경의를 표하였다.

자손들 가운데 벼슬을 한 자가 고향에 돌아와 문안을 드리게 되면, 만석군은 상대가 아무리 지위가 낮을지라도 반드시 조복朝服을 차려입고 그들을 대하였으며, 마구 이름을 부르지도 않았다.

또 자손들 가운데 잘못을 저지른 사람이 있으면, 그를 꾸짖지 않고 자기 스스로를 꾸짖어 방에 들어앉아 밥상을 대해도 음식을 들지 않았다. 그렇게 되면 자손들은 서로가 잘못을 밝히며 연장자를 통해 매를 맞을 생각으로 웃옷을 벗고 진심으로 사죄를 하였다. 이리하여 잘못을 고치게 되면, 그때서야 비로소 용서를 하였다. 평상시에도 성인이 되어 관을 쓴 자손들과 같이 있게 되면, 자신도 반드시 관을 썼다. 그리고 언제나 평화스러운 모습을 하여 하인들까지도 감화를 받아 항상 즐거운 모습으로 지냈으나 그럴수록 더욱 조심하기를 잊지 않았다.

때때로 집에서 황제가 하사한 음식을 받게 되면, 마치 황제 앞에서와 같이 머리를 숙이고 엎드려서 먹었다.

또한 친척이나 친지들 가운데 불행하게 상을 당하면 충심으로 슬픔을 표하였다. 그의 자손들도 만석군의 가르침에 따라 모든 일에 그렇게 실천함으로써, 그 일족의 효행과 근면 성실함은 군국郡國에 자자하게 되었다. 심지어는 제나라와 노나라의 진실한 행동을 본분으로 삼고 있는 유생들까지도, 모두 그들 자신이 만석군의 일족을 따르지 못함을 스스로 인정할 정도였다.

孝景帝季年, 萬石君以上大夫祿歸老于家, 以歲時爲朝臣. 過宮門闕, 萬石君必下車趨, 見路馬必式焉. 子孫爲小吏, 來歸謁, 萬石君必朝服見之, 不名. 子孫有過失, 不譙讓, 爲便坐, 對案不食. 然后諸子相責, 因長老肉袒固謝罪, 改之, 乃許. 子孫勝冠者在側, 雖燕居必冠, 申申如也. 僮僕訢訢如也, 唯謹. 上時賜食於家, 必稽首俯伏而食之, 如在上前. 其執喪, 哀戚甚悼. 子孫遵敎, 亦如之. 萬石君家以孝謹聞乎郡國, 雖齊魯諸儒質行, 皆自以爲不及也.

## 두 아들도 벼슬을 주다

건원建元 2년, 낭중령郎中令 왕장王臧이 유가의 학설을 주장하면서 도가 학설을 폄하하여 두태후에게 죄를 입게 되었다. 이에 두태후는 선비들은 겉치레만 화려할 뿐 실속이 없는데, 만석군의 집안만은 말없이 실천하는 것을 가풍으로 삼고 있다고 여겨, 만석군의 큰아들 석건石建을 낭중령에 임명하고, 넷째 아들 석경石慶을 내사內史에 임명하였다.

建元二年, 郎中令王臧以文學獲罪. 皇太后以爲儒者文多質少, 今萬石君家不言而躬行, 乃以長子建爲郎中令, 少子慶爲內史.

## 공과 사의 구분이 분명했던 석건

석건이 이미 백발이 된 나이였으나, 아버지 만석군은 여전히 정정하였다. 석건은 낭중령이 된 뒤로 닷새에 한 번 휴가를 얻을 때마다 아버지께 찾아가 문안을 올렸다. 자기 집으로 돌아가서는 하인에게 아버지의 속옷과 아래옷을 가져오게 한 다음, 손수 빨아 다시 건네 주며 아버지께는 알리지 못하게 하곤 하였다.

석건은 낭중령으로서 특히 간언해야 할 일이 있으면, 반드시 좌우를 물리치도록 청한 다음 마음에 품은 말을 거리낌없이 하되 한 마디 한 마디가 통절하기 그지 없었다. 그러나 조정의 공식 석상에서는 거의 입을 열지 않았으므로 황상은 그를 다정하게 대하면서도 존경하여 예로써 대우하였다.

建老白首, 萬石君尚無恙. 建爲郎中令, 每五日洗沐歸謁親, 入子舍, 竊問侍者, 取親中君廁牏, 身自浣滌, 復與侍者, 不敢令萬石君知, 以爲常. 建爲郎中令, 事有可言, 屏人恣言, 極切; 至廷見, 如不能言者. 是以上乃親尊禮之.

## 내사는 귀한 신분이다

만석군이 장안의 능리陵里로 이사한 다음이었다. 어느 날 내사인 막내아들 석경이 술이 취해 마을 외문을 들어올 때, 수레에서 내리지 않았다. 이를 들은 만석군은 노하여 밥을 먹지 않았다. 석경이 옷을 벗고 황공히 사죄를 하였으나, 들은 척도 하지 않았다. 이에 형 석건을 비롯한 온 집안 모두가 웃옷을 벗고 사죄를 올리자, 만석군은 그제야 용서하기는 하였으나 그래도 그 말에는 꾸짖음이 있었다.

"내사는 고귀한 신분이다. 마을로 들게 되면 마을 안에 있는 장로들은 다 피해 숨어버리고, 내사는 수레 안에 태연히 앉아 있는 것이 지극히 당연한 일이겠지!"

그리고는 석경을 물러가게 하였다. 그 뒤로는 석경과 모든 자제들이 마을 문만 들어서면 수레에서 내려 빠른 걸음으로 집에 돌아오게 되었다.

萬石君徙居陵里. 內史慶醉歸, 入外門不下車. 萬石君聞之, 不食. 慶恐, 肉袒請罪, 不許. 擧宗及兄建肉袒, 萬石君讓曰:「內史貴人, 入閭里, 里中長老皆走匿, 而內史坐車中自如, 固當!」乃謝罷慶. 慶及諸子弟入里門, 趨至家.

## 효성을 다한 큰 아들

만석군은 원삭元朔 5년에 죽었다. 맏아들 낭중령 석건은 아버지를 생각하여 너무도 슬피 운 나머지 지팡이에 몸을 의지하여 겨우 걸을 수 있는 형편이었다. 그 때문에 1년 남짓해서 그 또한 죽었다.

만석군의 아들과 손자들은 모두가 효자였다. 그 중에서도 석건은 아버지 만석군보다도 더할 정도였다.

萬石君以元朔五年中卒. 長子郎中令建哭泣哀思, 扶杖乃能行. 歲餘, 建亦死. 諸子孫咸孝, 然建最甚, 甚於萬石君.

## ◎ 조심성이 지나칠 정도

석건이 낭중령으로서 언젠가 상서문을 올린 적이 있었다. 황제의 회신이 내려와 그 상소문을 다시 읽어보다가 그는 깜짝 놀랐다.

"아차, 글자를 잘못 썼구나! 마馬 자는 밑에 꼬부린 획까지 5획이라야 하는데 4획으로 되어 있다. 황제께서 꾸중하신다면 죽어 마땅하다."

이렇게 말하면서 몹시 송구스러워하였다. 그의 조심성은 다른 일에 있어서도 모두가 이러하였다.

建爲郎中令, 書奏事, 事下, 建讀之, 曰:「誤書!『馬』者與尾當五, 今乃四, 不足一. 上譴死矣!」甚惶恐. 其爲謹愼, 雖他皆如是.

## ◎ 사당을 세워주다

만석군의 막내아들 석경은 태복太僕으로 있을 때, 황제를 수레에 모시고 궁 밖으로 나온 적이 있었다. 그때 황제가 물었다.

"이 수레의 말은 몇 마리인가?"

석경은 채찍으로 말을 하나하나 세고 난 다음 손을 들어 말하였다.

"여섯 마리입니다."

석경은 만석군의 아들 중에서 가장 일을 빨리 처리하는 사람이었는데도 매사가 이러하였다.

그가 제나라 재상이 되자, 제나라 사람들은 모두 석경의 집 가풍을 흠모하여 일일이 명령을 전달할 것도 없이 온 나라 안이 잘 다스려졌고, 석경을 위해 사당을 세워 '석상사石相祠'라 하였다.

萬石君少子慶爲太僕, 御出, 上問車中幾馬, 慶以策數馬畢, 擧手曰:「六馬.」慶於諸子中最爲簡易矣, 然猶如此. 爲齊相, 擧齊國皆慕其家行, 不言而齊國大治, 爲立石相祠.

## 승상의 힘이 모자라

원수元狩 원년, 황제는 태자를 세우고 신하들 가운데서 태부를 골랐다. 그 결과 석경이 패군沛郡 태수에서 태자태부가 되었다. 그리고 7년 후에 어사대부가 되었다.

원정元鼎 5년 가을, 승상丞相 조주趙周가 죄를 지어 해임되자, 황제는 어사에게 이렇게 조칙을 내렸다.

"만석군은 선제께서 중용하시던 인물이며, 자손들은 모두 효자이다. 그러므로 어사대부 석경을 승상으로 임명하고 목구후牧丘侯에 봉하노라."

당시 한나라는 남쪽으로 양월兩越을 무찌르고, 동쪽으로 조선朝鮮을 공격하였으며, 북쪽으로는 흉노를 내몰고, 서쪽으로는 대완大宛을 정벌하고 있었다. 또 천자는 천하를 순행하며 상고의 신사神祠를 수리하고 봉선封禪을 행하여 예악을 일으켰다. 이 때문에 나라의 재정이 고갈되어 가고 있었다. 이에 상홍양桑弘羊 등은 재원을 찾아 나섰으며, 왕온서王溫舒 등은 법을 엄격하게 시행하고 예관兒寬 등은 문학을 떠받들었다. 그들의 관직은 각각 구경에 올라 번갈아 정권을 잡았다. 나라일은 승상의 결재를 거치지 않고 정해졌는데, 그것은 승상이 충직하고 언행에 신중할 뿐이었기 때문이다. 석경은 재직 9년 동안 승상으로 있으면서 잘못된 것을 바로잡은 것도 없고, 의견을 말한 일도 없었다. 일찍이 황제의 근신 소충所忠과 구경 함선咸宣을 탄핵한 적이 있었다. 그런데 그나마 힘이 모자라 그들을 처벌하지 못한 것은 물론, 도리어 무고죄로 몰려 벌금을 물고 속죄한 일이 있었다.

元狩元年, 上立太子, 選羣臣可爲傅者, 慶自沛守爲太子太傅, 七歲遷爲御史大夫.

元鼎五年秋, 丞相有罪, 罷. 制詔御史: 萬石君先帝尊之, 子孫孝, 其以御史大夫慶爲丞相, 封爲牧丘侯.」是時漢方南誅兩越, 東擊朝鮮, 北逐匈奴, 西伐大宛, 中國多事. 天子巡狩海內, 修上古神祠, 封禪, 興禮樂. 公家用少, 桑弘羊等致利, 王溫舒之屬峻法, 兒寬等推文學至九卿, 更進用事, 事不關決於丞相, 丞相醇謹而已. 在位九歲, 無能有所匡言. 嘗欲請治上近臣所忠·九卿咸宣罪, 不能服, 反受其過, 贖罪.

## 유민이 늘어나 해결 방법이 없다

원봉元封 4년에는 관동關東에 유민이 200만 명에 이르렀으며, 그 중 호적이 없는 사람이 40만 명이나 되었다. 공경들은 상의 끝에 유민들을 변경으로 강제 이주시키기로 뜻을 모아 주청하였다. 황제는 승상 석경은 늙은 데다가 조심성이 많은 사람이니 그와는 의논 상대가 될 수 없다고 여겨 승상에게 휴가를 준 다음, 어사대부 이하 신하들만을 상대로 그 방책을 검토하도록 하였다.

승상은 자신이 직책을 감당하지 못하는 것을 부끄럽게 여겨 이렇게 글을 올렸다.

"신은 폐하의 은총으로 승상의 직책을 맡고 있으나, 늙고 어리석어 국가를 다스리는 데 도움이 되지 못하고 있습니다. 양식 창고는 비어 있고, 백성들 중 고향을 등지고 떠돌이 생활을 하는 사람이 많아졌으니, 그 죄 엄벌을 받아야 마땅할 줄로 압니다. 그런데 폐하께서는 신을 불쌍히 여기시어 법에 따라 처벌하지 않으셨습니다. 신은 승상과 후侯의 인印을 돌려 드리고 물러나 어진 사람의 길을 막는 일이 없도록 할까 하오니 허락하여 주시기를 바랍니다."

그러자 황상은 글로써 석경을 이렇게 책망하였다.

"창고는 이미 비어 있고 백성들은 가난에 지쳐 떠돌고 있는데 그대는 유민들을 변경으로 옮길 것을 주청하여 민심을 더 동요시켜 불안하게 만들었소. 그리고 이런 위급한 사태를 만들어 놓고 물러나려 하다니, 그대는 장차 누구에게 이 어려움의 책임을 떠넘기려 하오?'

석경은 몹시 부끄러워하며 조정에 나가 다시 일을 보게 되었다.

元封四年中, 關東流民二百萬口, 無名數者四十萬, 公卿議欲請徙流民於邊以適之. 上以爲丞相老謹, 不能與其議, 乃賜丞相告歸, 而案御史大夫以下議爲請者. 丞相慙不任職, 乃上書曰:「慶幸得待罪丞相, 罷駑無以輔治, 城郭倉庫空虛, 民多流亡, 罪當伏斧質, 上不忍致法. 願歸丞相侯印, 乞骸骨歸, 避賢者路.」天子曰:「倉廩旣空, 民貧流亡, 而君欲請徙之, 搖蕩不安, 動危之, 而辭位, 君欲安歸難乎?」以書讓慶, 慶甚慙, 遂復視事.

### ◎ 석경의 후손

석경은 오로지 법을 충실히 지키며 모든 일에 신중하였으나, 백성들을 위해 이렇다 할 어떤 계획도 제시하지 못하였다.

그로부터 3년 남짓 지난 태초太初 2년, 승상 석경이 죽자 염후恬侯란 시호가 내려졌다.

석경은 늘 둘째아들 덕德을 사랑하였다. 황제는 덕에게 후의 뒤를 잇게 하였다. 덕은 뒤에 태상太常으로 있을 때, 법에 저촉되어 사형을 받게 되었지만 속죄금을 물고 평민이 되었다.

석경이 승상으로 있었을 때, 자손들 중 관리가 되어 2천 석石에까지 오른 자가 13명이나 되었다. 그러나 석경이 죽은 뒤로 차츰 죄를 짓거나 벼슬에서 물러나게 되었고, 효행과 근실한 가풍도 점점 쇠하여 갔다.

慶文深審謹, 然無他大略, 爲百姓言. 後三歲餘, 太初二年中, 丞相慶卒, 謚爲恬侯. 慶中子德, 慶愛用之, 上以德爲嗣, 代侯. 後爲太常, 坐法當死, 贖免爲庶人. 慶方爲丞相, 諸子孫爲吏更至二千石者十三人. 及慶死後, 稍以罪去, 孝謹益衰矣.

## 〈2〉 위관衛綰

### ◎ 위관을 등용하라

건릉후建陵侯 위관衛綰은 대代의 대릉大陵 사람이다. 말과 수레를 타고 펼치는 곡예가 뛰어나 낭郞에 발탁되어 문제를 섬겼다. 그리고 여러 차례 공을 쌓은 끝에 승진하여 중랑장中郞將이 되었다. 그는 충성스럽고 언행에 신중하였지만 다른 재능은 없었다.

경제가 아직 태자로 있을 때, 황제 주위의 신하들을 불러 술자리를 베푼 적이 있었지만 위관은 병을 핑계하고 술자리에 가지 않았다. 문제는 임종할 때 경제에게 이렇게 부탁하였다.

"위관은 충직한 사람이니 그를 후히 대우하라."

그러나 문제가 죽고 경제가 즉위하였지만, 1년 남짓 지나도록 위관에 대해서는 별다른 분부가 없었다. 그래도 위관은 매일 조심하며 자신의 직무에만 충실하였다.

建陵侯衛綰者, 代大陵人也. 綰以戲車爲郎, 事文帝, 功次遷爲中郎將, 醇謹無他. 孝景爲太子時, 召上左右飮, 而綰稱病不行. 文帝且崩時, 屬孝景曰: 「綰長者, 善遇之.」 及文帝崩, 景帝立, 歲餘不噍呵綰, 綰日以謹力.

## 보검을 받으시오

경제는 상림원上林苑으로 행차하면서 중랑장 위관을 수레에 함께 타도록 하였는데, 돌아오면서 경제는 이렇게 물었다.

"경은 나와 함께 이 수레에 참승參乘을 하게 된 까닭을 아시오?"

위관이 대답하였다.

"신은 거사車士에서부터 시작하여 여러 차례 공을 세운 끝에 다행히도 중랑장까지 승진하였습니다. 오늘 어찌 참승의 영광을 받게 되었는지는 알지 못합니다."

경제가 다시 물었다.

"내가 태자였을 때 경을 초대한 일이 있는데 경은 참석하지 않았소. 무엇 때문이었소?"

위관이 대답하였다.

"죽을죄를 졌습니다. 그때는 참으로 병이 났었습니다!"

황제가 그에게 보검을 하사하려 하자 위관이 말하였다.

"선황제께서 신에게 하사하신 보검이 여섯 자루나 있습니다. 아뢰옵기 황공하오나 더 이상 감히 받을 수 없습니다."

경제는 이렇게 말하였다.

"보검이란 것은 사람들이 즐겨 선물과 답례품으로 쓰거나 팔 수 있는 것인데, 경은 선황제께서 받은 보검을 지금까지 가지고 있단 말이오?"

위관이 대답하였다.

"그대로 간직하고 있습니다."

황상이 그 여섯 자루 보검을 가져오도록 하여서 살펴보았더니, 보검은 받은 그대로 소중히 보관되어 있어 한 번도 차고 다닌 흔적이 없었다.

한편, 위관은 부하인 낭관郎官들이 잘못을 저지르면, 언제나 그들의 잘못을 자신의 책임으로 돌렸다. 다른 중랑장들과 다투는 일도 없었고, 공이 있으면 항상 다른 중랑장에게 양보하였다. 황제는 그가 청렴결백하고 충실하여 다른 욕심이 없음을 알고, 그를 하간왕河間王의 태부로 임명하였다.

오·초가 반란을 일으켰을 때에 황제는 위관을 장수로 삼아 하간河間의 군대를 거느리고 오·초를 치게 하였다. 이 일에 공로가 있어 위관을 중위中尉로 임명되었다. 그로부터 3년 후, 즉 경제 전원前元 6년에, 경제는 그의 공을 따져 위관을 건릉후建陵侯에 봉하였다.

景帝幸上林, 詔中郎將參乘, 還而問曰:「君知所以得參乘乎?」綰曰:「臣從車士幸得以功次遷爲中郎將, 不自知也.」上問曰:「吾爲太子時召君, 君不肯來, 何也?」對曰:「死罪, 實病!」上賜之劍. 綰曰:「先帝賜臣劍凡六, 劍不敢奉詔.」上曰:「劍, 人之所施易, 獨至今乎?」綰曰:「具在.」上使取六劍, 劍尙盛, 未嘗服也. 郎官有譴, 常蒙其罪, 不與他將爭; 有功, 常讓他將. 上以爲廉, 忠實無他腸, 乃拜綰爲河閒王太傅. 吳楚反, 詔綰爲將, 將河閒兵擊吳楚有功, 拜爲中尉. 三歲, 以軍功, 孝景前六年中封綰爲建陵侯.

### 마음이 여려

그 이듬해, 황상은 율태자栗太子를 폐하면서 그의 외가인 율경栗卿의 일족을 죽이게 되었다. 그때 황제는 위관이 후덕한 사람이라 율씨 집안을 차마 모조리 죽이지 못할 것이라 짐작하고, 그에게 휴가를 주어 집으로 돌아가 있도록 한 다음, 대신 질도郅都에게 명하여 율가栗家를 체포하고 처벌하도록 하였다.

그리고 황제는 교동왕膠東王을 세워 태자로 봉한 다음, 위관을 불러 태자태부로 임명하였다. 위관은 그로부터 오랜 뒤에 어사대부로 옮겨 앉았다가, 다시 5년 후에 도후桃侯 유사劉舍를 대신하여 승상에 오르게 되었다.

그는 조정에서 정사에 관해 의견을 말할 때에는 자기 직분에 따라 꼭 해야 할 말만을 하였다. 이리하여 처음 관리가 되어서부터 승상에 있을 때까지 어떠한 계획이나 제안을 한 적이 없었다. 그러나 황제는 위관을 착실하고 후덕한 사람으로써 나이 어린 군주의 재상으로는 가장 적임자라 생각하여 그를 소중히 대하고 사랑하여 상으로 내린 금품이 매우 많았다.

其明年, 上廢太子, 誅栗卿之屬. 上以爲綰長者, 不忍, 乃賜綰告歸, 而使郅都治捕栗氏. 旣已, 上立膠東王爲太子, 召綰, 拜爲太子太傅. 久之, 遷爲御史大夫. 五歲, 代桃侯舍爲丞相, 朝奏事如職所奏. 然自初官以至丞相, 終無可言. 天子以爲敦厚, 可相少主, 尊寵之, 賞賜甚多.

### 위관의 후손

위관이 승상이 된 지 3년 만에 경제가 붕어하고 무제武帝가 즉위하였다. 그런데 건원建元 연간에 일찍이 경제가 병으로 누워 있는 동안, 억울하게 죄를 입은 사람이 많았다는 것은 승상이 그 직책을 다하지 못한 때문이라 하여 위관은 해임당하였다. 그 뒤 위관이 죽고 그의 아들 위신衛信이 후의 작위를 이었으나, 사당에 바치는 행사의 주금酎金의 일을 제대로 처리하지 못하였다는 사건에 연루되어 후의 작위를 잃었다.

爲丞相三歲, 景帝崩, 武帝立. 建元年中, 丞相以景帝疾時諸官囚多坐不辜者, 而君不任職, 免之. 其後綰卒, 子信代. 坐酎金失侯.

## 〈3〉직불의直不疑

### 형이 없으니 형수가 어디 있겠나

새후塞侯 직불의直不疑는 남양南陽 사람이다. 낭관郎官에 임명되어 문제를 섬길 때였다. 그와 같은 숙사에 있던 한 사람이 휴가를 얻어 떠나면서 실수로 같은 방에 있는 다른 사람의 황금을 가지고 가 버렸다. 이윽고 황금 임자가 황금이 없어진 것을 알고 직불의를 의심하였다. 그러자 직불의는 서슴지 않고 자기가 훔쳤다고 사과하고 황금을 마련하여 변상하였다. 뒤에 휴가 갔던 사람이 돌아와 황금을 되돌려 주자, 앞서 황금을 잃은 낭관은 크게 무안을 당하였다. 이 일로 직불의는 덕이 있는 장자長者라는 칭찬을 듣게 되었으며, 문제 역시 장하다 하여 그를 발탁하여 썼고, 그는 점점 승진하여 태중대부太中大夫에 올랐다.

그 무렵 조정에서 어떤 사람이 그를 이렇게 헐뜯었다.

"직불의는 용모가 뛰어나지만 형수와 밀통하고 있으니, 어떻게 처리해야 할지 모르겠소."

직불의는 그 말을 듣자 말하였다.

"내게는 형이 없는데."

혼자 중얼거릴 뿐 끝내 자진하여 변명하지 않았다.

塞侯直不疑者, 南陽人也. 爲郎, 事文帝. 其同舍有告歸, 誤持同舍郎金去, 已而金主覺, 妄意不疑, 不疑謝有之, 買金償. 而告歸者來而歸金, 而前郎亡金者大慙, 以此稱爲長者. 文帝稱擧, 稍遷至太中大夫. 朝廷見, 人或毁曰: 「不疑狀貌甚美, 然獨無柰其善盜嫂何也!」 不疑聞, 曰: 「我乃無兄.」 然終不自明也.

## 오초의 반란을 진압하다

오·초 7국의 난 때, 직불의는 2천 석의 신분으로 군사를 거느리고 이를 쳤다. 이에 경제의 후원後元 원년에, 어사대부로 승진하면서 오·초의 반란 때의 공으로 새후에 봉해졌다. 그러나 무제 건원 연간에 과거의 실정 때문에 승상과 함께 해임당하였다.

吳楚反時, 不疑以二千石將兵擊之. 景帝後元年, 拜爲御史大夫. 天子修吳楚時功, 乃封不疑爲塞侯. 武帝建元年中, 與丞相綰俱以過免.

### 이름 나기를 두려워한 직불의

직불의는 《노자老子》를 배워 직책상 일처리는 전임자가 행한 그대로 따랐으며, 경솔하게 고치는 일이 없었다. 그리고 자신의 관리로서의 업적을 남이 알까 두려워하였으며, 이름이 높아지는 것을 좋아하지 않았다. 이에 사람들은 그를 장자長者라고 칭송하였다.

직불의가 죽자, 그의 아들 직상여直相如가, 그 뒤엔 손자 직망直望이 계승하였으나, 그는 주금酎金을 규정에 맞지 않게 하였다 하여 후의 작위를 잃었다.

不疑學《老子》言. 其所臨, 爲官如故, 唯恐人知其爲吏跡也. 不好立名稱, 稱爲長者. 不疑卒, 子相如代. 孫望, 坐酎金失侯.

## 〈4〉주문周文, 周仁

### 의술로써 황제를 뵙다

낭중령郎中令 주문周文의 이름은 인仁이다. 그의 조상은 원래 임성任城 사람이었다. 주인은 의술이 뛰어난 것으로써 황제를 알현하게 되었고, 경제가 태자로 있을 때 사인舍人에 임명되었다. 그 때 공을 쌓음으로써 차츰 승진되어 태중대부가 되었다.

경제가 즉위하자 주인을 낭중령에 임명하였다.

郎中令周文者, 名仁, 其先故任城人也. 以醫見. 景帝爲太子時, 拜爲舍人, 積功稍遷, 孝文帝時至太中大夫. 景帝初卽位, 拜仁爲郎中令.

### 남의 비밀을 말하지 않은 무거운 입

주인은 신중하고 입이 무거워 남의 비밀을 말하는 일이 없었고, 또 언제나 누덕누덕 기운 옷과 오줌이 묻은 바지를 입어 일부러 추하게 하고 있었다. 그로 인해 경제의 총애를 받아 침전에까지 출입을 하며 후궁에서 비희秘戲가 열릴 때도 항상 곁에서 모시고 있었다.

경제가 붕어할 때까지 주인은 여전히 낭중령으로 있었으나, 끝내 다른 사람의 비밀을 말한 적이 없었다. 황상은 가끔 신하들의 됨됨이에 대해 물었으나 주인은 그때마다 이렇게 말하였다.

"폐하께서 친히 살펴보십시오."

그는 신하들의 운명을 좌우할 말 따위는 하지 않았다. 이 때문에 경제는 두 번이나 주인의 집을 찾아갔었다. 뒤에 양릉陽陵으로 집을 옮긴 다음에도 경제는 많은 하사품을 주었으나, 그 때마다 사양하고 받지 않았으며, 제후·군신들로부터의 선물도 전혀 받지 않았다.

仁爲人陰重不泄, 常衣敝補衣溺袴, 期爲不絜淸, 以是得幸. 景帝入臥內, 於後宮祕戲, 仁常在旁. 至景帝崩, 仁尚爲郎中令, 終無所言. 上時問人, 仁曰: 「上自察之.」 然亦無所毁. 以此景帝再自幸其家. 家徙陽陵. 上所賜甚多, 然常讓, 不敢受也. 諸侯羣臣賂遺, 終無所受.

### 여생을 즐겁게

무제가 즉위하자, 선황제의 총신이라 하여 소중히 대하였으나, 얼마 뒤 그는 병 때문에 사직하여 2천 석 봉록 그대로 고향으로 돌아가 여생을 보냈다. 그의 자손들은 모두 큰 벼슬에 올랐다.

武帝立, 以爲先帝臣, 重之. 仁乃病免, 以二千石祿歸老, 子孫咸至大官矣.

## 〈5〉장숙張叔, 張歐

### 죄인을 다스리면서 인의를 베풀다

어사대부 장숙張叔의 이름은 구歐이며, 안구후安丘侯 장열張說의 서자이다. 문제 때 형명학刑名學에 밝다 하여 태자를 섬기게 되었다. 장숙은 비록 형명학을 배우기는 하였으나, 그의 됨됨이는 장자長者였다.

이에 경제는 그를 소중히 여겨 일찍이 구경으로 승진시켰고, 무제는 원삭元朔 4년에 한안국韓安國이 해임되자, 장구를 어사대부에 임명하였다.

장구는 관리가 된 뒤로, 다른 사람의 죄를 다스리자고 말한 일은 한 번도 없었고, 오로지 참다운 장자로서의 직책을 다하였다. 속관들도 그의 덕망을 우러러 감히 지나친 속임수를 쓰지 않았다. 형사 사건이 올라왔을 때면, 신중히 사건을 검토한 끝에 각하시킬 수 있는 것이라면 각하시키고, 각하시킬 수 없는 것은 하는 수 없이 눈물을 흘리면서 얼굴을 돌리고 밀봉할 정도로 어질었다.

御史大夫張叔者, 名歐, 安丘侯說之庶子也. 孝文時以治刑名言事太子. 然歐雖治刑名家, 其人長者. 景帝時尊重, 常爲九卿. 至武帝元朔四年, 寒安國免, 詔拜歐爲御史大夫. 自歐爲吏, 未嘗言案人, 專以誠長者處官. 官屬以爲長者, 亦不敢大欺. 上具獄事, 有可卻, 卻之; 不可者, 不得已, 爲涕泣面對而封之. 其愛人如此.

## 황제가 책을 내리다

노년에 중병이 들어 사임을 청하자, 천자는 특명으로 이를 받아들이는 책策을 내렸으며, 상대부上大夫의 봉록을 지닌 채 노후를 보내게 하였다. 그의 집은 양릉陽陵에 있었으며, 자손들은 모두 높은 벼슬에 올랐다.

老病篤, 請免. 於是天子亦策罷, 以上大夫祿歸老于家. 家於陽陵. 子孫咸至大官矣.

## 사마천의 평어

나 태사공은 이렇게 생각한다.

공자孔子는 '군자君子는 말은 어눌하되 행동은 민첩해야 한다'라 하였다. 이는 만석군·건릉후·장숙과 같은 사람을 가리켜 말한 것이 아니겠는가? 그러므로 그들의 교화敎化는 엄정한 것이 아니면서도 효과를 거둘 수 있었고, 시정施政은 엄격한 데 빠지지 않으면서도 잘 다스려졌던 것이다. 한편 군자들은 새후塞侯가 정교하고 교묘하게 계획하였고, 주문周文은 아첨을 일삼고 있었다. 군자들은 그들을 비웃었는데, 그것은 그들의 행동이 아첨에 가깝기 때문이었겠지만, 나로서는 두 사람의 행동만은 역시 독실한 군자라 하겠다!

太史公曰: 仲尼有言曰「君子欲訥於言而敏於行」, 其萬石·建陵·張叔之謂邪? 是以其敎不肅而成, 不嚴而治. 塞侯微巧, 而周文處諂, 君子譏之, 爲其近於佞也. 然斯可謂篤行君子矣!

史記列傳

# 044(104) 전숙 열전田叔列傳

① 전숙田叔 ② 전인田仁 ③ 임안任安

守節切直 義足以言廉 行足以厲賢 任重權不可以非理撓 作田叔列傳

## 〈1〉전숙田叔

### 세속에 물들지 않은 인물

전숙田叔은 조趙나라 형성陘城 사람으로, 그의 조상은 제齊나라 전田씨의 자손이다. 전숙은 검술을 좋아하였으며 악거공樂巨公 밑에서 황로黃老의 학술을 배웠다. 전숙은 성격이 엄격하고 청렴 결백하였으며, 세속에 물들지 않고 스스로를 아끼면서 선배들과 왕래하고 사귀기를 즐겼다.

조나라 사람 중에 누군가 그를 조나라 재상 조오趙午에게 추천하였고, 조오가 다시 조나라 왕 장오張敖에게 추천하여, 그는 낭중郎中에 임명되었다.

그 후 몇 해가 지나도록 그는 친절·정직·청렴·공정하게 처신하였으므로, 조나라 왕은 그를 덕망이 있다고 여겼지만 다른 관직으로 승진시켜 주지는 않았다.

田叔者, 趙陘城人也. 其先, 齊田氏苗裔也. 叔喜劍, 學黃老術於樂巨公所. 叔爲人刻廉自喜, 喜游諸公. 趙人擧之趙相趙午, 午言之趙王張敖所, 趙王以爲郎中. 數歲, 切直廉平, 趙王賢之, 未及遷.

### 조나라의 반란 음모

마침 진희陳豨가 대代에서 한漢나라에 반기를 든 사건이 일어났다. 한나라 7년 고조가 진희를 치러 가는 도중 조나라에 들렀다. 이때 조왕 장오는 몸소 상을 들고 나와 음식을 올리는 등 대단히 공손하게 예를 갖추었다. 그런데 고조는 자리에 앉아 두 다리를 쭉 뻗은 채로 조왕에게 꾸중을 하였다. 이 때 조나라 재상 조오 등 수십 명은 분개하여 조왕에게 이렇게 말하였다.

"왕께서는 임금께 예를 갖춰 섬기셨습니다. 그런데도 임금께서 왕을 대하는 태도가 이러하다면 바라건대 신들이 반란을 일으킬 것을 주청합니다."

그러자 조왕은 손가락을 깨물어 피를 내더니 이렇게 말하였다.

"선친張耳께서는 나라를 잃었을 때, 만일 고조가 아니었던들 우리는 죽어서 묻힐 땅도 없어 시체에서 벌레가 기어나왔을 것이다. 그대들은 어찌하여 그 같은 말을 하는가? 두 번 다시 그런 말을 입 밖에 내어서는 안 된다."

그러자 관고貫高 등이 말하였다.

"왕은 원래가 덕이 있는 분이라 은덕을 배반하지는 않을 것이오."

그리고 몰래 상의한 끝에 고조를 죽이려 하였지만, 일은 우연히 사전에 발각되었다. 한나라는 조서를 내려 조왕을 비롯해 반란을 꾀한 신하들을 잡아들였다.

이때 조오 등은 모두 자살하고 말았으며, 관고는 포박을 받았다. 한나라에서 다시 다음과 같이 조서를 내렸다.

"감히 조왕을 따라오는 자가 있다면 삼족을 멸하리라."

그러나 맹서孟舒·전숙 등 10여 명만은 붉은 죄수복을 입은 채 스스로 머리를 깎고 형틀을 차고 왕가王家의 종이라 하며 따라 나섰다. 조왕이 장안에 도착한 뒤에, 관고 등의 음모가 명백하게 드러나자 조왕은 곧 풀려났으나, 왕위를 박탈당한 채 선평후宣平侯로 강등되고 말았다. 그 뒤 장오는 황제 앞에 나아가 전숙 등 10여 명을 추천하였다. 고조는 그들을 모두 불러 이야기를 나누어 보고 나서 한나라 조정에 있는 신하들 중 그들보다 나은 사람이 아무도 없다고 여겼다. 고조는 기뻐하여 그들 모두를 제후들의 재상으로 보내거나 군수로 임명하였다.

전숙이 한중漢中 군수가 된 지 10여 년 뒤, 고후가 붕어하고 여씨 일족이 반란을 일으키자, 대신들은 그들을 없애고 문제孝文帝를 세웠다.

會陳豨反代, 漢七年, 高祖往誅之, 過趙, 趙王張敖自持案進食, 禮恭甚, 高祖箕踞罵之. 是時趙相趙午等數十人皆怒, 謂張王曰:「王事上禮備矣, 今遇王如是, 臣等請爲亂.」趙王齧指出血, 曰:「先人失國, 微陛下, 臣等當蟲出. 公等柰何言若是! 毋復出口矣!」於是貫高等曰:「王長者, 不倍德.」卒私相與謀弑上. 會事發覺, 漢下詔捕趙王及羣臣反者. 於是趙午等皆自殺, 唯貫高就繫. 是時漢下詔書:「趙有敢隨王者罪三族.」唯孟舒·田叔等十餘人赭衣自髡鉗, 稱王家奴, 隨趙王敖至長安. 貫高事明白, 趙王敖得出, 廢爲宣平侯, 乃進言田叔等十餘人. 上盡召見, 與語, 漢廷臣毋能出其右者, 上說, 盡拜爲郡守·諸侯相. 叔爲漢中守十餘年, 會高后崩, 諸呂作亂, 大臣誅之, 立孝文帝.

## 맹서를 변호하다

문제는 즉위한 뒤 전숙을 불러 이렇게 물었다.

"경은 누가 천하의 장자長者인지 아시오?"

전숙이 말하였다.

"신이 어찌 알 수 있겠습니까."

문제는 이렇게 말하였다.

"경이 바로 장자이니 그리 아시오."

전숙은 머리를 조아리며 아뢰었다.

"전임前任 운중雲中의 군수 맹서가 장자이옵니다."

이때 맹서는 흉노가 한나라 변경에 대거 침입해 들어와 약탈해 갔을 당시, 운중군의 피해가 가장 컸기 때문에 해임되었다. 문제는 이렇게 말하였다.

"선황제께서는 맹서를 10여 년 동안이나 운중 태수로 두었소. 그런데 흉노가 한 번 침입해 오자, 맹서는 굳게 지키지를 못하고 이렇다 할 이유도 없이 수백 명을 아깝게 잃고 말았소. 장자가 원래 사람을 죽이는 것이오? 경은 어떤 점에서 맹서를 장자라고 말하시오?"

전숙은 머리를 조아리며 대답하였다.

"지금 말씀하신 점이 바로 맹서가 장자인 때문이옵니다. 저 관고의 무리들이 반역을 꾀하였을 당시, 폐하께서는 분명히 조서를 내려 '조왕을 따라오는 자가 있다면 삼족을 멸하리라'고 하셨습니다. 그러나 맹서는 스스로 머리를 깎고 형틀을 차고, 조왕 장오를 따르며 조왕을 위해 자기 한 몸을 내던지려 하였던 것이니, 어떻게 자신이 운중 군수가 되리라고 생각인들 하였겠습니까? 당시는 한나라와 초楚나라가 서로 싸움을 거듭한 끝이라 사졸들이 지칠 대로 지쳐 있었습니다. 그때 흉노의 묵돌선우冒頓單于는 북방의 오랑캐月氏들을 정복한 다음, 우리 변경으로 쳐들어와 약탈을 하였던 것입니다. 맹서는 병사들이 지쳐 있는 것을 알고 있었기에 싸우라는 명령을 차마 내리지 못하였던 것입니다. 그런데 병사들이 다투어 성벽을 지키며 적과 싸워 죽었으니, 자식이 아비를 위해 죽고 아우가 형을 위해 죽는 것이 이와 같았습니다. 그로 인해 죽은 사람이 수백 명에 달하였던 것입니다. 맹서가 어찌 고의로 부하들을 내몰아 싸우게 하였겠습니까! 이로보면 맹서는 장자이기 때문에 그렇게 한 것입니다."

이에 문제가 말하였다.

"참으로 맹서는 현인이로다."

그리고 다시 맹서를 불러 운중 군수로 임명하였다.

孝文帝旣立, 召田叔問之曰:「公知天下長者乎?」對曰:「臣何足以知之!」上曰:「公, 長者也, 宜知之.」叔頓首曰:「故雲中守孟舒, 長者也.」是時孟舒坐虜大入塞盜劫, 雲中尤甚, 免. 上曰:「先帝置孟舒雲中十餘年矣, 虜曾一入, 孟舒不能堅守, 毋故士卒戰死者數百人. 長者固殺人乎? 公何以言孟舒爲長者也?」叔叩頭對曰:「是乃孟舒所以爲長者也. 夫貫高等謀反, 上下明詔, 趙有敢隨張王, 罪三族. 然孟舒自髡鉗, 隨張王敖之所在, 欲以身死之, 豈自知爲雲中守哉! 漢與楚相距, 士卒罷敝. 匈奴冒頓新服北夷, 來爲邊害, 孟舒知士卒罷敝, 不忍出言, 士爭臨城死敵, 如子爲父, 弟爲兄, 以故死者數百人. 孟舒豈故驅戰之哉! 是乃孟舒所以爲長者也.」於是上曰:「賢哉孟舒!」復召孟舒以爲雲中守.

## 양 효왕의 범죄

그로부터 몇 년 뒤, 전숙은 법에 저촉되어 벼슬을 잃었다.

그 뒤 양나라 효왕孝王이 자객을 보내어 전에 오吳나라 재상을 지냈던 원앙袁盎을 살해한 일이 일어났다. 경제景帝는 전숙을 양나라에 보내어 이 사건을 조사하게 하였다. 전숙이 상세히 사실을 조사하고 돌아와 보고를 올리자 경제는 이렇게 물었다.

"양왕에게 그러한 일이 있었소?"
전숙이 대답하였다.
"죽을 죄를 졌습니다! 그런 일이 있었사옵니다."
왕이 물었다.
"그러한 일이 있었다는 증거가 있소?"
전숙이 대답하였다.
"황상께서는 양왕의 일을 더 이상 문제삼지 마시기 바랍니다."
왕이 물었다.
"어찌 그렇소?"
전숙은 이렇게 설명하였다.
"양왕을 처형하지 않으면 한나라 법이 서지 않게 됩니다. 만일 법에 따르게 되면 두태후께서는 슬픈 나머지 음식을 들어도 맛을 모르시고 누워도 편히 잠이 들지 못할 것입니다. 그 결과 황상께서 근심을 얻게 될 것입니다."
경제는 이 일로 전숙을 어질게 여겨 노魯나라 재상에 임명하였다.

後數歲, 叔坐法失官. 梁孝王使人殺故吳相袁盎, 景帝召田叔案梁, 具得其事, 還報. 景帝曰:「梁有之乎?」叔對曰:「死罪! 有之.」上曰:「其事安在?」如其伏法, 而太后食不甘味, 臥不安席, 此憂在陛下也.」景田叔曰:「上毋以梁事爲也.」上曰:「何也?」曰:「今梁王不伏誅, 是漢法不行也; 帝大賢之, 以爲魯相.

## 재상이 변상을 하면 왕의 악행이 드러납니다

전숙이 재상이 되어 노나라로 부임해 오자, 왕이 자신들의 재산을 빼앗아 갔다는 소송을 걸어온 백성들이 100여 명에 이르렀다. 전숙은 그 중에서 주동자로 보이는 20명은 매를 50대씩 치고 나머지에게는 각각 손을 20대씩 친 다음, 이렇게 꾸짖었다.
"왕은 그대들의 군주가 아닌가? 감히 군주를 상대로 그따위 말을 함부로 하다니!"

노나라 공왕共王은 이를 알고 나서 크게 부끄러운 생각이 들었다. 이에 중부中府의 돈을 꺼내어 변상하도록 전숙에게 일렀는데 전숙은 이렇게 거절하였다.

"왕께서 직접 빼앗은 것을 재상을 통해 변상케 하시면, 이것은 왕이 악한 일을 행하시고 재상이 착한 일을 행한 것이 되옵니다. 재상으로서는 변상에 관여하지 않는 것이 좋겠습니다."

이에 노나라 왕은 모든 것을 직접 변상하였다.

魯相初到, 民自言相, 訟王取其財物百餘人. 田叔取其渠率二十人, 各笞五十, 餘各搏二十, 怒之曰:「王非若主邪? 何自敢言若主!」魯王聞之大慙, 發中府錢, 使相償之. 相曰:「王自奪之, 使相償之, 是王爲惡而相爲善也. 相毋與償之.」於是王乃盡償之.

## 사냥을 지켜보는 재상

노나라 왕은 사냥을 좋아하여 재상은 언제나 왕을 어원御苑 안으로 모시고 들어가야 했다. 왕은 그 때마다 재상을 관사에 머물러 쉬도록 하였으나, 전숙은 언제나 사냥터 담으로 나와 햇볕이 내리쬐는 곳에 앉아 왕을 기다리고 있었다. 이에 왕은 자주 재상에게 사람을 보내 편히 쉬고 있도록 권하였지만, 재상은 끝내 관사 안에서 쉬려 하지 않고 이렇게 말하였다.

"우리 왕께서는 어원 안에서 거센 햇볕과 바람을 쐬고 계시는데 어떻게 나 혼자만 관사에 편히 들어앉아 있을 수 있겠습니까!"

노나라 왕은 이런 연유으로 사냥하는 일이 드물게 되었다.

魯王好獵, 相常從入苑中, 王輒休相就館舍, 相出, 常暴坐待王苑外. 王數使人請相休, 終不休, 曰:「我王暴露苑中, 我獨何爲就舍!」魯王以故不大出游.

## 〈2〉전인田仁

### 죽은 선친을 욕되게 하지 않겠습니다

몇 해 후 재임 중에 전숙은 병으로 죽었다. 노나라에서는 제사 비용이라 하여 유족에게 황금 100근을 내줬으나, 작은 아들 전인田仁은 이렇게 말하며 그것을 받지 않았다.

"황금 100근으로 인해 죽은 선친의 이름을 욕되게 하고 싶지는 않습니다."

數年, 叔以官卒, 魯以百金祠, 少子仁不受也, 曰:「不以百金傷先人名.」

### 반란을 꾀하였다고 오해를 받다

전인은 건장한 사람이었다. 이에 장군 위청衛靑의 가신이 되어 장군을 따라 자주 흉노를 쳤고, 뒤에 위장군의 천거를 받아 낭중에 임명되었다. 다시 몇 해 뒤 그는 봉록 2천 석으로 승상의 장사長史로 승진되었다가 해임되었다. 그 뒤 황제武帝는 그를 삼하三河로 보내어 그곳 관리들의 잘잘못을 감찰하게 하였다. 황제가 동쪽 방면을 순행할 때, 전인의 정사에 관한 상소문이 올라왔는데 그 내용이 아주 논리 정연하였다. 이에 황제는 기뻐하며 전인을 경보도위京輔都尉에 임명하였다가, 다시 한 달 남짓하여 사직司直으로 전근시켰다.

그로부터 몇 해 후에 전인은 태자太子 사건에 연루되어 죄를 짓게 되었다. 즉 좌승상이 직접 군사를 거느리고 와서 사직 전인에게는 성문을 닫고 지키라고 명령하였다. 전인이 고의로 태자를 놓아주는 죄를 지어 형리의 손에 넘어가 사형에 처해지게 되었다. 전인이 병사들을 이끌고 장릉長陵에 이른 것을 장릉 현령 차천추車千秋는 전인이 반란을 꾀한 것으로 보고함으로써 전인 일족이 멸족되었다. 형성陘城은 지금의 중산국中山國에 있다.

仁以壯健爲衛將軍舍人, 數從擊匈奴. 衛將軍進言仁, 仁爲郎中. 數歲, 爲二千石丞相長史, 失官. 其後使刺擧三河. 上東巡, 仁奏事有辭, 上說, 拜爲京輔都尉. 月餘, 上遷拜爲司直. 數歲, 坐太子事. 時左丞相自將兵, 令司直田仁主閉守城門, 坐縱太子, 下吏誅死. 仁發兵, 長陵令車千秋上變仁, 仁族死. 陘城今在中山國.

### 사마천의 평어

나 태사공은 이렇게 생각한다.

공자孔子는 '어느 나라를 가든 반드시 그 나라 임금으로부터 정치에 대한 의견을 듣게 된다'고 하였다. 전숙에게도 이와같은 일이 있도다! 전숙은 의로운 가운데 어진 사람을 잊지 않았고, 군주의 아름다운 점을 밝혀 주었으며, 그의 잘못을 구제해 주었다. 전인은 나와 친하였던 관계로 아울러 함께 여기에 기록하여 논한 것이다.

太史公曰: 孔子稱曰「居是國必聞其政」, 田叔之謂乎! 義不忘賢, 明主之美以救過. 仁與余善, 余故幷論之.

## 〈3〉 임안任安, 少卿

### 임안과 작은 고을

저선생褚先生, 褚少孫은 《사기》를 보충하여 이렇게 말하였다.

내가 낭郎으로 있을 때, 전인은 원래 임안任安과 친하였다고 들은 일이 있다. 임안은 형양滎陽 사람으로 어려서 고아가 되어 가난하게 지냈는데, 어느 때 남을 위해 수레를 끌고 장안으로 가게 되었다. 그 길로 장안에 눌러 있으면서 벼슬길을 찾고 있었지만 기회가 없었다. 그는 호적을 만들어 무공武功 땅에 살게 되었다. 무공은 부풍扶風 서쪽 경계에 있는 작은 현으로, 골짜기 어귀는 촉蜀으로 가는 잔도棧道와 통하게 되어 있고 산에 가까웠다. 임안은, 무공이 작은 고을이라 호걸들도 없기 때문에 자신의 이름을 높이기 쉬울 것이라 생각하고, 그곳에 머물러 있으면서 남을 대신하여 구도求盜와 정부亭父로 있다가 뒤에 정장亭長이 되었다. 고을 안 백성들과 같이 사냥을 나가게 되는 일이 가끔 있었다. 그럴 때면 임안은 언제나 사람들을 위해 사슴·꿩·토끼 등을 나눠주고, 노인·아이·장정들을 적당한 곳에 배치시켜 힘에 맞는 일을 맡게 하였다 모든 사람들은 기뻐하며 말하였다.

"아무런 걱정이 없다. 임소경任少卿, 任安은 물건을 나눠주는 것이 공정하고 또 지략이 있으니까."

이튿날 다시 모였을 때는 모인 사람이 수백 명에 이르렀다. 임소경은 이렇게 말하였다.

"아무개 아들 갑甲 아무개는 어째서 오지 않았습니까?"

사람들은 모두 그의 사람 보는 능력을 신기하게 생각하였다. 그 뒤 임안은 삼로三老가 되었고, 다시 친민親民으로 추대되었으며, 나아가 300석의 장長이 되어 백성을 다스렸다. 그러나 황제께서 천하를 순행할 때 휘장 등이 갖추어지지 않았고, 접대가 소홀하였던 점을 들어 질책 당하고 벼슬에서 물러나게 되었다.

褚先生曰: 臣爲郎時, 聞之曰田仁故與任安相善. 任安, 滎陽人也. 少孤貧困, 爲人將車之長安, 留, 求事爲小吏, 未有因緣也, 因占著名數. 武功, 扶風西界小邑也, 谷口蜀剗道近山. 安以爲武功小邑, 無豪, 易高也, 安留, 代人爲求盜亭父. 後爲亭長. 邑中人民俱出獵, 任安常爲人分麋鹿雉兔, 部署老小當壯劇易處, 衆人皆喜, 曰:「無傷也, 任少卿分別平, 有智略.」明日復合會, 會者數百人. 任少卿曰:「某子甲何爲不來乎?」諸人皆怪其見之疾也. 其後除爲三老, 擧爲親民, 出爲三百石長, 治民. 坐上行出游共帳不辦, 斥免.

### 자리를 베어 따로 앉다

그 뒤 임안은 위衛장군의 사인이 되어 전인田仁과 알게 되었다. 같은 사인으로 장군의 문하에 있으면서 뜻이 맞아 친하게 지냈다. 이 둘은 집이 가난하여 장군의 가감家監에게 선물을 바칠 만한 여유도 없었다. 이에 가감은 그들을 사람을 물어뜯을 정도로 거센 말을 기르는 곳으로 보냈다. 두 사람은 같은 침대를 쓰고 있었는데, 이때 전인이 가만히 속삭였다.

"가감은 사람을 보는 눈이 없어!"

그러자 임안도 이렇게 말하였다.

"장군도 사람을 보는 눈이 없는데 가감이 어찌 그런 눈을 가졌겠는가!"

그 뒤 위장군이 이들 둘을 데리고 평양공주平陽公主 집에 들른 일이 있었다. 그때 공주의 집에서는 두 사람을 말 기르는 종들과 한자리에서 밥을 먹게 하였다. 그러자 두 사람은 칼을 뽑아 깔아 놓은 자리를 잘라 그들과 따로 앉았다. 공주 집안 사람들은 그들의 행동을 보고 모두 미워하였지만, 아무도 감히 뭐라고는 대들지 못하였다.

乃爲衛將軍舍人, 與田仁會, 俱爲舍人, 居門下, 同心相愛. 此二人家貧, 無錢用以事將軍家監, 家監使養惡齧馬. 兩人同牀臥, 仁竊言曰:「不知人哉家監也!」任安曰:「將軍尙不知人, 何乃家監也!」衛將軍從此兩人過平陽主, 主家令兩人與騎奴同席而食, 此二子拔刀列斷席別坐. 主家皆怪而惡之, 莫敢呵.

## 나무인형에 비단옷 입힌 것과 같은 무능한 자들

그 뒤 위장군의 사인들 중에서 낭郎을 선발한다는 조서가 있었다. 장군은 사인들 가운데 부유한 사람들을 골라 안장 딸린 말과 붉은 옷과 칼집에 장식이 있는 칼을 갖추게 한 다음 궁궐로 들어가 아뢰고자 하였다. 그런데 마침 태중대부太中大夫인 현명하기로 정평이 있는 소부少府 조우趙禹가 장군을 찾아왔다. 장군은 자신이 천거하려는 가신을 불러 조우에게 보였다. 조우는 차례로 그들과 대화해 보았으나, 10여 명 가운데 일솜씨가 뛰어나거나 지략이 있는 자가 한 사람도 없었다. 조우는 이렇게 말하였다.

"내가 들은 바로는 장군의 문하에는 반드시 장군 될 사람이 있다라고 하더이다. 또 옛 글에 '그 군君을 알지 못하면 그가 부리는 사람을 볼 것이요, 그 아들을 알지 못하면 그가 벗하고 있는 사람을 보라'고 하였습니다. 지금 장군의 사인을 추천하라는 조서는, 황제께서 장군이 어떤 어진 사람과 문무에 뛰어난 선비들을 거느리고 있는가를 보시려는 생각에서입니다. 지금 부잣집 아들들을 골라서 천거하시려는데, 그들은 지략도 없고 마치 나무 인형에다가 비단 옷을 입힌 것과 다름이 없으니 장차 이 일을 어찌하려 하십니까?"

이리하여 조우는 위장군의 사인 100여 명을 모조리 불러놓고, 차례로 말을 걸어 본 다음 전인과 임안을 찾아내고 이렇게 말하였다.

"이 두 사람 외엔 쓸 만한 사람이 없습니다."

위장군은 두 사람이 가난한 것을 알고는 속으로 못마땅해하였다. 이에 조우가 떠난 다음 두 사람에게 이렇게 일렀다.

"각자가 자기 힘으로 안장 딸린 말과 붉은 새 옷을 갖추도록 하라."

두 사람이 대답하였다.

"집이 가난하여 갖출 수가 없습니다."

장군은 화를 내며 말하였다.

"두 사람의 스스로가 집이 가난하다고 하는데 어찌 그런 말을 할 수 있는가? 내가 천거해 주겠다는데 못마땅한 듯이 거꾸로 내게다 책임을 지우려 하고 있으니 무슨 까닭에서인가?"

하지만 장군은 하는 수 없이 명부를 만들어 황제에게 올렸다. 위장군의 사인을 보겠다는 조서가 내려와 두 사람은 나아가 황제를 알현하였다. 조서로써 두 사람의 재능과 지략을 시험하는데, 두 사람은 서로가 사양하였다. 전인이 먼저 이렇게 말하였다.

"손에 북채와 북을 들고 발은 군문軍門에 서서 사대부士大夫로 하여금 죽음을 두려워하지 않고 싸우도록 하는 데는 제가 임안을 따르지 못합니다."

그러자 임안은 이렇게 말하였다.

"의심나는 것을 가려내고 옳고 그른 것을 판정하며 관리들을 바로 다스리고 백성들로 하여금 윗사람에 대해 원망하는 일이 없게 하는 데는 제가 전인을 따르지 못합니다."

무제武帝는 크게 웃으며 이렇게 칭찬하였다.

"훌륭하오."

그리고 임안에게는 북군北軍을 감찰하게 하고, 전인에게는 변경의 곡식을 하수로 실어내는 것을 감독하게 하였다. 이리하여 두 사람은 이름을 천하에 알려지게 되었다.

其後有詔募擇衛將軍舍人以爲郎, 將軍取舍人中富給者, 令具鞍馬絳衣玉具劍, 欲入奏之. 會賢大夫少府趙禹來過衛將軍, 將軍呼所擧舍人以示趙禹. 趙禹以次問之, 十餘人無一人習事有智略者. 趙禹曰: 「吾聞之, 將門之下必有將類. 傳曰『不知其君視其所使, 不知其子視其所友』. 今有詔擧將軍舍人者, 欲以觀將軍而能得賢者文武之士也. 今徒取富人子上之, 又無智略, 如木偶人衣之綺繡耳, 將柰之何?」 於是趙禹悉召衛將軍舍人百餘人, 以次問之, 得田仁·任安, 曰: 「獨此兩人可耳, 餘無可用者.」 衛將軍見此兩人貧, 意不平. 趙禹去, 謂兩人曰: 「各自具鞍馬新絳衣.」 兩人對曰: 「家貧無用具也.」 將軍怒曰: 「今兩君家自爲貧, 何爲出此言? 鞅鞅如有移德於我者, 何也?」 將軍不得已, 上籍以聞. 有詔召見衛將軍舍人, 此二人前見, 詔問能略相推第也. 田仁對曰: 「提桴鼓立軍門, 使士大夫樂死戰鬪, 仁不及任安.」 任安對曰: 「夫決嫌疑, 定是非, 辯治官, 使百姓無怨心, 安不及仁也.」 武帝大笑曰: 「善.」 使任安護北軍, 使田仁護邊田穀於河上. 此兩人立名天下.

## 삼하의 탐관오리를 처단하시오

그 뒤 임안을 익주益州 자사刺史에 임명하고 전인을 승상의 장사에 임명하였다.

전인은 이에 다음과 같은 글을 올렸다.

"천하의 각 군 태수 가운데는 부정으로 사복을 채우는 자가 많습니다. 그 중에서도 삼하三河가 가장 심합니다. 바라건대 먼저 삼하를 시찰하여 이를 적발하도록 허가하여 주옵소서. 삼하의 태수들은 모두 궁중에 있는 귀인들과 결탁해 있고, 삼공三公과 친인척 관계에 있는 사람들로서 두려워하거나 꺼려하는 것이 없습니다. 마땅히 먼저 삼하를 바로잡아 천하의 간악한 관리들을 깨우쳐 주어야 할 줄로 압니다."

당시 하남河南과 하내河內의 태수들은 모두 어사대부 두주杜周와 부자 형제의 관계에 있었고, 하동河東 태수는 승상 석경石慶의 자손들이었다. 이때 석씨는 아홉 사람이나 2천 석의 벼슬에 올라 있어 가장 세도가 컸다. 전인이 자주 글을 올려 이 점을 지적하자, 두杜대부와 석씨는 전소경田少卿에게 사람을 보내어 이렇게 타일렀다.

"우리가 감히 변명하려는 것은 아니지만, 바라건대 소경少卿은 사실이 아닌 일을 가지고 우리를 무고하여 욕되게 하는 일이 없도록 하시오."

그러나 전인이 삼하를 시찰하며 적발한 결과 삼하 태수는 모두 형리의 손으로 넘어가 사형에 처해진 뒤였다. 전인이 돌아와 사실을 보고하자 무제는 기뻐하며 전인을 세도가 당당한 권력층도 무서워하지 않는 인물로 인정하고 승상의 사직司直에 임명하였다. 전인의 위세는 천하에 떨쳤다.

其後用任安爲益州刺史, 以田仁爲丞相長史.

田仁上書言: 「天下郡太守多爲姦利, 三河尤甚, 臣請先刺擧三河. 三河太守皆內倚中貴人, 與三公有親屬, 無所畏憚, 宜先正三河以警天下姦吏.」 是時河南·河內太守皆御史大夫杜父兄子弟也, 河東太守石丞相子孫也. 是時石氏九人爲二千石, 方盛貴. 田仁數上書言之. 杜大夫及石氏使人謝, 謂田少卿曰: 「吾非敢有語言也, 願少卿無相誣汙也.」 仁已刺三河, 三河太守皆下吏誅死. 仁還奏事, 武帝說, 以仁爲能不畏彊禦, 拜仁爲丞相司直, 威振天下.

## 태자의 반란 사건에 연루되다

그 뒤 전인은 태자가 군사를 일으킨 사건에 말려들었다. 그때 승상은 직접 병사를 거느리고 사직 전인에게 도성 성문을 지키도록 명하였다. 사직은 태자와 황상은 골육 관계에 있어 부자 사이에 깊이 끼어들고 싶지 않은 생각에서 성문을 닫기는 하였으나, 그곳을 떠나 장릉長陵에서 시간을 지체하고 있었다. 이때 무제는 감천궁甘泉宮에 있었다. 무제는 어사대부 포승지暴勝之에게 어찌하여 태자를 달아나게 놓아두었는가를 밝혀 내도록 명하였다. 그러자 승상은 이렇게 보고하였다.

"사직에게 성문을 지키도록 책임을 지웠는데 사직이 태자에게 성문을 열어주어 도망치도록 해 주었던 것입니다."

그리고 글을 올려 청하였다.

"사직을 체포하여 감금하게 해 주십시오."

이리하여 사직은 형리의 손으로 넘어가 사형을 당하였다.

其後逢太子有兵事, 丞相自將兵, 使司直主城門. 司直以爲太子骨肉之親, 父子之閒不甚欲近, 去之諸陵過. 是時武帝在甘泉, 使御史大夫暴君下責丞相「何爲縱太子」, 丞相對言「使司直部守城門而開太子」. 上書以聞, 請捕繫司直. 司直下吏, 誅死.

## ◎ 임안을 처형하다

이때 임안은 북군北軍의 사자로서 군을 감찰하고 있었다. 태자가 수레를 북군 남문 밖에다 세워두고 임안을 불러 부절을 주며 자신을 위해 군사를 내어 달라고 부탁하였다.

임안은 부절을 받기는 하였으나, 군중으로 들어가 버린 채 문을 닫고 나오지 않았다. 무제는 이를 듣고 임안이 거짓으로 부절을 받은 체하기만 하고 태자를 공격하지 않은 것은 의심스러웠다.

그런데 임안은 일찍이 북군의 경리를 맡아보는 소리小吏를 매질하여 욕을 보인 일이 있었다. 그 소리가 글을 올려, 임안은 태자의 부절을 받아 들고 "보다 깨끗하고 좋은 것을 주십시오"라고 말했다고 아뢰었다.

그 글을 보고 무제는 이렇게 말하였다.

"그 임안이란 놈은 노련한 벼슬아치다. 반란이 일어난 것을 알자, 몰래 성패의 결과를 지켜보며 어느 쪽이든 이길 희망이 있는 쪽으로 붙으려고 하였던 것이 틀림없다. 두 마음을 지니고 있었던 것이다. 임안이란 놈은 지금까지 죽을죄를 범한 일이 대단히 많았으나, 내가 항상 살려 주었다. 그런데 지금 거짓을 품고 불충한 마음을 가지고 있다."

그리고 임안을 형리의 손에 넘겨 사형에 처하도록 하였다.

是時任安爲北軍使者護軍, 太子立車北軍南門外, 召任安, 與節令發兵. 安拜受節, 入, 閉門不出. 武帝聞之, 以爲任安爲詳邪, 不傅事, 何也? 任安笞辱北軍錢官小吏, 小吏上書言之, 以爲受太子節, 言「幸與我其鮮好者」. 書上聞, 武帝曰:「是老吏也, 見兵事起, 欲坐觀成敗, 見勝者欲合從之, 有兩心. 安有當死之罪甚衆, 吾常活之, 今懷詐, 有不忠之心.」 下安吏, 誅死.

## ◎ 달은 차면 기우는 법

무릇 달은 차면 기울고, 사물은 성하면 쇠하는 것이 천지의 법칙이다. 앞으로 나아갈 줄만 알고 물러날 줄을 모르며, 오래 부귀를 누리게 되면 화가 날로 쌓이고 쌓여 재앙이 된다. 그러기에 범려范蠡는 월越나라를 떠나 벼슬을 받지 않았던 것이며, 그로 인해 이름이 후세에까지 전해져서 영원히 잊지 않게 되었으니, 누가 그에게 미칠 수 있겠는가! 후진들은 이를 경계하고 삼가야 할 것이다.

夫月滿則虧, 物盛則衰, 天地之常也. 知進而不知退, 久乘富貴, 禍積爲祟. 故范蠡之去越, 辭不受官位, 名傳後世, 萬歲不忘, 豈可及哉! 後進者愼戒之.

史記列傳

# 045(105) 편작창공 열전扁鵲倉公列傳

① 편작扁鵲, 秦越人 ② 창공倉公, 淳于意

## 〈1〉편작扁鵲

### 사물이 꿰뚫어 보이리라

편작扁鵲은 발해군勃海郡 막읍(鄚邑, 鄭邑의 오기) 사람이다. 성은 진秦이며 이름은 월인越人이다. 그가 젊었을 때, 남의 객사客舍를 관리하는 우두머리 일을 하고 있었다. 그 객사에 장상군長桑君이라는 빈객이 몸을 의탁하고 있었는데, 편작은 그를 기인이라 여겨 언제나 정중히 대우하였다. 장상군 또한 편작이 보통 사람이 아닌 것을 알게 되었다.

객사를 드나든 지 10여 년이 지난 뒤, 장상군은 편작을 불러 마주 앉아 사사롭게 말하였다.

"나는 금방禁方으로 전해 오는 의술을 알고 있는데, 이제 나도 나이가 많아 그대에게 전해 줄 생각이오. 남에게 알려지지 않도록 하시오."

편작이 말하였다.

"삼가 그대로 받들겠습니다."

이에 장상군은 품안에서 약을 꺼내어 편작에게 주며 말하였다.

"이것을 먹는 데는 아직 땅에 떨어지지 않은 물을 사용하여 복용하시오. 마신 지

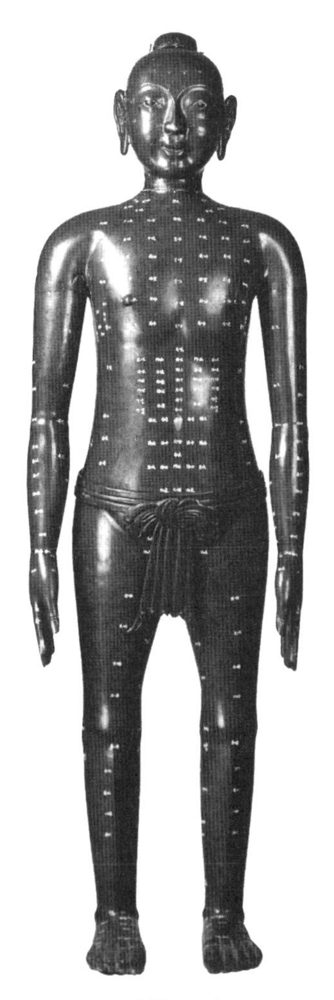

〈鍼灸銅人〉

30일이 되면 사물을 꿰뚫어 보게 될 것이오."

그리고 비밀히 전해 오는 의서醫書를 모두 꺼내어 편작에게 주고는 홀연히 자취를 감추어 버렸는데, 거의 사람의 모습이 아니었다.

편작이 그의 말대로 약을 먹은 지 30일이 지나자 담장 저편의 사람이 눈에 보였다. 그러한 안력으로 병자를 진찰하였더니, 오장의 기혈이 엉키어 뭉친 것이 훤히 보였으나 겉으로는 맥을 짚어 진단하는 것처럼 행동하였다.

그는 의원이 되어 제齊나라 혹은 조趙나라에 머물렀다. 조나라에 있을 때에 '편작'이라고 일컬어졌다.

*扁鵲者, 勃海郡鄭人也, 姓秦氏, 名越人. 少時爲人舍長. 舍客長桑君過, 扁鵲獨奇之. 常謹遇之, 長桑君亦知扁鵲非常人也. 出入十餘年, 乃呼扁鵲私坐, 間與語曰: 「我有禁方, 年老, 欲傳與公, 公毋泄.」 扁鵲曰: 「敬諾.」 乃出其懷中藥予扁鵲: 「飮是以上池之水, 三十日當知物矣.」 乃悉取其禁方書盡與扁鵲. 忽然不見, 殆非人也. 扁鵲以其言飮藥三十日, 視見垣一方人. 以此視病, 盡見五藏癥結, 特以診脈爲名耳. 爲醫或在齊, 或在趙. 在趙者名扁鵲.*

## ❁ 하늘 나라에서 들은 미래의 예언

진晉나라 소공昭公 때에 여러 대부大夫들의 권세가 강하였고, 공족公族의 세력은 아주 약하였다. 조간자趙簡子가 대부가 되면서 나라 일을 제멋대로 하였다. 조간자가 병이 나서 5일 동안 혼수 상태에 빠지자, 대부들은 모두 이를 근심하여 편작을 불렀다. 편작이 조간자를 진찰하고 물러나 온 후 가신 동안우董安于가 병세를 묻자, 편작은 이렇게 설명하였다.

"혈맥은 평정한데 무슨 걱정을 하겠습니까! 옛날에 진秦 목공穆公도 7일 동안이나 이같이 혼수 상태에 있다가 깬 일이 있습니다. 깨어난 날 목공은 대부 공손지公孫支와 자여子輿에게 이렇게 말하였습니다. '나는 천제天帝가 계신 곳에 가서 매우 즐거웠소. 내가 중천中天에 오랫동안 머물러 있은 것은 천제의 깨우치심을 배우고 명을 받았기 때문이오. 천제의 말씀에 의하면, 진晉나라는 장차 크게 어지러워지며 5대에 걸쳐 편안할 수가 없을 것이나, 그 뒤를 이은 임금이 천하의 패자霸者가 될 것이나 늙기 전에 죽어, 그 패자의 아들이 그 나라의 남녀를 음란하게 할 것이다'라고 하였습니다. 공손지가 그 사실을 기록하여 간직하여 둔 것이 《진책秦策》이란 것으로 세상에 나타났습니다. 과연 헌공獻公 때 내란이 있었고, 문공文公이 천하여 패자가 된 것, 또 양공襄公이 진秦나라 군대를 효殽에서 깨뜨리고 돌아와 승리에 취해 음란하였던 것 등의 일들의 당신도 들어서 알고 있을 것이오. 이제 주군 간자의 병은 목공과 같은 것으로 3일 안에 틀림없이 낫게 될 것이며, 낫고 나면 틀림없이 무엇인가 말씀이 있을 것입니다."

當晉昭公時, 諸大夫彊而公族弱, 趙簡子爲大夫, 專國事. 簡子疾, 五日不知人, 大夫皆懼, 於是召扁鵲. 扁鵲入視病, 出, 董安于問扁鵲, 扁鵲曰:「血脈治也, 而何怪! 昔秦穆公嘗如此, 七日而寤. 寤之日, 告公孫支與子輿曰:『我之帝所甚樂. 吾所以久者, 適有所學也. 帝告我: '晉國且大亂, 五世不安. 其後將霸, 未老而死. 霸者之子且令而國男女無別.'』公孫支書而藏之, 秦策於是出. 夫獻公之亂, 文公之霸, 而襄公敗秦師於殽而歸縱淫, 此子之所聞. 今主君之病與之同, 不出三日必閒, 閒必有言也.」

## 나도 하늘 나라에 다녀왔소

조간자는 2일 반나절이 지나서 혼수에서 깨어났다. 깨어난 간자는 대부들에게 말하였다.

"나는 천제가 계신 곳에 가서 심히 즐거웠소. 백신百神과 중천에서 놀고, 여러 가지 악기를 벌여 놓고 아홉 차례나 연주하면서 갖가지 춤을 보았는데, 하夏·상商·주周 삼대의 음악과도 다르고, 그 가락에는 사람의 마음을 감동케 하는 것이 있었소. 곰 한 마리가 나타나 나를 잡으려고 하여 천제의 명령을 받아 내가 이를 쏘니 곰이 맞아서 죽었소. 큰 곰이 또 나타나 내가 또 이를 쏘았더니 명중하여 곰이 죽었소. 천제는 매우 기뻐하면서 나에게 두 개의 상자를 주셨는데, 각기 한 쌍씩이었소. 나는 천제 곁에 내 아들이 있는 것을 보았소. 천제는 적종狄種의 개 한 마리를 나에게 주면서 '아들이 성인이 되었을 때 이 개를 주라'고 말씀하셨소. 천제는 또 나에게 '진晉나라는 바야흐로 쇠미해져 7대 뒤에는 멸망할 것이다. 영씨嬴氏가 일어나 주周나라 사람을 범괴范魁의 서쪽에서 깨뜨리게 될 터인데, 그 또한 오래 가지는 못하리라'라고 말씀하셨소."

동안우는 이 말을 듣고 기록하여 보관하였다. 그리고는 편작이 말한 바를 조간자에게 아뢰었다. 간자는 편작에게 전답 4만 무畝를 상으로 주었다.

居二日半, 簡子寤, 語諸大夫曰:「我之帝所甚樂, 與百神游於鈞天, 廣樂九奏萬舞, 不類三代之樂, 其聲動心. 有一熊欲援我, 帝命我射之, 中熊, 熊死. 有羆來, 我又射之, 中羆, 羆死. 帝甚喜, 賜我二笥, 皆有副. 吾見兒在帝側, 帝屬我一翟犬, 曰:『及而子之壯也以賜之.』帝告我:『晉國且世衰, 七世而亡. 嬴姓將大敗周人於范魁之西, 而亦不能有也.』」董安于受言, 書而藏之. 以扁鵲言告簡子, 簡子賜扁鵲田四萬畝.

## 괵나라 태자가 죽다

뒤에 편작은 괵虢나라를 방문하였다. 괵나라 태자가 병으로 죽은 직후였다. 편작은 괵나라의 궁문 앞으로 가서 의술을 좋아하는 중서자中庶子에게 물었다.

"태자는 어떤 병이었습니까? 온 나라 안에서 병을 쫓기 위해 빌고 기도하는 일이 대단하였던 것으로 들었습니다."

중서자가 대답하였다.

"태자의 병은 혈기가 순조롭지 못하였던 것이 원인입니다. 혈액이 막혀 풀리지 않고 있다가 이것이 갑자기 발작을 일으켜 폭발함으로써 내부에 해를 일으켜 생긴 것입니다. 정기精氣가 사기邪氣를 누르지 못하여 사기가 쌓여서 발산되지 못하고 그로써 정기가 공허하기 때문에 양기陽氣는 완만해지고 사기가 충만해졌기 때문에 음기陰氣가 긴장하여 별안간 위로 치솟아 올라서 죽게 된 것입니다."

편작이 물었다.

"죽은 것은 어느 시간쯤이었습니까?"
중서자가 일러주었다.
"닭이 울 때에서 조금 뒤의 사이였습니다."
편작이 물었다.
"입관하였습니까?"
중서자가 대답하였다.
"아직 입관하지 않았습니다. 아직 반나절도 안 되니까요."
편작은 이렇게 말하였다.
"나는 제나라 발해의 진월인이라는 사람입니다. 막읍鄚邑, 鄭邑에 살고 있어서 일찍이 괵나라 군주를 모실 기회가 없었습니다. 불행히 태자는 돌아가신 것 같으나, 나는 태자를 살려낼 수 있습니다."
중서자가 말하였다.
"선생은 허탄한 말을 하는 것 아니오? 어찌 죽은 태자를 살려낸다는 것이오! 아주 옛날에 유부兪跗라는 의원이 병을 고치는 데 탕약湯藥·예쇄醴灑·참석鑱石·교인撟引·안올案扤·독위毒熨를 쓰지 않고 의복을 열어 조금 보는 것만으로 외부에 나타난 징후를 보고, 오장의 수혈輸穴, 月兪이 있는 부위에 피부를 찢고 살을 가르고 맥락을 통하고 힘줄을 이어 맺고, 척수와 뇌수를 누르고, 고황과 횡격막을 바로 하고, 장과 위를 씻고, 오장도 씻어 정기를 다스리고 신체를 바꾸어 놓았다고 합니다. 선생의 의술이 이 같다면 태자도 살아날 수 있겠으나, 그와 같이 하지 않고 태자를 살린다고 하면 어린아이에게 말해도 곧이 듣지 않을 것입니다."
해가 지도록 이야기를 해 보고 나서 편작은 하늘을 우러러보며 말하였다.
"그대가 말하는 의술은 대롱으로 하늘을 보고, 틈새로 무늬를 들여다보는 것과 같은 것입니다. 저 진월인의 의술은 맥을 보고 안색을 살피고 목소리를 듣고 상태를 살필 것도 없이 병이 있는 부위를 알아맞힐 수 있습니다. 환자의 양陽에 관한 증상을 진찰하면 음陰에 관한 증상을 미루어 알 수 있고, 음에 관한 증상을 진찰하면 양에 관한 증상을 알 수 있습니다. 몸 속의 병은 밖으로 나타나는 것이니 일부러 천 리 밖의 먼 길까지 가서 진찰하지 않고도 다만 증세를 듣는 것만으로 병을 진단할 수 있는 경우가 많으며, 덮어서 숨기려고 하여도 숨길 수 없는 것입니다. 내 말이 진실이라고 믿어지지 않거든 당신이 들어가서 태자를 진찰해 보시오. 태자의 귀에서 소리가 나고 코가 벌름거릴 것이며, 양쪽 그 허벅지를 타고 음부에 이르는 부위는 아직 따뜻할 것입니다."

其後扁鵲過虢. 虢太子死, 扁鵲至虢宮門下, 問中庶子喜方者曰:「太子何病, 國中治穰過於衆事?」中庶子曰:「太子病血氣不時, 交錯而不得泄, 暴發於外, 則爲中害. 精神不能止邪氣, 邪氣畜積而不得泄, 是以陽緩而陰急, 故暴蹷蹷而死.」扁鵲曰:「其死何如時?」曰:「雞鳴至今.」曰:「收乎?」曰:「未也, 其死未能半日也.」「言臣齊勃海秦越人也, 家在於鄭, 未嘗得望精光侍謁於前也. 聞太子不幸而死, 臣能生之.」中庶子曰:「先生得無誕之乎? 何以言太子可生也! 臣聞上古之時, 醫有兪跗, 治病不以湯液醴灑, 鑱石撟引, 案扤毒熨, 一撥見病之應, 因五藏之輸, 乃割皮解肌, 訣脈結筋, 搦 髓腦, 揲荒爪幕, 湔浣腸胃, 漱滌五藏, 練精易形. 先生之方能若是, 則太子可生也; 不能若是而欲生之, 曾不可以告咳嬰之兒.」終日, 扁鵲仰天歎曰:「夫子之爲方也, 若以管窺天, 以郄視文. 越人之爲方也. 不待切脈望色聽聲寫形, 言病之所在. 聞病之陽, 論得其陰; 聞病之陰, 論得其陽. 病應見於大表, 不出千里, 決者至衆, 不可曲止也. 子以吾言爲不誠, 試入診太子, 當聞其耳鳴而鼻張, 循其兩股以至於陰, 當尙溫也.」

## 태자를 살려낼 수 있습니다

중서자는 편작의 말을 듣고 한참 동안은 눈이 휘둥그레 하여 깜박거리지도 못하고, 혀가 굳어져 움직이지도 못하였다. 궁중으로 들어가 편작의 말을 임금에게 보고 하자, 임금은 듣고 크게 놀라 중문까지 나와 편작을 맞이하였다.

"오래 전에 선생의 명성을 들었으나, 뵐 기회를 얻지 못하였소. 그런데 선생께서 이 작은 나라를 방문하시어 다행히도 태자의 일을 걱정해 주시니 참으로 고맙기 그지없습니다. 선생이 계심으로 하여 내 아들은 살아나게 되었소. 선생이 없었다면 골짜기에 묻혀 영원히 살아나지 못할 것이오."

말을 채 끝내지도 못하고 임금은 가슴이 메어 흐느껴 울어 흐르는 눈물은 눈썹을 적시고, 슬픔을 스스로 억누를 수 없어 얼굴 모습마저 변하였다. 편작이 말하였다.

"태자의 병세와 같은 것이 이른바 시궐尸蹶이라고 하는 것입니다. 양기가 음기 속으로 흘러들어 그것이 위胃를 움직이고 경맥經脈·낙맥絡脈에 엉겨 붙었다가 다시 갈라져서 삼초三焦의 하초下焦, 즉 방광으로 내려갑니다. 그러니 양맥은 아래로 내려가고, 음맥이 위를 향하여 치달으므로 팔회혈八會穴의 기氣가 막혀 통하지 않게 되는 것입니다. 다시 말해 음기는 위로 올라가 버리고 체내를 돌아 아래로 내려온 양기는 신체의 하부에서 고동은 치나 위로 오를 줄을 모르고, 위로 올라간 음기는 내려올 줄을 모르므로 음陰의 역할을 이루지 못합니다. 이렇듯 위에는 끊어진 양기의 맥락인 낙맥絡脈이 있고, 아래는 터져버린 음기의 맥락인 적맥赤脈이 있어, 음양의 조화가 무너져 얼굴빛은 파리해지고 맥이 어지러워지는데, 그 때문에 몸은 움직이지 않게 되고 죽은 것처럼 되는 것입니다. 태자는 아직 죽지 않았습니다. 대체로 양기가 음기 속으로 들어가 오장을 지탱하는 자는 살지만, 음기가 양기 속으로 들어가 오장을 누르는 자는 죽습니다. 이런 일은 대개 체내에서 오장의 기운이 몸 속에서 거꾸로 치솟을 때 갑자기 일어나는 것입니다. 능숙한 의원은 이를 믿으나 서툰 자는 이를 의심할 뿐이지요."

中庶子聞扁鵲言, 目眩然而不瞚, 舌撟然而不下, 乃以扁鵲言入報虢君. 虢君聞之大驚, 出見扁鵲於中闕, 曰:「竊聞高義之日久矣, 然未嘗得拜謁於前也. 先生過小國, 幸而擧之, 偏國寡臣幸甚. 有先生則活, 無先生則弃捐塡溝壑, 長終而不得反.」言未卒, 因噓唏服臆, 魂精泄橫, 流涕長潸, 忽忽承睞, 悲不能自止, 容貌變更. 扁鵲曰:「若太子病, 所謂『尸蹶』者也. 夫以陽入陰中, 動胃繵緣, 中經維絡, 別下於三焦·膀胱, 是以陽脈下遂, 陰脈上爭, 會氣閉而不通, 陰上而陽內行, 下內鼓而不起, 上外絶而不爲使, 上有絶陽之絡, 下有破陰之紐, 破陰絶陽(之)色(已)廢脈亂, 故形靜如死狀. 太子未死也. 夫以陽入陰支蘭藏者生, 以陰入陽支蘭藏者死. 凡此數事, 皆五藏蹶中之時暴作也. 良工取之, 拙者疑殆.」

## 살 사람을 살려낼 뿐이다

편작은 제자 자양子陽에게 숫돌에 침을 갈게 하고, 몸 밖에 있는 삼양三陽과 오회五會의 부위에 침을 찔렀다. 조금 지나자 태자가 소생하였다. 그리하여 편작은 제자 자표子豹에게 5푼分의 위약熨藥을 만들도록 하고 팔감八減의 조제調劑를 화합하여 달인 다음, 이를 번갈아 양쪽 겨드랑에 붙여 찜질을 하였다.

태자가 과연 일어나 앉았다. 이에 다시 음양의 기운을 조절하되 다만 탕약을 복용하기 20일 만에 회복하였다.

이로 인해 천하 사람들은 모두 편작은 죽은 사람도 살려내는 것으로 여겼다. 그러자 편작이 말하였다.

"나는 죽은 사람을 살려내는 것이 아니라, 당연히 살 사람을 다만 일어나게 하였을 뿐이다."

*扁鵲乃使弟子子陽厲鍼砥石, 以取外三陽五會. 有閒, 太子蘇. 乃使子豹爲五分之熨, 以八減之齊和煮之, 以更熨兩脅下. 太子起坐. 更適陰陽, 但服湯二旬而服故. 故天下盡以扁鵲爲能生死人. 扁鵲曰:「越人非能生死人也, 此自當生者, 越人能使之起耳.」*

## 살갗의 병이 깊어져

편작이 제나라를 지날 때, 환후桓侯가 그를 빈객으로 대우하였다. 편작은 궁으로 들어가 환후를 뵙고 이렇게 말하였다.

"군君께서는 살갗腠理에 병이 있습니다. 지금 치료하지 않으면 장차 깊이 들어갈 것입니다."

환후가 말하였다.

"과인에게는 병이 없소."

편작이 물러가자 환후는 신하들에게 이렇게 말하였다.

"의원들은 이익을 좋아한단 말이야. 병도 없는 사람을 병자라고 하여 공을 세우려 드는구나."

닷새 뒤에 편작이 다시 뵙자 이렇게 말하였다.

"군께서는 병이 혈맥血脈에까지 이르렀습니다. 지금 치료하지 않으면 심해지지 않을까 두렵습니다."

환후가 말하였다.

"과인에게는 병이 없소."

편작이 물러가자 환후는 불쾌히 여겼다. 다시 5일 뒤에 편작은 환후를 뵙고 말하였다.

"임금께서는 병이 장과 위 사이까지 들어갔습니다. 지금 치료하지 않으면 더 깊이 들어갈 것입니다."

환후는 이 말에 대답하지 않았다. 편작이 나가자 환후는 더욱 기분이 좋지 않았다.

다시 5일 뒤, 편작은 환후를 뵈었는데 이번에는 쳐다만 보고 말없이 물러나오는 것이었다. 환후가 사람을 보내어 이유를 묻자 편작은 이렇게 말하였다.

"병이 살갗에 있을 동안에는 탕약과 고약으로 고칠 수 있었으나, 그것이 혈맥에 있게 되면 쇠침과 돌침으로 치료하지 않으면 안 됩니다. 그것이 장과 위까지 퍼지고 났을 때라면, 그나마 약주藥酒로 고칠 수 있습니다. 그러나 병이 골수에 이르게 되면 운명을 맡은 신도 어찌 할 수 없습니다. 환후의 병은 이제 골수에 들어가 있어 나로서는 무어라 청할 수도 없었기 때문입니다."

5일 뒤에 환후는 몸에 병세가 나타나기 시작하였다. 사람을 편작에게 보내어 불렀으나, 그는 벌써 자취를 감춘 뒤였다. 환후는 마침내 병으로 죽었다.

扁鵲過齊, 齊桓侯客之. 入朝見, 曰:「君有疾在腠理, 不治將深.」桓侯曰:「寡人無疾.」扁鵲出, 桓侯謂左右曰:「醫之好利也, 欲以不疾者爲功.」後五日, 扁鵲復見, 曰:「君有疾在血脈, 不治恐深.」桓侯曰:「寡人無疾.」扁鵲出, 桓侯不悅. 後五日, 扁鵲復見, 曰:「君有疾在腸胃閒, 不治將深.」桓侯不應. 扁鵲出, 桓侯不悅. 後五日, 扁鵲復見, 望見桓侯而退走. 桓侯使人問其故. 扁鵲曰:「疾之居腠理也, 湯熨之所及也; 在血脈, 鍼石之所及也, 其在腸胃, 酒醪之所及也; 其在骨髓, 雖司命無柰之何. 今在骨髓, 臣是以無請也.」後五日, 桓侯體病, 使人召扁鵲, 扁鵲已逃去. 桓侯遂死.

## 여섯 가지 불치병

성인聖人으로 하여금 병의 징후를 예견하도록 하여 명의에게 일찍 치료를 받으면, 병도 고치고 몸도 살릴 수가 있다. 사람들이 걱정하는 것은 병이 많다는 것이며, 의원이 걱정하는 것은 치료 방법이 적다는 데 있다. 이에 불치의 병에는 여섯 가지가 있다.

교만하여 병을 논하지 않는 것이 첫 번째 불치병이고, 몸을 가벼이 하고 재물을 중히 여겨 병을 치료하지 않는 것이 두 번째 불치병이다. 입고 먹는 것이 적절하지 못한 것이 세 번째 불치병이며, 음과 양이 함께 있어 오장의 기운이 불안정한 것이 네 번째 불치병이다. 몸이 극도로 쇠약하여 약을 받아들일 수 없는 것이 다섯 번째 불치병이며, 무당의 말을 믿어 의원을 믿지 않는 것이 여섯 번째 불치병이 된다. 이 중에 한 가지라도 있으면 치료하기가 아주 어려워진다.

使聖人預知微, 能使良醫得蚤從事, 則疾可已, 身可活也. 人之所病, 病疾多; 而醫之所病, 病道少. 故病有六不治: 驕恣不論於理, 一不治也; 輕身重財, 二不治也; 衣食不能適, 三不治也; 陰陽幷, 藏氣不定, 四不治也; 形羸不能服藥, 五不治也; 信巫不信醫, 六不治也. 有此一者, 則重難治也.

## 명성 때문에 죽음을 당한 편작

편작의 명성은 천하에 알려졌다. 그가 한단邯鄲을 방문하였을 때, 그곳에서는 부인을 존중하는 풍속이 있는 말을 듣고 곧 부인병을 치료하는 대하의帶下醫가 되었다. 낙양을 방문하였을 때는, 그곳 주周나라 사람들이 노인을 공경한다는 것을 듣고는 곧 귓병·눈병·마비痲痺 등의 노인병 의원이 되었으며, 함양咸陽에 들어가서는 진秦나라 사람들이 어린아이를 사랑한다는 말을 듣고 곧 소아과 의원이 되는 등 각지의 인정 풍속에 맞추어 의료 과목을 바꾸었다.

진나라의 태의령太醫令 이혜李醯는 자신의 의술이 편작에 미치지 못하는 것을 알고, 편작에게 자객을 보내어 그를 찔러 죽이고 말았다.

그러나 오늘에 이르기까지 세상에서 맥법을 말하는 자는 다 편작의 이론과 방법을 따른다.

扁鵲名聞天下. 過邯鄲, 聞貴婦人, 卽爲帶下醫; 過雒陽, 聞周人愛老人, 卽爲耳目痺醫; 來入咸陽, 聞秦人愛小兒, 卽爲小兒醫: 隨俗爲變. 秦太醫令李醯自知伎不如扁鵲也, 使人刺殺之. 至今天下言脈者, 由扁鵲也.

## 〈2〉창공倉公, 淳于意

### 양경을 스승으로 의술을 익히다

태창공太倉公은 제나라 태창太倉의 장관이며 임치臨菑 사람이다. 성은 순우淳于, 이름은 의意라고 하였다. 젊었을 때부터 의술을 좋아하였고 고후高后 8년에 같은 고을 원리元里의 공승公乘인 양경陽慶을 스승으로 하여 의술을 배웠다.

양경은 그때 나이가 70세로서 그의 의술을 전수할 아들이 없어 순우의로 하여금 일찍이 배운 의술을 전부 버리게 하고 새로이 자기의 비방을 남김없이 가르쳐 황제黃帝와 편작이 남긴 맥서脈書를 전해 주었다.

순우의는 이에 의해 오장과 관련되어 얼굴에 나타난 다섯 가지 색깔로 관찰하여 병을 진단하고 병자가 죽고 살 것을 알았으며, 의심스러운 병을 판단하고 그 치료법을 결정하는 것을 배웠다. 그리고 약물론藥物論에까지 정통하게 되었다.

순우의는 전수받는 3년 동안에 사람의 병을 치료하고 죽고 사는 것을 판단해 주기도 하여 효험을 많이 보았다. 그러면서도 각지 제후 나라를 유람하며 자기 집을 집으로 생각지 않았고, 때로는 어떤 병자는 치료해 주지도 아니하여 원망을 받는 일이 많았다.

太倉公者, 齊太倉長, 臨菑人也, 姓淳于氏, 名意. 少而喜醫方術. 高后八年, 更受師同郡元里公乘陽慶. 慶年七十餘, 無子, 使意盡去其故方, 更悉以禁方予之, 傳黃帝·扁鵲之脈書, 五色診病, 知人死生, 決嫌疑, 定可治, 及藥論, 甚精. 受之三年, 爲人治病, 決死生多驗. 然左右行游諸侯, 不以家爲家, 或不爲人治病, 病家多怨之者.

## ❁ 육형을 폐지시킨 딸 제영

문제文帝 4년에 어떤 사람이 천자에게 상서하여 순우의를 고소하였다. 마침내 순우의는 육형肉刑에 해당하는 죄가 있다 하여 역마에 의해 서쪽 장안으로 압송하게 되었다. 순우의에게는 딸 다섯이 있어 따라오면서 울었다. 순우의는 노하여 큰 소리로 꾸짖었다.

"자식이라고 사내아이를 낳지 않았더니 긴급할 때는 아무 쓸모가 없구나."

그러자 막내딸 제영緹縈이 아버지의 말에 상심하여 아버지를 따라가며 조정에 상서하였다.

"저의 아버지께서는 관리로 있을 때, 제나라의 모든 사람들이 청렴하며 공평하다고 칭찬하였는데, 이제 법을 위반하여 형벌을 받게 되었습니다. 제가 슬피 여기는 바는 사람이란 죽고 나면 두 번 다시 살아날 수 없으며, 육형에 처하게 되면 두 번 다시 손발을 몸에 붙일 수 없으며 과실을 고쳐서 새롭게 되려고 해도 방법이 없으니 끝내 어찌 할 수 없다는 것입니다. 원컨대 저의 몸이 관의 노비가 되어 아버지의 형벌을 보상하고 아버지께서 다시 허물을 고칠 수 있게 되었으면 합니다."

이 글이 올라가자 황제는 그 딸의 마음을 측은히 여겨 용서해 주고, 그 해에 육형법肉刑法도 역시 폐지하였다.

文帝四年中, 人上書言意, 以刑罪當傳西之長安. 意有五女, 隨而泣. 意怒, 罵曰:「生子不生男, 緩急無可使者!」於是少女緹縈傷父之言, 乃隨父西. 上書曰:「妾父爲吏, 齊中稱其廉平, 今坐法當刑. 妾切痛死者不可復生而刑者不可復續, 雖欲改過自新, 其道莫由, 終不可得. 妾願入身爲官婢, 以贖父刑罪, 使得改行自新也.」書聞, 上悲其意, 此歲中亦除肉刑法.

## ❁ 창공 순우의의 답변

순우의가 집에 있을 때, 황제가 조서를 내려 순우의를 불러 병을 치료하여 죽거나 혹 살아난 사람, 효험이 있었던 자가 몇이나 되는지 또는 병자들의 성명은 무엇인지에 대하여 물었다.

전 태창장太倉長이었던 순우의에게 조서를 내려 질문한 내용은 다음과 같다.

“의술에 능한 것이 어떤 것인가? 또 고칠 수 있었던 것은 어떤 병이었는가? 그것에 대해 저술한 책은 있는가? 그러한 의술을 어디서 배웠는가? 배우는 데 몇 년이나 걸렸는가? 일찍이 효험을 본 자는 어느 마을의 누구였는가? 그것은 무슨 병이었는가? 그 의약과 치료의 상황은 어떠하였는가? 이러한 것들을 상세히 대답하라.”

순우의는 다음과 같이 대답하였다.

“저는 젊었을 때부터 의술과 약술을 좋아하여 의·약의 기술을 실제로 시험해 보았는데 효험이 없는 경우가 많았습니다. 그러다가 고후 8년에 임치현 원리의 공승公乘이었던 양경을 만나게 되었습니다. 당시에 70여 세인 양경에게 가르침을 받을 수가 있었습니다. 스승은 저에게 ‘네가 배운 의서를 전부 버려라. 정확한 것이 되지 못하기 때문이다. 나는 옛 선현들이 전한 황제·편작의 맥서를 가지고 있다. 그것은 얼굴에 나타난 오장의 색깔로 질병을 진단하여, 사람의 생사를 알고 병의 의심스러운 것을 판단하여 치료법을 결정할 수 있다. 또 약물에 관해서도 정밀하게 언급되어 있다. 내 집은 부유하며 마음으로 너를 아끼고 있다. 내 비방이 적혀 있는 의서를 모두 그대에게 가르쳐 주고자 한다’라 하였습니다.

저는 즉시 ‘참으로 고마우신 말씀 이루 말할 수 없습니다’라 두 번 절한 후에 〈맥서脈書〉, 〈상경上經〉, 〈하경下經〉, 〈오색진五色診〉, 〈기해술奇咳術〉, 〈규도음양외변揆度陰陽外變〉, 〈약론藥論〉, 〈석신石神〉, 〈접음양接陰陽〉 등의 비전의 의서들을 받았습니다. 1년쯤 이것을 읽고 해석하고 실험하고 다음 해에 이를 임상으로 실험을 해 보았습니다. 그런데 효험은 있었으나 아직 정확하다고는 할 수 없었습니다. 이에 전심하기 전후 3년쯤 지난 후에야 사람을 치료하려고 병을 진단하고 생사를 예측하였더니, 그 효험이 매우 뚜렷하였습니다. 스승 양경이 죽은 지 벌써 10년, 그에게서 3년을 배웠고, 저의 나이는 39세였습니다.

意家居, 詔召問所爲治病死生驗者幾何人也, 主名爲誰.

詔問故太倉長臣意:「方伎所長, 及所能治病者? 其有書無有? 皆安受學? 受學幾何歲? 嘗有所驗, 何縣里人也? 何病? 醫藥已, 其病之狀皆何如? 具悉而對.」

臣意對曰:

自意少時, 喜醫藥 醫藥方試之多不驗者. 至高后八年, 得見師臨菑元里公乘陽慶. 慶年七十餘, 意得見事之. 謂意曰:「盡去而方書, 非是也. 慶有古先道遺傳黃帝·扁鵲之脈書, 五色診病, 知人生死, 決嫌疑, 定可治, 及藥論書, 甚精. 我家給富, 心愛公, 欲盡以我禁方書悉教公.」臣意卽曰:「幸甚, 非意之所敢望也.」臣意卽避席再拜謁, 受其脈書上下經·五色診·奇咳術·揆度陰陽外變·藥論·石神·接陰陽禁書, 受讀解驗之, 可一年所. 明歲卽驗之, 有驗, 然尚未精也. 要事之三年所, 卽嘗已爲人治, 診病決死生, 有驗, 精良. 今慶已死十年所, 臣意年盡三年, 年三十九歲也.

## 저병疽病

제나라의 시어사侍御使 성成이 저에게 두통을 호소해 왔을 때, 저는 그의 맥을 짚어보고 '당신의 병은 악화되어 있습니다'하고 물러 나와 다만 그의 아우 창昌에게만 '이 병은 저병疽병이라는 종기입니다. 내부로 장과 위의 중간에 나 있어서 앞으로 5일 뒤면 붓고 다시 또 8일 뒤면 고름을 토하고 죽을 것입니다'라 하였습니다. 성의 병은 음주와 방사房事를 과도히 한 데서 생긴 것으로 과연 예측한 날에 죽었습니다. 성의 질병을 알 수 있었던 것은 제가 맥을 짚어보고 간의 기운이 원인이었던 것을 알았기 때문입니다. 간의 기운이 무겁고 탁하면서 고요하면 이것은 내관內關의 병입니다. 〈맥법〉에 질병을 '맥이 길어 활시위같이 팽팽하며 사철을 통해 변하지 않는 것은 그 병이 주로 간장에 있다. 맥이 길고 활시위같이 팽팽하더라도 고르다면 그 병은 경맥經脈에 있고, 불규칙하다면 낙맥絡脈에 이상이 있다'라 되어 있습니다. 경맥에 이상이 있고 맥이 고른 것은 그 병이 근筋·수髓에서 생긴 것이며, 맥이 불규칙하여 갑자기 끊어지거나 커지는 것은, 그 병이 음주·방사가 과도한 데 원인이 있는 것입니다. 5일 뒤에 종기가 붓고 다시 또 8일 뒤에 고름을 토하고 죽을 것임을 안 것은, 그 맥을 짚어 보았을 때, 소양少陽의 맥에 처음으로 대맥代脈이 있었기 때문입니다. 대맥이 나타나는 것은, 소양 경맥에 병이 생겨 소양 낙맥까지 발전되어 병이 낙맥에 있게 되었음을 뜻합니다. 낙맥에 병이 생기면, 이때는 아직 왼손 소양관少陽關의 초관初關 1푼分에 미친 것 뿐으로, 그 동안만은 열은 있어도 고름은 아직 나오지 않았던 것입니다. 대맥이 관關의 5푼에 미치면, 소양의 말단에 이르며, 다시 8일이 지나면 고름을 토하고 죽게 됩니다. 따라서 대맥이 소양관에 미치기 2푼에서 고름이 생기고, 소양의 말단에 이르러 종기가 부어 올라 고름을 토하고 죽는 것입니다. 열이 오르면 손의 양명陽明의 경맥을 지지게 하고 소낙맥을 타게 하는데, 소낙맥이 움직이면 낙맥이 서로 연결된 부분에 질병이 발생하고, 질병이 발생하면 이어서 짓무른 것이 풀리고 낙맥이 서로 막히게 됩니다. 이리하여 열기가 머리로 치솟아 진동하여 그 때문에 머리가 아파지는 것입니다.

齊侍御史成自言病頭痛. 臣意診其脈, 告曰:「君之病惡, 不可言也.」卽出, 獨告成弟昌曰:「此病疽也, 內發於腸胃之閒, 後五日當癰腫, 後八日嘔膿死.」成之病得之飮酒且內. 成卽如期死. 所以知成之病者, 臣意切其脈, 得肝氣. 肝氣濁而靜, 此內關之病也. 脈法曰「脈長而弦, 不得代四時者, 其病主在於肝. 和卽經主病也, 代則絡脈有過」. 經主病和者, 其病得之筋髓裏. 其代絶而脈賁者, 病得之酒且內. 所以知其後五日而癰腫, 八日嘔膿死者, 切其脈時, 少陽初代. 代者經病, 病去過人, 人則去. 絡脈主病, 當其時, 少陽初關一分, 故中熱而膿未發也, 及五分, 則至少陽之界, 及八日, 則嘔膿死, 故上二分而膿發, 至界而癰腫, 盡泄而死. 熱上則熏陽明, 爛流絡, 流絡動則脈結發, 脈結發則爛解, 故絡交. 熱氣已上行, 至頭而動, 故頭痛.

### 중양重陽

제나라 왕의 둘째아들 어린아이가 병이 나서 저를 불렀습니다. 맥을 진찰하고서 기격병氣鬲病이라 보고하였습니다. '이 병에 걸린 자는 가슴이 답답하여 음식이 목구멍에 넘어가지 않고 때때로 담痰을 토합니다. 이 병은 마음 속에 걱정거리가 있을 때 자주 억지로 음식을 먹는 것이 원인입니다.' 저는 곧 그에게 하기탕下氣湯을 지어 먹였더니, 하룻만에 기가 내리고 이틀에 음식을 먹을 수 있게 되었으며 사흘만에 병이 나았습니다. 이 아이의 병인을 알게 된 것은, 그 맥을 보았더니 심기가 탁하고 안정되지 못하고 빨랐기 때문이니 이것은 양기가 엉킨 병입니다. 〈맥법〉에 '맥 뛰는 것이 빠르다 느려졌다 하여 일정하지 않은 것은 병이 주로 마음에 있는 것이다'라 하였습니다. 전신에 열이 있고 맥박이 빠르고 힘이 있는 것을 중양重陽이라 합니다. 중양은 심장을 자극하므로 번민하여 음식이 통하지 않으면 낙맥絡脈에 장애가 일어난 것이며, 낙맥에 장애가 일어나면 피가 치솟아 오르고, 피가 치솟아 오르면 죽게 되는 것입니다. 한 마디로 이 병은 걱정이 심하여 난 병입니다.

齊中中子諸嬰兒小子病, 召臣意診切其脈, 告曰:「氣鬲病. 病使人煩懣, 食不下, 時嘔沫. 病得之(少)[心]憂, 數忔食飮.」臣意卽爲之作不氣湯以飮之, 一日氣下, 二日能食, 三日卽病愈. 所以知小子之病者, 診其脈, 心氣也, 濁躁而經也, 此絡陽病也. 脈法曰「脈來數疾去難而不一者, 病主在心」. 周身熱, 脈盛者, 爲重陽. 重陽者, 逿心主. 故煩懣食不下則絡脈有過, 絡脈有過則血上出, 血上出者死. 此悲心所生也, 病得之憂也.

### 용산湧疝

제나라의 낭중령郎中令 순循이 병이 들었을 때, 여러 의사들이 이를 기氣가 역상하여 심장에 든 것이라 생각하고 침을 놓았습니다. 제가 진찰을 해 보고나서 '이 병은 용산湧疝이며 대소변을 보지 못한다'라 하였더니 순 또한 '대소변을 못 본 지가 사흘이 된다'라 하였습니다. 이에 제가 화제탕火齊湯을 먹였습니다. 한 번 마신 것만으로 소변을 보았고, 두 번 마시니 대변을 보았으며, 세 번으로 완쾌하였습니다. 이 병은 방사를 과도히 한 데서 난 것으로 순의 병인을 알게 된 것은, 그 맥을 짚어 보았을 때 오른손 촌구맥에서 기가 급하였고, 맥에서 오장의 기가 느껴지지 않았으나, 왼손 맥이 크고 빨랐기 때문입니다. 맥이 빠르면 전신의 중간 부분 이하는 물이 끓듯이 뜨거워집니다. 왼손 맥이 크고 빠르면 열이 아래로 내려가고, 오른손 맥이 크고 빠르면 열이 위로 끓어오르는데, 좌우 어느 맥이나 오장에 병이 있는 맥기가 느껴지지가 않았습니다. 이에 이것을 용산이라 진단하였으며 체내에 열이 있기 때문에 오줌이 붉은 것입니다.

齊郎中令循病, 衆醫皆以爲蹷入中, 而刺之. 臣意診之, 曰:「湧疝也, 令人不得前後溲.」循曰:「不得前後溲三日矣.」臣意飮以火齊湯, 一飮得前[後]溲, 再飮大溲, 三飮而疾愈. 病得之內. 所以知循病者, 切其脈時, 右口氣急, 脈無五藏氣, 右口脈大而數. 數者中下熱而湧, 左爲下, 右爲上, 皆無五藏應, 故曰湧疝. 中熱, 故溺赤也.

### 열병熱病

제나라 중어부中御府의 장관長官 신信이 병이 들었을 때, 제가 들어가 그 맥을 진찰하고나서 '이것은 열병 기운으로서 고열 때문에 땀이 나고, 맥이 약간 약하지만 죽는 일은 없을 것입니다'라고 신에게 말해 주었습니다. 그리고 또 '이 병은 흐르는 물에 목욕을 하고 심히 추위를 탔다가 발열한 것이 원인입니다'라 하였더니 신은 '그렇소. 지난 겨울에 왕의 명으로 사자가 되어 초楚나라에 갔을 때, 거현莒縣의 양주수陽周水에까지 갔는데 다리가 심하게 부서져 있어 수레로 건너기를 주저하고 있다가 말이 놀라 물에 빠지면서 나 자신도 물에 빠져 하마터면 죽을 뻔하였소. 곧 관리가 나를 구출해 주었는데 의복은 흠뻑 젖었고, 잠시 뒤에는 오한이 났으며 불같이 열이 났소. 지금은 외출하여 찬바람을 쐴 수가 없을 지경이오'라고 말하더이다. 제가 곧 화제탕을 만들어 열을 내리게 하였더니 한 번 마시자 땀이 없어지고, 두 번 마시자 열이 식었으며, 세 번 마시고 나서 완쾌하였습니다. 이렇게 20일쯤 복용하고나서 신의 몸에는 병이 없어졌습니다. 신의 병을 알게 된 것은, 그 맥을 짚어 보았더니 양기가 음기에 붙어 있었기 때문입니다. 〈맥법〉에 '열병은 음양의 기운이 뒤섞여 분별되지 않을 때에는 죽는다'라고 되어 있습니다. 신의 맥을 짚어 보았더니, 음양의 기운이 섞이지 않고 양이 음에 붙어 있었습니다. 음에 붙어 있는 것은 맥이 순하고 고요하며 치료 가능한 것이며, 열은 완전히 가시지 않았어도 살 수 있는 것입니다. 신腎의 기운이 때로는 탁해지는 수도 있으며, 드물게는 태음太陰의 맥구脈口에 있어서 맥이 뜸한 것은 몸에 물 기운이 있기 때문입니다. 신장은 본디 물을 맡은 기관이기 때문에, 그의 병이 나을 줄 알게 된 것입니다. 만약 치료가 늦었더라면 한열병寒熱病으로 바뀌었을 것입니다.

齊中御府長信病, 臣意入診其脈, 告曰:「熱病氣也. 然暑汗, 脈少衰, 不死.」曰:「此病得之當浴流水而寒甚, 已則熱.」信曰:「唯, 然! 往冬時, 爲王使於楚, 至莒縣陽周水, 而莒橋梁頗壞, 信則擥車轅未欲渡也, 馬驚, 卽墮, 信身入水中, 幾死, 吏卽來救信, 出之水中, 衣盡濡, 有閒而身寒, 已熱如火, 至今不可以見寒.」臣意卽爲之液湯火齊逐熱, 一飮汗盡, 再飮熱去, 三飮病已. 卽使服藥, 出入二十日, 身無病者. 所以知信之病者, 切其脈時, 幷陰. 脈法曰「熱病陰陽交者死」. 切之不交, 幷陰. 幷陰者, 脈順淸而愈, 其熱雖未盡, 猶活也. 腎氣有時閒濁, 在太陰脈口而希, 是水氣也. 腎固主水, 故以此知之. 失治一時, 卽轉爲寒熱.

### 풍단風癉

제나라 왕의 태후가 병이 들었을 때, 저는 불려가 그 맥을 보고 '풍단風癉이 얼마 동안 방광에 깃들어 대소변이 곤란하며 오줌이 붉을 것입니다'라 진단하고 화제탕을 조제하여 복용하도록 하였습니다. 태후가 한 번 마시자 대소변을 보았고, 두 번에 완쾌해져서 오줌 색깔이 정상으로 돌아왔습니다. 이 병은 땀을 흘린 뒤 그대로 소변을 본 데서 오는 병입니다. 소위 순이라는 것은 의복을 벗어 땀을 식히는 일입니다. 태후의 병을 알게 된 것은, 제가 그 맥을 보고 맥의 태음구太陰口를 눌렀던 습기가 축축하게 느껴졌기 때문이니 이는 바람 기운입니다. 〈맥법〉에 '맥을 손끝으로 세게 눌러 맥이 크고 단단하고, 가볍게 눌러서 맥이 크고 세력이 강한 경우, 이 병은 주로 신장에 있다'라 하였는데 그 맥을 눌러 보았더니 그 경우와는 달라서 맥이 크고 거세고 거칠었습니다. 맥이 거센 것은 방광의 기운이며 거친 것은 몸의 열이 있어 오줌이 붉어지는 것입니다.

齊王太后病, 召臣意入診脈, 曰:「風癉客脬, 難於大小溲, 溺赤.」臣意飲以火齊湯, 一飲卽前後溲, 再飲病已, 溺如故. 病得之流汗出滫. 滫者, 去衣而汗晞也. 所以知齊王太后病者, 臣意診其脈, 切其太陰之口, 濕然風氣也. 脈法曰「沈之而大堅, 浮之而大緊者, 病主在腎」. 腎切之而相反也, 脈大而躁. 大者, 膀胱氣也; 躁者, 中有熱而溺赤.

### 소단消癉

제나라 장무리章武里에 사는 조산부曹山跗가 병이 났을 때, 저는 그 맥을 진찰한 다음 '이것은 폐의 소단消癉이며 그 위에 한열병寒熱病이 발병해 있습니다'라고 곧 집안 사람에게 '죽을 것입니다. 불치병입니다. 병자가 하고 싶다는 대로 들어 주십시오. 도저히 완치할 수 없습니다'라고 말하였습니다. 의법에 의하면 '앞으로 사흘에 발광하리라. 함부로 일어나서 뛰쳐나가고 하지만 다시 5일이 경과한 뒤에는 죽으리라'라 하였는데 과연 예측한 시일에 죽고 말았습니다. 조산부의 병은 격노한 다음에 곧 방사를 행한 것이 원인이며 조산부의 병을 알게 된 것은 제가 그 맥을 짚어 보았더니, 폐의 기운이 뜨거워져 있었기 때문입니다. 〈맥법〉에 '폐에서 열이 나면 맥박이 고르지 않고 무력하며 몸이 여위고 쇠약해진다'라 하였습니다. 이것은 오장이 위는 폐에서, 아래는 간에 이르기까지 차례로 병들어 있다는 것을 뜻합니다. 따라서 맥을 짚어 보면, 맥이 고르지 못하고 멎었다 뛰곤 합니다. 맥이 고르지 못하다는 것은 피가 간에 머무르지 못하는 것이고, 멎었다 뛰었다 하는 것은 맥이 상하좌우에서 한꺼번에 뛰어 급해졌다 거세졌다 하는 것입니다. 정상이 아니면 피는 본디 있어야 할 장소에 없고, 막히면 때로 상하좌우로부터 착잡하여 뛰며 별안간 시끄러워졌다가 또 갑자기 커집니다. 이는 폐와 간의 두 낙맥이 끊어진 때문이며, 그로 인해 치료를 하지 못한 채 사망에 이르는 것입니다. 한열병이 왔다는 것은 시탈尸奪 상태에 있다는 것을 의미합니다. 시탈이 되면 몸이 쇠약해지고 쇠약해진 자에게는 침이나 뜸을 놓는 것도 약제를 복용하는 것도 할 수 없습니다. 제가 진찰하기 전에 제나라의 태의太醫가 먼저 산부의 병을 진찰하고 그 발의 소양少陽 맥구脈口에 뜸을 뜨고 반하환半夏丸을 먹였는데, 병자는 곧 설사를 하고 뱃속은 공허하였는데도 다시 발의 소음少陰 맥구에 뜸을 떴습니다. 이것이 간의 기운을 심히 손상하게 하여 거듭 병자의 힘을 축내어 결국 한열병 증세가 더욱 심하게 나타난 것입니다. 3일 뒤에 발광하리란 것은 본디 간의 낙맥 중 하나는 젖가슴 아래 양명陽明에 연결돼 있으므로 그 낙맥이 끊어지면 양명맥이 상하고, 양명맥이 손상되면 곧 열기 때문에, 의복을 벗고 달려나가려고 하기 때문이었습니다. 다시 5일 뒤에 죽는다는 것은 간과 심장은 서로 5분 떨어져 있으므로 간의 운기는 5일이면 다하고 곧 죽게 되는 것입니다.

齊章武里曹山跗病, 臣意診其脈, 曰:「肺消癉也, 加以寒熱.」卽告其人曰:「死, 不治. 適其共養, 此不當醫治.」法曰「後三日而當狂, 妄起行, 欲走; 後五日死」. 卽如期死. 山跗病得之盛怒而以接內. 所以知山跗之病者, 臣意切其脈, 肺氣熱也. 脈法曰「不平不鼓, 形獘」. 此五藏高之遠數以經病也, 故切之時不平而代. 不平者, 血不居其處; 代者, 時參擊並至, 乍躁乍大也. 此兩絡脈絶, 故死不治. 所以加寒熱者, 言其人尸奪. 尸奪者, 形獘; 形獘者, 不當關灸鑱石及飮毒藥也. 臣意未往診時, 齊太醫先診山跗病, 灸其足少陽脈口, 而飮之半夏丸, 病者卽泄注, 腹中虛; 又灸其少陰脈, 是壞肝剛絶深, 如是重損病者氣, 以故加寒熱. 所以後三日而當狂者, 肝一絡連屬結絶乳下陽明, 故絡絶, 開陽明脈, 陽明脈傷, 卽當狂走. 後五日死者, 肝與心相去五分, 故曰五日盡, 盡卽死矣.

## ◎ 유적하遺積瘕

제나라 중위中尉 반만여潘滿如가 아랫배의 복통을 앓고 있을 때, 저는 그의 맥을 짚어 본 다음 곧 유적하遺積瘕라 하였습니다. 나는 곧 제나라 태복太僕 요饒와 내사內史 요繇에게 '중위는 이제 방사를 끊지 않으면 30일 안에 죽을 것입니다'라 일러 주었습니다. 20여 일 뒤에 피오줌을 흘리며 죽었는데, 이 병은 과음과 과색으로 인하여 생긴 것입니다. 반만여의 병을 알게 된 것은, 그 맥을 짚어 보았을 때 깊이 잠기어 작고 약한가 하면, 별안간 한꺼번에 커졌기 때문입니다. 이것은 비기脾氣로서 오른손 촌구맥이 긴장되고 미약하여, 하기瘕氣의 징후가 나타나 있습니다. 비장의 병을 오장이 차례로 상승相乘하여 30일이면 죽습니다. 삼음三陰의 맥이 함께 뛸 때에는 맥법에서 말한 대로 30일이면 죽으나, 삼음맥이 함께 뛰지 않을 때는 죽음이 보다 일찍 오며, 뛰다 멈추었다 하는 경우는 죽음이 가까운 것입니다. 그런데 그는 삼음이 함께 뛰었으므로 앞에 말한 것 같이 피오줌을 흘리며 죽은 것입니다.

齊中尉潘滿如病少腹痛, 臣意診其脈, 曰:「遺積瘕也.」臣意卽謂齊太僕臣饒·內史臣繇曰:「中尉不復自止於內, 則三十日死.」後二十餘日, 溲血死. 病得之酒且內. 所以知潘滿如病者, 臣意切其脈深小弱, 其卒然合合也, 是脾氣也. 右脈口氣至緊小, 見瘕氣也. 以次相乘, 故三十日死. 三陰俱摶者, 如法; 不俱摶者, 決在急期; 一摶一代者, 近也. 故其三陰摶, 溲血如前止.

## ◎ 내풍內風

양허후陽虛侯의 재상 조장趙章이 병들었을 때 저를 불렀습니다. 다른 의사들은 한중寒中이라 하였습니다. 제가 그의 맥을 짚어 보고 '동풍迵風입니다'라고 일러 주었습니다. 동풍이란 병은, 음식물을 먹고 나서 그대로 설사해 버리고 체내에 머물러 있지 못하는 병으로써 의법에는 '5일이면 죽는다'라고 되어 있습니다. 그러나 그는 10일 뒤에 죽었습니다. 이 병은 지나친 음주가 원인으로서, 조장의 병인을 알게 된 것은, 그의 맥을 짚어 보니 맥이 오는 것이 매끄럽기 때문어었는데, 이것은 내풍內風입니다. 먹은 음식물이 그대로 설사를 하고 체내에 머물러 있지 않을 경우, 의법에서 '5일이면 죽는다'라 한 것은 앞에서 말한 분계법分界法에 의한 것입니다. 그가 10일이 지나 죽어 날짜를 5일 넘긴 것은 그 사람이 죽을 즐긴 때문에 위장이 튼튼하였기 때문에 기일을 넘겨 죽은 것입니다. 스승의 말씀에 '음식을 잘 먹는 자는 사기死期를 늘리며 잘 먹지 못하는 자는 사기를 단축시킨다'라 하였습니다.

陽虛侯相趙章病, 召臣意. 衆醫皆以爲寒中, 臣意診其脈曰;「迵風.」迵風者, 飮食下嗌而輒出不留. 法曰「五日死」, 而後十日乃死. 病得之酒. 所以知趙章之病者, 臣意切其脈, 脈來滑, 是內風氣也. 飮食下嗌而輒出不留者, 法五日死, 皆爲前分界法. 後十日乃死, 所以過期者, 其人嗜粥, 故中藏實, 中藏實故過期. 師言曰「安穀者過期, 不安穀者不及期」.

### 풍궐흉만風蹶胸滿

제북왕濟北王이 병들었을 때, 저를 불러 맥을 보게 하였습니다. 제가 맥을 짚어 보고는 '이 병은 풍궐흉만風蹶胸滿입니다'라 일러주고 나서 곧 약주藥酒를 만들어 3석三石 가량을 마시게 하였더니 병이 나았습니다. 이 병은 땀을 내고 땅 위에 누워 있었던 것이 원인입니다. 제북왕의 병인을 알게 된 것은, 그 맥을 짚어 보았을 때, 풍기가 있고 심맥心脈이 탁하였기 때문입니다. 의법에 '바람 기운이 양맥에 들어 양기가 다하여 음기陰氣가 들어간다'라 하였습니다. 음기가 들어가 가득 차면 한기가 올라서 열기가 내려갑니다. 이에 한기는 올라가려 하고 열기는 내려가려 하기 때문에 가슴이 답답해지는 것입니다. 땀을 내고 땅에 누운 것을 알게 된 것은, 그 맥을 짚어 보고 음기를 느낀 때문입니다. 맥이 음기인 것은 병이 반드시 내부에 들어가 식은땀을 흘리게 마련입니다.

濟北王病, 召臣意診其脈, 曰:「風蹶胸滿.」卽爲藥酒, 盡三石, 病已. 得之汗出伏地. 所以知濟北王病者, 臣意切其脈時, 風氣也, 心脈濁. 病法「過入其陽, 陽氣盡而陰氣入」. 陰氣入張, 則寒氣上而熱氣下, 故胸滿. 汗出伏地者, 切其脈, 氣陰. 陰氣者, 病必入中, 出及瀺水也.

## 산기疝氣

제나라의 북궁사공北宮司空의 부인 출오出於가 병들었을 때, 의원들은 모두 풍기가 내부에 들어가 병은 틀림없이 폐에 있다고 진단하여 그 여인의 족소양맥足少陽脈에 침을 놓았습니다. 저는 그녀의 맥을 짚어 본 다음 '이것은 산기疝氣가 방광에 들어 있으며, 그 때문에 대소변 보기가 어렵고, 오줌이 붉고 한기를 만나면 오줌을 흘리고 배가 붓는 것입니다'라 하였습니다. 출오의 병은 오줌을 참고 교접을 한 것이 원인입니다. 출오의 병인을 알게 된 것은, 그녀의 맥을 짚어 보니 크고 힘이 있었지만 맥박 뛰는 것이 순조롭지 못하였기 때문입니다. 맥이 크고 힘이 있는 것은 발의 궐음蹶陰의 경맥이 느껴지기 때문이며, 맥박 뛰는 것이 순조롭지 못한 것은 산기가 방광에 머물고 있기 때문이며, 배가 팽창하여 붓는 것은 궐음의 낙맥이 아랫배에 걸린 때문이며, 궐음에 고장이 있으면 맥이 아랫배에 걸려 움직이고, 이렇게 움직이면 배가 팽창하여 붓는 것입니다. 저는 곧 출오의 족궐음맥足蹶陰脈 좌우 각각 한 군데씩에 뜸을 떴습니다. 그러자 곧 오줌을 흘리지 않게 되었으며, 오줌의 색깔이 맑아졌고 아랫배의 아픔도 그쳤습니다. 그리하여 다시 화제탕火齊湯을 만들어 먹였더니, 사흘만에 산기가 흩어지고 완쾌하였습니다.

齊北宮司空命婦出於病, 衆醫皆以爲風入中, 病主在肺, 刺其足少陽脈. 臣意診其脈, 曰: 「病氣疝, 客於膀胱, 難於前後溲, 而溺赤. 病見寒氣則遺溺, 使人腹腫.」 出於病得之欲溺不得, 因以接內. 所以知出於病者, 切其脈大而實, 其來難, 是蹶陰之動也. 脈來難者, 疝氣之客於膀胱也. 腹之所以腫者, 言蹶陰之絡結小腹也. 蹶陰有過則脈結動, 動則腹腫. 臣意卽灸其足蹶陰之脈, 左右各一所, 卽不遺溺而溲清, 小腹痛止. 卽更爲火齊湯以飮之, 三日而疝氣散, 卽愈.

### 열궐熱蹶

고故 제북왕의 유모가 '발에 열이 있고 괴롭다'라 하기에 저는 '이 병을 열궐熱蹶이다'라 진단하고, 그 양쪽 발의 족심足心에 각각 세 군데씩 침을 놓고, 그 자리에 손가락을 강하게 눌러 출혈하지 않도록 하였더니, 병은 얼마 지나지 않아 나았습니다. 이 병은 술을 지나치게 마셔 취한 때문에 생긴 병입니다.

제북왕이 저를 불러 근시近侍의 여자들을 비롯하여 재인才人에 이르기까지 진찰 해주도록 하였습니다. 그 중 수竪라는 재인은 자기는 아무 병이 없다고 말하였습니다. 저는 영항永巷의 장을 향해 '저 재인은 비장이 나빠져 있으니 피로하지 않게 하십시오. 의법에 의하면 봄이 되면 피를 토하고 죽을 것입니다'라 일러 주었습니다. 저는 또다시 왕에게 '저 '수'라는 재인은 어떤 재능이 있습니까?'라 물었더니 왕은 '저 아이는 바느질, 수예 같은 기예를 좋아하며 기능이 풍부하여 전해오는 옛 기법에 대해서도 연구하여 새로운 것을 만들어 내고 있소. 연전에 민간에서 470만 전에 사왔으며, 함께 온 동무가 네 사람이 있소'라고 하였습니다. 왕은 또 '병이 있는 것은 아니오?' 하고 묻기에 '그녀의 병은 무거우며 의법으로 하면 전혀 가망이 없습니다'라고 일러주었습니다. 그러자 왕은 그녀를 가까이 불러 바라보더니, 수의 안색에 별다른 변화가 없어 병이 없다고 여기고 제후에게 팔지 않았습니다. 어느 봄날, 왕이 변소에 가는데 그녀가 칼을 받쳐들고 뒤따랐습니다. 왕이 변소를 나왔는데도 그녀가 따라오지 않아 부르러 보냈더니 그녀는 변소에 엎어져 피를 토하고 죽어 있었습니다. 이 병은 땀을 지나치게 흘린 것이 원인이며, 의법에서는 땀을 흘리는 자는 병이 내부에 무겁고,모발과 안색은 윤택이 있어서 맥이 쇠약하지 않습니다. 이것도 또한 내관內關의 병인 것입니다.

故濟北王阿母自言足熱而懣, 臣意告曰:「熱蹶也.」則刺其足心各三所, 案之無出血, 病旋已. 病得之飮酒大醉.

濟北王召臣意診脈諸女子侍者, 至女子豎, 豎無病. 臣意告永巷長曰:

「豎傷脾, 不可勞, 法當春嘔血死.」臣意言王曰:「才人女子豎何能?」王曰:「是好爲方, 多伎能, 爲所是案法新, 往年市之民所, 四百七十萬, 曹偶四人.」王曰:「得毋有病乎?」臣意對曰:「豎病重, 在死法中.」王召視之, 其顔色不變, 以爲不然, 不賣諸侯所. 至春, 豎奉劍從王之廁, 王去, 豎後, 王令人召之, 卽仆於廁, 嘔血死. 病得之流汗. 流汗者, (同)法病內重, 毛髮而色澤, 脈不衰, 此亦(關)內[關]之病也.

### 우치齲齒

제나라 중대부中大夫가 우치齲齒를 앓고 있을 때, 저는 그의 왼손 양명陽明의 맥에 뜸을 뜨고 곧, 고삼탕苦蔘湯을 지어 하루에 세 되씩 양치질을 하게 하였더니 대략 5, 6일에 완쾌하였습니다. 이 병은 바람을 맞으면서 입을 벌린 채 누워 자고 식후에 양치질을 하지 않아 생긴 병입니다.

齊中大夫病齲齒, 臣意灸其左大陽明脈, 卽爲苦參湯, 日嗽三升, 出入五六日, 病已. 得之風, 及臥開口, 食而不嗽.

### 해산解産을 돕는 약

치천왕菑川王의 미인이 아이를 가져 달이 찼는데도 아이가 출생하지 않자 저를 불렀습니다. 저는 낭탕약莨蕩藥 1촬撮을 지어 술에 타서 복용토록 하였더니 잠시 뒤에 해산하였습니다. 다시 맥을 본즉 맥이 조급하였는데 이는 다른 남은 병이 있기 때문입니다. 그리하여 곧 소석消石을 먹였더니 피가 나왔는데, 그 피는 콩 크기 만한 덩어리 대여섯 개였습니다.

菑川王美人懷子而不乳, 來召臣意. 臣意往, 飮以莨菪藥一撮, 以酒飮之, 旋乳. 臣意復診其脈, 而脈躁. 躁者有餘病, 卽飮以消石一齊, 出血, 血如豆比五六枚.

## 비장脾臟의 병

제나라 재상 가신의 하인이 주인을 따라 궁중으로 들어갔습니다. 그때 저는 규문閨門 밖에서 식사를 하는 그 하인을 보게 되었는데, 그 안색이 병색이 있는 것을 알고 곧 환관 평平에게 말하였습니다. 평은 맥 보는 일을 좋아하여 나를 좇아 배우고 있었습니다. 그에게 가신의 하인을 가리키며 그 병을 지적하여 '그는 비장의 기운을 손상하였다. 봄이 되면 가슴이 막혀서 통하지 않고 음식을 먹지 못하게 된다. 의법에 따르면 여름이 되어 혈변을 보고 죽는다'라 하였습니다. 평은 곧 재상에게 가신의 하인이 병에 걸렸으며 더욱이 중병으로서 죽을 날까지 알고 있는 까닭을 말하였습니다. 재상은 '그대는 어찌하여 그것을 아는가?'고 물었습니다. 평은 말하였습니다. 군君께서 궁에 들어오실 때 가신의 하인도 함께 궁중에 들어와 규문 밖에서 식사를 하였습니다. 그 때 저와 창공倉公과 함께 그곳에 서 있었는데 창공이 저에게 '이러한 병세를 보이는 사람은 죽는다'고 가르쳐 주었습니다. 재상은 곧 가신을 불러내어 '그대의 하인에게 병이 있지 않소?'라 물었더니 가신은 '하인에게는 병이 없습니다. 몸도 아픈 것 같이 보이지는 않습니다'라 대답하였습니다. 그러나 봄이 되자, 과연 병을 앓고 4월에는 혈변을 보고 죽었습니다. 하인의 병인을 안 것은 비장의 기운이 전부 오장에 옮겨져 있으므로 각 부部를 상하게 하여 서로 뒤얽히고 그 때문에 비장을 다친 빛이 나타나서 이를 멀리서 바라보면 생기를 잃은 황색을 띠고, 가까이서 보면 창백하여 시든 풀빛과 같이 검푸른 색을 보입니다. 이에 의사들은 이것을 회충 때문이라고 말할 뿐 비장을 다친 줄은 모르고 있었던 것입니다. 봄이 되면 죽을 것이라고 한 것은, 비위脾胃가 병든 얼굴색은 황색이며 황색은 오행五行에서 토土의 기운이니, 토는 목木을 이기지 못하므로, 봄은 곧 목木이라 그런 까닭으로 봄이 되면 죽는다고 한 것입니다. 그런데 여름이 되어 죽은 것은, 〈맥법〉에 '병이 중한데도, 맥박이 순조하고 맑은 것을 내관內關이라고 한다. 내관의 병은 본인이 아무런 고통도 느끼지 않고 마음도 명쾌하며 고통이 없다. 만약 남아 있는 병이 병이 발하면 중춘仲春에는 죽을 것이며, 맥박이 순조로우면 석 달은 견딜 수 있을 것이다'라 하였습니다. 그가 4월이 되어 죽은 것은, 그를 진찰할 때 맥박이 순조로웠으며 따라서 병자이면서도 아직 살이 쪄 있었기 때문입니다. 하인의 병은 여러 차례 땀을 흘리고는 뜨거운 불을 쬐다가 갑자기 찬바람을 맞았으므로, 냉열의 급격한 변화에서 발병한 것입니다.

齊丞相舍人奴從朝入宮, 臣意見之食閨門外, 望其色有病氣. 臣意卽告宦者平. 平好爲脈, 學臣意所, 臣意卽示之舍人奴病, 告之曰:「此傷脾氣也, 當至春鬲塞不通, 不能食飲, 法至夏泄血死.」宦者平卽往告相曰:「君之舍人奴有病, 病重, 死期有日.」相君曰:「卿何以知之?」曰:「君朝時入宮, 君之舍人奴盡食閨門外, 平與倉公立, 卽示平曰, 病如是者死.」相卽召舍人(奴)而謂之曰:「公奴有病不?」舍人曰:「奴無病, 身無痛者.」至春果病, 至四月, 泄血死. 所以知奴病者, 脾氣周乘五藏, 傷部而交, 故傷脾之色也, 望之殺然黃, 察之如死青之玆. 衆醫不知, 以爲大蟲, 不知傷脾. 所以至春死病者, 胃氣黃, 黃者土氣也, 土不勝木, 故至春死. 所以至夏死者, 脈法曰「病重而脈順清者曰內關」, 內關之病, 人不知其所痛, 心急然無苦. 若加以一病, 死中春; 一愈順, 及一時. 其所以四月死者, 診其人時愈順. 愈順者, 人尙肥也. 奴之病得之流汗數出(灸)[炙]於火而以出見大風也.

### 궐蹶

치천왕菑川王이 병들었을 때, 저를 불러 맥을 보게 하였습니다. 저는 '궐蹶로서 상부에 증상이 심하여 머리가 아프고 몸에 열이 있어 괴롭게 되는 것입니다'라고 진단하고 곧 찬물로 머리를 식히게 하면서, 족양명맥足陽明脈에 좌우 각각 세 군데에 침을 놓은 결과 얼마 뒤에 병이 나았습니다. 이 병은 머리를 감고 아직 마르기도 전에 잠을 잔 것이 원인이며, 맥의 진찰은 앞에서 말한 바와 같고, 궐이라고 한 것은 기가 역상하여 머리에서 어깨까지 열이 난 것입니다. 열이 머리에서 어깨까지 역행한 때문입니다.

菑川王病, 召臣意診脈, 曰:「蹶上爲重, 頭痛身熱, 使人煩懣.」臣意卽以寒水拊其頭, 刺足陽明脈, 左右各三所, 病旋已. 病得之沐髮未乾而臥. 診如前, 所以蹶, 頭熱至肩.

## 신비腎痺

제나라 왕 총희 황희黃姬의 오라비 황장경黃長卿의 집에 연회가 있어 손님을 초대하였을 때 저도 초청되었습니다. 손들이 자리에 앉고 아직 음식이 나오지 않았을 때, 저는 왕후의 아우 송건宋建을 바라보고 '군께서는 병이 있습니다. 4, 5일 전 그대는 등이 아파 엎드릴 수도 우러러볼 수도 없었고, 또 소변도 볼 수 없었을 것입니다. 곧 치료하지 않으면 병은 곧 신장으로 진행됩니다. 오장에 들기 전에 미리 서둘러 치료하십시오. 병은 지금 곧 신장으로 들어가려 하고 있어, 이른바 신비腎痺라 합니다'라 하자, 송건은 '그렇소. 전부터 나는 등이 아팠소. 4, 5일 전 비 올 때, 황씨의 사위들이 내 집 광 근처에 있던 네모진 돌을 들어올리며 놀이를 하고 있었지요. 나도 그들처럼 힘을 써 보았는데 들어올릴 수가 없어 곧 내려놓았소. 그리고는 저녁때가 되어 등이 아프기 시작하고 소변이 나오지 않더니 지금까지 낫지를 않고 있소'라 대답하였습니다. 송건의 병은 무거운 것을 들어올리려 한 것이 원인이며, 송건의 병의 근원을 알게 된 것은, 제가 그 안색을 보건대 광대뼈 부분이 말라 윤택이 없고, 신부腎部에서 허리 아래에 이르는 4푼 정도가 건조해 있었으므로, 그가 4, 5일 전에 발병한 것을 알았습니다. 저는 곧 유탕柔湯을 지어 복용시켰더니 18일 만에 완쾌하였습니다.

齊王黃姬兄黃長卿家有酒召客, 召臣意. 諸客坐, 未上食. 臣意望見王后弟宋建, 告曰:「君有病, 往四五日, 君要脅痛不可俛仰, 又不得小溲. 不亟治, 病卽入濡腎. 及其未舍五藏, 急治之. 病方今客腎濡, 此所謂『腎痺』也.」宋建曰:「然, 建故有要脊痛. 往四五日, 天雨, 黃氏諸倩見建家京下方石, 卽弄之, 建亦欲效之, 效之不能起, 卽復置之. 暮, 要脊痛, 不得溺, 至今不愈.」建病得之好持重. 所以知建病者, 臣意見其色, 太陽色乾, 腎部上及界要以下者枯四分所, 故以往四五日知其發也. 臣意卽爲柔湯使服之, 十八日所而病愈.

### 월경불순月經不順

제북왕濟北王을 모시고 있는 한녀韓女라는 여관女官이 병들어 허리와 등이 아프고 발열하기도 하며 오한을 느끼기도 하였습니다. 의원들은 다 한열병寒熱病이라고 진단을 내렸습니다. 저는 맥을 짚어 보고 '체내가 차져서 월경이 통하지 않는 것입니다'라 진단하고 좌약을 썼더니 얼마 뒤에 월경이 통하여 병이 나았습니다. 이 병은 남자를 그리워하면서도 그리하지 못한 것이 원인입니다. 한녀의 병을 알게 된 것은, 맥을 짚어 보았을 때 신맥腎脈이 있었고, 맥박이 가늘면서 느리고 연속하지를 않았기 때문입니다. 가늘면서 느리고 연속하지 않는 맥은 쉬 뛰지 않으며 단단합니다. 그런 까닭으로 월경이 통하지 않는다고 한 것입니다. 간맥肝脈이 활시위같이 팽팽하게 심맥心脈의 촌구寸口에서 뛰고 있었습니다. 그런 까닭에 남자와 가까이하고 싶었으나 그렇게 할 수 없었기 때문이라고 한 것입니다.

濟北王侍者韓女病要背痛, 寒熱, 衆醫皆以爲寒熱也. 臣意診脈, 曰:「內寒, 月事不下也.」卽竄以藥, 旋下, 病已. 病得之欲男子而不可得也. 所以知韓女之病者, 診其脈時, 切之, 腎脈也, 嗇而不屬. 嗇而不屬者, 其來難, 堅, 故曰月不下. 肝脈弦, 出左口, 故曰欲男子不可得也.

### 요하蟯瘕

임치臨菑의 범리氾里에 사는 박오薄吾라는 여자는, 병이 위중하여 의원들도 모두 한열병이 심하게 되어 죽을 것이라고 하면서 치료 방법이 없다고 생각하였습니다. 저는 그녀의 맥을 짚어 보고 '요하蟯瘕라는 것입니다'라고 진단하였습니다. '요하'라는 병은 배가 부풀어오르고 피부는 황색을 띠고 거칠며… 그것을 만지면 통증을 느끼는 병입니다. 제가 병자에게 원화芫華, 芫花 1촬을 먹였더니, 곧 몇 되 가량의 요충이 쏟아져 나온 다음 병이 나아 30일 만에 본래와 같이 회복하였습니다. 이 병은 춥고 습기찬 기운이 원인이며, 춥고 습기찬 기운이 심하게 되어서 발산하지 못하면 벌레로 변하는 것입니다. 제가 박오의 병을 알게 된 것은, 그녀의 맥을 짚어 본 결과 맥의 척尺의 위치를 만지니 그 척의 피부는 거칠기가 사람의 손을 찌르는 것 같았고, 모발은 푸석푸석하여 엉성하게 서 있었기 때문인데 그것은 요충의 기운 때문입니다. 얼굴에 광택이 돌면 체내의 오장에 사기邪氣가 없고 또 중병도 없다는 것입니다.

臨菑氾里女子薄吾病甚, 衆醫皆以爲寒熱篤, 當死, 不治. 臣意診其脈, 曰:「蟯瘕.」蟯瘕爲病, 腹大, 上膚黃麤, 循之戚戚然. 臣意飮以芫華一撮, 卽出蟯可數升, 病已, 三十日如故. 病蟯得之於寒濕, 寒濕氣宛篤不發, 化爲蟲. 臣意所以知薄吾病者, 切其脈, 循其尺, 其尺索刺麤, 而毛美奉髮, 是蟲氣也. 其色澤者, 中藏無邪氣及重病.

### 동풍迵風과 설사

제나라의 사마司馬 순우淳于가 병이 났을 때, 저는 그의 맥을 짚어 보고 '동풍迵風을 앓고 있는 것이 틀림없습니다. 동풍의 증상은 음식물을 삼킨 지 얼마 안 있어 설사하는 것이니, 이 병은 포식을 한 다음에 뜀박질을 한 때문입니다'라 진단하였습니다. 순우는 '사실 나는 왕가王家에서 말의 간을 배부르게 먹었으므로, 술을 내오는 것을 보고는 황급히 도망쳐 집으로 달려 왔습니다. 그리고는 수십 번이나 내리 설사를 하였습니다'라고 대답하였습니다. 저는 그에게 '화제탕에 미즙을 섞어 드시면 7, 8일이면 나을 것입니다'라고 하였습니다. 그 때 진신秦信이라는 의원이 곁에 있다가 제가 떠난 뒤에 그는 곁에 있던 각閣이라는 도위都尉에게 '순우의가 사마 순우의 병을 어떻게 진단하였습니까?'라 묻자, 도위는 '동풍인데 치료할 수 있다고 하더이다'라고 대답하였습니다. 진신은 웃으면서 '그 사람은 모릅니다. 의법에 의하면 사마 순우의 병은 9일 뒤에는 죽습니다'라고 하였습니다. 9일이 지났으나 죽지 않자, 그 집에서는 다시 저를 불렀습니다.

제가 가서 용태를 물었더니 모두가 제가 진단한 그대로입니다. 곧 화제탕에 미즙을 섞어 복용케 하였더니 칠팔 일에 완쾌하였습니다. 그 병인을 알게 된 것은, 맥을 짚었을 때 모두가 의법에 부합하였기 때문이며, 그 병이 순조롭게 치료되고 있었기 때문에 죽지 않은 것입니다.

齊淳于司馬病, 臣意切其脈, 告曰: 「當病迵風. 迵風之狀, 飮食下嗌輒後之. 病得之飽食而疾走.」 淳于司馬曰: 「我之王家食馬肝, 食飽甚, 見酒來, 卽走去, 驅疾至舍, 卽泄數十出.」 臣意告曰: 「爲火齊米汁飮之, 七八日而當愈.」 時醫秦信在旁, 臣意去, 信謂左右閣都尉曰: 「意以淳于司馬病爲何?」 曰: 「以爲迵風, 可治.」 信卽笑曰: 「是不知也. 淳于司馬病, 法當後九日死.」 卽後九日不死, 其家復召臣意. 臣意往問之, 盡如意診. 臣卽爲一火齊米汁, 使服之, 七八日病已. 所以知之者, 診其脈時, 切之, 盡如法. 其病順, 故不死.

## 폐肺의 음기

제나라의 중랑中郞 파석破石이 병이 들었을 때, 저는 그의 맥을 짚어 보고 '폐가 상해 치료할 수 없습니다. 앞으로 10일 뒤인 정해일丁亥日에 피오줌을 쏟으며 죽을 것입니다'라고 진단하였습니다. 과연 11일 뒤에 피오줌을 쏟으며 죽었는데, 파석의 병은 말에서 떨어질 때 돌 위에 떨어진 것이 원인이며, 파석의 병을 알게 된 것은, 그 맥을 짚어 보았을 때 폐에 음기가 있었기 때문입니다. 음맥의 맥박은 흩어져 몇 갈래로 뛰며 한결같지 않고 얼굴도 폐의 음기가 오른 붉은색을 띠고 있었습니다. 그가 말에서 떨어진 것을 알게 된 것은, 맥을 짚어 보니 반음맥番陰脈이 발견되었기 때문입니다. 반음맥이 폐의 허한 부분에 들어간 후 폐맥을 타고 음양이 역전하는 것이며, 폐맥이 흩어져 뛰면 음기가 올라 안색이 변하는 것입니다. 예측한 때에 죽지 않은 것은, 스승의 말씀에 '병들어도 수월히 잘 먹는 자는 사기死期를 연장하며, 잘 먹지 않는 자는 사기를 빠르게 재촉한다'고 하였는데, 그가 기장黍을 좋아하였기 때문입니다. 기장은 폐의 기능을 돕는 음식으로서 그것이 사기를 연장해 준 것입니다. 오줌에 피가 섞여 나온 것은 〈맥진법〉에

'병의 정양에 고요하고 음기인 장소를 좋아하는 자는 아래로 피를 흘리고 편안히 죽으며, 시끄럽고 양기인 장소를 좋아하는 자는 거슬러 위로 피를 토하고 고통을 느끼며 죽는다'라 하였습니다. 그런데 병자가 고요한 것을 좋아하였고 조급하지 않았으며, 또 오래 책상에 의지하여 엎드리고 자면서 피를 아래로 흘린 까닭입니다.

齊中郎破石病, 臣意診其脈, 告曰:「肺傷, 不治, 當後十日丁亥溲血死.」卽後十一日, 溲血而死. 破石之病, 得之墮馬僵石上. 所以知破石之病者, 切其脈, 得肺陰氣, 其來散, 數道至而不一也. 色又乘之. 所以知其墮馬者, 切之得番陰脈. 番陰脈入虛裏, 乘肺脈. 肺脈散者, 固色變也乘之. 所以不中期死者, 師言曰「病者安穀卽過期, 不安穀則不及期」. 其人嗜黍, 黍主肺, 故過期. 所以溲血者, 診脈法曰「病養喜陰處者順死, 養喜陽處者逆死」. 其人喜自靜, 不躁, 又久安坐, 伏几而寐, 故血下泄.

### 병과 음양 관계

제나라 왕의 시의侍醫 수遂가 병이 나서 스스로 다섯 가지 약석藥石을 갈아 복용하였습니다. 제가 그를 방문하였더니, 수는 저에게 '불초한 저에게 병이 있으니 진찰해 주신다면 심히 다행이겠습니다'라고 하였습니다. 저는 곧 진찰해 보고 '공의 병은 체내에 열이 차 있는 병입니다. 〈약론藥論〉에는 '체내에 열이 차든가 소변이 통하지 않는 자는 오석을 복용해서는 안 된다'라고 되어 있으며, 석제는 그 약성이 강렬한 때문이라고 하였는데, 공은 그것을 복용하면 소변이 통하지 않게 되므로 곧 복용을 그치십시오. 곧 종기가 생길 안색입니다'라 진단하였습니다. 그러자 수가 '편작은 음석陰石은 음성陰性의 병을 낫게 하며, 양석陽石은 양성陽性의 병을 고칠 수가 있다고 하였습니다. 대체로 약석藥石에는 음陰·양陽·수水·화火의 약제가 있는데, 체내에 열이 있으면 순한 음석의 약제를 만들어 치료하고, 체내가 냉하면 강한 양석의 약제를 만들어서 치료한다라고 하였습니다'라고 하더이다. 이에 저는 말하였습니다.

'공의 말씀은 사실과 동떨어져 있습니다. 설령 편작이 그렇게 말하였다 하더라도 반드시 주의 깊게 진찰하지 않으면 안 됩니다. 먼저 도량度量을 사용하여 규구規矩로 재고 권형權衡으로 다는 것처럼, 안색과 맥의 상태, 순역順逆의 법칙 등을 생각하여, 병자의 동정動靜 및 호흡이 조화를 이루는가 등을 참작한 후에야 비로소 석약石藥의 사용 여부를 말할 수가 있는 것입니다. 〈약론〉에 '양성의 병이 안에 들어 내열을 내면서 여기에 응하여 음성의 증상이 밖으로 나타난 자에게 강렬한 약이나 침을 써서는 안 된다'라고 하였습니다. 대체로 강렬한 약이 체내에 들어가면 사기邪氣는 물리칠 수 있지만, 울기鬱氣는 더욱 깊어지기 때문입니다. 또 〈진법〉에 '소음少陰의 한기가 내열에 응하여 밖으로 나타나고, 소양少陽의 열이 안에 차 있는 경우에는 강한 약을 써서는 안 된다'라 하였습니다. 강한 약이 안에 들어가면, 양의 기운을 움직여, 그 때문에 음성의 병이 쇠하여지며, 양성의 병은 더욱더 중해지고, 사기는 밖으로 흘러 경맥의 수혈兪穴, 腧穴에서 통증을 주는 결과가 되며 화가 폭발하듯이 터져 종기가 되는 것입니다.'

제가 이 말을 수에게 이른 지 100여 일이 지나자, 과연 젖 위에 종기가 생기고 이것이 목 아래 결분缺盆으로 침투하자 죽었습니다.

이상에서 말한 것은 개략적인 요지에 불과한 것으로, 실제로는 병에 따른 치료 원칙이 반드시 있습니다. 서툰 의사에게 미숙한 점의 한 가지는, 사람과 병에 따라 치료 방법이 다르다는 것을 배우지 않아 의서醫書의 문장의 의미와 실제 병의 음양 관계를 잘못 보는 과실을 범하게 된다는 것입니다.

齊王侍醫遂病, 自練五石服之. 臣意往過之, 遂謂意曰:「不肖有病, 幸診遂也.」臣意卽診之, 告曰:「公病中熱. 論曰『中熱不溲者, 不可服五石』. 石之爲藥精悍, 公服之不得數溲, 亟勿服. 色將發臃.」遂曰:「扁鵲曰『陰石以治陰病, 陽石以治陽病』. 夫藥石者有陰陽水火之齊, 故中熱, 卽爲陰石柔齊治之; 中寒, 卽爲陽石剛齊治之.」臣意曰:「公所論遠矣. 扁鵲雖言若是, 然必審診, 起度量, 立規矩, 稱權衡, 合色脈表裏有餘不足順逆之法, 參其人動靜與息相應, 乃可以論. 論曰『陽疾處內, 陰形應外者, 不加悍藥及鑱石』. 夫悍藥入中, 則邪氣辟矣, 而宛氣愈深. 診法曰『二陰應外, 一陽接內者, 不可以剛藥』.

剛藥入則動陽, 陰病益衰, 陽病益箸, 邪氣流行, 爲重困於兪, 忿發爲疽.」意告之後百餘日, 果爲疽發乳上, 入缺盆, 死. 此謂論之大體也, 必有經紀. 拙工有一不習, 文理陰陽失矣.

### ◎ 비증痺症

제왕이 전에 양허후陽虛侯로 있을 때, 병이 중하여 의사들은 모두 궐蹷이라 생각하였습니다. 저는 맥을 짚어 보고 폐장의 비증痺症이라 진단하였습니다. 그 병의 뿌리는 오른쪽 겨드랑 아래 있어 잔을 엎어놓은 것처럼 크며, 그 때문에 병자는 기침으로 괴로워하고 기가 거꾸로 올라 음식을 먹을 수가 없게 되는 것입니다. 제가 곧 화제탕火齊湯과 죽을 먹게 하였더니, 엿새만에 기가 내렸습니다. 이에 다시 환약을 복용케 하였더니, 엿새쯤에서 완쾌하였습니다. 이 병은 방사를 과도히 한 데 원인이 있으며 다른 의원들은 진찰하였을 때, 어떻게 경맥 이론으로 이 병을 해석해야 할지 모르고, 병의 소재만 대략 알 수가 있었을 뿐입니다.

齊王故爲陽虛侯時, 病甚, 衆醫皆以爲蹷. 臣意診脈, 以爲痺, 根在右脅下, 大如覆杯, 令人喘, 逆氣不能食. 臣意卽以火齊粥且飮, 六日氣下; 卽令更服丸藥, 出入六日, 病已. 病得之內. 診之時不能識其經解, 大識其病所在.

### ◎ 답풍沓風

제가 일찍이 안양현安陽縣 무도리武都里의 성개방成開方이란 자를 진찰한 일이 있었습니다. 개방 자신은 병이 없다고 하였지만, 저는 그에게 '당신은 답풍沓風이 있는데 그 때문에 고통을 받게 될 것이며, 3년 뒤엔 사지를 쓸 수 없게 되며 목소리가 나오지 않게 될 것입니다. 이렇게 되면 곧 죽게 됩니다'라고 말하였습니다. 이제 그의 사지는 말을 듣지 않게 되었으며 목소리도 나오지 않았는데, 아직 죽지는 않았다고 들었습니다. 이 병은 자주 술을 마시고 거센 바람을 맞은 것이 원인입니다. 개방의 병인을 알게 된 것은 맥을 짚어 보니 스승의 〈맥법〉과 〈기해술奇咳術〉에 '오장의 기가 서로 거스르는 자는 죽는다'라 한 것과 같아, 신기腎氣가 폐기肺氣를 거스르고 있는 것을 알았기 때문입니다. 이러한 병은 의법에서는 '3년이면 죽는다'라고 되어 있습니다.

臣意嘗診安陽武都里成開方, 開方自言以爲不病, 臣意謂之病苦沓風, 三歲四支不能自用, 使人瘖, 瘖卽死. 今聞其四支不能用, 瘖而未死也. 病得之數飮酒以見大風氣. 所以知成開方病者, 診之, 其脈法奇咳言曰「藏氣相反者死」. 切之, 得腎反肺, 法曰「三歲死」也.

### 모산牡疝

안릉安陵 판리阪里에 사는 공승公乘 항처項處라는 자가 병들었을 때, 저는 그의 맥을 짚어 보고 '모산牡疝입니다'라 진단하였습니다. 모산은 흉격胸膈의 아래에서 생겨 위쪽으로 폐에 연결되어 있습니다. 이 병은 방사의 과도가 원인으로 저는 그에게 '힘드는 일은 삼가십시오. 힘든 일을 하시면 반드시 피를 토하고 죽을 것입니다'라 하였습니다. 그 뒤에 그는 축국蹴鞠을 하다가 허리가 차가워지고, 땀을 많이 흘린 뒤에 피를 토하였습니다. 저는 또 그를 진찰하고 '내일 저녁때 죽을 것입니다'라 하였는데, 과연 그대로 죽고 말았습니다. 항거의 병의 원인을 알게 된 것은 맥을 짚어 보았더니, 반양맥反陽脈인 것을 알았기 때문입니다. 반양맥이 빈 속으로 들어가면 그 이튿날 죽게 됩니다. 한편으로 반양맥이 느껴지고 다른 한편으로는 산통疝筒이 위로 폐까지 연결되는 것이 모산입니다.

신 순우의는 이 밖에 진찰을 하여 생사의 시기를 판단한 것과 치료하여 병을 고친 것은 자못 많으나 오래 전의 일이어서 거의 잊어버렸고 또는 기억하지 못하여 이 이상은 말씀드리지 못합니다."

安陵阪里公乘項處病, 臣意診脈, 曰:「牡疝.」牡疝在鬲下, 上連肺. 病得之內. 臣意謂之:「愼毋爲勞力事, 爲勞力事則必嘔血死.」處後蹴踘, 要蹶寒, 汗出多, 卽嘔血. 臣意復診之, 曰:「當旦日日夕死.」卽死. 病得之內. 所以知項處病者, 切其脈得番陽. 番陽入虛裏, 處旦日死. 一番一絡者, 牡疝也.

臣意曰:「他所診期決死生及所治已病衆多, 久頗忘之, 不能盡識, 不敢以對.」

## 같은 병에 사는 자와 죽는 자가 있는 이유

그러자 황제가 순우의에게 물었다.

"진찰한 뒤 치료한 병 가운데 병명이 비슷한데도 진단이 다르고 또 어떤 자는 죽고 어떤 자는 사는 것은 무슨 까닭이오?"

순우의가 대답하였다.

"병명은 많이 비슷하여 구별하기 곤란합니다. 그리하여 옛날의 성의聖醫는 진맥법을 만들어 그로써 도량을 규구로 지내고 권형으로 달며, 승묵繩墨을 사용하고, 음양을 조절하며, 사람의 맥을 분별하여 각각 명칭을 붙여, 위로는 자연계의 변화와 아래로는 인체의 생리에 대응하였습니다. 따라서 온갖 병을 분별하고 그 진단을 달리하는 것입니다. 의술을 체득한 자는 진단을 달리할 수가 있으며, 그렇지 않은 자는 이것을 혼동합니다. 맥법은 하나하나 실험해 볼 수 있는 것이 아닙니다. 병자를 진찰하는 데 도량으로써 맥의 위치를 구별하고, 이것으로 같은 병명의 병을 세분하여, 병이 주로 어느 부위에 있는가를 지적할 수가 있는 것입니다. 지금까지 제가 진찰한 것은 모두 진찰 기록에 있습니다. 제가 병명을 분별할 수 있는 것은 스승에게서 의술을 다 습득한 연후에 스승께서 돌아가셨기 때문입니다. 저는 진찰한 병과 생사를 예측한 것을 모두 진찰부에 기록하여 진단의 적중·부적중을 〈맥법〉과 대조하여 고찰해 왔습니다. 그렇기 때문에 오늘에 와서도 그 경과를 확실히 알 수가 있는 것입니다."

問臣意:「所診治病, 病名多同而診異, 或死或不死, 何也?」對曰:「病名多相類, 不可知, 故古聖人爲之脈法, 以起度量, 立規矩, 縣權衡, 案繩墨, 調陰陽, 別人之脈各名之, 與天地相應, 參合於人, 故乃別百病以異之, 有數者能異之, 無數者同之. 然脈法不可勝驗, 診疾人以度異之, 乃可別同名, 命病主在所居. 今臣意所診者, 皆有診籍. 所以別之者, 臣意所受師方適成, 師死, 以故表籍所診, 期決死生, 觀所失所得者合脈法, 以故至今知之.」

### ◎ 생사의 예측이 맞지 않는 이유

황제가 물었다.

"병을 진찰하고 생사의 시기를 예측한 것이 때로는 맞지 않는 것은 무슨 까닭이오?"

순우의가 대답하였다.

"그것은 모두 병자가 음식과 희로喜怒에 절도를 잃었거나, 혹은 먹지 않아야 할 약을 먹고 침구를 베풀지 않아야 할 것을 베풀었기 때문에 예측한 생사의 기일이 맞지 않고 죽기도 하는 것입니다."

問臣意曰:「所期病決死生, 或不應期, 何故?」對曰:「此皆飮食喜怒不節, 或不當飮藥, 或不當鍼灸, 以故不中期死也.」

### ◎ 귀한 자들이 의술을 묻더이까

황제가 물었다.

"그대는 병의 생사를 알고, 약제의 가감에 대하여 논할 수 있는 사람이오. 그런데 제후·왕·대신으로서 일찍이 그대에게 이런 것을 물은 자가 있습니까? 또 제나라 문왕文王이 병이 들었을 때, 그대에게 진찰·치료를 청하지 않은 것은 무슨 까닭이오?"

순우의가 대답하였다.

"조왕·교서왕膠西王·제남왕濟南王·오왕吳王 등은 모두들 사람을 보내어 저를 불렀으나, 저는 굳이 가려 하지 않았습니다. 문왕이 병이 있을 때, 저의 집은 가난하여 남을 위해 치료하고 사례를 받아야 할 처지였습니다. 따라서 관리가 저를 관직에 매어 속박하는 것을 두려워하였습니다. 그리하여 호적을 이곳 저곳으로 옮겨 가업을 돌보지 않고 나라 안을 두루 돌아다니면서 의술 잘하는 자를 찾아 오랫동안 수련하고 배웠습니다. 몇 사람의 스승을 찾아 그를 섬기고, 그 비술을 모두 배우고 그 의서의 깊은 뜻을 찾고 또 그것을 해석하고 연구하였습니다. 당시에 저는 양허후의 나라에 있어서 후를 섬겼으며, 양허후가 입조할 때는 그를 따라 장안으로 갔고, 그 때

안릉의 항거 등의 병을 진찰할 수가 있었던 것입니다.”

問臣意:「意方能知病死生, 論藥用所宜, 諸侯王大臣有嘗問意者不? 及文王病時, 不求意診治, 何故?」對曰:「趙王·膠西王·濟南王·吳王皆使人來召臣意, 臣意不敢往. 文王病時, 臣意家貧, 欲爲人治病, 誠恐吏以除拘臣意也, 故移名數, 左右不脩家生, 出行游國中, 問善爲方數者事之久矣, 見事數師, 悉受其要事, 盡其方書意, 及解論之. 身居陽虛侯國, 因事侯. 侯入朝, 臣意從之長安, 以故得診安陵項處等病也.」

## ◎ 나이에 따른 몸 관리법

황제가 물었다.
“문왕이 병들어 다시 일어날 수 없었던 까닭을 아시오?”
순우의가 대답하였다.
“문왕의 병은 진찰해 본 일이 없으나 들은 바에 의하면, 문왕은 천식을 앓아 두통이 심하고 눈이 잘 보이지 않았다고 합니다. 저는 속으로 증상을 연구해 보고, 그것은 병이 아니라고 생각하였습니다. 살이 쪄서 정력이 쌓여 몸을 자유로이 움직이지 못하고, 뼈와 살의 조화를 이루지 못하게 되어 천식이 생기는 것이므로, 의약으로 고칠 수 없는 병입니다. 〈맥법〉에 ‘사람은 20세에는 혈맥이 왕성하여 달리는 것이 좋으며, 30세에는 빠른 걸음으로 걷는 것이 좋고, 40세가 되면 편안히 앉아 있는 것이 좋고, 50세가 되면 편안히 누워 있는 것이 좋고, 60 이상이면 기력을 깊이 저축하는 것이 좋다’라고 하였습니다. 문왕은 20세가 못 되니 맥의 기세는 달릴 연령인데, 느릿느릿 걷는 것은 천도天道 네 계절의 자연 법칙에 상응치 못한 것입니다. 그 뒤에 들은 바에 의하면 의사가 뜸을 뜬 직후 병이 심해졌다고 합니다. 이것은 병을 잘못 진단한 것입니다. 제가 볼 때 뜸을 뜬 열기 때문에 신기神氣가 다투어 올라와 그 허虛를 타고 사기邪氣가 안으로 들어간 것으로 판단합니다. 젊고 혈기 있는 자는 회복시킬 수 없습니다. 그 때문에 죽은 것이라고 생각합니다. 이른 바 혈기 있는 자는 아무쪼록 음식물을 조절하고 쾌청한 날을 가려 수레를 타거나 걸으면서 마음을 넓게 하여, 이로 인해 근육과 뼈, 혈맥의 상태를 쾌적하게 하고 기를 발산해야 할 것입니다. 그 때문에 20세를 역무易貿라 하여 의법에서는 침구를 실시하는 것이 아니며 이것을 실시하면 혈기가 끓어올라 제지할 수가 없게 된다고 하였습니다."

問臣意:「知文王所以得病不起之狀?」臣意對曰:「不見文王病, 然竊聞文王病喘, 頭痛, 目不明. 臣意心論之, 以爲非病也. 以爲肥而蓄精, 身體不得搖, 骨肉不相任, 故喘, 不當醫治. 脈法曰『年二十脈氣當趨, 年三十當疾步, 年四十當安坐, 年五十當安臥, 年六十已上氣當大董』. 文王年未滿二十, 方脈氣之趨也而徐之, 不應天道四時. 後聞醫灸之卽篤, 此論病之過也. 臣意論之, 以爲神氣爭而邪氣入, 非年少所能復之也, 以故死. 所謂氣者, 當調飮食, 擇晏日, 車步廣志, 以適筋骨肉血脈, 以瀉氣. 故年二十, 是謂『易貿』, 法不當砭灸, 砭灸至氣逐.」

### 의술을 자손에게 전수하지 말라

임금이 물었다.

"그대 스승 양경은 누구를 스승으로 하여 그 의술을 전수받았소? 또 그는 제나라나 제후들 사이에 명성이 있었소?"

순우의가 대답하였다.

"양경이 누구를 스승으로 하여 의술을 전수받았는지 알지 못합니다. 양경의 집은 부유하여 의술에 능하였으나 남을 위하여 병을 치료하려고 하지 않았으므로, 이름이 드러나지는 않았다고 생각합니다. 양경은 또 저에게 '네가 내 의술을 배운 것을 내 자손에게는 알려지지 않도록 신중히 조심하라'고 말하였습니다."

問臣意:「師慶安受之? 聞於齊諸侯不?」對曰:「不知慶所師受. 慶家富, 善爲醫, 不肯爲人治病, 當以此故不聞. 慶又告臣意曰:『愼毋令我子孫知若學我方也.』」

## 스승에게 사랑을 받은 이유

임금이 물었다.

"스승인 양경은 어떤 이유로 그대를 사랑하였으며, 그대에게 의술을 남김없이 전수해 주려고 한 것이오?"

순우의가 대답하였다.

"저는 스승인 양경이 의술에 능하다고는 들은 적이 없습니다. 제가 양경을 알게 된 것은 다음과 같습니다. 제가 젊었을 때, 온갖 의방醫方을 좋아하여 그 처방을 시험해 보았는데 대체로 효험이 많고 결과가 우수하였습니다. 저는 치천菑川 당리唐里 공손광公孫光이 예로부터 전해오는 의술을 전해 받아 능통하다는 말을 듣고 곧 그에게 가서 그를 스승으로 섬길 수 있었는데, 음양을 근본으로 하는 의방과 구전되어 오는 비법을 배웠습니다. 저는 그것을 낱낱이 기록하고, 그 밖의 뛰어난 의방을 모두 배우기를 바랐으나, 공손광은 '내 의술은 이것으로 전부이다. 이제 너에게 가르쳐 줄 것을 아껴 남겨둔 것은 없다. 내 몸은 이미 쇠약하여 더 이상 의술에 전심할 수는 없다. 내가 가르쳐 준 것은 내가 젊었을 때 배운 비법이며, 그것을 모두 그대에게 모두 가르쳐 주었으니 남에게 가르쳐 주지 말라'라 하였습니다. 그리하여 저는 '선생을 가까이 모시어 비법을 모두 전수받았음은 참으로 기쁘기 한이 없습니다. 저는 죽는 일이 있어도 함부로 남에게 전하지 않겠습니다'라 대답하였습니다. 그 뒤 얼마쯤 지나 공손광이 한가로이 지내고 있을 때, 저는 깊이 의술을 얘기하여 백세 뒤에까지 명의로서 명성을 남기겠다고 말씀드렸습니다. 스승 공손광은 기뻐하면서 '그대는 틀림없이 나라 안에 으뜸가는 명의가 되리라. 나에게 임치에 살고 있는 동복同腹 형제가 있는데, 그의 의술은 매우 뛰어나 내가 미칠 수 없다. 그 의술은 매우 기묘하지만 세간에 알려지지 않았다. 나는 중년 무렵 그에게 의술을 배우고자 하였으나, 양중천楊中倩, 陽慶은 승낙하지 않으면서 '너는 거기에 적당한 그릇이 못된다'라고 말하였다. 함께 가서 만나 보면 틀림없이 네가 의술을 좋아하는 것을 알아 줄 것이다. 그는 연로하지만 부유하다'고 말하였습니다.

당시 저는 일이 분주하여 그 사람을 방문할 기회를 얻지 못하였는데, 마침 양경의 아들 은殷이 와서 스승 공손광의 주선으로 말을 왕에게 바쳤습니다. 저는 이때 은과 친해지게 되었습니다. 스승 공손광은 저를 은에게 부탁하며, '순우의는 의술을 좋아하니 너는 반드시 그를 삼가며 대우하라. 이 사람은 성인聖人의 도를 앙모하는 선비이다'라 말하였습니다. 또 곧 편지를 써서 양경에게서 부탁해 주었으므로, 이로써 저는 양경을 알게 되었던 것입니다. 제가 양경을 스승으로 섬기어 충실하고 정직하였기 때문에 사랑을 받게 되었습니다."

問臣意:「師慶何見於意而愛意, 欲悉教意方?」對曰:「臣意不聞師慶爲方善也. 意所以知慶者, 意少時好諸方事, 臣意試其方, 皆多驗, 精良. 臣意聞菑川唐里公孫光善爲古傳方, 臣意卽往謁之. 得見事之, 受方化陰陽及傳語法, 臣意悉受書之. 臣意欲盡受他精方, 公孫光曰:『吾方盡矣, 不爲愛公所. 吾身已衰, 無所復事之. 是吾年少所受妙方也, 悉與公, 毋以教人.』臣意曰:『得見事侍公前, 悉得禁方, 幸甚. 意死不敢妄傳人.』居有閒, 公孫光閒處, 臣意深論方, 見言百世爲之精也. 師光喜曰:『公必爲國工. 吾有所善者皆疏, 同產處臨菑, 善爲方, 吾不若, 其方甚奇, 非世之所聞也. 吾年中時, 嘗欲受其方, 楊中倩不肯, 曰'若非其人也'. 胥與公往見之, 當知公喜方也. 其人亦老矣, 其家給富.』時者未往, 會慶子男殷來獻馬, 因師光奏馬王所, 意以故得與殷善. 光又屬意於殷曰:『意好數, 公必謹遇之, 其人聖儒.』卽爲書以意屬陽慶, 以故知慶, 臣意事慶謹, 以故愛意也.」

### 순우의의 의술을 전수받은 자들

임금이 물었다.

"관민을 막론하고 일찍이 그대를 스승으로 하여 의술을 배우고 또 그대의 의술을 남김없이 습득한 자가 없소? 있다고 하면 어느 현에 사는 누구요?"

순우의가 대답하였다.

"임치현 사람 송읍宋邑이 있습니다. 송읍이 저에게 와서 배울 때 저는 1년 남짓 〈오색진五色診〉을 가르쳤습니다. 제북왕은 태의太醫인 고기高期·

왕우王禹를 저에게 보내어 배우도록 하였습니다. 저는 수족手足 경맥의 상하 분포 부위와 기락결奇絡結을 가르치고, 알아야 할 수혈輸穴, 腧穴의 위치와 기의 상하 출입할 때의 정사正邪·순역順逆 등을 가르쳤으며, 침을 놓고 뜸을 떠야 할 혈자리를 1년 넘게 가르쳤습니다. 치천왕은 때때로 태창太倉의 마장馬長인 풍신馮信을 보내어 저에게 의법을 질문하도록 하였습니다. 저는 안마按摩·역순론逆順論·정오미定五味 및 화제탕법和齊湯法 등을 가르쳤습니다. 고영후高永侯의 가령家令 두신杜信은 맥법을 좋아하여 저에게 배우러 왔습니다. 저는 상하 경맥의 분포 부위와 〈오색진〉을 2년이 넘게 가르쳤습니다. 임치현 소리召里의 당안唐安이란 자가 배우러 왔을 때 저는 〈오색진〉, 경맥의 분포 부위와 〈기해술〉, 사계절에 따라 음양의 맥이 변하는 이치에 대해 가르쳤습니다. 그는 다 배우기도 전에 제나라 왕의 시의로 임명되었습니다."

問臣意曰:「吏民嘗有事學意方, 及畢盡得意方不? 何縣里人?」對曰:「臨菑人宋邑. 邑學, 臣意教以五診, 歲餘. 濟北王遣太醫高期·王禹學, 臣意教以經脈高下及奇絡結, 當論俞所居, 及氣當上下出入邪[正]逆順, 以宜鑱石, 定砭灸處, 歲餘. 菑川王時遣太倉馬長馮信正方, 臣意教以案法逆順, 論藥法, 定五味及和齊湯法. 高永侯家丞杜信, 喜脈, 來學, 臣意教以上下經脈五診, 二歲餘. 臨菑召里唐安來學, 臣意教以五診上下經脈, 奇咳, 四時應陰陽重, 未成, 除爲齊王侍醫.」

## 완벽한 의술은 없습니다

임금이 물었다.

"병의 진단과 생사의 예측에 대하여 실수한 일은 없었소?"

순우의가 대답하였다.

"저는 병자를 치료할 때, 먼저 반드시 진맥을 짚어보고 나서 치료하였습니다. 맥이 병증에 거스르는 경우에는 치료하지 못하였으나, 순조로운 경우에는 치료하였습니다. 제 마음이 안정되지 못하거나 맥을 보는 데 정밀하지 못한 상태일 때는 생사의 판단과 치료의 예측에 실수하는 수가 있습니다. 저로서 완벽을 기할 수는 없습니다."

問臣意:「診病決死生, 能全無失乎?」臣意對曰:「意治病人, 必先切其脈, 乃治之. 敗逆者不可治, 其順者乃治之. 心不精脈, 所期死生視可治, 時時失之, 臣意不能全也.」

## 사마천의 평어

나 태사공은 이렇게 생각한다.

여자는 잘생겼든 못생겼든 궁중으로 들어가면 질투의 대상이 되는 법이며, 선비는 어질든 어질지 않든 조정에 들어가면 의심을 받는다. 이에 편작은 뛰어난 의술 때문에 화를 입었고, 창공은 종적을 감추고 자신을 숨겼는데도 형벌을 받았다. 그는 딸 제영緹縈이 조정에 글을 올린 뒤에야 편안하게 지내게 되었다. 이로보면 노자老子는 '아름답고 좋은 것은 불길不吉의 그릇이다'라 말하였으니, 이는 편작과 같은 사람을 가리켜 한 말이 아니겠는가? 창공 등도 여기에 가까운 사람이라고 하겠다.

太史公曰: 女無美惡, 居宮見妒; 士無賢不肖, 入朝見疑. 故扁鵲以其伎見殃, 倉公乃匿迹自隱而當刑. 緹縈通尺牘, 父得以後寧. 故老子曰「美好者不祥之器」, 豈謂扁鵲等邪? 若倉公者, 可謂近之矣.

史記列傳

# 046(106) 오왕비 열전吳王濞列傳

오왕 유비劉濞

## 너는 반란을 꾀할 상이로구나

오왕吳王 유비劉濞는 한나라 고제高帝 유방劉邦의 형 유중劉仲의 아들이다. 고제는 천하를 평정하자, 그 7년 되던 해에 유중을 대代나라 왕으로 책봉하였다. 그러나 흉노가 대나라를 쳐들어오자, 유중은 이를 지켜내지 못하고 나라를 버리고 도망쳐 샛길로 하여 낙양으로 들어온 다음 몸을 천자에게 의지하였다. 천자는 형제지간이라 차마 법대로 할 수는 없어 그의 왕위를 폐하고 합양후郃陽侯로 강등시키고 말았다.

고제 11년 가을, 회남왕淮南王 영포英布가 반란을 일으켜 먼저 동쪽으로 형荊 땅을 병합하고, 그곳 군사들을 편입시킨 다음, 서쪽으로 방향을 바꾸어 회수淮水를 건너 초나라를 쳤다. 이에 고제는 직접 군사를 거느리고 토벌에 나섰다.

그때 유중의 아들 패후沛侯 유비劉濞는 나이 20살로 기력이 있는 젊은이였다. 그는 기장騎將으로서 고제를 따라가 기蘄의 서쪽 회추會甀에서 영포의 군대를 깨뜨렸다. 영포가 패해 달아남으로써 반란은 끝이 났으나, 영포에게 죽은 형왕荊王 유고劉賈에게 자손이 없어 뒤를 잇지 못하였다. 이에 고제는 오군吳郡과 회계군會稽郡 백성들이 날래고 사납기 때문에 이들을 제압할 힘을 가진 왕이 아니면 통솔하기 어렵다 생각되었다. 그런데 고제의 여러 아들들은 아직 나이가 어리기 때문에 싸움에 공이 있었던 비를 패에 세워 오왕으로 책봉하고 3개 군 53개 성을 통치하도록 임무를 맡기게 되었다. 고제는 왕인王印을 내린 뒤 유비를 다시 불러 그의 관상을 보았다. 고제는 한참 유비의 얼굴을 뜯어보고 나서 이렇게 말하였다.

"너의 얼굴에는 모반의 상相이 있구나."

그리고는 속으로 후회하였지만, 이미 임명을 한 뒤라 가볍게 그의 등을 두드리며 타일렀다.

"한나라에서 앞으로 50년 뒤에 동남쪽에서 반란을 일으키는 자가 있다면 그것은 아무래도 바로 너일 것 같다. 그러나 천하는 같은 유劉씨로 한 집안이니 삼가 반역을 꾀하는 일이 없도록 하라."

유비가 머리를 조아리고 말하였다.

"어찌 감히 그럴 리가 있겠습니까?"

吳王濞者, 高帝兄劉仲之子也. 高帝已定天下七年, 立劉仲爲代王. 而匈奴攻代, 劉仲不能堅守, 弃國亡, 閒行走雒陽, 自歸天子. 天子爲骨肉故, 不忍致法, 廢以爲郃陽侯. 高帝十一年秋, 淮南王英布反, 東幷荊地, 劫其國兵, 西度淮, 擊楚, 高帝自將往誅之. 劉仲子沛侯濞年二十, 有氣力, 以騎將從破布軍蘄西, 會甀, 布走. 荊王劉賈爲布所殺, 無後. 上患吳·會稽輕悍, 無壯王以塡之, 諸子少, 乃立濞於沛爲吳王, 王三郡五十三城. 已拜受印, 高帝召濞相之, 謂曰:「若狀有反相.」心獨悔, 業已拜, 因拊其背, 告曰:「漢後五十年東南有亂者, 豈若邪? 然天下同姓爲一家也, 愼無反!」濞頓首曰:「不敢.」

## 구리로 사전私錢을 만들다

한나라는 혜제惠帝·고후高后 때에 이르러 비로소 천하는 안정을 찾게 되어, 군국郡國의 제후들도 각각 자기 영내의 백성들을 편안히 다스리기에 힘을 기울였다.

오나라에는 예장군豫章郡에 구리가 나는 동산銅山이 있어, 유비는 천하의 망명객들을 불러모아 멋대로 사전私錢을 만들고 바닷물을 끓여 소금을 만들었다. 그로 인해 백성들로부터 세금을 받는 일이 없어도 그 오나라의 재정은 풍부하였다.

會孝惠·高后時, 天下初定, 郡國諸侯各務自拊循其民. 吳有豫章郡銅山, 濞則招致天下亡命者(益)[盜]鑄錢, 煮海水爲鹽, 以故無賦, 國用富饒.

## 황제의 질책이 무서워 역모를 꾸미다

문제孝文帝 때였다. 오나라 태자가 조정에 들어와 천자를 뵌 다음 황태자를 모시고 술자리에 나타나 쌍륙雙六놀이를 하며 즐기게 되었다. 오나라 태자를 따라온 사부師傅들은 모두 초나라 사람들로써 경박하고 사나웠으며, 태자 자신도 본래 교만한 성격으로 쌍륙 놀이에도 그 방법이 싸우듯 하며 조심스런 태도가 없었다. 이에 참다못한 황태자는 쌍륙판을 오나라 태자에게 내던져 쳐죽이고 말았다. 그리고는 그의 유해를 오나라로 보내어 장례를 치르도록 하였다. 유해가 오나라에 이르자 오왕은 노하여 말하였다.

"천하는 똑같은 유씨의 집안이다. 장안에서 죽었으면 장안에 묻으면 그만이지 일부러 이곳으로 보내어 여기서 장사지내게 하는가!"

그리고 시체를 되돌려보내어 장안에 묻게 하였다. 오왕은 이로 인해 차츰 제후로서의 예를 잃어가면서 나아가 병을 구실로 입조하지도 않았다.

조정에서는 오왕이 아들 일로 인해 병을 핑계하며 조회에 들어오지 않는 것이리라 여겼으나 조사를 해 보았더니 역시 병은 아니었다. 이에 오나라 사자가 들어오는 대로 모조리 잡아 옥에 가두고 심하게 문초를 하였다. 오왕은 겁이 나서 더욱더 음모를 꾀하기 시작하였다. 그 뒤 가을의 정기 조회에 여전히 자신은 나타나지 않고 사람을 보내오자 황제는 다시 오나라 사자를 문책하였다.

오나라 사자가 이렇게 대답하였다.

"오왕은 사실 병이 든 게 아닙니다. 한나라에서 우리 사신들을 여러 차례 옥에 가두고 문초를 하였기에 드디어 병이라 구실을 대게 된 것입니다. 또 '깊은 못 속의 고기를 살피는 것은 좋지 못하다'고 하였습니다. 지금 오왕은 처음은 병이라 거짓말을 하였으나, 그것이 발각되어 심한 꾸중을 받게 되자, 더욱 깊숙이 문을 닫고 들어앉아 오로지 황제의 처벌이 두려워 걱정한 나머지 여러 모로 꾀를 생각하게 된 것입니다. 바라건대 황상께서는 지금까지의 모든 일을 없던 일로 해 주시고 새롭게 시작할 수 있도록 해 주셨으면 합니다."

이에 천자는 오나라 사신들을 용서해 돌려보내고 오왕에게 궤장几杖을 하사하며, 나이가 많으니 조회에 들어오지 않아도 좋다는 허락을 내렸다. 오나라는 죄를 용서받게 되자 반역의 음모도 중지하게 되었다.

그러나 그 영토 안에는 구리와 소금이 있어 백성들에게는 세금이 없었고,

돈을 받고 남을 대신 하여 병역兵役에 종사하는 사람에겐 그때마다 알맞은 급료를 주었다. 철 따라 때때로 나라 안에 있는 어진 사람들의 안부를 묻는가 하면, 마을 사람들의 착한 행동에 대해서는 상을 주었다. 다른 고을이나 나라에서 관리가 찾아와 자기 고을이나 나라에서 도망쳐 나온 사람들을 잡으려 해도 도망 온 사람을 받아들여 숨겨 두고 관리들에게 넘겨주지 않았다. 이렇게 하기를 40여 년, 많은 사람들을 마음대로 부릴 수가 있게 되었다.

孝文時, 吳太子入見, 得侍皇太子飮博. 吳太子師傅皆楚人, 輕悍, 又素驕, 博, 爭道, 不恭, 皇太子引博局提吳太子, 殺之. 於是遣其喪歸葬. 至吳, 吳王慍曰: 「天下同宗, 死長安卽葬長安, 何必來葬爲!」 復遣喪之長安葬. 吳王由此稍失藩臣之禮, 稱病不朝. 京師知其以子故稱病不朝, 驗問實不病, 諸吳使來, 輒繫責治之. 吳王恐, 爲謀滋甚. 及後使人爲秋請, 上復責問吳使者, 使者對曰: 「王實不病, 漢繫治使者數輩, 以故遂稱病. 且夫『察見淵中魚, 不祥』. 今王始詐病, 及覺, 見責急, 愈益閉, 恐上誅之, 計乃無聊. 唯上弃之而與更始.」 於是天子乃赦吳使者歸之, 而賜吳王几杖, 老, 不朝. 吳得釋其罪, 謀亦益解. 然其居國以銅鹽故, 百姓無賦. 卒踐更, 輒與平賈. 歲時存問茂材, 賞賜閭里. 佗郡國吏欲來捕亡人者, 訟共禁弗予. 如此者四十餘年, 以故能使其衆.

## 제후들의 영토를 삭탈하다

조착鼂錯이 태자의 가령家令이 되면서 태자의 총애를 받게 되었다. 그는 자주 오왕은 죄를 범하였으니 그 영토를 줄여야 한다고 권하고 또 수차례 글을 올려 문제에게도 같은 의견을 올렸다. 그러나 문제는 관대하고 어질어 차마 오나라를 처벌하지 못하였다. 이리하여 오왕은 갈수록 점점 횡포해졌다. 경제孝景帝가 즉위하자 조착은 어사대부가 되어 다시 천자에게 진언하였다.

"옛날 고조께서 천하를 평정하였을 때, 형제들은 적고 아들들은 나이가 어렸기 때문에 같은 성姓을 제후의 왕으로 봉하게 되었던 것입니다. 그리하여 서자庶子 도혜왕悼惠王은 제나라 70여 개 성의 왕이 되었고, 서제庶弟 원왕元王 유교劉交는 초나라 40여 개 성의 왕이 되었으며, 조카 유비는 오나라

50여 개 성의 왕이 된 것입니다. 이들 세 서자와 서제를 봉하여 천하의 반을 나눠 주었습니다. 그런데 지금 오왕은 앞서 있었던 태자 일로 인해 병을 핑계하고 조회에도 모습을 드러내지 않고 있습니다. 옛날 법으로는 마땅히 사형에 처해야 합니다. 그러나 문제께서는 이를 차마 처벌하지 못하고 도리어 궤장을 하사하셨던 것입니다. 그 은덕은 지극히 중한 것이어서 오왕은 당연히 허물을 고치고 새로운 사람이 되어야만 합니다. 그런데 더욱 교만하고 방자하게 굴어 산에서 나는 구리로 돈을 주조하고 바닷물을 끓여 소금을 만들며 천하의 망명자들을 불러모아 반란을 꾀하고 있습니다. 지금 그의 영토를 깎아도 모반할 것이며, 그대로 두어도 모반하게 될 것입니다. 깎으면 그가 모반하는 것이 일찍 일어나겠지만 그 화는 작을 것이며, 깎지 않으면 모반은 늦겠지만 화는 커지고 말 것입니다."

경제 3년 겨울, 초왕이 조회에 들어오자 조착은 이를 기회로 삼아 다시 황제에게 아뢰었다.

"초왕 무戊는 지난해에 박태후薄太后의 거상居喪 중에, 복사服舍에서 몰래 간음을 하였으니 주벌하시기를 청합니다."

그러나 경제는 조서를 내려 죽음의 죄는 용서하고 벌로써 동해군東海郡을 깎았다. 그리고 그와 함께 오나라의 예장군·회계군도 깎았다. 또 2년 전에 조왕이 죄를 범하였다 하여 조나라의 하간군河間郡을 깎았다. 교서왕膠西王 앙卬은 작위 매매에 부정을 저질렀다 하여 현 6개를 깎았다.

鼂錯爲太子家令, 得幸太子, 數從容言吳過可削. 數上書說孝文帝, 文帝寬, 不忍罰, 以此吳日益橫. 及孝景帝卽位, 錯爲御史大夫, 說上曰:「昔高帝初定天下, 昆弟少, 諸子弱, 大封同姓, 故王孽子悼惠王王齊七十餘城, 庶弟元王王楚四十餘城, 兄子濞王吳五十餘城: 封三庶孽, 分天下半. 今吳王前有太子之郄, 詐稱病不朝, 於古法當誅, 文帝弗忍, 因賜几杖. 德至厚, 當改過自新. 乃益驕溢, 卽山鑄錢, 煮海水爲鹽, 誘天下亡人, 謀作亂. 今削之亦反. 不削之亦反. 削之, 其反亟, 禍小; 不削, 反遲, 禍大.」三年冬, 楚王朝, 鼂錯因言楚王戊往年爲薄太后服, 私姦服舍, 請誅之. 詔赦, 罰削東海郡. 因削吳之豫章郡·會稽郡. 及前二年趙王有罪, 削其河閒郡. 膠西王卬以賣爵有姦, 削其六縣.

## 교서왕을 부추겨 난을 획책하다

한나라 조정의 대신들은 오나라 영토의 삭감을 논의하고 있었다. 오왕 비는 영토가 깎이다 보면, 끝내는 자기 몸이 위험이 닥칠 것임을 두려워하다가 마침내 반란을 생각하게 되었다. 그러나 함께 일을 꾀할 만한 제후들이 없었다. 다만 교서왕膠西王이 용기가 있고 기개를 소중히 알며 군사를 좋아하였기 때문에, 제나라 지역의 모든 나라들이 그를 꺼리고 무서워하고 있다는 것을 듣게 되었다. 이에 교서왕에게 중대부中大夫 응고應高를 보내면서 그에게 편지 대신 말로 이렇게 전하도록 하였다.

"오왕은 불초하여 오래지 않아 닥쳐올 우환에 대해 근심을 품고 있었지만, 감히 다른 사람에겐 말하지 못하였으나, 대왕께만 속마음을 터놓고 전하라는 분부였습니다."

교서왕이 물었다.

"어떤 내용의 말씀이오?"

응고가 말하였다.

"지금 황제께서는 간신들의 농간에 빠져 간악한 신하들이 꾸며서 하는 말을 사실로 여기며, 남을 모략중상하는 무리들의 말을 받아들여 마음대로 법령을 고치고, 제후들의 땅을 침탈하며, 재물을 징발하고 요구하는 것이 점점 많아지고 있습니다. 그리고 선량한 사람에 대한 주벌이 날로 정도를 더해 가고 있습니다. 속담에도 '겨를 핥다 보면 쌀까지 먹게 된다'라 하였습니다. 오나라와 교서는 천하에 알려져 있는 제후국이기는 하나, 한 번이라도 감사를 받게 되면 아마 평안함과 자유를 더 이상 누릴 수는 없게 될 것입니다. 오왕에게는 속병이 있어 20여 년이 되도록 입조하지 못하고 있는데, 혐의를 받게 되면 변명할 길이 없지 않을까 걱정하고 있습니다. 지금도 어깨와 가슴을 펴지 못한 채 근신하고 있습니다만 아무래도 용서를 받지 못할 것 같습니다. 들리는 바에 의하면, 대왕께서는 벼슬을 팔았다는 혐의로 땅을 깎일 것이라 합니다. 이 죄는 영토까지 깎일 만한 죄가 되지는 않습니다. 이런 식으로 나간다면 이 다음에는 땅만 깎이는 것으로 무사하지는 않을 것입니다."

교서왕이 말하였다.

“그렇소. 그런 일이 있기는 하오. 그런데 그쪽에서는 어떻게 하겠다는 것이오?”

응고가 말하였다.

“미움을 함께 하는 사람은 서로가 돕고, 취향이 같은 사람은 서로 붙들어 주며, 뜻을 같이하는 사람은 서로 도와 일을 성취시키고, 욕망을 함께 하는 사람은 서로 같은 길로 달려가며, 이익을 같이하는 사람은 서로가 서로를 위해 죽습니다. 지금 오왕은 스스로 대왕과 근심을 같이하고 있다고 여기고 있습니다. 바라건대 시기를 놓치지 마시고 순리를 따라 한 몸을 던져 천하의 근심과 해악을 제거해 주십시오. 생각건대 이 또한 좋은 일이 아니겠습니까?”

교서왕은 눈을 크게 뜨고 놀라며 말하였다.

“내가 어떻게 그 같은 일을 하겠소? 지금 황제께서 나를 심하게 꾸짖더라도 달게 죽을 따름이오. 어찌 황제를 받들지 않고 거역할 수 있겠소?”

응고가 말하였다.

“어사대부 조착은 천자의 마음을 어지럽게 만들고 제후들의 땅을 침탈하며, 충신과 어진 선비들의 나아갈 길을 가로막고 있어, 조정에는 그에 대한 원망과 미움이 가득 차 있고 제후들은 배반할 뜻을 가지고 있습니다. 이렇듯 인사人事가 극단에 달해 하늘에는 혜성이 나타나고 땅에는 황충蝗蟲의 해가 자주 일어나고 있습니다. 지금이야말로 만세에 한 번밖에 없는 기회입니다. 모든 백성들이 근심하고 고생하는 때야말로 성인이 일어날 기회입니다. 그러기에 오왕은 안으로는 조착을 토벌할 것을 명분으로 하고, 밖으로는 대왕의 뒷수레를 따라 천하를 뛰어다니고자 하는 것입니다. 우리 군사가 향하는 곳마다 항복하고, 가리키는 곳마다 함락시키면, 천하에 감히 복종하지 않을 자 없을 것입니다. 대왕께서 다행히도 진심으로 승낙만 해 주신다면, 오왕은 초나라 왕을 이끌고 함곡관函谷關을 공략하고 형양滎陽과 오창敖倉의 군량을 확보한 뒤 한나라 군대의 진출을 막은 다음, 군막을 마련하여 대왕을 기다릴 것입니다. 대왕께서 다행히 와 주시기만 한다면, 천하는 우리 것이 될 것이니 두 군주께서 그것을 나눠 가지는 것도 또한 훌륭한 일이 아니겠습니까?"
교서왕이 말하였다.
"알았소. 그렇게 하겠소."
응고는 돌아와 보고하였다. 오왕은 그래도 교서왕이 한편이 되어 주지 않을까 두려워하여, 자신이 직접 교서로 달려가 교서왕과 맹약을 맺었다.

漢廷臣方議削吳. 吳王濞恐削地無已, 因以此發謀, 欲擧事. 念諸侯無足與計謀者, 聞膠西王勇, 好氣, 喜兵, 諸齊皆憚畏, 於是乃使中大夫應高誂膠西王. 無文書, 口報曰: 「吳王不肖, 有宿夕之憂, 不敢自外, 使喩其驩心.」王曰: 「何以敎之?」高曰: 「今者主上興於姦, 飾於邪臣, 好小善, 聽讒賊, 擅變更律令, 侵奪諸侯之地, 徵求滋多, 誅罰良善, 日以益甚. 里語有之, 『舐糠及米』. 吳與膠西, 知名諸侯也, 一時見察, 恐不得安肆矣. 吳王身有內病, 不能朝請二十餘年, 嘗患見疑, 無以自白, 今脅肩累足, 猶懼不見釋. 竊聞大王以爵事有適, 所聞諸侯削地, 罪不至此, 此恐不得削地而已.」王曰: 「然, 有之. 子將柰何?」高曰: 「同惡相助, 同好相留, 同情相成, 同欲相趨, 同利相死. 今吳王自以爲與大王同憂, 願因時循理, 弃軀以除患害於天下, 億亦可乎?」王瞿然駭曰: 「寡人何敢如是? 今主上雖急, 固有死耳, 安得不戴?」高曰: 「御史大夫鼂錯, 熒惑天子, 侵奪諸侯, 蔽忠塞賢, 朝廷疾怨, 諸侯皆有倍畔之意, 人事極矣. 彗星出, 蝗蟲數起, 此萬世一時, 而愁勞聖人之所以起也. 故吳王欲內以鼂錯爲討, 外隨大王後車, 彷徉天下, 所鄕者降, 所指者下, 天下莫敢不服. 大王誠幸而許之一言, 則吳王率楚王略函谷關, 守滎陽敖倉之粟, 距漢兵. 治次舍, 須大王. 大王有幸而臨之, 則天下可幷, 兩主分割, 不亦可乎?」王曰: 「善.」高歸報吳王, 吳王猶恐其不與, 乃身自爲使, 使於膠西, 面結之.

## 각지 제후를 끌어들이다

교서의 신하들 가운데 왕의 음모를 듣고 어떤 이가 이렇게 간언하였다.
"한 사람의 황제를 섬기고 있으면 그 이상 더 편한 것은 없습니다. 지금 대왕께서 한나라를 배반하고 오나라와 함께 서쪽으로 쳐들어가게 되면, 설령 일이 성공한다 해도 대왕과 오왕 두 군주가 갈라져 싸우게 되어 그로부터 새로운 환란이 생기게 될 것입니다. 그리고 제후들의 영토는 한나라에서 직접 관할하고 있는 영토의 10분의 2도 채 되지 않습니다. 반란을 일으켜 태후께 걱정을 끼치게 되는 것은 좋은 계책이 아닌 줄 압니다."

그러나 왕은 받아들이지 않고 마침내 사자를 보내어 제나라·치천菑川·교동膠東·제남濟南·제북濟北과 맹약을 맺도록 하였다. 이에 그곳 왕들은 모두 승낙한 다음 이렇게 말하였다.

"성양국城陽國의 경왕景王 유장劉章은 의를 소중히 아는 사람으로, 여呂씨 일족을 토벌할 때도 동참하지 않았다. 따라서 경왕의 아들인 지금의 성양왕城陽王은 끌어들일 수 없을 것이니 차라리 제외하고, 뒤에 큰 일이 이룩되면 그의 땅을 나눠 가지면 될 것이다."

膠西羣臣或聞王謀, 諫曰:「承一帝, 至樂也. 今大王與吳西鄉, 弟令事成, 兩主分爭, 患乃始結. 諸侯之地不足爲漢郡什二, 而爲畔逆以憂太后, 非長策也.」王弗聽. 遂發使約齊·菑川·膠東·濟南·濟北, 皆許諾, 而曰:「城陽景王有義, 攻諸呂, 勿與, 事定分之耳.」

## 흉노까지 끌어들이다

당시 제후들은 새로 영지를 깎이는 벌을 받고 두려워하는 한편, 내심으로는 조착을 원망하고 있었다. 게다가 오나라의 회계군과 예장군을 깎는다는 조서가 오나라에 도착하자, 오왕은 더 이상 주저하지 않고 정월 병오일丙午日에 군사를 일으켜 한나라에서 파견되어 와 있던 2천 석石 이하의 관리들을 주살하였다. 교서·교동·치천·제남·초나라·조나라 등도 그렇게 하였다. 또한 군사를 일으켜 마침내 서쪽으로 향하게 되었다. 그러나 제왕齊王은 후회한 나머지 도중에 약을 먹고 스스로 목숨을 끊어 약속을 어기고 말았으며, 제북왕은 마침 성이 무너져 채 수리공사가 끝나지 않아 지체하다가 그만 낭중령郎中令에게 연금당하고 말아 역시 군사를 내보낼 수가 없었다.

한편 교서왕은 교동·치천·제남의 군대를 거느리고 제나라 수도 임치臨菑를 포위하였다. 조왕 유수도 반란을 일으키는 한편 흉노와 내통해 연합 전선을 폈다.

諸侯旣新削罰, 振恐, 多怨鼂錯. 及削吳會稽·豫章郡書至, 則吳王先起兵, 膠西正月丙午誅漢吏二千石以下, 膠東·菑川·濟南·楚·趙亦然, 遂發兵西. 齊王後悔, 飮藥自殺, 畔約. 濟北王城壞未完, 其郎中令劫守其王, 不得發兵. 膠西爲渠率, 膠東·菑川·濟南共攻圍臨菑. 趙王遂亦反, 陰使匈奴與連兵.

## 오초 칠국의 난

7개국이 군대를 내보내게 되자, 오왕은 국내의 전군을 소집하고 이렇게 명령을 하달하였다.

"과인은 62세이지만 몸소 장수가 되어 전장에 나간다. 내 어린 자식은 14세인데 이도 또한 병사가 되어 앞장을 서게 된다. 그러니 위로는 과인과 동갑인 자로부터 아래로는 내 어린 자식과 동갑인 자에 이르기까지 누구나 빠짐없이 싸움터로 나오라."

이리하여 오나라에서는 20여만 명이 동원되었다. 또 남쪽의 민월閩越과 동월東越에도 사자를 보낸 결과 동월도 군대를 보내 뒤를 따랐다.

七國之發也, 吳王悉其士卒, 下令國中曰:「寡人年六十二, 身自將. 少子年十四, 亦爲士卒先. 諸年上與寡人比, 下與少子等者, 皆發.」發二十餘萬人. 南使閩越·東越, 東越亦發兵從.

## 돈과 재물은 얼마든지 있습니다

경제 3년 정월 갑자일甲子日, 오왕은 수도 광릉廣陵에서 군대를 일으켜 서쪽으로 회수淮水를 건너 초나라 군대와 합세하고 사자를 제후들에게 보내어 이렇게 글을 전달하였다.

"오왕 유비는 삼가 교서왕·교동왕·치천왕·제남왕·조왕·초왕·회남왕淮南王·형산왕衡山王·여강왕廬江王 및 고故 장사왕長沙王의 왕자王子께 삼가

묻습니다. 과인에게 가르침이 있으시기 바랍니다. 생각건대 한나라 조정에는 적신賊臣이 있어 천하에 아무 공로도 없으면서 제후들의 땅을 침탈하고 형리들을 시켜 탄핵과 구속·심문·처분을 멋대로 행하여, 제후들에게 모욕을 주는 일을 일삼고 있습니다. 제후들은 군주에 대한 예로써 유씨 형제를 예우하지 않고 선제 공신들의 대를 끊고, 간사한 자들을 임용해 천하를 어지럽히고 사직을 위태롭게 하고 있습니다. 그런데도 폐하는 병환에 지쳐 의지를 잃은 채 사태를 꿰뚫어 볼 능력도 없습니다. 이제 병사를 일으켜 적신賊臣을 주멸하고자 하니 삼가 교시를 내리기 바랍니다. 우리나라는 비록 좁다고는 하나 땅은 사방 3천 리요, 백성은 비록 적으나 정병 50만 명을 갖출 수 있습니다. 과인은 평소부터 남월의 여러 나라들과 친교를 맺어오기 30여 년이나 되어 그들 임금들은 모두 군사를 나눠주어 과인을 따르기를 사양하지 않을 것이니, 따라서 다시 30여만 명을 더 얻을 수 있을 것입니다. 과인은 비록 불초하지만 몸을 바쳐 여러 왕을 따르겠습니다.

남월의 북쪽 장사 접경 지대는 장사 왕자께서 장사 이북을 평정한 다음 촉蜀과 한중漢中 쪽으로 서진하시고, 동월왕과 초왕 및 회남의 삼왕 회남왕·형산왕·여강왕께서는 과인과 함께 서진하셨으면 합니다. 제나라의 왕들 치천왕·교동왕·제남왕과 조나라 왕은 하간河間·하내河內를 평정한 다음, 임진관臨晉關으로 들어가거나 혹은 낙양에서 과인과 합쳐 주시기 바랍니다. 연왕과 조왕께서는 흉노의 왕들과 맹약이 있는 만큼 연왕께서는 북쪽으로 대代와 운중雲中을 평정하고, 흉노의 군대를 통솔하여 소관蕭關으로 들어가 주십시오. 우리는 관중으로 들어가 장안으로 진출하여 천자를 바로잡아 황실과 조정을 편안하게 해야 합니다. 바라건대 여러 왕들께서는 각각 힘을 다해 주십시오. 초나라 원왕元王의 아들 및 회남의 삼왕께서는 머리를 감고 몸을 씻을 생각마저 잊은 채 10여 년을 견뎌오면서, 원한은 뼈에까지 사무쳐 언젠가 한 번은 그 원한을 씻고 싶다고 오래오래 원하고 있었던 것으로 알고 있습니다. 과인은 지금껏 여러 왕들의 마음을 충분히는 알지 못하였고, 감히 알아보려 하지도 않았습니다. 그러나 지금 여러 왕들께서 참으로 능히 멸망하려 하는 것을 있게 하고, 끊어지려 하는 것을 이어 주며, 약한 자를 구제하고, 포학한 자를 무찔러 우리 유씨를 편안케 한다면, 이것이야말로 한나라 사직이 바라는 것이 될 것입니다.
우리나라가 가난함에도 과인이 입고 먹는 비용을 절약하고 돈을 저축하여 전투 장비를 갖추고 식량을 모아 오기를 지금에 이르기까지 30여 년을 계속한 것은, 위에 말한 큰 소원을 이룩하기 위해서였습니다. 여러 왕들께서는 힘껏 이를 이용해 주십시오. 앞으로의 싸움에 있어서 적의 대장을 베거나 또는 사로잡은 사람에게는 황금 5천 근을 주고 1만 호의 땅에 봉하겠습니다. 그것이 일반 장수일 경우는 3천 근을 주고 5천 호의 땅에, 부장副將일 경우는 3천 근을 주고 2천 호의 땅에, 2천 석의 신분을 가진 자일 경우는 1천 근을 주고 1천 호의 땅에, 1천 석의 신분을 가진 자일 경우는 500근을 주고 500호의 땅에 봉하여, 모두를 열후로 삼겠습니다. 적군으로서 군사를 거느린 채 또는 성읍을 가진 채 투항하는 자는, 그것이 1만 명의 군사와 1만 호의 고을일 경우에 대장大將을 얻은 사람과 같이 대우하겠습니다. 5천 명의 군사나 5천 호의 고을일 경우는 일반 장수를 얻은 사람과 같이 대우하고, 3천 명의 군사나 3천 호의 고을일 경우는 비장을 얻은 사람과 같이 대우하며, 1천 명의 군사나 1천 호의 고을일 경우는 1천 석 신분을 가진 사람을 얻은 것과 같이 대우하겠습니다. 또 적의 하급 관리를 얻은 자에게는 상대의 등급에 따라 벼슬과 상금을 주겠습니다. 그 밖의 봉작封爵과 상은 모두 지금 행해지고 있는 한나라 제도의 두 배로 하겠습니다. 전부터 작위와 봉읍을 가지고 있는 사람에겐 별도로 더해 주겠습니다. 여러 왕께서는 이 점을 분명하게 사대부에게 일러 주십시오. 결코 속이지는 않습니다. 과인의 돈은 천하의 가는 곳마다 있어서 꼭 오나라에서 가져와야 되는 것도 아닙니다. 여러 왕께서 밤낮으로 쓰셔도 다 쓸 수는 없을 것입니다. 상을 줄 사람이 있으면 과인에게 말씀해 주십시오. 과인은 곧 달려가 주도록 하겠습니다. 이같은 사실을 삼가 알려드리는 바입니다."

孝景帝三年正月甲子, 初起兵於廣陵. 西涉淮, 因幷楚兵. 發使遺諸侯書曰: 「吳王劉濞敬問膠西王·膠東王·菑川王·濟南王·趙王·楚王·淮南王·衡山王·廬江王·故長沙王子: 幸敎寡人! 以漢有賊臣, 無功天下, 侵奪諸侯地, 使吏劾繫訊治, 以僇辱之爲故, 不以諸侯人君禮遇劉氏骨肉, 絶先帝功臣,進任姦宄, 詿亂天下, 欲危社稷. 陛下多病志失, 不能省察. 欲擧兵誅之, 謹聞敎. 敝國雖狹, 地方三千里; 人雖少, 精兵可具五十萬. 寡人素事南越三十餘年, 其王君皆不辭分其卒以隨寡人, 又可得三十餘萬. 寡人雖不肖, 願以身從諸王. 越直長沙者, 因王子定長沙以北, 西走蜀·漢中. 告越·楚王·淮南三王, 與寡人西面; 齊諸王與趙王定河閒·河內, 或入臨晉關, 或與寡人會雒陽; 燕王·趙王固與胡王有約, 燕王北定代·雲中, 摶胡衆入蕭關, 走長安, 匡正天子, 以安高廟. 願王勉之. 楚元王子·淮南三王或不沐洗十餘年, 怨入骨髓, 欲一有所出之久矣, 寡人未得諸王之意, 未敢聽. 今諸王苟能存亡繼絶, 振弱伐暴, 以安劉氏, 社稷之所願也. 敝國雖貧, 寡人節衣食之用, 積金錢, 脩兵革, 聚穀食, 夜以繼日, 三十餘年矣. 凡爲此, 願諸王勉用之. 能斬捕大將者, 賜金五千斤, 封萬戶; 列將, 三千斤, 封五千戶; 裨將, 二千斤, 封二千戶; 二千石, 千斤, 封千戶; 千石, 五百斤, 封五百戶: 皆爲列侯. 其以軍若城邑降者, 卒萬人, 邑萬戶, 如得大將; 人戶五千, 如得列將; 人戶三千, 如得裨將; 人戶千, 如得二千石; 其小吏皆以差次受爵金. 佗封賜皆倍軍法. 其有故爵邑者, 更益勿因. 願諸王明以令士大夫, 弗敢欺也. 寡人金錢在天下者往往而有, 非必取於吳, 諸王日夜用之弗能盡. 有當賜者告寡人, 寡人且往遺之. 敬以聞.」

## 조정의 대응이 시작되다

7국이 반란을 일으켰다는 보고가 천자에게로 올라오자, 천자는 태위인 조후條侯 주아부周亞夫에게 36명의 장군을 거느리고 가서 오나라와 초나라를 치도록 하였다. 또 곡주후曲周侯 역기酈寄에게는 조나라를, 장군 난포欒布에게는 제나라를 치도록 하고, 대장군 두영竇嬰에게는 형양滎陽에 주둔하여 제나라와 조나라의 군대를 감시하도록 임무를 맡겼다.

七國反書聞天子, 天子乃遣太尉條侯周亞夫將三十六將軍, 往擊吳楚; 遣曲周侯酈寄擊趙; 將軍欒布擊齊; 大將軍竇嬰屯滎陽, 監齊趙兵.

## 조착을 죽여 사태를 수습하고자 하였으나

오나라와 초나라가 반란을 일으켰다는 보고가 한나라에 도착한 뒤 아직 군대가 출발하지 않았을 때, 두영은 떠나기에 앞서 그 전 오나라 재상이던 원앙袁盎을 경제에게 추천하였다. 당시 원앙은 은퇴하고 집에 있다가 조서를 받고 입조하였다. 황제는 마침 조착과 함께 병력을 검토하기도 하고 군량을 따져 보기도 하였다. 이때 황제가 원앙을 보자 이렇게 물었다.

"그대는 일찍이 오나라 재상으로 있었는데 오나라 신하 전녹백田祿伯은 어떤 인물인지 아시오? 또 지금 오나라와 초나라가 반란을 일으켰소. 그대는 이를 어떻게 보시오?"

원앙이 대답하였다.

"걱정하실 것 없습니다. 곧 평정될 것입니다."

황제가 말하였다.

"오왕은 구리가 나오는 산에서 돈을 주조하고 바닷물을 끓여 소금을 만들어 천하의 호걸들을 불러모은 다음, 백발이 된 지금에 와서 이같은 반란을 일으켰소. 이처럼 반란을 일으킨 데는 완벽한 계책이 있어서가 아니겠소? 그런데 어떻게 그리 대단치 않다고 말하시오?"

원앙이 대답하였다.

"말씀하신 대로 동산銅山과 소금의 이익은 큰 것입니다. 그러나 호걸을 규합하였다고는 말할 수 없습니다. 참된 호걸이라면 왕을 보좌하고 의에 따를 뿐이지 반란 따위에 가담하지는 않았을 것입니다. 따라서 오나라가 끌어 모은 자들은 모두가 무뢰배들로서 망명자나 사전私錢꾼일 뿐입니다. 그 때문에 서로 모반을 일으킬 수 있었던 것입니다."

그러자 조착이 동조하고 나섰다.

"원앙의 말은 훌륭합니다."

황제가 다시 원앙에게 물었다.

"어떤 계책을 세우는 것이 좋겠소?"

원앙이 말하였다.

"바라옵건대 주위 사람들을 물려주십시오."

황제가 사람들을 모두 물러나도록 하면서 조착만은 그대로 남아 있도록 하자 원앙이 말하였다.

"신이 이제 말씀드리려 하는 것은 신하된 사람이라면 그 누구도 들어서는 안 되는 일입니다."

황제는 조착까지도 물러가게 하였다. 조착은 빠른 걸음으로 동상東廂으로 물러갔으나, 속으로는 원앙을 원망하였다. 황제가 다시 묻자 원앙은 이렇게 말하였다.

"오나라와 초나라가 주고받은 문서에는 '고제는 자제들을 왕으로 봉해 각각 땅을 나눠 주었다. 그런데 지금 적신賊臣 조착이 제 마음대로 제후들의 죄를 문책하며 그들의 땅을 빼앗았다. 그러므로 이를 반란의 명분으로 삼아 서쪽으로 나아가 함께 조착을 죽이고 옛 땅을 다시 찾은 다음 군사를 해산시킨다'라 하였습니다. 지금 대책으로서는 조착 한 사람의 목을 벤 다음, 사자를 오나라 초나라 등의 7국에 보내어 그들의 죄를 용서하고 그들의 옛 땅을 다시 되돌려 주게 되면 양쪽 군사들의 칼날에 피로 물들이는 일 없이 모두 해산할 것입니다."

황제는 잠자코 말이 없다가 한참 뒤에야 입을 열었다.

"어떻게 해야 좋단 말인가? 한 사람 조착을 아끼지 말고 천하에 사과를 하라니."

원앙이 말하였다.

"신의 어리석은 생각으로서는 이것 외에는 달리 좋은 계책이 없을 것 같습니다. 폐하께서는 깊이 헤아려 보시기를 바랍니다."

이리하여 황제는 원앙을 태상太常으로 삼고, 오왕의 조카 덕후德侯 유광劉廣을 종정宗正에 임명하였다. 원앙은 행장을 갖추어 길 떠날 준비를 하였다.

그로부터 10여 일이 지나, 황제는 중위로 하여금 조착을 불러오도록 하였다. 중위는 조착을 속여 수레에 태운 다음, 동시東市로 이끌어 냈다. 조착은 관복을 입은 그대로 동시에서 참형을 당하였다. 그리고 원앙은 종묘의 뜻을 받들어 설득하고 종정은 친척의 입장에서 깨우쳐 주어야 한다는 원앙의 계책을 그대로 실행하기 위해 사신이 되어 오나라로 갔다.

두 사람이 오나라에 도착하자, 오나라와 초나라의 군사는 벌써 양나라

도성을 공격하고 있었다. 종정이 오왕의 친척으로써 먼저 들어가 오왕을 만나 황제의 조칙을 받들도록 설득하고자 하였다. 그러나 오왕은 원앙도 같이 왔다는 말을 듣자, 자신을 설득시키려 하는 것임을 짐작하고 웃으며 이렇게 말하였다.

"나는 이미 동제東帝가 되었다. 이제 다시 누구에게 머리를 숙일 수 있겠는가?"

그리고 원앙과 만나기를 거절하였다. 그리고 원앙을 군중에 머물러 두고 그를 협박하여 오나라 장수로 삼고자 하였다. 원앙이 수긍하려 하지 않자 그를 연금시킨 다음 곧 죽이려 하였다. 그러나 원앙은 밤을 타 무사히 탈출하게 되어 양나라 군영으로 도망쳤다가 마침내는 장안으로 돌아와 황제에게 보고하였다.

吳楚反書聞, 兵未發, 竇嬰未行, 言故吳相袁盎. 盎時家居, 詔召入見. 上方與鼂錯調兵笇軍食, 上問袁盎曰:「君嘗爲吳相, 知吳臣田祿伯爲人乎? 今吳楚反, 於公何如?」對曰:「不足憂也, 今破矣.」上曰:「吳王卽山鑄錢, 煮海水爲鹽, 誘天下豪桀, 白頭擧事. 若此, 其計不百全, 豈發乎? 何以言其無能爲也?」袁盎對曰:「吳有銅鹽利則有之, 安得豪桀而誘之! 誠令吳得豪桀, 亦且輔王爲義, 不反矣. 吳所誘皆無賴子弟, 亡命鑄錢姦人, 故相率以反.」鼂錯曰:「袁盎策之善.」上問曰:「計安出?」盎對曰:「願屛左右.」上屛人, 獨錯在. 盎曰:「臣所言, 人臣不得知也.」乃屛錯. 錯趨避東相, 恨甚. 上卒問盎, 盎對曰:「吳楚相遺書, 曰『高帝王子弟各有分地, 今賊臣鼂錯擅適過諸侯, 削奪之地』. 故以反爲名, 西共誅鼂錯, 復故地而罷. 方今計獨斬鼂錯, 發使赦吳楚七國, 復其故削地, 則兵可無血刃而俱罷.」於是上嘿然良久, 曰:「顧誠何如, 吾不愛一人以謝天下.」盎曰:「臣愚計無出此, 願上孰計之.」乃拜盎爲太常, 吳王弟子德侯爲宗正. 盎裝治行. 後十餘日, 上使中尉召錯, 紿載行東市. 錯衣朝衣斬東市. 則遣袁盎奉宗廟, 宗正輔親戚, 使告吳如盎策. 至吳, 吳楚兵已攻梁壁矣. 宗正以親故, 先入見, 諭吳王使拜受詔. 吳王聞袁盎來, 亦知其欲說己, 笑而應曰:「我已爲東帝, 尚何誰拜?」不肯見盎而留之軍中, 欲劫使將. 盎不肯, 使人圍守, 且殺之, 盎得夜出, 步亡去, 走梁軍, 遂歸報.

## ◎ 오나라 수송로를 끊어버리다

조후條侯는 장군이 되어 6두 마차를 타고 형양으로 군사를 집결시켰다. 도중 낙양에서 극맹劇孟을 만나자 반가워 이렇게 말하였다.

"7국이 반란을 일으켰는데 역마차를 번갈아 타며 여기까지 무사히 오리라고는 생각지도 못하였소. 또 반란을 일으킨 제후들이 벌써 당신을 데려갔으리라 짐작하고 있었소. 그런데 당신이 반란에 가담하지 않았으니 이제 내 생각대로 형양에 주둔하겠소. 형양 동쪽으로는 두려워할 만한 자가 없을 것이오."

그리고 형양으로 가서 전에 자신의 아버지 강후絳侯 주발周勃의 빈객이었던 등도위鄧都尉에게 상의하였다.

"어떤 계책을 세웠으면 좋겠습니까?"

"오나라 군사는 정예부대라 맞붙어 싸운다는 것은 어려운 일입니다. 초나라 군사는 경박하기 때문에 오래 버티지는 못할 것입니다. 지금 장군을 위한 계책으로는 군사를 동북쪽으로 끌고 나가 창읍昌邑에 진지를 구축하고, 양나라는 오나라에 맡겨 두는 길밖에 없습니다. 오나라는 틀림없이 모든 정예부대를 투입시켜 양나라를 치게 될 겁니다. 장군은 도랑을 깊이 파고 성벽을 높이 쌓아 굳게 지키며, 가볍게 무장한 군사들을 보내어 회수와 사수 어귀를 막아 오나라의 식량 수송로를 차단하면, 오나라와 양나라는 서로가 지치게 되고 식량도 떨어지게 될 것입니다. 이때 장군의 정예부대로써 극도로 지쳐 있는 적군을 제압하게 되면 오나라가 깨어지는 것은 틀림없는 일이 될 것입니다."

이에 조후는 말하였다.

"좋습니다."

그리고 그의 계책을 좇아, 마침내 창읍 남쪽에 진지를 구축하여 굳게 지키며, 가볍게 무장한 군사를 보내어 오나라의 수송로를 끊게 하였다.

條侯將乘六乘傳, 會兵滎陽. 至雒陽, 見劇孟, 喜曰:「七國反, 吾乘傳至此, 不自意全. 又以爲諸侯已得劇孟, 劇孟今無動. 吾據滎陽, 以東無足憂者.」至淮陽, 問父絳侯故客鄧都尉曰:「策安出?」客曰:「吳兵銳甚, 難與爭鋒.

楚兵輕, 不能久. 方今爲將軍計, 莫若引兵東北壁昌邑, 以梁委吳, 吳必盡銳攻之. 將軍深溝高壘, 使輕兵絶淮泗口, 塞吳饟道. 彼吳梁相敝而糧食竭, 乃以全彊制其罷極, 破吳必矣.」條侯曰: 「善.」從其策, 遂堅壁昌邑南, 輕兵絶吳饟道.

## 태자의 간언

오왕이 군사를 일으켰을 초기에 오왕은 전록백田祿伯을 대장군으로 삼았다. 이에 전녹백이 오왕에게 말하였다.

"군대가 한데 모여 서쪽으로 나아갈 뿐, 달리 기발한 계책이 없다면 일을 성공시키기가 어렵습니다. 신에게 군사 5만 명을 주시면, 별동대로서 장강과 회수淮水의 물을 따라 거슬러 올라가 회남·장사를 손아귀에 넣고, 무관武關으로 들어가 대왕과 합류하겠습니다. 이 또한 한 가지 기발한 계책입니다."

그러자 오왕의 태자가 간하였다.

"왕께서는 반란을 명분으로 삼고 있는 마당에 군사를 남의 손에 맡긴다는 것은 곤란합니다. 남에게 군사를 빌려 주었을 때 그 사람이 왕께 배반할 수도 있습니다. 그렇게 되면 어떻게 하시겠습니까? 또 군사를 나눠 각각 행동을 하게 되면 뜻하지 않은 이해 관계가 생기게 될 것이며 그렇게 되면 스스로 손해를 자초할 뿐입니다."

이에 오왕은 전녹백의 청을 들어주지 않았다.

吳王之初發也, 吳臣田祿伯爲大將軍. 田祿伯曰: 「兵屯聚而西, 無佗奇道, 難以就功. 臣願得五萬人, 別循江淮而上, 收淮南·長沙, 入武關, 與大王會, 此亦一奇也.」吳王太子諫曰: 「王以反爲名, 此兵難以藉人, 藉人亦且反王, 柰何? 且擅兵而別, 多佗利害, 未可知也, 徒自損耳.」吳王卽不許田祿伯.

## 장수의 계책을 듣지 않다

오나라 젊은 장수 환桓장군이 이렇게 왕에게 계책을 올렸다.

"오나라는 보병이 많으며 보병은 험한 땅에서 싸우는 것이 유리합니다. 한나라는 전차와 기병이 많아서 평지에서의 싸움에 유리합니다. 바라건대 대왕께서는 통과하는 곳의 성읍이 항복하지 않을 경우에는, 그것을 그대로 버려 두고 곧 서쪽으로 진출하여 낙양의 무기고를 점거하고, 오창의 양곡을 우리 군량으로 하여 산과 강의 험난한 지형에 의지하여 제후들을 호령하십시오. 그렇게 되면, 함곡관에 들어가지 않더라도 천하는 평정한 것이나 다름없습니다. 만일 대왕께서 천천히 진군하여 한곳에 오래 머물러 성과 고을들을 항복받으려 하신다면, 한나라 군대와 전차와 기병들이 양나라와 초나라의 들녘으로 달려들어 오면 일이 실패로 돌아갈 것입니다."

이에 오왕이 연로한 장수들에게 이에 대하여 자문을 구하자 그들은 이렇게 말하였다.

"그건 단지 젊은 사람의 앞뒤 가리지 않는 계책에 불과합니다. 어찌 큰 계책을 알겠습니까?"

이에 왕은 환장군의 계책도 받아들이지 않았다.

吳少將桓將軍說王曰:「吳多步兵, 步兵利險; 漢多車騎, 車騎利平地. 願大王所過城邑不下, 直弃去, 疾西據雒陽武庫, 食敖倉粟, 阻山河之險以令諸侯, 雖毋入關, 天下固已定矣. 卽大王徐行, 留下城邑, 漢軍車騎至, 馳入梁楚之郊, 事敗矣.」吳王問諸老將, 老將曰:「此少年推鋒之計可耳, 安知大慮乎!」於是王不用桓將軍計.

### 주구周丘라는 사나이

오왕은 자신의 군사 전체를 홀로 통솔하여 그 때문에 미처 회수를 건너지 못하고 있었다. 당시 빈객들은 모두 장군·교위·척후·사마로 발탁이 되었는데, 주구周丘만은 임명을 받지 못하였다. 주구는 하비下邳 사람으로 고향에서 죄를 짓고 오나라로 도망해 와 술을 팔며 살아가고 있었다. 그런데 행실이 좋지 않아 오왕 유비는 그를 가볍게 여기고 쓰지 않았던 것이다. 그런데 그가 찾아와 왕을 뵙고 이렇게 말하였다.

"신은 무능한 탓으로 이번 싸움에 한 자리도 끼지 못하였습니다. 그렇다고 장군으로 써 달라는 말씀은 아닙니다. 왕께서 가지고 계신 한나라 부절을 하나만 주신다면 반드시 왕께 보답할 것입니다."

왕은 주구에게 부절을 주었다. 주구는 부절을 받아들자 밤을 타서 하비로 달려갔다. 하비에서는 그때 오나라가 반란을 일으켰다는 말을 듣고 모두가 성을 지키고 있었다. 주구는 전사傳舍에 도착하자 현령을 불러들였다. 현령이 방문을 들어서자 그의 죄상을 말하고 따라온 사람들에게 베어 죽이도록 한 다음, 자신의 형제들이 친하게 지내던 세력 있는 관리들을 불러들여 이렇게 말하였다.

"오나라 반란군이 곧 밀어닥칠 것이다. 그들이 하비를 무찌르는 데는 밥 한 끼 먹는 시간도 걸리지 않을 것이다. 지금 미리 항복을 하면 성안의 집들은 무사할 것이며 능력 있는 사람은 제후로 봉해질 것이다."

이들이 나가 그런 소문을 가는 곳마다 퍼뜨리자, 하비 사람들은 모두 항복하였다. 이리하여 주구는 하룻밤 사이에 3만 명을 손아귀에 넣고 사람을 보내 오왕에게 보고한 다음, 마침내 그 군사를 거느리고 북쪽으로 여러 성읍을 공략하였다. 성양에 이르렀을 때는 군사가 10여 만 명이나 되었다. 그는 성양 중위中尉의 군사를 깨뜨렸다. 그러나 이 무렵 오왕이 패해 달아났다는 것을 듣고는, 오왕을 도와야 성공할 가망이 없다고 여겨 군사를 거두어 하비로 돌아가려 하였다. 그러나 하비에 도착하기도 전에 등에 종기가 나서 죽고 말았다.

吳王專幷將其兵, 未度淮, 諸賓客皆得爲將·校尉·候·司馬, 獨周丘不得用. 周丘者, 下邳人, 亡命吳, 酤酒無行, 吳王濞薄之, 弗任. 周丘上謁, 說王曰:「臣以無能, 不得待罪行閒. 臣非敢求有所將, 願得王一漢節, 必有以報王.」王乃予之. 周丘得節, 夜馳入下邳. 下邳時聞吳反, 皆城守. 至傳舍, 召令. 令入戶, 使從者以罪斬令. 遂召昆弟所善豪吏告曰:「吳反兵且至, 至, 屠下邳不過食頃. 今先下, 家室必完, 能者封侯矣.」出乃相告, 下邳皆下. 周丘一夜得三萬人, 使人報吳王, 遂將其兵北略城邑. 比至城陽, 兵十餘萬, 破城陽中尉軍. 聞吳王敗走, 自度無與共成功, 卽引兵歸下邳. 未至, 疽發背死.

## 황제의 엄한 조칙

2월에 오왕의 군사는 벌써 패하여 달아났다. 이에 천자는 한나라 여러 장군들에게 이렇게 조서를 내렸다.

"듣건대 '착한 일을 하는 사람에게는 하늘이 복으로 갚아주고 나쁜 일을 하는 사람에겐 하늘이 재앙으로써 갚아 준다'라 한다. 고황제께서는 친히 공덕이 있는 신하들을 표창하여 제후로 세우셨다. 그 중 유왕幽王과 도혜왕悼惠王은 뒤가 끊어졌으나, 효문황제 문제께서 이를 불쌍히 여겨 유왕의 아들 유수와 도혜왕의 아들 유앙 등을 왕으로 세워 그 선왕의 종묘를 받들게 하고, 한나라의 제후국이 되도록 하였다. 그 덕은 천지와 같고 밝음은 해와 달과도 같다. 그런데 오왕 유비는 은덕을 배반하고 의리를 등져 천하의 망명자와 죄인들을 끌어 모으고 천하의 화폐 질서를 어지럽히며, 병을 구실로 삼아 조회에 들지 않은 것이 20여 년에 이르렀다. 책임 있는 관리들은 자주 유비를 죄로 다스리기를 청하였으나, 효문 황제께서는 그에게 관대한 처분을 내리시고, 그가 행실을 고쳐 착한 일을 하기만 바라셨다. 그런데 지금에 이르러 오왕 유비는 초나라 왕 무戊·조나라 왕 수遂·교서왕 앙·제남왕 벽광辟光·치천왕 현賢·교동왕 웅거雄渠와 맹약을 맺은 다음, 반란을 꾀하여 반역을 일으키고 무도한 짓을 일삼고 있다. 군사를 일으켜 종묘를 위협하고 대신들과 한나라 사신들을 죽였으며, 많은 백성들을 협박하여 죄 없는 사람을 죽게 만들고, 백성들의 집을 불태우고 무덤을 파헤치는 등 포학한 짓을 일삼았다. 또 교서왕 유앙 등도 대역 무도하여 군국郡國에 있는 종묘를 불태우고, 종묘 안의 물건들을 약탈하였다. 짐은 심히 애통히 여겨 흰옷을 입고 정전正殿을 피해 오로지 송구한 뜻을 표하고 있다. 장군들은 그들 사대부들을 독려하여 반역의 무리들을 치도록 하라. 반도들을 치는 데 있어서는 적진 속으로 깊이 쳐들어가 많이 죽이는 것을 공으로 한다. 반역자들의 목을 베고 사로잡되 300석 이상의 무리들은 모조리 죽여 놓아주는 일이 없도록 하라. 감히 이 조칙을 두고 의논거리로 삼거나 조칙대로 하지 않는 자는 모두 허리를 베는 형에 처하리라."

二月中, 吳王兵旣破, 敗走, 於是天子制詔將軍曰:「蓋聞爲善者, 天報之以福; 爲非者, 天報之以殃. 高皇帝親表功德, 建立諸侯, 幽王·悼惠王絕無後, 孝文皇帝哀憐加惠, 王幽王子遂·悼惠王子卬等, 令奉其先王宗廟, 爲漢藩國, 德配天地, 明並日月. 吳王濞倍德反義, 誘受天下亡命罪人, 亂天下幣, 稱病不朝二十餘年, 有司數請濞罪, 孝文皇帝寬之, 欲其改行爲善. 今乃與楚王戊·趙王遂·膠西王卬·濟南王辟光·菑川王賢·膠東王雄渠約從反, 爲逆無道, 起兵以危宗廟, 賊殺大臣及漢使者, 迫劫萬民, 夭殺無罪, 燒殘民家, 掘其丘冢, 甚爲暴虐. 今卬等又重逆無道, 燒宗廟, 鹵御物, 朕甚痛之. 朕素服避正殿, 將軍其勸士大夫擊反虜. 擊反虜者, 深入多殺爲功, 斬首捕虜比三百石以上者皆殺之, 無有所置. 敢有議詔及不如詔者, 皆要斬.」

## 오왕의 최후

처음, 오왕은 회수를 건너 초왕과 함께 서쪽으로 극벽棘壁을 깨뜨리고 승세를 몰아 진군할 때였다. 그 기세가 대단히 날카로워 양나라 효왕孝王은 두려워하며 여섯 장군을 보내어 오나라를 치게 하였으나, 오나라가 그 중 두 장군을 깨뜨리자, 양나라 군사들은 모조리 도망쳐 돌아왔다. 양나라는 조후 주아부에게 여러 차례 사자를 보내어 전황을 보고하고 구원을 청하였으나, 조후는 이를 들어주지 않았다. 이에 양나라는 다시 사자를 황제에게 보내어 조후를 비방하였다.

이에 황제는 사람을 보내어 양나라를 구원하도록 조후에게 일렀으나, 조후는 그래도 자신의 계책만을 고집하며 황제의 명령을 듣지 않았다. 양나라는 궁한 나머지 한안국韓安國과, 초왕에게 간언하다가 죽은 초나라 재상 장상張尙의 아우 장우張羽를 장군으로 삼아 가까스로 오나라 군대를 한 번 꺾을 수 있었다.

이리하여 오나라 군대는 서쪽으로 나아가려 하였으나, 양나라가 성을 굳게 지키고 있어 더 이상 진군하지 못한 채, 조후의 군사가 있는 곳으로 방향을 돌려 하읍下邑에서 싸우려 하였다. 그러나 조후는 진지의 벽을 굳게 지키고 들어앉아 끝내 싸우려 들지 않는 것이었다. 오나라 군대는 양식이 떨어져 군사들이 굶게 될 지경에 이르자, 조급하여 자주 싸움을 걸던 끝에, 마침내는 야음을 타서 조후의 진지 동남쪽을 놀라게 하고자 했으나, 조후는 도리어 서북쪽을 방비하도록 했다. 예상대로 오나라 군대가 서북쪽에서 쳐들어오자 이를 맞아 대파하였다. 오나라 사졸들은 많은 사람이 굶어 죽거나 오왕을 배반하여 뿔뿔이 흩어져 달아났다.

정세가 이렇게 되자, 오왕은 그의 휘하에 있는 장사 수천 명과 함께 야음을 타 달아나 강을 건너 단도丹徒로 가서 동월에 몸을 의탁하였다. 동월의 군사는 약 1만 명 가량 되었다. 거기서 사람을 보내어 도망쳐 돌아온 군사들을 불러모으도록 하였다.

그런데 그 사이에 한나라가 사신을 보내어 이익을 미끼로 동월을 끌어들이자, 동월이 오왕을 속여 그가 밖에 나가 군사들을 위로하고 있을 때, 사람을 시켜 창으로 찔러 죽이고 그의 머리를 그릇에 담아 역전驛傳 편에 한나라 조정에 바치며 보고를 올렸다.

이때 오왕의 아들 자화子華와 자구子駒는 민월閩越로 도망쳤다. 오왕이 군대를 버리고 도망치자, 군대는 마침내 허물어져서 차례로 태위의 군대와 양나라 군대에 투항하였다. 초나라 왕 유무는 싸움에 패하자 자살하였다.

初, 吳王之度淮, 與楚王遂西敗棘壁, 乘勝前, 銳甚. 梁孝王恐, 遣六將軍擊吳, 又敗梁兩將, 士卒皆還走梁. 梁數使使報條侯求救, 條侯不許. 又使使惡條侯於上, 上使人告條侯救梁, 復守便宜不行. 梁使韓安國及楚死事相弟張羽爲將軍, 乃得頗敗吳兵. 吳兵欲西, 梁城守堅, 不敢西, 卽走條侯軍, 會下邑. 欲戰, 條侯壁, 不肯戰. 吳糧絶, 卒飢, 數挑戰, 遂夜犇條侯壁, 驚東南. 條侯使備西北, 果從西北入. 吳大敗, 士卒多飢死, 乃畔散. 於是吳王乃與其麾下壯士數千人夜亡去, 度江走丹徒, 保東越. 東越兵可萬餘人, 乃使人收聚亡卒. 漢使人以利啗東越, 東越卽紿吳王, 吳王出勞軍, 卽使人鏦殺吳王, 盛其頭, 馳傳以聞. 吳王子子華·子駒亡走閩越. 吳王之弃其軍亡也, 軍遂潰, 往往稍降太尉·梁軍. 楚王戊軍敗, 自殺.

## 나머지 제후들의 항복과 결말

한편 교서·교동·치천의 세 왕은 제나라 임치를 포위하고 있었으나, 석 달이 지나도 항복시킬 수가 없었다. 거기에 한나라 군대가 쳐들어와 패하게 되자, 세 왕은 각각 군대를 거두어 본국으로 돌아갔다. 그리고 교서왕은 웃옷을 벗고 맨발이 되어 짚 위에 앉아 물을 마시면서 태후에게 사죄를 하였다. 그런데 왕의 태자 유덕劉德이 말하였다.

"한나라 군대는 멀리서 왔습니다. 제가 보기에는 이미 지쳐 있어 습격할 수가 있습니다. 바라건대 대왕께서는 남은 군대를 거두어 이를 치도록 하십시오. 쳐서 이기지 못하면 그때 바다로 달아나더라도 늦지 않을 것입니다."

그러자 교서왕은 이렇게 말하였다.

"우리 군사는 모두 지칠 대로 지쳐 있어 도저히 징발해 쓸 수가 없다."

왕은 태자의 말을 듣지 않았다. 때마침 한나라 장군 궁고후弓高侯 퇴당頹當이 교서왕에게 글을 보내왔다.

"나는 조칙을 받들어 불의를 주벌하고자 하오. 항복하는 자는 그 죄를 용서하여 종전과 같이 지위를 회복시켜 주겠지만, 항복하지 않는 자는 멸할 것이오. 왕은 어떻게 하시겠소? 회답을 기다려 처리할 것이오."

왕은 웃옷을 벗고 한나라 진지로 가서 머리를 조아리며 퇴당에게 이렇게 말하였다.

"신 유앙은 법을 받들기를 삼가지 못하고 백성들을 놀라게 하였으며, 마침내는 장군을 멀리 이곳까지 오시게 하였으니, 바라건대 제 몸으로 젓을 담그는 형에 처해 주십시오."

궁고후는 금고金鼓를 손에 잡은 채 왕에게 말하였다.

"왕은 군사 일로 괴로움을 당하게 되었는데 그 군사를 일으킨 경위에 대해 듣고 싶소."

왕은 머리를 조아리며 무릎으로 걸어서 나아가 대답하였다.

"요즘 조착은 천자께서 나라일을 맡긴 신하인데, 고황제의 법령을 고쳐 제후들의 땅을 침탈하였습니다. 저희들은 그것을 옳지 못한 것으로 판단하고 그가 장차 천하를 어지럽게 할 것을 두려워한 나머지 7국이 군사를 일으켜 조착을 쳐서 죽이려 하였던 것입니다. 그런데 지금 조착은 이미 처형되었다는 것을 들었습니다. 이에 신 등은 삼가 싸움을 그치고 돌아온 것입니다."

장군이 말하였다.

"왕이 참으로 조착을 옳지 못하다고 생각하였으면, 어찌 그런 이유를 황제께 아뢰지 않았소? 그리고 황제께서 조서도 호부虎符도 내린 일이 없는데 어떻게 마음대로 군사를 일으켜 정의로운 나라를 쳤단 말이오? 이로 미루어 보아 왕의 참뜻은 조착을 주살하는 데 있었던 것은 아닌 것으로 보이오."

궁고후는 조서를 꺼내 왕에게 읽어 주고 읽기를 마치자 이렇게 말하였다.

"왕 자신이 스스로 생각해 보시오."

그러자 교서왕은 말하였다.

"저와 같은 것은 죽어도 아직 남은 죄가 있습니다."

그는 스스로 목숨을 끊었다. 태후도 태자도 모두 죽었다. 교동왕·치천왕·제남왕도 모두 죽고, 이들 봉국은 폐지되어 한나라가 거두어들였다.

역기 장군이 조나라를 포위하여 열 달만에 항복시키자, 조나라 왕도 스스로 목숨을 끊었다. 제북왕은 협박에 의해 반란 맹약에 가담한 것뿐이었으므로, 처형을 받지 않고 옮겨져 치천왕菑川王이 되었다.

三王之圍齊臨菑也, 三月不能下. 漢兵至, 膠西·膠東·菑川王各引兵歸. 膠西王乃袒跣, 席稿, 飮水, 謝太后. 王太子德曰:「漢兵遠, 臣觀之已罷, 可襲, 願收大王餘兵擊之, 擊之不勝, 乃逃入海, 未晩也.」王曰:「吾士卒皆已壞, 不可發用.」弗聽. 漢將弓高侯穨當遺王書曰:「奉詔誅不義, 降者赦其罪, 復故; 不降者滅之. 王何處, 須以從事.」王肉袒叩頭漢軍壁, 謁曰:「臣卬奉法不謹, 驚駭百姓, 乃苦將軍遠道至于窮國, 敢請菹醢之罪.」弓高侯執金鼓見之, 曰:「王苦軍事, 願聞王發兵狀.」王頓首膝行對曰:「今者, 鼂錯天子用事臣, 變更高皇帝法令, 侵奪諸侯地. 卬等以爲不義, 恐其敗亂天下, 七國發兵, 且以誅錯. 今聞錯已誅, 卬等謹以罷兵歸.」將軍曰:「王苟以錯不善, 何不以聞? (及)[乃]未有詔虎符, 擅發兵擊義國. 以此觀之, 意非欲誅錯也.」乃出詔書爲王讀之. 讀之訖, 曰:「王其自圖.」王曰:「如卬等死有餘罪.」遂自殺. 太后·

太子皆死. 膠東·菑川·濟南王皆死, 國除, 納于漢. 酈將軍圍趙十月而下之, 趙王自殺. 濟北王以劫故, 得不誅, 徙王菑川.

## ◎ 반란 진압의 후속조치

처음 오왕이 주모자로서 반란을 일으켜, 초나라 군대와 합하여 이들을 거느리고 제나라 지역 여러 나라와 조나라까지 연합하였었다. 정월에 군사를 일으켜 3월에는 모두가 패하였고, 조나라만이 늦게 항복을 하였다. 한나라는 초나라 원왕의 막내 아들 평륙후平陸侯 유례劉禮를 새로 초왕에 봉하여 원왕의 뒤를 잇도록 하고, 여남왕汝南王 유비劉非를 오나라 옛 땅의 왕으로 옮겨 강도왕江都王으로 하였다.

初, 吳王首反, 幷將楚兵, 連齊趙. 正月起兵, 三月皆破, 獨趙後下. 復置元王少子平陸侯禮爲楚王, 續元王後. 徙汝南王非王吳故地, 爲江都王.

## 사마천의 평어

나 태사공은 이렇게 생각한다.

오왕 유비가 오나라 왕이 된 것은, 그의 아버지가 왕에서 후로 강등되었기 때문이다. 유비는 세금과 부역을 가볍게 하고 그 백성들을 부려 산과 바다의 이익을 원하는 대로 하였다. 반역의 싹은 그의 아들에서부터 생겨났다. 그의 아들이 황태자와 장기를 두다가 다투는 데서 재앙이 발생하여 마침내 근본을 멸망시키게 되었다. 월나라를 가까이하고 한나라 종실을 전복시키려 꾀하다가 결국은 멸망한 것이다.

조착은 나라를 위해 원대한 생각을 하였으나, 도리어 자신이 화를 입었고, 원앙은 권모술수로써 처음에는 천자의 사랑을 받았으나 뒤에는 치욕을 당하였다. 옛날에 '제후의 땅은 사방 100리를 넘지 않았고, 산과 바다의 이익이 있는 땅은 제후에게 주지 않는다', '오랑캐와 사귀어 친족을 멀리하지 말라'라 하였는데 이는 오나라와 같은 경우를 두고 한 말이 아니겠는가? 또 '권모에 앞장서지 말라. 그렇게 하면 도리어 재앙을 입는다'라 하였는데 이는 원앙·조착과 공유 같은 사람을 두고 한 말이 아니겠는가?

太史公曰: 吳王之王, 由父省也. 能薄賦斂, 使其衆, 以擅山海利. 逆亂之萌, 自其子興. 爭技發難, 卒亡其本; 親越謀宗, 竟以夷隕. 鼂錯爲國遠慮, 禍反近身. 袁盎權說, 初寵後辱. 故古者諸侯地不過百里, 山海不以封. 「毋親夷狄, 以疏其屬」, 蓋謂吳邪? 「毋爲權首, 反受其咎」, 豈盎·錯邪?

史記列傳

# 047(107) 위기무안후 열전魏其武安侯列傳

① 위기후魏其侯 竇嬰 ② 무안후武安侯 田蚡
③ 관부灌夫

## 〈1〉위기후魏其侯, 竇嬰

### 두태후의 친척

위기후魏其侯 두영竇嬰은 문제孝文帝 황후 두태후의 사촌오빠의 아들로서 아버지 대까지 대대로 관진觀津에서 살았다. 두영은 특히 빈객을 좋아하였다. 문제 때 두영은 오나라 재상이 되었으나 병으로 사직하였고, 경제孝景帝가 즉위하자 첨사詹事에 임명되었다.

魏其侯竇嬰者, 孝文后從兄子也. 父世觀津人. 喜賓客. 孝文時, 嬰爲吳相, 病免. 孝景初卽位, 爲詹事.

### 천하를 양왕에게 전해 주리라

양나라 효왕孝王은 경제의 아우로서 어머니 두태후의 총애를 받고 있었다. 어느 날 효왕이 조회에 들어왔을 때, 황제는 그와 형제의 의로써 술자리를 벌였다. 당시 황제는 아직 태자를 세우지 않고 있을 때였다. 술이 얼큰하게 취하자 황제가 무심코 말하였다.

"내가 죽은 뒤는 천하를 양왕梁王에게 전하리라."

그러자 태후는 기뻐하였다. 이때 두영은 술 한 잔을 황제에게 권하면서 이렇게 말하였다.

"천하는 고조 황제의 천하로서 부자가 대를 이어 가는 것이 한나라의 약속입니다. 황제께서 어떻게 마음대로 천하를 양왕에게 전하실 수 있겠습니까?"

태후는 이 일로 두영을 미워하게 되었으며, 두영 역시 첨사 벼슬이 만족하지도 않은 데다가 병마저 있어 사직하고 말았다. 그러자 태후도 두영의 문적門籍을 없애 버려 조회에 들어오는 것조차 막아버렸다.

梁孝王者, 孝景弟也, 其母竇太后愛之. 梁孝王朝, 因昆弟燕飮. 是時上未立太子, 酒酣, 從容言曰:「千秋之後傳梁王.」太后驩. 竇嬰引卮酒進上, 曰:「天下者, 高祖天下, 父子相傳, 此漢之約也, 上何以得擅傳梁王!」太后由此憎竇嬰. 竇嬰亦薄其官, 因病免. 太后除竇嬰門籍, 不得入朝請.

## 겸양을 차릴 때가 아니오

경제 3년, 오·초 7국의 난이 일어났다. 황제는 황족과 외척인 두씨 일문을 두루 살펴보았으나, 두영만큼 현명한 사람이 없다고 여겨 그를 불렀다. 두영은 궁중으로 들어와 황제를 뵙기는 하였으나 병으로 소임을 다할 수 없다고 굳이 사양하였다. 이 무렵에는 태후도 두영을 전과는 달리 보고 자신의 과거 잘못을 부끄러워하고 있었다. 이에 황제는 이렇게 말하였다.

"천하는 바야흐로 위급한 처지에 놓여 있소. 그대 왕손王孫께서 겸양을 하고 있을 때가 아니오."

그리고 두영을 대장군에 임명하는 한편 금 1천 근을 하사하였다. 두영은 원앙袁盎·난포欒布를 비롯하여 집에 머물러 있던 명장과 현사들을 천거하였다. 또 하사받은 금을 궁전 행랑에 두고 군리가 올 때마다 필요한 만큼 가져가서 모든 비용에 쓰도록 할 뿐 자신의 것으로는 하지 않았다.

출전 뒤에 두영은 형양滎陽을 지키면서 제나라와 조나라 군사를 감시하였다.

7국의 반란군이 모두 진압되자, 황제는 두영을 위기후魏其侯에 봉하였다. 이로부터 위기후에게는 많은 유사遊士와 빈객들이 다투어 찾아와 몸을 의탁하였다. 이리하여 경제 당시의 조정에서는 열후들도 조후條侯 주아부周亞夫와 위기후 두영을 감히 자신들과 동등한 예로써 맞서지 못하였다.

孝景三年, 吳楚反, 上察宗室諸竇毋如竇嬰賢, 乃召嬰. 嬰入見, 固辭謝病不足任. 太后亦慙. 於是上曰:「天下方有急, 王孫寧可以讓邪?」乃拜嬰爲大將軍, 賜金千斤. 嬰乃言袁盎·欒布諸名將賢士在家者進之. 所賜金, 陳之廊廡下, 軍吏過, 輒令財取爲用, 金無入家者. 竇嬰守滎陽, 監齊趙兵. 七國兵已盡破, 封嬰爲魏其侯. 諸游士賓客爭歸魏其侯. 孝景時每朝議大事, 條侯·魏其侯, 諸列侯莫敢與亢禮.

## ◎ 다시 조회에 나가다

경제 4년, 율태자栗太子를 세우고 위기후를 태부太傅로 임명하였다. 경제 7년에 율태자를 폐위시키자 위기후는 그것이 잘못된 것임을 여러 차례 간하였으나 뜻을 이룰 수 없게 되자, 병을 핑계로 남전현藍田縣에 있는 남산 기슭에 몇 달 동안 들어앉아 지냈다. 많은 빈객과 변사들이 애써 설득을 하였으나, 아무도 그를 조정으로 나오도록 하지는 못하였다. 그러자 양나라 사람 고수高遂가 나서서 위기후를 달랬다.

"장군에게 부귀를 줄 수 있는 분은 황제이고, 장군을 친근하게 해 줄 수 있는 분은 태후입니다. 지금 장군은 태자의 태부로 있으면서 태자가 폐위될 지경에 이르렀는데도 이를 말리지 못하고, 간언하였어도 뜻을 이루지 못하였으며, 그렇다고 죽지도 못하였습니다. 그런데 스스로 병을 핑계로 물러 나와 미녀를 끼고 한적한 곳을 찾아 조회에 들지도 않으며, 빈객들을 상대로 세상을 평하고 계십니다. 이러한 일은 장군 스스로가 황제의 허물을 세상에 알려 주고 있는 것이 됩니다. 만일 황제와 태후의 두 궁궐에서 장군에 대해 노여움을 품게 된다면, 장군은 말할 것도 없고 처자들까지도 죄를 입게 되어 살아 남지 못할 것입니다."

위기후는 과연 그렇다고 여기고 다시 전과 다름없이 조회에 나가게 되었다.

孝景四年, 立栗太子, 使魏其侯爲太子傅. 孝景七年, 栗太子廢, 魏其數爭不能得. 魏其謝病, 屛居藍田南山之下數月, 諸賓客辯士說之, 莫能來. 梁人高遂乃說魏其曰:「能富貴將軍者, 上也; 能親將軍者, 太后也. 今將軍傅太子, 太子廢而不能爭; 爭不能得, 又弗能死. 自引謝病, 擁趙女, 屛閒處而不朝. 相提而論, 是自明揚主上之過. 有如兩宮螫將軍, 則妻子毋類矣.」魏其侯然之, 乃遂起, 朝請如故.

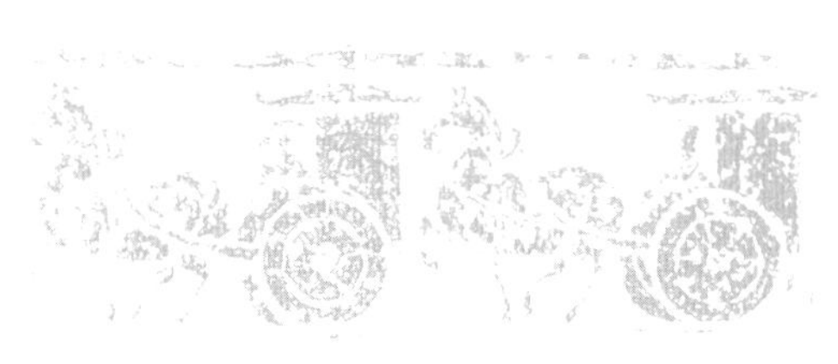

### 경박한 성격은 승상이 될 수 없소

도후桃侯 유사劉舍가 승상에서 해임되자, 두태후는 그 후임으로 위기후를 천거하였다. 그러나 경제가 말하였다.

"태후께서는 제가 자리를 아까워하여 위기후를 승상에 앉히지 않는 것으로 아십니까? 위기후는 경박하여 설치는 성격입니다. 승상으로서 막중한 임무를 다하기에는 어려운 점이 있습니다."

그리고는 끝내 위기후를 쓰지 않고 건릉후建陵侯 위관衛綰을 승상에 앉혔다.

桃侯免相, 竇太后數言魏其侯. 孝景帝曰:「太后豈以爲臣有愛, 不相魏其? 魏其者, 沾沾自喜耳, 多易. 難以爲相, 持重.」遂不用, 用建陵侯衛綰爲丞相.

## 〈2〉무안후武安侯, 田蚡

### 태후의 동생들

무안후武安侯 전분田蚡은 경제 황후인 왕태후王太后의 동생으로 장릉長陵에서 태어났다. 위기후가 이미 대장군으로 세도가 당당하였을 무렵 전분은 한낱 낭관郎官에 지나지 않았다. 그는 위기후의 집에 드나들며 위기후를 술자리에 모시는 행동이 마치 아들이나 손자와 같았다. 경제 말년에 이르러 전분은 차츰 승진되어 태중대부太中大夫가 되었다.

전분은 말솜씨에 뛰어났었고 〈반우槃盂〉등 여러 책을 익혔으며, 또한 왕태후에게도 각별한 인정을 받고 있었다. 이에 경제가 죽은 뒤 태자가 즉위하여 무제武帝가 되면서 섭정을 맡았던 황태후는 전분의 빈객들이 진언한 계책에 주로 의지하여 천하의 민심을 진정시키고 달랠 수 있었다.

전분과 그의 아우 전승田勝은 모두 태후의 친정 동생이란 이유로 경제 후원後元 3년에 전분은 무안후武安侯, 전승은 주양후周陽侯에 각각 봉해졌다.

武安侯田蚡者, 孝景后同母弟也, 生長陵. 魏其已爲大將軍後, 方盛, 蚡爲諸郎, 未貴, 往來侍酒魏其, 跪起如子姓. 及孝景晩節, 蚡益貴幸, 爲太中大夫. 蚡辯有口, 學《槃盂》諸書, 王太后賢之. 孝景崩, 卽日太子立, 稱制, 所鎭撫多有田蚡賓客計筴. 蚡弟田勝, 皆以太后弟, 孝景後三年封蚡爲武安侯, 勝爲周陽侯.

## 양보하면 명성을 얻습니다

무안후는 승상이 되어 자기 나름의 정치를 베풀고 싶었다. 이에 빈객들에게 겸손하였고 명사들을 천거하여 높은 자리에 앉힘으로써 위기후를 비롯한 고관 대신들을 누르려 하였다.

건원建元 원년, 승상 위관衛綰이 병으로 사직하자, 황제는 승상과 태위의 후임을 의논에 붙이려 하였다. 이를 알게 된 무안후의 식객 적복籍福이 무안후에게 일러주었다.

"위기후는 오랫동안 높은 자리에 있었기에 전부터 천하의 선비들은 그에게 몸을 의탁하고 있습니다. 그런데 장군은 이제야 이름이 나타나고 있을 뿐이니 아직은 위기후를 따르지 못합니다. 만일 황제께서 장군을 승상으로 임명하려 하시거든 반드시 위기후에게 양보하십시오. 위기후가 승상이 되면, 장군은 틀림없이 태위에 임명될 것입니다. 태위와 승상은 존귀한 면에 있어서는 같습니다. 게다가 이 일로 인해 장군께서는 어진 사람에게 양보하였다는 명성을 얻게 될 것입니다."

이에 무안후는 이를 은밀히 태후에게 아뢰어 자연스럽게 황제에게 전달되게 하였다. 이리하여 황제는 위기후를 승상에 임명하고 무안후는 태위에 임명하였다.

적복은 위기후를 찾아가 축하 인사를 올리면서 그 기회를 틈타 이렇게 주의를 주었다.

"군후君侯께서는 천성이 착한 것을 좋아하고 악한 것을 미워하십니다. 바로 지금은 착한 사람들이 군후를 칭찬하고 있기 때문에 승상에 오른 것입니다. 그러나 군후께서는 또 악한 것을 미워하지만 악한 사람은 많습니다. 또 그들은 늘 군후를 비방할 것입니다. 군후께서 능히 착한 사람과 악한 사람을 다같이 포용하신다면 지위를 오래 무사하게 보전하실 수 있을 것입니다. 그러나 그리 하지 못하면 비방을 받게 되어 머지않아 사임하게 될 것입니다."

그러나 위기후는 그 말을 받아들이지 않았다.

武安侯新欲用事爲相, 卑下賓客, 進名士家居者貴之, 欲以傾魏其諸將相. 建元元年, 丞相綰病免, 上議置丞相·太尉. 籍福說武安侯曰:「魏其貴久矣, 天下士素歸之. 今將軍初興, 未如魏其, 卽上以將軍爲丞相, 必讓魏其. 魏其爲丞相, 將軍必爲太尉. 太尉·丞相尊等耳, 又有讓賢名.」武安侯乃微言太后風上, 於是乃以魏其侯爲丞相, 武安侯爲太尉. 籍福賀魏其侯, 因弔曰:「君侯資性喜善疾惡, 方今善人譽君侯, 故至丞相; 然君侯且疾惡, 惡人衆, 亦且毁君侯. 君侯能兼容, 則幸久; 不能, 今以毁去矣.」魏其不聽.

## 유학을 좋아하며 황로술을 배척하다가

위기후와 무안후는 다 함께 유학儒學을 좋아하였다. 조관趙綰을 어사대부에 천거하고 왕장王臧을 추천하여 낭중령郎中令에 임명하게 하였다. 또 노나라 학자 신공申培公을 맞아 명당明堂을 세우고, 열후들은 각자의 영지로 돌아가 있게 하며 관關을 폐지하고, 예법에 따라 옷차림의 모양을 정하여 이로써 태평성대를 이룩하려 하였다. 또 외척인 두씨 일족과 종실 가운데 절조와 선행이 없는 사람들은 조사하는 대로 견책하고 족보에서 제외하도록 하였다.

이때 외척 중에는 열후들이 많았고, 열후들 중엔 공주를 아내로 맞은 사람이 많아 모두들 도읍을 떠나 자신의 영지로 돌아가는 것을 싫어하였다. 따라서 자연 위기후와 무안후에 대한 비방이 매일같이 두태후의 귀로 들어갔다. 그런데다가 두태후는 황로黃老의 학설을 좋아하였고, 위기후·무안후·조관·왕장 등은 애써 유학을 장려하며 도가의 학설을 배척하였기 때문에 두태후는 점점 위기후 등을 좋지 않게 생각하였다.

건원 2년, 어사대부 조관이 동궁東宮에 나라일을 보고하는 것을 그만두게 할 것을 황제께 청원하였다. 두태후는 이 일로 크게 노하여 조관과 왕장 등을 축출하는 동시에 승상과 태위마저 해임시켜 버렸다. 그리고 백지후柏至侯 허창許昌을 승상에 임명하고, 무강후武强侯 장청적莊青翟을 어사대부에 임명하였다. 위기후와 무안후는 은퇴하여 집에 있었으나 후의 신분은 여전하였다.

魏其·武安俱好儒術, 推轂趙綰爲御史大夫, 王臧爲郎中令. 迎魯申公, 欲說明堂, 令列侯就國, 除關, 以禮爲服制, 以興太平. 擧適諸竇宗室毋節行者, 除其屬籍. 時諸外家爲列侯, 列侯多尙公主, 皆不欲就國, 以故毁日至竇太后. 太后好黃老之言, 而魏其·武安·趙綰·王臧等務隆推儒術, 貶道家言, 是以竇太后滋不說魏其等. 及建元二年, 御史大夫趙綰請無奏事東宮. 竇太后大怒, 乃罷逐趙綰·王臧等, 而免丞相·太尉, 以柏至侯許昌爲丞相, 武彊侯莊靑翟爲御史大夫. 魏其·武安由此以侯家居.

### 무안후가 교만해지다

무안후는 비록 직위에 있지는 않았지만, 왕태후와의 관계 때문에 황제의 신임을 받았고 자주 국사에 대하여 의견을 말하여 채택되는 경우가 많았다. 이 때문에 천하의 권세와 이익을 따르는 선비들은 모두 위기후를 떠나 무안후에게로 돌아갔다. 이리하여 무안후는 날이 갈수록 방자해졌다.

건원 6년, 두태후가 죽었다. 승상 허창과 어사대부 장청적은 두태후의 장례를 소홀히 다루었다는 이유로 해임되고 무안후 전분이 승상에, 대사농大司農 한안국韓安國이 어사대부에 임명되었다. 천하의 선비들과 군국의 벼슬아치들은 더욱더 무안후에게로 모여들었다.

武安侯雖不任職, 以王太后故, 親幸, 數言事多效, 天下吏士趨勢利者, 皆去魏其歸武安. 武安日益橫. 建元六年, 竇太后崩, 丞相昌·御史大夫靑翟坐喪事不辦, 免. 以武安侯蚡爲丞相, 以大司農韓安國爲御史大夫. 天下士郡諸侯愈益附武安.

### 오만과 사치가 도를 넘다

무안후는 키가 작고 얼굴이 못난 데다가 성격이 매우 거만하였다. 게다가 제후와 왕들이 대부분 나이가 많은데 주상은 방금 즉위해 아직 나이가 어리니, 전분 자신이 외척으로 중앙 정부의 재상이 된 이상 사정없이 제후와 왕들의 기세를 꺾어 누르고, 예법에 따라 굴복하게 만들지 않으면,

천하가 자신을 두려워하지 않을 것이라고 생각하였다.

그 당시는 승상 전분이 내전으로 들어와 국사를 보고할 때면 온종일 이야기를 해도 황제는 그가 하는 말은 모두 들어 주었다. 사람을 천거하는 데도 평민에서 일약 2천 석石의 고관으로 발탁시키는 등 권세가 황제와 뒤바뀐 듯한 정도에 이르러 황제가 이렇게 말할 정도였다.

"그대는 관리들의 임명을 아직 모두 끝내지 않았소? 나도 관리를 좀 임명해 보았으면 하오."

언젠가 승상이 집을 늘리려고 고공실考工室 땅을 청한 적이 있었다. 이때 황제는 성을 내며 나무랐다.

"그대는 어찌하여 무기고武器庫를 갖고 싶다고 하지 않소?"

그 뒤로는 조심하여 지나친 행동을 삼갔다.

또 어느 땐가는 손님을 초대하여서 술자리를 베푼 일이 있었는데, 그 때 자신의 형 갑후蓋侯 왕신王信은 남향한 하석에 앉히고, 자신은 상석인 동향에 앉아 있었다. 한나라 승상은 지위가 높은 만큼 아무리 형이지만 사사로이 존비의 순서를 굽혀서는 안 된다고 생각하였기 때문이다.

그 뒤로도 무안후는 점점 교만해져 집은 그 누구의 저택보다도 훌륭하게 꾸몄으며, 밭이나 임야도 기름진 것으로 마련하였다. 각 고을에서 기물을 팔러 오는 사람들이 그의 저택 앞에 줄지어 있는 형편이었다. 전당前堂에는 종과 북을 걸어놓고 곡전曲旃이라는 깃발을 세워 두었으며, 뒤채에는 부녀자가 100명에 달하였다. 제후들이 진상한 금과 옥, 개와 말, 골동품 등은 이루 헤아릴 수가 없을 정도였다.

武安者, 貌侵, 生貴甚. 又以爲諸侯王多長, 上初卽位, 富於春秋, 蚡以肺腑爲京師相, 非痛折節以禮詘之, 天下不肅. 當是時, 丞相入奏事, 坐語移日, 所言皆聽. 薦人或起家至二千石, 權移主上. 上乃曰:「君除吏已盡未? 吾亦欲除吏.」嘗請考工地益宅, 上怒曰:「君何不遂取武庫!」是後乃退. 嘗召客飮, 坐其兄蓋侯南鄕, 自坐東鄕, 以爲漢相尊, 不可以兄故私橈. 武安由此滋驕, 治宅甲諸第. 田園極膏腴, 而市買郡縣器物相屬於道. 前堂羅鍾鼓, 立曲旃; 後房婦女以百數. 諸侯奉金玉狗馬玩好, 不可勝數.

### 세력이 다하자

위기후는 두태후가 죽어 의지할 곳을 잃게 되자 점점 황제와 멀어졌다. 세력이 없어지자 빈객들도 차츰 그의 주위에서 떨어져 나가 그전처럼 존경하는 일이 없었다. 다만 관장군灌將軍만이 변함 없이 그를 존경하고 있었다. 위기후 역시 관장군을 후대하였으나, 매일같이 묵묵히 실의의 나날을 보내고 있었다.

魏其失竇太后, 益疏不用, 無勢, 諸客稍稍自引而怠傲, 唯灌將軍獨不失故. 魏其日默默不得志, 而獨厚遇灌將軍.

## 〈3〉관부灌夫

### 아버지의 원한을 갚고야 말겠소

장군 관부灌夫는 영음현潁陰縣 사람이다. 그의 아버지 장맹張孟은 일찍이 영음후潁陰侯 관영灌嬰의 가신이 되어 신임을 받았다. 그리고 관영의 추천으로 2천 석의 지위에 오르게 되었으며 이에 따라 관灌씨로 성을 고쳐도 좋다는 승낙 아래 관맹灌孟으로 행세하기 시작하였다.

오·초 7국의 난이 일어났을 때였다. 영음후潁陰侯 관하灌何는 장군으로서 태위 주아부周亞夫에게 소속되자, 곧 관맹을 교위校尉로 삼을 것을 청하였다. 이리하여 관부灌夫는 군사 1천 명을 이끌고 아버지와 함께 싸움터로 나가게 되었다.

그런데 처음에 태위는 관맹이 너무 늙었다 하여 그의 종군을 불허하려 하였으나, 영음후의 청이 간절해 겨우 승낙하였다. 관맹은 그것이 불만이었다. 이에 싸울 때마다 일부러 적의 견고한 진지를 공격하곤 하다가 마침내는 오나라 군사와의 싸움에서 전사하고 말았다. 군법에 의하면 부자가 함께 종군할 경우 어느 쪽이든 전사하였을 때, 남은 한쪽이 유해와 함께 집으로 돌아가도 좋게 되어 있었다. 그러나 관부는 분연한 기색으로 아버지의 유해와 함께 귀향하기를 거절하였다.

"바라건대 오왕이나 적장의 머리를 베어 아버지의 원수를 갚게 해 주십시오."

그리고는 관부는 갑옷을 입고 창을 쥔 다음, 군영의 장사들 가운데 평소부터 친교가 있고 행동을 같이하고자 하는 사람들을 수십 명 모았다. 그러나 진영의 문을 나서자, 감히 나아가는 사람이 없고 다만 장사 2명과 관부를 따라 종군하였던 집안 하인 10여 명뿐이었다. 그들은 관부를 따라 오나라 군영으로 달려들었고, 마침내는 오나라 장군의 깃발 아래 본진에까지 뚫고 들어가 적 수십 명을 살상하거나 상처를 입혔다. 그러나 그 이상은 더 나아갈 수 없었기 때문에 말을 달려 한나라 진지로 되돌아왔다. 이 싸움에서 관부는 하인 전부를 잃은 채 가까스로 장사 한 사람과 같이 돌아왔을 뿐이었다. 더구나 몸에 10여 군데나 큰 상처를 입어 생명이 위험하였으나, 마침 아주 값비싼 좋은 약이 있어 목숨만을 건질 수 있었다. 관부는 상처가 조금 나아지자 또다시 장군에게 청을 하였다.

"저는 이제 오나라 군대의 진지 사정을 보다 소상히 알게 되었으니 다시 가게 해 주십시오."

장군은 그의 장렬한 의기에 감탄하면서 그 때문에도 더욱 전사시켜서는 안 되겠다는 생각으로 태위와 상의하였다. 태위 역시 강력하게 말렸다. 오나라가 패한 뒤 관부의 용맹한 이름은 천하에 알려졌다.

灌將軍夫者, 潁陰人也. 夫父張孟, 嘗爲潁陰侯嬰舍人, 得幸, 因進之至二千石, 故蒙灌氏姓爲灌孟. 吳楚反時, 潁陰侯灌何爲將軍, 屬太尉, 請灌孟爲校尉. 夫以千人與父俱. 灌孟年老, 潁陰侯彊請之, 鬱鬱不得意, 故戰常陷堅, 遂死吳軍中. 軍法, 父子俱從軍, 有死事, 得與喪歸. 灌夫不肯隨喪歸, 奮曰: 「願取吳王若將軍頭, 以報父之仇.」 於是灌夫被甲持戟, 募軍中壯士所善願從者數十人. 及出壁門, 莫敢前. 獨二人及從奴十數騎馳入吳軍, 至吳將麾下, 所殺傷數十人. 不得前, 復馳還, 走入漢壁, 皆亡其奴, 獨與一騎歸. 夫身中大創十餘, 適有萬金良藥, 故得無死. 夫創少瘳, 又復請將軍曰: 「吾益知吳壁中曲折, 請復往.」 將軍壯義之, 恐亡夫, 乃言太尉, 太尉乃固止之. 吳已破, 灌夫以此名聞天下.

## 두태후의 아우를 구타한 사건

영음후가 이를 황제에게 말하자, 임금은 관부를 중랑장中郎將에 임명하였다. 그러나 몇 달이 지나 관부는 법에 저촉되어 벼슬에서 물러나게 되었다. 그 뒤로 그는 장안의 집에 머물렀으며, 장안의 귀족들로서 관부를 칭찬하지 않는 이가 없었다.

경제 때 그는 대代의 재상이 되었다. 경제가 죽고 무제孝武帝가 즉위하자, 회양淮陽을 천하의 교통 요충지이자 강한 군대가 있는 곳이라 여겨 관부를 회양 태수로 임명하였다.

건원 원년, 관부는 조정으로 들어가 태복太僕이 되었다. 그런데 건원 2년 어느 날 장락궁長樂宮 위위衛尉인 두보竇甫와 술을 마시다가 서로 의견이 충돌하여어 취한 기분에 두보를 구타한 일이 일어났다. 두보는 두태후의 친정 동생이었다. 이 때문에 황제는 태후가 관부를 처벌하지나 않을까 염려하여 그를 연나라 재상으로 옮겼다. 그로부터 몇 해 뒤에 그는 또 다시 법에 저촉되어 벼슬에서 물러난 다음 장안의 집에 머물렀다.

潁陰侯言之上, 上以夫爲中郎將. 數月, 坐法去. 後家居長安, 長安中諸公莫弗稱之. 孝景時, 至代相. 孝景崩, 今上初卽位, 以爲淮陽天下交, 勁兵處, 故徙夫爲淮陽太守. 建元元年, 入爲太僕. 二年, 夫與長樂衛尉竇甫飮, 輕重不得, 夫醉, 搏甫. 甫, 竇太后昆弟也. 上恐太后誅夫, 徙爲燕相. 數歲, 坐法去官, 家居長安.

## 선비들의 환심을 사다

관부는 성격이 강직하여 술을 먹었어도 대놓고 아첨하기를 좋아하지 않았다. 특히 높은 지위에 있는 사람, 가문이 좋고 세도가 있는 사람, 자신보다 윗자리에 있는 사람에 대해서는 예절을 제대로 지키려 하지 않고 도리어 반드시 능욕을 주는 성격이었다. 그러나 신분이 낮은 선비들에 대해서는 그가 가난할수록 더욱 존경을 하며 동등한 위치에서 교제를 하였다. 또 많은 사람들 앞에서 지위가 낮은 사람을 추천하여 아꼈다. 이로 인해 선비들도 그를 높이 칭송하였다.

灌夫爲人剛直使酒, 不好面諛. 貴戚諸有勢在己之右, 不欲加禮, 必陵之; 諸士在己之左, 愈貧賤, 尤益敬, 與鈞. 稠人廣衆, 薦寵下輩. 士亦以此多之.

## 영천의 물이 맑으면

관부는 학문에는 흥미가 없고 협기를 좋아하였으며, 남과의 약속을 소중히 하였다. 그가 교제하고 있는 상대는 대개 호걸이거나 아니면 건달패의 두목들이었다. 집에는 몇천 금에서 몇만 금에 달하는 재산을 모아두고, 식객은 매일 8, 90명에서 100명에 달하였다. 또한 그는 영천潁川에 저수지와 농장을 많이 가지고 있었다. 그의 집안과 빈객들이 이익을 독점하면서 고을 사람들에게 거칠게 굴어 그 때문에 고을 아이들 사이에 이런 노래가 불리기도 하였다.

"영천 물이 맑으면 관씨도 편안하고
영천 물이 흐리면 관씨는 멸족되리라."

夫不喜文學, 好任俠, 已然諾. 諸所與交通, 無非豪桀大猾. 家累數千萬, 食客日數十百人. 陂池田園, 宗族賓客爲權利, 橫於潁川. 潁川兒乃歌之曰: 「潁水淸, 灌氏寧; 潁水濁, 灌氏族.」

## 위기후와 절친한 사이가 되다

관부는 집에 들어앉아 있어도 재산만은 풍부하였지만, 권세를 잃은 뒤로는 경상卿相, 시중侍中, 빈객들의 출입이 차츰 뜸해졌다. 위기후 역시 세력을 잃은 뒤로는 관부에 의지하여 그를 앙모하다가, 뒤에 가서 그를 버리는 자들을 배척하였다. 이에 관부 또한 위기후를 의지하여 열후와 황족들과 교제함으로써 자기의 이름을 높이고자 하였다. 두 사람이 서로 존중하며 사귀는 모습은 마치 아버지와 아들 사이처럼 다정하였다. 이렇게 서로가 뜻이 맞아 몹시 기뻐하며 세월이 흘러도 변할 줄을 모르고 늦게 알게 된 것을 애석해할 정도였다.

灌夫家居雖富, 然失勢, 卿相侍中賓客益衰. 及魏其侯失勢, 亦欲倚灌夫引繩批根生平慕之後弃之者. 灌夫亦倚魏其而通列侯宗室爲名高. 兩人相爲引重, 其游如父子然. 相得驩甚, 無厭, 恨相知晩也.

## 약속을 지키지 않고 식언을 한 무안후

관부는 상중의 몸으로 승상 무안후를 찾은 적이 있었는데, 이때 승상은 조용히 이렇게 말하였다.

"나는 그대 중유仲孺, 灌夫와 함께 위기후를 한번 찾아가고 싶었는데 그대가 마침 상중이어서 그렇게 하지 못하였소."

그러자 관부는 이렇게 말하였다.

"장군께서 다행히도 위기후를 찾아 주실 뜻이 있으시다면 저는 상중을 이유로 거절하지는 않겠습니다. 위기후에게 알려서 접대할 준비를 갖추도록 하겠습니다. 장군께서는 내일 아침 일찍 나와 주십시오."

그리하여 무안후도 승낙하였다. 관부가 그 길로 위기후에게 이를 자세히 알리자, 위기후는 그의 부인과 함께 쇠고기와 술을 충분히 사들이고, 밤부터 새벽에 걸쳐 집안을 청소하여 접대 준비를 완전히 마친 다음, 날이 밝자 사람을 시켜 영접하게 하였다. 그런데 한낮이 되어도 승상이 오지 않자 위기후가 관부에게 이렇게 말하였다.

"승상이 깜박 잊어버린 것이 아니오?"

관부는 못마땅한 듯이 대답하였다.

"나는 상중인데도 그것을 상관 않고 청에 응하였는데 승상은 마땅히 왔어야 하였소. 제가 직접 마중을 가겠소."

그리고는 수레에 올라 몸소 승상을 맞이하러 갔다. 승상은 전날 그저 별 생각 없이 관부에게 말을 하였을 뿐 정말로 갈 생각은 없었다. 이에 관부가 찾아왔을 때에도 아직 자고 있었다. 관부는 집으로 들어가 승상에게 이렇게 말하였다.

"장군께서는 어제 위기후를 방문하겠다고 승낙하였습니다. 위기후 내외는 접대 준비를 끝내 놓고 새벽부터 지금까지 식사도 하지 않은 채 기다리고 있습니다."

이에 무안후는 매우 놀라며 말하였다.

"나는 어제 너무 취하여 그만 중유와 약속한 것을 잊고 말았소."

그리고 수레에 오르기는 하였으나, 서두르지도 않고 늑장만 부리고 있었다. 관부는 더욱 화가 치밀었다. 이윽고 위기후의 집에서 벌인 술자리에서 술이 거나해지자 관부는 일어나 춤을 추더니 승상에게도 춤을 추라고 하였다. 승상이 자리에서 일어나지 않자 관부는 앉은자리에서 불만을 터뜨렸다. 이에 위기후는 관부를 안아 자리를 뜨게 하고 승상에게 사과하였다. 승상은 마침내 밤까지 술을 마시며 마냥 즐긴 다음 돌아갔다.

灌夫有服, 過丞相. 丞相從容曰:「吾欲與仲孺過魏其侯, 會仲孺有服.」灌夫曰:「將軍乃肯幸臨況魏其侯, 夫安敢以服爲解! 請語魏其侯帳具, 將軍旦日蚤臨.」武安許諾. 灌夫具語魏其侯如所謂武安侯. 魏其與其夫人益市牛酒, 夜灑埽, 早帳具至旦. 平明, 令門下候伺. 至日中, 丞相不來. 魏其謂灌夫曰:「丞相豈忘之哉?」灌夫不懌, 曰:「夫以服請, 宜往.」乃駕, 自往迎丞相. 丞相特前戲許灌夫, 殊無意往. 及夫至門, 丞相尙臥. 於是夫入見, 曰:「將軍昨日幸許過魏其, 魏其夫妻治具, 自旦至今, 未敢嘗食.」武安鄂謝曰:「吾昨日醉, 忽忘與仲孺言.」乃駕往, 又徐行, 灌夫愈益怒. 及飮酒酣, 夫起舞屬丞相, 丞相不起, 夫從坐上語侵之. 魏其乃扶灌夫去, 謝丞相. 丞相卒飮至夜, 極驩而去.

### 농토를 달라고 하였더니

승상이 한번은 적복을 통해 위기후에게 성 남쪽에 있는 농토를 자신에게 달라고 요구하였다. 그러자 위기후는 이렇게 말하였다.

"이 늙은이는 세상의 버림을 받았고, 장군께서는 높은 지위에 있다고는 하지만 정말로 권세로써 내 밭을 빼앗겠다는 것이오?"

그리고는 크게 책망을 하며 승낙하지 않았다. 관부도 이 말을 듣고 화가 치밀어 적복을 나무랐다. 하지만 적복은 무안후와 위기후 두 사람의 사이가 벌어져서는 안 된다는 생각에서 승상에게 좋은 말로 달랬다.

"위기후는 늙어 머잖아 죽게 될 것입니다. 그리 오래 견딜 일도 아니니 조금만 기다리십시오."

그러나 그 뒤 무안후는 위기후와 관부가 화를 내며 밭을 거절하였다는 것을 알고나서 그 역시 화를 내며 말하였다.

"위기의 아들이 언젠가 사람을 죽였을 때 내가 살려 준 적이 있었다. 또 나는 위기를 모시고 있을 때 그가 시키는 것을 거역한 적이 없었다. 그런데 어떻게 그까짓 밭 몇 고랑을 아까워한단 말인가? 그리고 관부에게는 아무 상관도 없는 일이 아닌가? 관부는 왜 참견하는가? 나는 더 이상 그까짓 밭을 요구하지는 않겠다."

무안후는 이 일로 관부와 위기후를 크게 원망하게 되었다.

丞相嘗使籍福請魏其城南田. 魏其大望曰:「老僕雖弃, 將軍雖貴, 寧可以勢奪乎!」不許. 灌夫聞, 怒, 罵籍福. 籍福惡兩人有郄, 乃謾自好謝丞相曰:「魏其老且死, 易忍, 且待之.」已而武安聞魏其·灌夫實怒不予田, 亦怒曰:「魏其子嘗殺人, 蚡活之. 蚡事魏其無所不可, 何愛數頃田? 且灌夫何與也? 吾不敢復求田.」武安由此大怨灌夫·魏其.

### 서로의 약점

원광元光 4년 봄, 승상은 황제에게 관부의 집은 영천에 있는데 몹시 세도를 부리며 백성들을 괴롭히니 이를 조사할 수 있도록 청하였다. 그러자 황제는 이렇게 말하였다.

"이런 일은 승상의 직권인데 어찌 허락을 받고자 청하십니까?"

하지만 관부도 승상이 부정으로 이득을 취하고 있으며, 회남왕淮南王의 뇌물을 받고 비밀 공작을 꾸미고 있는 일 등을 알고 있었다. 이에 양쪽 집 빈객들이 중간 역할을 하여 서로 화해하였다.

元光四年春, 丞相言灌夫家在潁川, 橫甚, 民苦之. 請案. 上曰:「此丞相事, 何請?」灌夫亦持丞相陰事, 爲姦利, 受淮南王金與語言. 賓客居閒, 遂止, 俱解.

## 엉망이 된 혼인 잔치

그 해 여름, 승상은 연왕의 딸을 부인으로 맞아들였다. 태후의 조칙에 따라 열후와 종실들이 모두 축하해 주러 가게 되었다. 위기후가 관부의 집에 들러 그와 동행을 하려 하자 관부는 이렇게 말하며 거절하였다.

"나는 자주 술자리에서 실수를 저질러 승상에게 죄를 짓고 있습니다. 그리고 승상은 나와 사이가 벌어져 있습니다."

이에 위기후는 이렇게 말하였다.

"그 일은 이미 해결되었소."

그리고 나서 억지로 동행하게 하였다. 잔치가 한창 무르익을 무렵 무안후가 일어나 축배를 들자, 모인 사람들은 모두 자리에서 일어나 몸을 엎드려 경의를 표하였다. 그 뒤 위기후가 축배를 들자, 친분이 있는 사람들은 일어나 경의를 표하였으나 절반 정도는 자리에 무릎을 붙이고 허리만 겨우 세우고 마셔 관부는 기분이 언짢았다. 관부는 일어나 순서대로 술잔을 올렸다. 순서가 무안후에게 이르렀을 때였다. 무안후는 자리에 무릎을 붙인 채 윗몸을 세우고 말하였다.

"가득 부은 잔은 마시지 못합니다."

관부는 성이 났지만 억지로 웃음을 띠면서 잔을 권하며 말하였다.

"장군은 높으신 분이시니 다 마셔야 합니다."

그러나 무안후는 끝내 마시려 하지 않았다. 그런 뒤에 관부는 차례로 술잔을 돌려 임여후臨汝侯 관현灌賢이 있는 곳까지 이르렀다. 임여후는 마침 정불식程不識과 귓속말을 주고받고 있었다. 그 역시 자리에서 일어나 잔을 받으려 하지 않았다. 관부는 분을 참을 길이 없어 임여후에게 욕을 퍼부었다.

"언제는 정불식 따위는 한푼의 값어치도 없다고 헐뜯고 다니더니 오늘은 어른이 잔을 권하는데도 계집아이 모양으로 귓속말을 속삭이고 있는가!"

그러자 무안후가 관부에게 말하였다.

"정불식과 이광李廣은 동궁東宮·서궁西宮의 위위衛尉로서 같은 지위에 있소. 지금 사람들 앞에서 정장군을 모욕하고 있는데 중유는 그와 같은 지위에 있는 이장군의 처지를 생각하지 않소?"

관부가 말하였다.

"오늘 목이 달아나고 가슴에 구멍이 뚫려도 상관하지 않겠소. 내가 정불식이나 이광을 어찌 알겠소?"

자리가 이 지경이 되자 사람들은 일어나 변소에 가는 척하고 모두들 슬금슬금 나가 버렸다. 위기후도 관부를 손짓해 나오게 하였다. 무안후는 드디어 성을 내며 말하였다.

"내가 관부를 교만하게 내버려둔 죄다."

그리고 기병을 시켜 관부를 붙들어 두도록 하였다. 관부가 이렇게 억류되자 적복이 일어나 관부를 대신해 사죄하고 한편 관부의 목덜미를 누르며 사과를 하라고 하였다. 그러자 관부는 더욱 성을 내며 아무리 달래도 끝내 사과를 하지 않는 것이었다. 그러자 무안후는 기병을 지휘하여 관부를 결박시키고 전사傳舍에 가두게 한 다음 장사長史를 불러 말하였다.

"오늘 종실宗室들을 초청한 것은 조칙에 따른 것이다."

그리고 관부가 연회에서 손님들을 모욕한 것은 조칙을 무시한 행동으로 불경죄에 해당된다 하여 그를 거실居室에다 가두게 하였다. 그리고 나서 마침내는 관부의 과거 일들을 낱낱이 들추어 관리들을 보내어 관씨의 친족들까지 모조리 잡아들여 기시棄市의 형에 처하려 하였다.

위기후는 자기가 관부를 데리고 간 탓으로 이런 사태가 벌어진 것을 크게 후회하였다. 계속 비용을 들여 빈객을 동원시켜 가며 관부의 사면을 청해 보았으나 그의 죄를 풀 수 없었다.

한편 무안후 밑에 있는 관리들은 모두 그의 눈과 귀가 되어 샅샅이 찾아보았으나, 관씨 일족들은 모두 달아나 숨고 없었다. 관부는 또한 갇힌 몸이라서 도저히 무안후의 비밀을 고발할 수는 없었다.

夏, 丞相取燕王女爲夫人, 有太后詔, 召列侯宗室皆往賀. 魏其侯過灌夫, 欲與俱. 夫謝曰:「夫數以酒失得過丞相, 丞相今者又與夫有郄.」魏其曰:「事已解.」彊與俱. 飮酒酣, 武安起爲壽, 坐皆避席伏. 已魏其侯爲壽, 獨故人避席耳, 餘半膝席. 灌夫不悅. 起行酒, 至武安, 武安膝席曰:「不能滿觴.」夫怒, 因嘻笑曰:「將軍貴人也, 屬之!」時武安不肯. 行酒次至臨汝侯, 臨汝侯方與程不識耳語, 又不避席. 夫無所發怒, 乃罵臨汝侯曰:「生平毁程不識不直一錢, 今日長者爲壽, 乃效女兒呫囁耳語!」武安謂灌夫曰:「程李俱東西宮衛尉, 今衆辱程將軍, 仲孺獨不爲李將軍地乎?」灌夫曰:「今日斬頭陷匈, 何知程李乎!」坐乃起更衣, 稍稍去. 魏其侯去, 麾灌夫出. 武安遂怒曰:「此吾驕灌夫罪.」乃令騎留灌夫. 灌夫欲出不得. 籍福起爲謝, 案灌夫項令謝. 夫愈怒, 不肯謝. 武安乃麾騎縛夫置傳舍, 召長史曰:「今日召宗室, 有詔.」劾灌夫罵坐不敬, 繫居室. 遂按其前事, 遣吏分曹逐捕諸灌夫支屬, 皆得弃市罪. 魏其侯大媿, 爲資使賓客請, 莫能解. 武安吏皆爲耳目, 諸灌氏皆亡匿, 夫繫, 遂不得告言武安陰事.

### 태후에게 해명하시오

위기후가 어떻게 해서라도 관부를 구출하려고 애쓰는 것을 지켜보다 못한 그의 부인이 이렇게 말하였다.

"관장군은 승상에게 죄를 범하였고 태후의 집안을 건드렸습니다. 어찌 구할 수 있겠습니까?"

그러자 위기후는 이렇게 말하였다.

"후의 지위는 내 자신의 힘에 의해 얻은 것이니 내 스스로 버려도 한스러울 것은 없소. 그리고 관중유 灌夫를 혼자 죽게 내버려두고 나만이 살아남을 수는 없소."

이에 집에 숨어 있다가 몰래 나가 상서를 올렸다. 그 결과 곧 어전으로 불려가 관부가 몹시 취한 끝에 생긴 일일 뿐 죄를 줄 만한 일이 아님을 자세히 설명하였다. 황제도 그렇다고 여겨 위기후에게 음식을 내리고 이렇게 말하였다.

"태후가 계신 곳으로 가서 해명하는 것이 좋겠소."

魏其銳身爲救灌夫. 夫人諫魏其曰;「灌將軍得罪丞相, 與太后家忤, 寧可救邪?」魏其侯曰:「侯自我得之, 自我捐之, 無所恨. 且終不令灌仲孺獨死, 嬰獨生.」乃匿其家, 竊出上書. 立召入, 具言灌夫醉飽事, 不足誅. 上然之, 賜魏其食, 曰:「東朝廷辯之.」

### 내가 번연히 살아있는데도

위기후는 동궁으로 가서 애써 관부의 착한 심성을 칭찬하며, 몹시 취한 나머지 일어난 잘못인데 이를 승상이 다른 일과 결부시켜 억지로 관부에게 죄를 씌우려 한다고 주장하였다. 하지만 무안후 역시 관부의 소행이 횡포하고 방자하여 대역 무도한 죄를 범하였다고 하였으므로, 위기후는 마침내 달리 도리가 없다고 판단하고, 승상의 허물을 꺼내서 말하였다. 그러자 무안후는 이렇게 역습을 가하였다.

"천하는 다행히 안락무사합니다. 신은 황제의 심복이 되었는데 좋아하는 것은 음악과 개와 말, 그리고 밭과 집이며, 신이 아끼는 것은 광대와 솜씨 좋은 공장工匠의 무리뿐입니다. 위기후와 관부는 밤낮으로 천하의 호걸들과 장사들을 모아놓고 의논을 주고받으며, 마음 속으로 조정을 비방하고, 우러러 천문을 살피지 않으면, 아래로 지리를 따지며, 황제와 태후의 궁궐을 넘보고, 천하에 변란이 일어나 큰 공을 세울 것을 바라고 있지만, 신은 그런 무리들과는 다릅니다. 신은 위기후 등이 하는 일을 이해할 수가 없습니다."

이리하여 황제가 신하들에게 물었다.

"두 사람 중 어느 쪽이 옳습니까?"

이에 어사대부 한안국이 대답하였다.

"위기후의 말에 의하면, 관부는 아버지가 나라를 위해 죽자, 관부 자신도 창을 잡고 위험을 무릅쓰고 오나라 군영 속으로 뛰어들어 몸에 수십 군데 상처를 입어, 그의 이름은 삼군三軍에 으뜸가는 것이었으니 참으로 천하의 장사라는 것입니다. 큰 죄를 지은 것도 아니며 술잔을 주고받다가 일어난 다툼일 뿐인 만큼, 다른 잘못까지 끌어내어 처형을 할 것까지는 없다라고 하더이다. 위기후의 이 말은 정당한 말입니다. 그런가 하면 승상의 말에 의하면, 관부는 건달들과 가까이 지내며 가난한 백성들을 침탈하고, 집에는 거만巨萬의 재산을 쌓아두고, 영천에서 멋대로 행동하며, 종실을 업신여기고 황실의 골육지친들을 모독하였다고 하며, 이것이야말로 이른바 '가지가 줄기보다 크고 종아리가 넓적다리보다 굵으면, 부러지지 않으면 틀림없이 찢어지고 만다'라고 하였으니 승상의 이 말도 정당합니다. 그러니 그 이상은 현명하신 주상께서 판단하실 일입니다."

이때 주작도위主爵都尉 급암汲黯은 위기후를 옳다고 하고, 내사內史 정당시鄭當時는 처음에는 위기후를 옳다고 하였지만 나중에는 더 강하게 주장하지도 못하고 있었다. 그리고 그밖에는 아무도 대답하지 않았다. 이에 황제는 내사에게 화를 내며 이렇게 말하였다.

"경은 평소에는 곧잘 위기후와 무안후의 장단점을 말하더니 오늘 조정의 의논에서는 목을 움츠리고 멍에를 멘 망아지처럼 굴겠다는 것이오? 나는 그대들과 같은 무리들까지 모조리 목을 베어버리겠소."

그리고는 논의를 마치고 일어나 안으로 들어가 태후에게 진지를 올렸다. 태후는 이미 사람을 보내어 형편을 엿보게 한 결과 그 사정을 잘 알고 있었다. 그리하여 분을 삭이지 못하여 수저도 들려 하지 않았다. 그리고 황제에게 이렇게 말하였다.

"지금 내가 살아 있는데도 사람들은 모두 내 아우를 짓밟으려 하고 있는데, 내가 죽고나면 그를 생선이나 고기처럼 만들어 버리지 않겠소? 그리고 황제도 돌부처처럼 오래오래 두지는 않을 거요. 저들은 황제가 엄연히 계신데도 저처럼 줏대를 잡지 못하고 있으니 만일 황제께서 세상을 뜨기라도 하신다면, 그들 중에 누가 믿을 사람이 있겠소?"

황제는 사과하여 말하였다.

"위기후나 무안후는 똑같은 종실의 외척인지라 조정에서 논의한 것입니다. 그렇지 않다면 이것은 한 사람의 형리에 의해 결정될 일입니다."

이때 낭중령郎中令 석건石建이 황제를 위하여 조리 있게 위기후와 무안후 두 사람의 문제를 설명하였다.

魏其之東朝, 盛推灌夫之善, 言其醉飽得過, 乃丞相以他事誣罪之. 武安又盛毁灌夫所爲橫恣, 罪逆不道. 魏其度不可柰何, 因言丞相短. 武安曰: 「天下幸而安樂無事, 蚡得爲肺腑, 所好音樂狗馬田宅. 蚡所愛倡優巧匠之屬, 不如魏其·灌夫日夜招聚天下豪桀壯士與論議, 腹誹而心謗, 不仰視天而俯畫地, 辟倪兩宮閒, 幸天下有變, 而欲有大功. 臣乃不知魏其等所爲.」於是上問朝臣: 「兩人孰是?」御史大夫韓安國曰: 「魏其言灌夫父死事, 身荷戟馳入不測之吳軍, 身被數十創, 名冠三軍, 此天下壯士, 非有大惡, 爭杯酒, 不足引他過以誅也. 魏其言是也. 丞相亦言灌夫通姦猾, 侵細民, 家累巨萬, 橫恣潁川, 凌轢宗室, 侵犯骨肉, 此所謂『枝大於本, 脛大於股, 不折必披』, 丞相言亦是. 唯明主裁之.」主爵都尉汲黯是魏其. 內史鄭當時是魏其, 後不敢堅對. 餘皆莫敢對. 上怒內史曰: 「公平生數言魏其·武安長短, 今日廷論, 局趣效轅下駒, 吾幷斬若屬矣.」卽罷起入, 上食太后. 太后亦已使人候伺, 具以告太后. 太后怒, 不食, 曰: 「今我在也, 而人皆藉吾弟, 令我百歲後, 皆魚肉之矣. 且帝寧能爲石人邪! 此特帝在, 卽錄錄, 設百歲後, 是屬寧有可信者乎?」上謝曰: 「俱宗室外家, 故廷辯之. 不然, 此一獄吏所決耳.」是時郎中令石建爲上分別言兩人事.

### 장사꾼이나 계집아이처럼 속이 좁아서야

무안후는 조정에서 물러나와 지거문止車門을 나서서 어사대부 한안국을 불러 수레에 함께 타도록 한 다음 화난 목소리로 이렇게 말하였다.

"그대 장유長孺, 한안국와 더불어 늙은이 하나를 없앨 생각이었는데 어찌하여 그토록 애매한 태도를 취하였소?"

어사대부 한안국은 한참 생각하다가 승상에게 이렇게 말하였다.

"승상께서는 어찌하여 자중하시지 않습니까? 대체로 위기후가 승상을 헐뜯었을 때 승상께서는 마땅히 관을 벗고 승상의 인印을 폐하께 올린 다음 '신은 외척인 까닭으로 요행히 승상의 자리에 있었을 뿐, 원래가 자격이 없는 몸입니다. 위기후가 한 말은 모두가 정당한 말입니다'라고 말하였어야만 합니다. 그렇게 하면 황제께서는 틀림없이 승상의 겸양한 태도를 가상히 여기시고 승상을 해임시키는 일은 없을 것이며, 위기후는 위기후대로 틀림없이 마음 속으로 부끄러워 문을 닫아걸고 혀를 깨물어 자살하였을 것입니다. 그런데 방금 남들이 승상을 헐뜯는다고 승상도 맞받아 그를 헐뜯었습니다. 이래 가지고야 마치 장사치나 계집아이들이 말다툼하는 것과 무엇이 다릅니까? 어찌 그리 체통이 없으십니까?"

무안후는 자기가 무례하였음을 사과하였다.

"다투고 있을 때는 사태가 급박하여 미처 그런 것까지 생각하지 못하였소."

武安已罷朝, 出止車門, 召韓御史大夫載, 怒曰:「與長孺共一老秃翁, 何爲首鼠兩端?」韓御史良久謂丞相曰:「君何不自喜? 夫魏其毀君, 君當免冠解印綬歸, 曰『臣以肺腑幸得待罪, 固非其任, 魏其言皆是』. 如此, 上必多君有讓, 不廢君. 魏其必內愧, 杜門齰舌自殺. 今人毀君, 君亦毀人, 譬如賈豎女子爭言, 何其無大體也!」武安謝罪曰:「爭時急, 不知出此.」

## 언제라도 불편하면 찾아오시오

이리하여 황제는 어사御史로 하여금 위기후가 관부에 대해 한 말을 조사하도록 하였다. 그리하여 상당 부분 거짓이었다는 것을 밝혀낸 다음 위기후를 탄핵하여 도사공都司空에 넘기도록 하였다.

경제 때, 위기후는 항상 황제로부터 '불편한 일이 있을 때는 편의대로 황제에게 말하라'라는 유조遺詔를 받곤 하였었지만, 위기후가 구속되자 관부의 죄는 그의 일족에까지 미치게 되었으며, 더욱 일이 급해져 갔는데도 조정의 신하들은 누구 한 사람 황제에게 변명해 주는 사람이 없었다. 이에 위기후는 그의 조카로 하여금 황제에게 유조에 대한 글을 올려 한 번 더 뵈올 기회를 갖고 싶다고 청원하도록 하였다.

글이 올라오자 황제는 상서尙書에 조사를 해 보도록 하였으나, 경제가 그 같은 유조를 위기후에게 주었다는 증거가 없었다. 조서는 위기후의 집에만 간직되어 있어 가승家丞이 이를 봉인해 두고 있었다. 이에 위기후는 '선황제의 조서를 위조하였으므로 그 죄는 기시棄市에 해당된다'는 탄핵을 받았다.

원광元光 5년 10월, 관부와 그 가족들은 모두 처형되었다. 위기후는 조금 지나서 그 소식을 들었다. 소식을 듣는 즉시 격분을 못 이겨 풍병에 걸리고 말았다. 그리고 음식을 끊고 죽으려 하였으나, 황제가 위기후를 죽일 뜻이 없다는 말을 듣고 위기후는 다시 음식을 들고 병 치료도 시작하였다.

조정에서는 위기후를 죽이지 않기로 결정하였지만, 그를 비방하는 근거 없는 소문이 떠돌았고 그것이 황제의 귀에도 들어가 위기후는 선달 그믐날 위성현渭城縣에서 처형되었다.

於是上使御史簿責魏其所言灌夫, 頗不讎, 欺謾. 劾繫都司空. 孝景時, 魏其常受遺詔, 曰「事有不便, 以便宜論上」. 及繫, 灌夫罪至族, 事日急, 諸公莫敢復明言於上. 魏其乃使昆弟子上書言之, 幸得復召見. 書奏上, 而案尙書大行無遺詔. 詔書獨藏魏其家, 家丞封. 乃劾魏其矯先帝詔, 罪當弃市. 五年十月, 悉論灌夫及家屬. 魏其良久乃聞, 聞卽恚, 病痱, 不食欲死. 或聞上無意殺魏其, 魏其復食, 治病, 議定不死矣. 乃有蜚語爲惡言聞上, 故以十二月晦論弃市渭城.

### 회남왕 유안의 반란에 연루되었던 전력

그 해 봄, 무안후가 병이 들었다. 그는 연신 잘못하였다고 외치면서 용서를 비는 시늉을 하였다. 이에 귀신을 볼 수 있는 무당에게 보였더니 위기후와 관부가 함께 무안후를 지키고 서서 죽이려 하고 있는 것이 보였다. 그리하여 마침내는 죽었다. 그의 아들 염恬이 뒤를 이었다.

원삭元朔 3년, 무안후 염은 예복을 입지 않고 궁중에 들어간 혐의로 불경죄에 걸려 영지를 앗기게 되었다.

회남왕 유안劉安이 반란을 일으키다가 발각되어 처형을 당하였다. 그에 앞서 회남왕이 조회에 들어왔을 때 무안후는 태위로 있었는데 회남왕을 패상霸上에 마중을 나가서 이런 말을 한 적이 있었다.

"황제께는 아직 태자가 없습니다. 대왕은 가장 현명하신 고조의 손자이십니다. 만일 황제께서 돌아가시게 된다면 대왕께서 즉위하지 않으시면 누가 있겠습니까!"

회남왕은 이 말에 크게 기뻐하며 무안후에게 후하게 황금과 재물을 보내 주었다. 황제는 위기후의 문제가 생긴 뒤로 무안후를 옳다고는 생각지 않고 있었지만 다만 태후와의 관계를 생각하여 처분을 내리지 않았을 뿐이었다.

황제는 무안후가 회남왕의 금품을 받은 사건에 대해 듣자 이렇게 말하였다.

"무안후가 살아 있었다면 멸족의 화를 당하였을 것이다."

其春, 武安侯病, 專呼服謝罪. 使巫視鬼者視之, 見魏其·灌夫共守, 欲殺之. 竟死. 子恬嗣. 元朔三年, 武安侯坐衣襜褕入宮, 不敬.

淮南王安謀反覺, 治. 王前朝, 武安侯爲太尉, 時迎王至霸上, 謂王曰:「上未有太子, 大王最賢, 高祖孫, 卽宮車晏駕, 非大王立當誰哉!」淮南王大喜, 厚遺金財物. 上自魏其時不直武安, 特爲太后故耳. 及聞淮南王金事, 上曰:「使武安侯在者, 族矣.」

## 사마천의 평어

나 태사공은 이렇게 생각한다.

위기후와 무안후는 모두가 외척인 관계로 권세를 누리게 되었고, 관부는 한 번 죽을 결심을 함으로써 그의 이름을 드날리게 하였다. 위기후가 등용된 것은 오·초 7국의 난이 계기가 되었고, 무안후가 존귀한 몸으로 뛰어오르게 된 것은, 무제孝武帝 및 태후와 친족 관계였기 때문이었다. 그러나 위기후는 시운의 변화를 알지 못하였고, 관부는 학문이 없고 겸손하지가 못하였다. 이 두 사람은 서로가 도와 가며 재앙과 혼란을 불렀다.

무안후는 지위를 믿고 세도를 부리며 술잔이 오가는 사이에 있었던 일로써 저들 두 어진 사람들을 모함하였다. 아, 참으로 슬픈 일이다! 자신의 노여움을 남에게 옮겼으니, 자신도 생명을 오래 지닐 수가 없었던 것이다. 사람들은 그를 떠받들거나 존경하지 않았으며, 마침내는 악평을 듣게 되었다. 아, 참으로 슬픈 일이다! 재앙은 그것이 나타나는 근원이 있는 법이로다!

太史公曰: 魏其·武安皆以外戚重, 灌夫用一時決筴而名顯. 魏其之擧以吳楚, 武安之貴在日月之際. 然魏其誠不知時變, 灌夫無術而不遜, 兩人相翼, 乃成禍亂. 武安負貴而好權, 杯酒責望, 陷彼兩賢. 嗚呼哀哉! 遷怒及人, 命亦不延. 衆庶不載, 竟被惡言. 嗚呼哀哉! 禍所從來矣!

史記列傳

# 048(108) 한장유 열전韓長孺列傳

한안국韓安國, 長孺

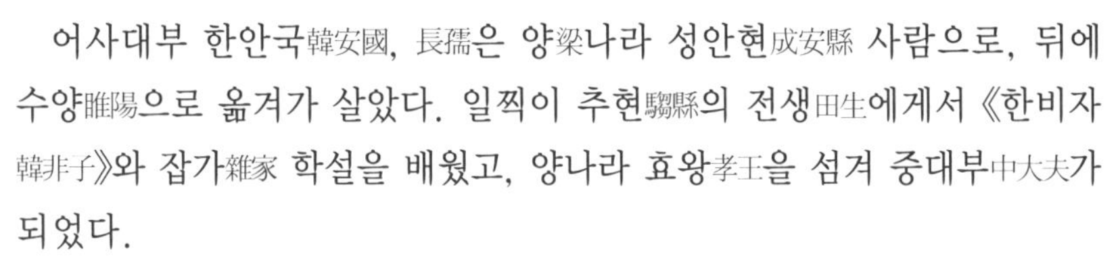

## 오초 칠국의 난을 막다

어사대부 한안국韓安國, 長孺은 양梁나라 성안현成安縣 사람으로, 뒤에 수양睢陽으로 옮겨가 살았다. 일찍이 추현騶縣의 전생田生에게서《한비자韓非子》와 잡가雜家 학설을 배웠고, 양나라 효왕孝王을 섬겨 중대부中大夫가 되었다.

오·초 7국吳楚七國의 난이 일어나자, 효왕은 한안국과 장우張羽를 장군으로 임명하여, 오나라 군대를 양나라 동쪽 경계선에서 막도록 하였다. 이 때 장우는 있는 힘을 다해 싸웠지만, 한안국은 신중을 기하여 좀처럼 싸우지 않았다. 그로 인해 오나라 군대는 양나라를 지나갈 수가 없었다. 오·초 7국이 패한 뒤, 한안국과 장우는 이 일로 인해 이름이 드러나게 되었다.

御史大夫韓安國者, 梁成安人也, 後徙睢陽. 嘗受《韓子》·雜家說於騶田生所. 事梁孝王爲中大夫. 吳楚反時, 孝王使安國及張羽爲將, 扞吳兵於東界. 張羽力戰, 安國持重, 以故吳不能過梁. 吳楚已破, 安國·張羽名由此顯.

## 양왕을 위한 멋진 해명

양나라 효왕은 경제孝景帝의 동생이었다. 효왕은 어머니 두태후竇太后에게 사랑을 받았으므로, 황제에게 청하여 양나라 재상과 2천 석石 이상의 고관들을 직접 임명할 수 있도록 청하여 허락을 얻었다.

그런데도 효왕은 더 나아가 제후 왕의 신분을 잊고 외람되게 천자의 격식대로 행사하거나 놀이에 빠져 있었다. 이를 알게 된 천자는 효왕을 못마땅하게 여겼으며, 태후 역시 황제와 마찬가지로 미덥지 못하게 여겼다. 그로부터는 양나라 사신을 만나 주지도 않을뿐더러, 효왕의 행위를 글로써 나무라기도 하였다. 이에 효왕은 한안국을 사신으로 대장공주大長公主에게 보내어 울면서 이렇게 말하도록 하였다.

"양왕은 아들로서 효도를 다하고 신하로서 충성을 다하였는데, 어찌하여 태후께서는 그것을 알아주지 않으십니까? 대체로 오·초·제·조나라 등 7국이 반란을 일으켰을 때, 함곡관函谷關 동쪽은 모두가 합종 맹약을 맺고 서쪽으로 향하였습니다. 오직 양나라만이 한나라 편에 서서 반란군과 힘겨운 전투를 벌였습니다. 또한 양왕은 태후와 황제께서 관중關中에 고립되어 계신 일이며, 제후들이 반란을 일으킨 일들로 걱정한 나머지 말끝마다 눈물을 흘렸습니다. 그리고 무릎을 꿇고 신 등 6명에게 군대를 거느리고 오나라와 초나라를 치게 하였습니다. 오나라와 초나라는 이로 인해 서쪽으로 더 나아가지 못한 채 결국 패망하였던 것입니다. 이것이야말로 양왕의 힘이었습니다. 지금 태후께서는 조그마한 절개와 의리, 사소한 예절을 가지고 양왕을 꾸짖고 계십니다. 그러나 양왕은 부친과 형이 모두 제왕인 까닭에 평소부터 본 것이 많습니다. 이에 행차가 나갈 때는 필蹕이라 외치고, 들어올 때는 경警이라 외치게 하였을 뿐입니다. 또 수레와 깃발은 모두가 황제께서 하사하신 것으로서, 그것을 세워 구석진 고을 사람들에게 자랑삼아 구경시키고, 나라 안을 돌아다니며 제후들에게 보여 주어 널리 천하에 자신이 태후와 황제의 사랑을 받고 있음을 보여 주려 한 것에 불과합니다. 그런데 지금 양나라 사자가 도착하면 그때마다 꾸짖는 글을 내리시니, 양왕은 두려워 밤낮으로 눈물을 흘리면서 태후와 황제를 사모한 나머지 어찌 하면 좋을지를 모르고 있습니다. 양왕이 아들로서 효도를 다하고 황제께 신하로서 충성을 다하는데, 태후께서는 어찌 어여삐 여기지 않으시지요?"

대장공주가 태후에게 이를 자세히 아뢰자 태후는 그제야 기뻐하며 말하였다.

"그를 위해 이 말을 황제에게 말씀드려라."

대장공주가 황제에게 이 말을 전하자, 황제 역시 마음이 풀려 관을 벗고 태후에게 나아가 사과하였다.

"형제 간에 화목하지 못한 탓으로 태후께 걱정을 끼쳐 드렸습니다."

그리고는 양나라 사자들을 일일이 불러 보고 후히 금품을 하사하였다.

그 뒤 양왕은 더욱 사랑을 받게 되었다. 또 태후와 대장공주는 각각 한안국에게 천금에 이르는 선물을 주었다. 안국은 이 일로 유명해졌고, 한나라 조정과도 인연을 맺게 되었다.

梁孝王, 景帝母弟, 竇太后愛之, 令得自請置相·二千石, 出入游戲, 僭於天子. 天子聞之, 心弗善也. 太后知帝不善, 乃怒梁使者, 弗見, 案責王所爲. 韓安國爲梁使, 見大長公主而泣曰:「何梁王爲人子之孝, 爲人臣之忠, 而太后曾弗省也? 夫前日吳·楚·齊·趙七國反時, 自關以東皆合從西鄉, 惟梁最親爲艱難. 梁王念太后·帝在中, 而諸侯擾亂, 一言泣數行下, 跪送臣等六人, 將兵擊卻吳楚, 吳楚以故兵不敢西, 而卒破亡, 梁王之力也. 今太后以小節苛禮責望梁王. 梁王父兄皆帝王, 所見者大, 故出稱蹕, 入言警, 車旗皆帝所賜也, 卽欲以侘鄙縣, 驅馳國中, 以夸諸侯, 令天下盡知太后·帝愛之也. 今梁使來, 輒案責之. 梁王恐, 日夜涕泣思慕, 不知所爲. 何梁王之爲子孝, 爲臣忠, 而太后弗恤也?」大長公主具以告太后, 太后喜曰:「爲言之帝.」言之, 帝心乃解, 而免冠謝太后曰:「兄弟不能相教, 乃爲太后遺憂.」悉見梁使, 厚賜之. 其後梁王益親驩. 太后·長公主更賜安國可直千餘金. 名由此顯, 結於漢.

## 불씨가 꺼지지 않으면 오줌을 누리라

그 뒤 한안국이 법에 저촉되어 형벌을 받게 되었을 때였다. 몽현蒙縣의 옥리獄吏 전갑田甲이 한안국을 욕보이자, 안국은 이렇게 말하였다.

"불꺼진 재라 하여 어찌 다시 타오르지 않겠는가?"

그러자 전갑은 이렇게 되받았다.

"타오르면 즉시 오줌을 누어 꺼버릴 테다."

그로부터 얼마 되지도 않아 양나라에 내사內史 자리가 비게 되었다. 그때 한나라는 사자를 한안국에게 보내어 그를 양나라 내사에 임명하도록 지시하였다. 이리하여 죄수의 몸이던 안국은 일약 2천 석의 녹을 받는 고관자리에 오르게 되었다. 이에 전갑이 달아나 버리자 안국은 말하였다.

"돌아와 관직을 지키지 않으면 너의 집안을 멸족시키리라."

이 포고에 전갑이 다시 나타나 웃옷을 벗고 사죄하자, 안국은 웃으면서 말하였다.

"오줌을 누어 보라. 너와 같은 무리를 다스릴 것까지 있겠는가?"

그뿐 아니라 그 뒤로 후대해 주었다.

처음 양나라에 내사 자리가 비어 있을 때, 효왕은 새로 제齊나라 사람 공손궤公孫詭를 얻어 신임하고 있던 차였으므로, 그를 그 자리에 임명하려 하였다. 그런데 그것을 안 두태후가 조서를 내려 한안국을 내사에 앉혔던 것이다.

其後安國坐法抵罪, 蒙獄吏田甲辱安國. 安國曰:「死灰獨不復然乎?」田甲曰:「然卽溺之.」居無何, 梁內史缺, 漢使使者拜安國爲梁內史, 起徒中爲二千石. 田甲亡走. 安國曰:「甲不就官, 我滅而宗.」甲因肉袒謝. 安國笑曰:「可溺矣! 公等足與治乎?」卒善遇之.

梁內史之缺也, 孝王新得齊人公孫詭, 說之, 欲請以爲內史. 竇太后聞, 乃詔王以安國爲內史.

## 부자지간이라도 정치는 다릅니다

공손궤와 양승羊勝은 양나라 효왕을 달래어 황제에게 태자로 삼아 줄 것과 영지를 더 줄 것을 요구하게 하였다. 그리고 혹시나 한나라 대신들이 그것을 받아들이지 않을까 염려하여 미리 손을 쓰기로 하였다. 즉 자객들을 보내어 한나라 조정에서 요직을 맡고 있는 모신謀臣들을 암살하고, 또 전날 오나라의 재상이었던 원앙袁盎을 죽여 없애려 한 것이다. 그러나 공손궤와 양승 등의 계획은 사전에 경제에게까지 알려져, 사자를 보내어 두 사람을 잡아들이게 하였다.

한나라 사자 10명이나 계속해 양나라에 당도하였지만, 양나라에서는 재상 이하 관리가 총동원되어 수색을 해 보아도 한 달이 넘도록 그들을 찾아 낼 수가 없었다. 마침내 내사 한안국은 공손궤와 양승이 효왕의 거처에 숨어 있다는 것을 알고 왕궁으로 들어가 울면서 효왕에게 이렇게 간언하였다.

"임금이 욕을 당하면 신하는 죽어야 합니다. 대왕께서는 어진 신하가 없어서 일이 이토록 시끄럽게 된 것입니다. 지금 신이 공손궤와 양승을 잡을 수는 없사오니 벼슬을 그만두고 죽음을 청할까 하옵니다."

효왕이 말하였다.

"그렇게까지 할 필요가 있겠소?"

한안국은 눈물을 줄줄 흘리며 말하였다.

"대왕께서 스스로 생각해 보실 때, 대왕과 황제와의 친밀함을 태상왕太上皇과 고황제高皇帝, 또는 황제와 임강왕臨江王, 栗太子과의 친밀함과 비교하여 어느 쪽이 더하다고 여기십니까?"

효왕이 말하였다.

"내가 그들에 미치지 못하오."

한안국은 이렇게 설명하였다.

"무릇 태상황과 고황제, 그리고 황제와 임강왕은 각각 부자 간입니다. 그런데도 고제께서는 '석 자의 검을 차고 천하를 취한 것은 바로 짐이다'라 하셨고, 그로 인해 태상황은 한평생 정치에 관여하지 못하신 채 역양櫟陽에서 사셨습니다. 임강왕은 본처가 낳은 맏아들로서 태자였습니다. 그러나 그의 어머니 율희栗姬의 단 한 마디 잘못으로 폐위되어 임강왕이 되었습니다. 그리고 뒤에 왕궁의 담장을 침해하였다는 죄목 때문에 마침내는 중위부中尉府에서 자살하게 되었던 것입니다. 그 까닭은 천하를 다스리는 데 있어서는 추호도 사사로운 정리 때문에 나라의 질서를 어지럽힐 수가 없다는 것입니다. 옛말에도 '친아버지라 해도 그가 호랑이가 되지 않는다고 어찌 알겠으며, 친형이 있다 해도 그가 이리가 되지 않는다고 어찌 알겠는가?'라 하였습니다. 지금 대왕께서는 제후의 반열에 계시면서도 간악한 신하의 터무니없는 말을 좋아하시어 한나라 조정에서 금지한 명령을 어기고 엄정한 법을 왜곡시켰습니다. 그런데도 천자께서는 대왕께 대한 태후의 사랑을 생각하시어 대왕의 처벌을 주저하고 계십니다. 태후 역시 밤낮으로 울면서 대왕이 스스로 마음을 고치시기만 간절히 바라고 계시는 데도 대왕께서는 끝까지 깨닫지 못하고 있습니다. 만일 태후께서 돌아가시게 될 경우 대왕께서는 장차 누구를 의지할 수 있겠습니까?"

이 말이 채 끝나기도 전에 효왕은 눈물을 줄줄 흘리며 한안국에게 사과하였다.

"내 지금 당장 공손궤와 양승을 내놓겠소."

그 결과 공손궤와 양승은 자살하였고, 한나라 사신은 돌아가 보고를 올렸다. 이렇듯 한안국의 힘으로 양나라 문제가 모두 해결되자, 경제와 태후는 더욱더 한안국을 소중히 대하였다.

효왕이 죽고, 공왕恭王, 劉買이 즉위하였다. 그 사이 한안국은 법에 저촉되어 벼슬을 잃고 집에 은퇴해 있었다.

公孫詭·羊勝說孝王求爲帝太子及益地事, 恐漢大臣不聽, 乃陰使人刺漢用事謀臣. 及殺故吳相袁盎, 景帝遂聞詭·勝等計畫, 乃遣使捕詭·勝, 必得. 漢使十輩至梁, 相以下擧國大索, 月餘不得. 內史安國聞詭·勝匿孝王所, 安國入見王而泣曰:「主辱臣死. 大王無良臣, 故事紛紛至此. 今詭·勝不得, 請辭賜死.」王曰:「何至此?」安國泣數行下, 曰:「大王自度於皇帝, 孰與太上皇之與高皇帝及皇帝之與臨江王親?」孝王曰:「弗如也.」安國曰:「夫太上·臨江親父子之閒, 然而高帝曰『提三尺劍取天下者朕也』, 故太上皇終不得制事, 居于櫟陽. 臨江王, 適長太子也, 以一言過, 廢王臨江; 用宮垣事, 卒自殺中尉府. 何者? 治天下終不以私亂公. 語曰:『雖有親父, 安知其不爲虎? 雖有親兄, 安知其不爲狼?』今大王列在諸侯, 悅一邪臣浮說, 犯上禁, 橈明法. 天子以太后故, 不忍致法於王. 太后日夜涕泣, 幸大王自改, 而大王終不覺寤. 有如太后宮車卽晏駕, 大王尙誰攀乎?」語未卒, 孝王泣數行下, 謝安國曰:「吾今出詭·勝.」詭·勝自殺. 漢使還報, 梁事皆得釋, 安國之力也. 於是景帝·太后益重安國. 孝王卒, 共王卽位, 安國坐法失官, 居家.

## 민월과 동월을 토벌하러 나섰으나

건원建元 연간에 무안후武安侯 전분田蚡이 한나라 태위가 되었다. 게다가 그는 외척이면서 정권을 독단하였다. 한안국은 그에게 500금의 예물을 선사하고 드디어 왕태후王太后에게 천거되었고, 무제孝武帝 역시 평소부터 한안국이 어질다는 소문을 듣고 있었으므로, 즉시 그를 불러 북지도위北地都尉에 임명하였다가 뒤에 다시 대사농大司農으로 승진시켰다.

민월閩越과 동월東越이 함께 공격해 올 때, 한안국과 대행大行 왕회王恢가 군사를 거느리고 출정하였으나, 미처 월나라에 도착하기 전에 월나라에서 자신들의 왕을 죽이고, 한나라에 항복하였기 때문에 한나라 군대도 철수하였다.
건원 6년, 무안후는 승상이 되고 한안국은 어사대부가 되었다.

建元中, 武安侯田蚡爲漢太尉, 親貴用事, 安國以五百金物遺蚡. 蚡言安國太后, 天子亦素聞其賢, 卽召以爲北地都尉, 遷爲大司農. 閩越·東越相攻, 安國及大行王恢將. 未至越, 越殺其王降, 漢兵亦罷. 建元六年, 武安侯爲丞相, 安國爲御史大夫.

## 강한 회오리바람도 끝날 때는 새털도 날리지 못한다

때마침 흉노의 사신이 와서 화친을 청하여 천자가 그 문제를 신하들에게 의논해보도록 하였다. 대행 왕회는 원래 연燕나라 사람으로, 여러 번 변경의 관리를 지낸 바 있어 흉노의 사정에 정통해 있었으므로 이렇게 주장하였다.
"한나라와 흉노가 화친을 해도 대체로 몇 해밖에는 지속되지 못하고 곧 또 약속을 어기게 될 것입니다. 화친을 허락하는 것은 군사를 일으켜 이를 치느니만 못합니다."
그러나 한안국은 왕회의 의견에 반대하고 나섰다.
"천 리 먼 곳까지 나가 싸운다는 것은 우리에게 불리합니다. 지금 흉노는 발빠른 전마戰馬의 다리 힘만을 믿고, 짐승과 같은 한없는 야심을 품어 새가 떼를 지어 오르듯 여기저기로 이동하고 있어 이들을 잡아 다스리기란 어렵습니다. 그곳을 손에 넣더라도 우리 영토가 넓어지는 것이 아니며, 그 백성들을 세력 아래 두더라도 우리 국력을 강하게 만들지는 못합니다. 그러므로 상고 시대부터 우리 백성으로 취급하지 않아 왔습니다. 한나라가 수천 리나 멀리 쳐들어가 이익을 다투게 되면 사람과 말이 다같이 지쳐버릴 것이며, 흉노는 완전한 상태에서 한나라 군대가 지친 틈을 타 제압하게 될 것입니다. 게다가 강한 쇠뇌의 화살이라도 그 힘이 끝나는 곳에서는 노나라에서 나는 아주 얇은 비단도 뚫을 수가 없으며, 회오리바람도 그 힘의 끝에 가서는 가벼운 기러기 털도 날리지 못합니다. 처음부터 강하지 않았던 것이 아니라 끝에 가서 힘이 약해지기 때문입니다. 따라서 흉노를 치는 것은 불리하니 화친을 서두르니만 못합니다."

논의에 참가한 신하들 대부분이 한안국의 의견에 찬동하였고, 황상도 마침내 화친을 허락하였다.

匈奴來請和親, 天子下議. 大行王恢, 燕人也, 數爲邊吏, 習知胡事. 議曰:「漢與匈奴和親, 率不過數歲卽復倍約. 不如勿許, 興兵擊之.」安國曰:「千里而戰, 兵不獲利. 今匈奴負戎馬之足, 懷禽獸之心, 遷徙鳥擧, 難得而制也. 得其地不足以爲廣, 有其衆不足以爲彊, 自上古不屬爲人. 漢數千里爭利, 則人馬罷, 虜以全制其敝. 且彊弩之極, 矢不能穿魯縞; 衝風之末, 力不能漂鴻毛. 非初不勁, 末力衰也. 擊之不便, 不如和親.」羣臣議者多附安國, 於是上許和親.

## ◎ 흉노를 유인하다

그 이듬해, 즉 원광元光 원년에 안문鴈門 마읍馬邑의 호족 섭옹일聶翁壹이 대행 왕회를 통해 이렇게 의견을 올렸다.

"흉노는 한나라와 방금 화친을 하고 난 뒤인지라, 변경과 친하게 지내며 이쪽에 대해 호의를 보이고 있습니다. 이 기회에 이익을 미끼로 그들을 유인하여 치는 것이 좋을 것입니다."

이에 몰래 섭옹일을 첩자로 이용하기로 하였다.

드디어 섭옹일은 흉노로 도망쳐 들어가서 선우單于에게 이렇게 말하였다.

"제가 마읍의 현령과 현승縣丞, 그리고 관리들을 죽이고 성과 고을을 들어 투항하겠습니다. 그렇게 되면 마읍의 재물을 모조리 손에 넣을 수 있을 것입니다."

선우는 전부터 섭옹일을 믿고 있었던 터라 과연 그러리라 여기고 이를 승낙였다. 그리하여 섭옹일은 돌아와 거짓으로 사형수의 목을 베어 그 머리를 마읍 성벽에 매달아 선우의 사자에게 증거로 보여 주며 말하였다.

"마읍의 장관은 이미 죽었다. 급히 습격해 오라."

이리하여 선우는 국경의 요충 지대를 돌파하여 10만이 넘는 기병대를 이끌고 무주武州의 요새로 들어왔다.

其明年, 則元光元年, 雁門馬邑豪聶翁壹因大行王恢言上曰: 「匈奴初和親, 親信邊, 可誘以利.」 陰使聶翁壹爲間, 亡入匈奴, 謂單于曰: 「吾能斬馬邑令丞吏, 以城降, 財物可盡得.」 單于愛信之, 以爲然, 許聶翁壹. 聶翁壹乃還, 詐斬死罪囚, 縣其頭馬邑城, 示單于使者爲信. 曰: 「馬邑長吏已死, 可急來.」 於是單于穿塞將十餘萬騎, 入武州塞.

### 계략을 알아차린 흉노의 선우

이때, 한나라는 전차·기병·보병 등 30여 만 명을 마읍 부근의 골짜기에 복병으로 숨겨놓고 있었다. 위위衛尉 이광李廣이 효기장군驍騎將軍이 되고, 태복 공손하公孫賀가 경거장군輕車將軍이 되었으며, 대행 왕회가 장둔장군將屯將軍이 되고, 태중대부 이식李息이 재관장군材官將軍이 되었고, 어사대부 한안국이 호군장군護軍將軍이 되었는데 모든 장군들은 호군장군에 소속되었다.

선우가 마읍에 들어오는 대로 한나라 군사는 일제히 돌격하기로 약속이 되어 있었으며 게다가 왕회·이식·이광은 따로 대代에서 적의 보급 부대를 습격하기로 되어 있었다.

선우는 한나라 장성長城인 무주의 요새로 넘어 들어와 마읍 못미처 100여 리 되는 곳까지 약탈하면서 진군하였으나, 온 들에 가축들만 보일 뿐 사람은 한 사람도 보이지 않았다. 선우는 이를 괴이하게 여겨 봉화대를 공격하여 무주의 위사尉史를 붙잡고는 그를 죽이겠다고 위협하여 결국 자백을 받아내었다.

"한나라 군대 수십 만이 마읍성 근처에 매복하고 있습니다."

이를 들은 선우는 좌우를 돌아보며 말하였다.

"하마터면 한나라의 속임수에 넘어갈 뻔하였다."

그리고 군대를 이끌고 요새를 빠져나와서는 다시 이렇게 말하였다.

"내가 위사를 얻은 것은 천명이다."

그로부터 위사를 '천왕'天王이라 칭하였다.

한편 선우가 요새에 채 이르지 않고 갑자기 군대를 이끌고 철수해 버렸다는 소식이 전해지자, 요새로 추격을 하였으나 따라잡을 수 없을 것으로 판단하고 멈추었다.

왕회 등의 군사 3만 명은, 선우의 군대가 한나라 주력 부대와 교전하지 않았다는 말을 듣고, 만일 적의 보급 부대를 습격하게 되면 아무래도 선우의 정예 부대와 싸우게 될 것이며, 그렇게 되면 결국 한나라 군대가 패하게 될 것이라는 생각에서 군대를 돌리고 말았다. 따라서 다같이 아무런 전공도 없었다.

當是時, 漢伏兵車騎材官三十餘萬, 匿馬邑旁谷中. 衛尉李廣爲驍騎將軍, 太僕公孫賀爲輕車將軍, 大行王恢爲將屯將軍, 太中大夫李息爲材官將軍. 御史大夫韓安國爲護軍將軍, 諸將皆屬護軍. 約單于入馬邑而漢兵縱發. 王恢·李息·李廣別從代主擊其輜重. 於是單于入漢長城武州塞. 未至馬邑百餘里, 行掠鹵, 徒見畜牧於野, 不見一人. 單于怪之, 攻烽燧, 得武州尉史. 欲刺問尉史. 尉史曰: 「漢兵數十萬伏馬邑下.」 單于顧謂左右曰: 「幾爲漢所賣!」 乃引兵還. 出塞, 曰: 「吾得尉史, 乃天也.」 命尉史爲「天王」. 塞下傳言單于已引去. 漢兵追至塞, 度弗及, 卽罷. 王恢等兵三萬, 聞單于不與漢合, 度往擊輜重, 必與單于精兵戰, 漢兵勢必敗, 則以便宜罷兵, 皆無功.

## 왕회의 죄를 묻다

천자가 선우의 보급 부대를 습격하지 않고, 멋대로 군대를 돌린 왕회에게 노여움을 표하자 왕회는 이렇게 변명하였다.

"처음 약속으로는 흉노가 마읍으로 쳐들어와 우리 군사와 접전하게 되었을 때, 제가 선우의 보급 부대를 공격하면 이득을 보게 되리라는 것이었습니다. 그런데 선우는 복병을 둔 것을 알고 마읍까지 오지 않고 되돌아갔습니다. 우리 군사 3만 명으로서는 그들을 대적하기엔 역부족이며 나가 치게 되면, 오직 패전의 오명만을 얻게 될 것으로 생각하였던 것입니다. 돌아와 처형되리라는 것은 잘 알고 있습니다. 그러나 폐하의 군사 3만 명을 상한 데 없이 보전할 수 있었습니다."

황제가 왕회를 정위廷尉에게 넘기자, 정위는 왕회를 적에게 맞서지 않았다는 두요逗橈라는 죄목을 적용하여 머리를 베어야 한다고 판결하였다. 이에 왕회는 몰래 1천 금의 뇌물을 승상 전분에게 보냈고, 그것을 받은 전분은 감히 황제에게는 말하지 못하고 대신 태후를 찾아가 이렇게 말하였다.

"왕회는 마읍 일을 주도하였습니다. 그것이 성공을 거두지 못하였다고 해서 그를 죽이게 된다면, 이것은 흉노를 위해 원수를 갚아 주는 것이나 다름이 없습니다."

황제가 태후에게 문안드릴 때, 태후는 승상이 한 말을 황제에게 일렀으나 황제는 이렇게 대답하였다.

"이번 마읍 일을 주도한 자는 왕회였습니다. 그의 말을 따라 수십 만 명의 천하 군사를 동원하였습니다. 비록 선우를 사로잡을 수는 없었다 하더라도, 왕회의 부대가 선우의 보급 부대를 습격하였더라면 그것만으로도 크게 사대부들의 마음을 위로할 수가 있었을 것입니다. 지금 왕회를 처형하지 않는다면 천하에 대해 사죄의 뜻을 표할 방법이 없습니다."

이 말을 들은 왕회는 자살하고 말았다.

天子怒王恢不出擊單于輜重, 擅引兵罷也. 恢曰:「始約虜入馬邑城, 兵與單于接, 而臣擊其輜重, 可得利. 今單于聞, 不至而還, 臣以三萬人衆不敵, 禔取辱耳. 臣固知還而斬, 然得完陛下士三萬人.」於是下恢廷尉. 廷尉當恢逗橈, 當斬. 恢私行千金丞相蚡. 蚡不敢言上, 而言於太后曰:「王恢首造馬邑事, 今不成而誅恢, 是爲匈奴報仇也.」上朝太后, 太后以丞相言告上. 上曰:「首爲馬邑事者, 恢也, 故發天下兵數十萬, 從其言, 爲此. 且縱單于不可得, 恢所部擊其輜重, 猶頗可得, 以慰士大夫心. 今不誅恢, 無以謝天下.」於是恢聞之, 乃自殺.

## 수레에 떨어져 절름발이가 된 한안국

한안국은 원대한 책략에 뛰어난 인물로 시세의 흐름을 잘 꿰뚫어 보고 그때마다 상황에 따라 적절히 대처하였다. 그것은 또 충후忠厚한 마음에서 나온 것이었다. 재물을 좋아하고 탐하긴 하였으나, 추천한 사람은 모두 청렴한 선비들과 자기보다 현명한 사람들이었다. 그가 양나라에서 천거한 호수壺遂·장고臧固·질타郅他 등만 해도 모두 천하의 명사들이었다. 이 때문에 선비들은 한안국을 칭찬하고 사모하였다. 천자까지도 안국은 국사를 감당할 만한 기량이 있다고 인정하였다.

한안국이 어사대부가 된 지 4년 남짓하여 승상 전분이 죽었다. 이에 안국은 승상 대리를 보게 되었는데, 어느 때 행차의 앞을 인도하다가 수레에서 떨어져 절름발이가 되었다. 천자는 승상 임명 문제를 논의하던 중 안국을 등용시킬 생각으로 사람을 보내 그의 병세를 살펴보게 하였다. 그런데 다리를 심히 절고 있었으므로, 새로 평극후平棘侯 설택薛澤을 승상으로 삼았다.

한안국은 다친 다리의 치료를 위해 벼슬을 그만두었으나 몇 달 뒤 발이 완쾌되자, 황제는 다시 안국을 중위에 임하고 1년 남짓하여 위위衛尉로 전임시켰다.

安國爲人多大略, 智足以當世取合, 而出於忠厚焉. 貪嗜於財. 所推擧皆廉士, 賢於己者也. 於梁擧壺遂·臧固·郅他, 皆天下名士, 士亦以此稱慕之, 唯天子以爲國器. 安國爲御史大夫四歲餘, 丞相田蚡死, 安國行丞相事, 奉引墮車蹇. 天子議置相, 欲用安國, 使使視之, 蹇甚, 乃更以平棘侯薛澤爲丞相. 安國病免數月, 蹇愈, 上復以安國爲中尉. 歲餘, 徙爲衛尉.

## 흉노와의 계속된 접전

거기장군車騎將軍 위청衛靑이 흉노를 공격하였다. 그는 상곡上谷에서 장성 밖으로 나가 농성蘢城에서 흉노의 군사를 무찔렀다. 이때 장군 이광은 흉노에게 붙들렸다가 도망쳐 돌아왔고, 공손오公孫敖는 부하 사졸들을 많이 잃었다. 두 사람은 죄가 참수에 해당되었으나 속죄금을 치르고 평민이 되었다.

그 이듬해 흉노는 변경으로 크게 침입하여 요서遼西 태수를 죽이고 안문鴈門에도 쳐들어와, 그들에게 살해당하고 포로로 잡혀간 사람들의 수가 수천 명에 달하였다. 거기장군 위청은 이를 공격하여 안문에서 장성 밖으로 나가고, 위위 한안국은 재관장군材官將軍이 되어 어양漁陽에 주둔해 있었다. 이 무렵 안국이 사로잡은 포로 중의 하나가 흉노는 이미 멀리 가 버렸다고 말하자, 그는 곧 농사철이므로 잠시 주둔을 중단하고 군사를 돌아가 쉬게 하도록 해 줄 것을 글로 써서 천자에게 상서하였다.

그런데 주둔을 중단한 지 한 달 남짓 지나자, 흉노는 다시 대규모로 상곡과 어양으로 침입해 왔다. 이때 한안국의 성채에는 불과 700여 명이 남아 있었고 나가 맞아 싸웠으나, 이기지 못한 채 성채로 되돌아왔다. 흉노는 백성 1천여 명을 생포하고 가축을 약탈하여 돌아갔다.

천자는 이 보고를 듣자 노하며 사신을 보내 한안국을 꾸짖고 다시 동쪽으로 이동시켜 우북평右北平에 주둔해 있도록 하였다. 이것은 흉노의 포로가 흉노는 곧 동쪽으로 쳐들어올 것이라고 말하였기 때문이었다.

車騎將軍衛青擊匈奴, 出上谷, 破胡蘢城. 將軍李廣爲匈奴所得, 復失之; 公孫敖大亡卒: 皆當斬, 贖爲庶人. 明年, 匈奴大入邊, 殺遼西太守, 及入鴈門, 所殺略數千人. 車騎將軍衛青擊之, 出鴈門. 衛尉安國爲材官將軍, 屯於漁陽. 安國捕生虜, 言匈奴遠去. 卽上書言方田作時, 請且罷軍屯. 罷軍屯月餘, 匈奴大入上谷·漁陽. 安國壁乃有七百餘人, 出與戰, 不勝, 復入壁. 匈奴虜略千餘人及畜産而去. 天子聞之, 怒, 使使責讓安國. 徙安國益東, 屯右北平. 是時匈奴虜言當入東方.

## 한안국이 실의에 차서 죽다

한안국은 처음에 어사대부와 호군장군護軍將軍에 올랐었지만, 뒤에는 차츰 배척당하고 멀어지게 되었으며 벼슬자리도 강등될 뿐이었다. 그리고 새로 황제의 총애를 받는 장년의 장군 위청 등은 전공을 세워 더욱 높은 자리로 올라갔다.

버림받은 한안국은 실의의 나날을 보낼뿐더러 주둔군 장군으로서 흉노에게 속아 많은 사졸들을 잃었다. 이런 형편이 계속되자 그 자신도 몹시 부끄러운 생각이 들어 벼슬을 그만두고 돌아가기를 원하였다. 그런데도 다시 동쪽으로 이동하여 주둔하게 되자 마음은 더욱 초조하고 불안해지기만 하였다.

한안국은 몇 달 뒤 병이 들어 피를 토하고 죽었다. 원삭元朔 2년의 일이었다.

安國始爲御史大夫及護軍, 後稍斥疏, 下遷; 而新幸壯將軍衛青等有功, 益貴. 安國旣疏遠, 黙黙也; 將屯又爲匈奴所欺, 失亡多, 甚自愧. 幸得罷歸, 乃益東徙屯, 意忽忽不樂. 數月, 病歐血死. 安國以元朔二年中卒.

## 사마천의 평어

나 태사공은 이렇게 생각한다.

나는 호수壺遂와 함께 율력律曆을 제정한 일이 있었는데, 그때 한장유韓長孺는 의리 있고, 호수는 속이 깊고 덕행이 중후함을 보았다. 세상 사람들은 흔히 '양나라에는 덕이 있는 사람'이 많다라고 하는데 이것은 헛된 말이 아니로다! 호수의 벼슬은 첨사詹事에까지 올랐다. 천자는 호수를 신임하여 한나라 승상에 임명하려 하였으나 마침 죽고 말았다. 만일 죽지 않았으면 호수는 승상이 되었을 것이고, 그의 청렴한 마음과 정직한 행동에 의해 삼가고 공경하는 군자가 되었을 것이다.

太史公曰: 余與壺遂定律曆, 觀韓長孺之義, 壺遂之深中隱厚. 世之言梁多長者, 不虛哉! 壺遂官至詹事, 天子方倚以爲漢相, 會遂卒. 不然, 壺遂之內廉行脩, 斯鞠躬君子也.

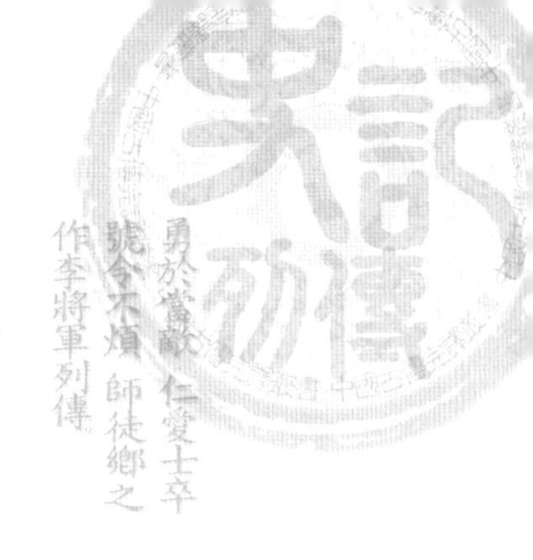


# 049(109) 이장군 열전李將軍列傳

① 이광李廣 ② 이채李蔡 ③ 이릉李陵

## 〈1〉이광李廣

### 고조 때 태어났다면 만호후가 되었을 텐데

장군 이광李廣은 농서隴西 성기成紀 사람이다. 선조 이신李信은 진秦나라 때 장군이 되어, 연나라 태자 단丹을 추격해 잡은 사람이다. 본래 괴리槐里에 살다가 뒤에 성기로 이사하였다. 이광의 집은 대대로 궁술을 전해 온 가문이었다.

문제孝文帝 14년, 흉노가 소관蕭關으로 대거 침입하였을 때, 이광은 양가의 자제로서 종군하여 흉노를 쳤다. 그는 기마술과 궁술에 모두 능하여 적을 죽이거나 목을 베고 포로로 잡은 적이 많아 이 공으로 한漢나라 중랑中郞이 되었다.

그의 사촌동생 이채李蔡 역시 중랑이 되었다. 두 사람 모두 무기상시武騎常侍에 보직되어 봉록은 800석石이었다. 일찍이 황제의 행차를 따르고 위험을 무릅써 무용을 드러냈으며, 맹수를 주먹으로 쳐서 죽인 일도 있어 문제文帝는 이렇게 말하였다.

"애석하도다, 그대는 좋은 세상에 태어나지를 못하였구려! 만약에 고조高祖 시대에 태어났더라면 만호후萬戶侯 쯤은 문제도 아니었을 터인데!"

李將軍廣者, 隴西成紀人也. 其先曰李信, 秦時爲將, 逐得燕太子丹者也. 故槐里, 徙成紀. 廣家世世受射. 孝文帝十四年, 匈奴大入蕭關, 而廣以良家子從軍擊胡, 用善騎射, 殺首虜多, 爲漢中郞. 廣從弟李蔡亦爲郞, 皆爲武騎常侍, 秩八百石. 嘗從行, 有所衝陷折關及格猛獸, 而文帝曰:「惜乎, 子不遇時! 如令子當高帝時, 萬戶侯豈足道哉!」

## ◎ 흉노와 싸우는 일이 일상이 되어버린 이광

경제孝景帝 즉위 초에 이광은 농서도위가 되었다가 기랑장騎郎將으로 옮겨졌다.

오·초 7국의 난 때에 이광은 효기도위驍騎都尉가 되어 태위 주아부周亞夫를 따라 오나라와 초나라 군대를 쳐서 적장의 깃발을 빼앗고, 창읍昌邑의 성 밑에서 공을 세워 이름을 떨쳤다. 그러나 이광은 양왕에게서 장군의 인수印綬를 받았다 하여 개선해서도 포상을 받지 못하였다. 그는 상곡上谷의 태수로 옮겨져 흉노와 날마다 대전하였다. 이를 걱정한 전속국典屬國 공손곤야公孫昆邪가 울면서 황제에게 아뢰었다.

"이광의 재능은 천하에 짝을 이룰 수 없을 정도로 스스로의 능력을 자부하여 자주 오랑캐들과 싸우곤 합니다. 이러다가 이광을 잃게 될는지도 모릅니다."

이에 황제는 이광을 상군上郡 태수로 옮겨 주었다.

그 후에 이광은 변방 여러 군郡의 태수가 되었다가 다시 상군으로 옮겼다. 그는 일찍이 농서·북지北地·안문鴈門·대代·운중雲中 등의 태수를 지냈고, 그 때마다 항상 용맹한 싸움으로 이름을 날렸다.

及孝景初立, 廣爲隴西都尉, 徙爲騎郎將. 吳楚軍時, 廣爲驍騎都尉, 從太尉亞夫擊吳楚軍, 取旗, 顯功名昌邑下. 以梁王授廣將軍印, 還, 賞不行. 徙爲上谷太守, 匈奴日以合戰. 曲屬國公孫昆邪爲上泣曰:「李廣才氣, 天下無雙, 自負其能, 數與虜敵戰, 恐亡之.」於是乃徙爲上郡太守. 後廣轉爲邊郡太守, 徙上郡. 嘗爲隴西·北地·鴈門·代郡·雲中太守, 皆以力戰爲名.

## ◎ 대담한 계책으로 적을 속이다

흉노가 상군으로 대거 침입하자, 천자는 중귀인中貴人에게 이광을 따라 군사를 통솔하고 훈련시켜 흉노를 치도록 명령하였다.

중귀인은 기병 수십 명을 거느리고 달리다가 흉노의 군사 세 사람을 발견하고 그들과 싸웠는데, 세 사람은 몸을 돌려 활을 쏘아 중귀인에게 상처를 입히고 한나라 군사를 몰살시키려 하였다. 중귀인이 놀라 이광의 진지로 달려들어오자 이광은 이렇게 말하였다.

"그들은 반드시 독수리를 쏘아 맞추는 자들임에 틀림없다."

이에 이광은 기병 100명을 따르게 하여 세 사람을 추격하였다. 세 사람은 말을 잃어버리고 걸어서 달아나느라 몇십 리밖에 가지 못하였다. 이광은 기병을 좌우로 날개처럼 벌여 자신이 그 세 사람을 쏘아 두 사람을 죽이고 하나를 사로잡았다. 잡고 보니 과연 독수리를 쏘는 명사수들임에 틀림없었다. 이들을 묶어 말을 타고 흉노의 땅을 바라보니 기병 수천 명이 보였다. 흉노는 이광이 자기들을 유인하러 온 기병인 줄 알고 모두 놀라서 산 위로 올라가 진을 쳤다. 이광의 기병 100명도 모두 크게 겁을 내어 후퇴할 생각을 하자 이광은 곧 영을 내렸다.

"우리는 한나라 본진에서 수십 리나 떨어져 있다. 지금 이러한 형편에서 도망을 치면 흉노들의 추격을 받아 기병 100명이 순식간에 전멸할 것이다. 지금 우리들이 이곳에 머물러 있으면 흉노들은 틀림없이 우리를 대군을 끼고 있는 유인병으로 알고 공격하지 않을 것이다."

그리고 여러 기병들에게 명령을 내렸다.

"앞으로 전진하라!"

그리고는 흉노의 진지 앞 2리쯤에서 멈추게 하고 이렇게 명령하였다.

"모두 말에서 내려 안장을 풀어라!"

이에 기병들이 물었다.

"흉노는 수가 많으며 바로 지척에 있습니다. 만약 급습을 당하는 경우에는 어찌하시렵니까?"

이광이 말하였다.

"저 오랑캐들은 우리들이 달아날 줄로 알고 있다. 그러니 안장을 풀어서 달아나지 않는 것을 보여주는 것이다. 우리들이 유인하러 온 군사란 것을 더욱 믿게 하기 위해서이다."

과연 흉노의 기병들은 끝내 공격해 오지 못하였다.

백마를 탄 적의 장수가 앞으로 나와서 그들 군사들을 보호하고 있었다. 이광은 기병 10여 명과 함께 달려가 백마의 적장을 사살하고 돌아와 안장을 풀고서 부하 전원에게도 말을 풀어놓고 누워 있도록 하였다.

이때 날이 저물었는데 흉노의 군사들은 이를 괴이하게 생각하여 습격하려고 하지 않았다. 밤중이 되자, 흉노의 군사들은 이를 근방에 한나라의 복병이 있어 야음을 타고 습격해 오지 않을까 의심하여 군사들을 모두 이끌고 돌아가 버렸다. 새벽이 되자, 이광은 한나라 본진으로 돌아왔다. 본진에서는 이광의 행방을 몰랐기 때문에 뒤쫓아오지 못하였던 것이다.

匈奴大入上郡, 天子使中貴人從廣勒習兵擊匈奴. 中貴人將騎數十縱, 見匈奴三人, 與戰. 三人還射, 傷中貴人, 殺其騎且盡. 中貴人走廣. 廣曰: 「是必射雕者也.」廣乃遂從百騎往馳三人. 三人亡馬步行, 行數十里. 廣令其騎張左右翼, 而廣身自射彼三人者, 殺其二人, 生得一人, 果匈奴射雕者也. 已縛之上馬, 望匈奴有數千騎, 見廣, 以爲誘騎, 皆驚, 上山陳. 廣之百騎皆大恐, 欲馳還走. 廣曰: 「吾去大軍數十里, 今如此以百騎走, 匈奴追射我立盡. 今我留, 匈奴必以我爲大軍[之]誘(之), 必不敢擊我.」廣令諸騎曰: 「前!」前未到匈奴陳二里所, 止, 令曰: 「皆下馬解鞍!」其騎曰: 「虜多且近, 卽有急, 柰何?」廣曰: 「彼虜以我爲走, 今皆解鞍以示不走, 用堅其意.」於是胡騎遂不敢擊. 有白馬將出護其兵, 李廣上馬與十餘騎犇射殺胡白馬將, 而復還至其騎中, 解鞍, 令士皆縱馬臥. 是時會暮, 胡兵終怪之, 不敢擊. 夜半時, 胡兵亦以爲漢有伏軍於旁欲夜取之, 胡皆引兵而去. 平旦, 李廣乃歸其大軍. 大軍不知廣所之, 故弗從.

## ◎ 서로 다른 군대 다루는 방법

훨씬 뒤에 경제가 붕어하고 무제武帝가 즉위하였다.

좌우에 있는 자들이 이광을 명장이라 하여 천거하여, 이광은 상군 태수로서 미앙궁未央宮의 위위衛尉를 겸하게 되었다. 이때는 정불식程不識도 장락궁長樂宮의 위위였다.

정불식은 이광과 마찬가지로 변방 고을의 태수로서 주둔군의 장수였다. 오랑캐를 칠 때, 이광은 행군하는 데 대오를 편성하거나 진형을 취하는 일도 없으며, 수초水草가 있는 곳에서 자유로이 쉬고, 자유로이 자고, 조두刀斗를 쳐서 경계하는 일도 없었다. 진영 안에서는 되도록 문서와 장부 같은 것을 생략하였다. 척후병을 먼 데까지 보내어 일찍이 적의 습격으로 인한 피해를 입은 일이 없었다. 이와 반대로 정불식은 부곡部曲·대오隊伍·숙영宿營을 정식으로 하고 조두를 쳐 경계하였다. 군리들 역시 군의 장부를 정리하기에 밤을 새우는 등 군사들이 휴식을 만족하게 취할 수가 없었다. 그런데 그도 역시 적으로부터 피해를 입은 적은 없었다. 정불식이 말하였다.

"이광의 군사는 극히 간편하여 적이 갑자기 내습할 때는 막아낼 방법이 없으리라. 그런데도 사졸들은 편하게 쉬고 있으면서 모두 기꺼이 그를 위해 죽을 생각을 한다. 우리 군사는 일이 번잡하지만 적들은 우리를 침범하지 못한다."

당시 한나라의 변방 고을에서 이광과 정불식은 모두가 명장이었다. 그러나 흉노는 이광의 지략을 겁냈으며, 사졸들 또한 이광의 밑에 있기를 좋아하고 정불식의 밑에 있기를 싫어하였다. 정불식은 경제 때 자주 직간하여 태중대부太中大夫가 되었다. 그의 인품은 청렴·정직하고 규칙과 법령을 잘 지켰다.

居久之, 孝景崩, 武帝立, 左右以爲廣名將也, 於是廣以上郡太守爲未央衛尉, 而程不識亦爲長樂衛尉. 程不識故與李廣俱以邊太守將軍屯. 及出擊胡, 而廣行無部伍行陳, 就善水草屯, 舍止, 人人自便, 不擊刀斗以自衛, 莫府省約文書籍事, 然亦遠斥候, 未嘗遇害. 程不識正部曲行伍營陳, 擊刀斗, 士吏治軍簿至明, 軍不得休息, 然亦未嘗遇害. 不識曰:「李廣軍極簡易, 然虜卒犯之, 無以禁也; 而其士卒亦佚樂, 咸樂爲之死. 我軍雖煩擾, 然虜亦不得犯我.」是時漢邊郡李廣·程不識皆爲名將, 然匈奴畏李廣之略, 士卒亦多樂從李廣而苦程不識. 程不識孝景時以數直諫爲太中大夫. 爲人廉, 謹於文法.

### 흉노의 포로에서 구사일생으로 살아났으나

그 뒤에 한나라는 마읍성馬邑城을 미끼로 선우單于를 유혹하며 대군을 마읍에 가까운 골짜기에다 숨겨 놓은 일이 있었다. 이때 이광은 효기장군驍騎將軍이 되어 호군장군護軍將軍 한안국韓安國에게 소속되어 있었다.

선우는 그 계략을 알아내고 군사를 끌고 달아나 한나라의 군사는 공을 세울 수 없게 되었다.

그 4년 뒤에 이광은 위위로서 장군이 되어 안문을 나가 흉노를 쳤지만 흉노의 대군을 만나 패전하고 이광 자신은 생포되었다.

선우는 전부터 이광이 현명하다는 것을 듣고 있었으므로 이렇게 명령하였다.

"이광을 잡거든 반드시 산 채로 데리고 오라."

흉노 기병은 이광을 잡았으나 이광이 심한 부상을 입고 있어 두 필의 말 사이에 광우리를 달아 그 안에 그를 눕히고 10여 리를 행군하였다.

이광은 죽은 척하고 누워 있었는데 마침 곁에 흉노의 한 아이가 좋은 말을 타고 있었다. 광은 별안간 뛰쳐 일어나, 아이를 밀어내고 활을 빼앗아 말 위에 올라 급히 채찍질하였다. 남쪽으로 달리기를 수십 리, 잔류 부대를 만나 이들을 이끌고 요새로 들어갔다. 흉노 기병 수백 명이 추격하였으나 이광은 아이에게서 빼앗은 활로 이들을 사살하면서 탈출에 성공하였다.

이렇게 하여 이광은 한나라로 되돌아왔다. 한나라에서는 이광을 형리로 하여금 문초하게 하였다. 형리는 이광이 많은 부하들을 잃고 적에게 생포가 된 것은 참죄斬罪에 해당한다고 하였다. 이광은 속죄금을 물고 서민이 되었다.

後漢以馬邑城誘單于, 使大軍伏馬邑旁谷, 而廣爲驍騎將軍, 領屬護軍將軍. 是時單于覺之, 去, 漢軍皆無功. 其後四歲, 廣以衛尉爲將軍, 出鴈門擊匈奴. 匈奴兵多, 破敗廣軍, 生得廣. 單于素聞廣賢, 令曰:「得李廣必生致之.」胡騎得廣, 廣時傷病, 置廣兩馬閒, 絡而盛臥廣. 行十餘里, 廣詳死, 睨其旁有一胡兒騎善馬, 廣暫騰而上胡兒馬, 因推墮兒, 取其弓, 鞭馬南馳數十里, 復得其餘軍, 因引而入塞. 匈奴捕者騎數百追之, 廣行取胡兒弓, 射殺追騎, 以故得脫. 於是至漢, 漢下廣吏. 吏當廣所失亡多, 爲虜所生得, 當斬, 贖爲庶人.

## 옛날 장군이라고 누가 알아주겠소

이윽고 이광이 집에 들어앉고 나서 몇 년의 세월이 흘렀다. 이광은 전의 영음후潁陰侯 관영灌嬰의 손자와 함께 시골에 살면서 남전藍田의 남산 산중에서 사냥으로 세월을 보내고 있었다.

그러던 어느 날 밤, 시종 한 명을 데리고 나가서 사람들과 야외에서 술을 마시고 귀가 길에 올라 패릉정霸陵亭까지 왔을 때, 그곳의 정위亭尉가 술에 취하여 이광에게 큰 소리로 꾸짖으며 보내주지 않았다. 이에 이광의 시종이 말하였다.

"이분은 옛날의 이장군이시오."

그러자 정위가 말하였다.

"현직 장군이라도 야간 통행은 안 되거늘 하물며 퇴직 장군이라니!"

정위는 이광을 역정驛亭에 붙들어 두었다.

이 일이 있은 후에 얼마 되지 않아 흉노가 침입하여 요서遼西 태수를 죽이고 한장군韓安國을 쳐부수었다. 그리고 나서 한장군은 우북평군右北平郡으로 옮겨간 지 얼마 되지 않아 죽었다.

천자는 이광을 불러 우북평군 태수로 임명하였다. 이광은 곧 천자에게 패릉의 정위를 함께 데려가게 해 달라고 청하여 그가 군영에 이르자 목을 베었다.

頃之, 家居數歲. 廣家與故潁陰侯孫屛野居藍田南山中射獵. 嘗夜從一騎出, 從人田閒飮. 還至霸陵亭, 霸陵尉醉, 呵止廣. 廣騎曰:「故李將軍.」尉曰:「今將軍尙不得夜行, 何乃故也!」止廣宿亭下. 居無何, 匈奴入殺遼西太守, 敗韓將軍, 後韓將軍徙右北平. 於是天子乃召拜廣爲右北平太守. 廣卽請霸陵尉與俱, 至軍而斬之.

## 한나라 비장군

이광이 우북평에 부임하자, 흉노는 그 소식만 듣고도 '한나라의 비장군飛將軍'이라고 부르며 수년 동안 그를 피하여 우북평에는 침입하지 않았다.

廣居右北平, 匈奴聞之, 號曰「漢之飛將軍」, 避之數歲, 不敢入右北平.

## 바위에 화살촉이 박혀들어가다

이광이 사냥을 나갔다가 숲에 있는 바위를 호랑이로 잘못 알고 활을 쏘았다. 그때 그 화살촉이 바윗돌 속으로 박혀 들어가 버렸다. 가까이 가서 보았더니 바위였다. 이에 다시 쏘았으나 화살은 더 이상 들어가지를 않는 것이었다.

이광은 임지의 고을에 호랑이가 있다는 소리를 들으면 손수 나가서 쏘기를 일삼았다. 우북평에 부임하였을 때, 이광의 화살을 맞은 호랑이가 달려들어 그에게 상처를 입혔지만 마침내 호랑이를 사살한 적도 있었다.

*廣出獵, 見草中石, 以爲虎而射之, 中石沒鏃, 視之石也. 因復更射之, 終不能復入石矣. 廣所居郡聞有虎, 嘗自射之. 及居右北平射虎, 虎騰傷廣, 廣亦竟射殺之.*

## 원숭이처럼 팔이 길었던 이광

이광은 청렴하고 정직하였다. 상이 내리면 그것을 부하들에게 나누어 주었고, 음식도 사병들과 똑같이 하였다. 이광은 죽을 때까지 40여 년에 걸쳐 녹이 2천 석이었는 데도 집에는 남겨둔 재물이 없었으며, 재물에 대해서는 일체 말하는 일이 없었다.

광은 날 때부터 키가 크고 원숭이처럼 팔이 길었다. 그가 활 쏘는 일에 능한 것도 이러한 타고난 특성에 의한 것이어서 그의 자손이나 남들이 아무리 연습을 하여도 광에게는 미치지 못하였다.

이광은 말을 더듬고 입이 무거웠다. 다른 사람과 함께 있을 때는 땅바닥에 줄을 그어 지형을 그리고, 또 땅의 넓고 좁은 것을 재어 표적을 만들고, 활쏘기를 경쟁할 때는 벌주를 먹이곤 하였다. 이처럼 활쏘기를 낙으로 하여 일생을 마쳤다.

군사를 인솔할 때, 먹을 물과 물자가 결핍한 사막 한가운데에 이르면 물을 보아도 군졸들이 물을 다 마신 뒤가 아니면 먼저 먹는 법이 없었고, 군졸들이 밥을 다 먹은 뒤에야 먹었다. 이렇게 관대하면서 엄격하지 않아 군졸들은 기뻐하고 즐거워하면서 그의 명령에 복종하였다.

그런가 하면 활을 쏠 때는 적이 가까이 와도, 거리가 수십 보 안이 되지 않거나 명중시킬 자신이 없으면 쏘지 않았다. 그런데 일단 쏘기만 하면 활시위 소리와 동시에 적이 쓰러졌다. 그 때문에 그는 싸움터에서 자주 적에게 곤경을 당하였고, 맹수를 쏠 때도 상처를 입는 일이 많았다고 한다.

廣廉, 得賞賜輒分其麾下, 飮食與士共之. 終廣之身, 爲二千石四十餘年, 家無餘財, 終不言家産事. 廣爲人長, 猨臂, 其善射亦天性也, 雖其子孫他人學者, 莫能及廣. 廣訥口少言, 與人居則畫地爲軍陳, 射闊狹以飮. 專以射爲戲, 竟死. 廣之將兵, 乏絶之處, 見水, 士卒不盡飮, 廣不近水, 士卒不盡食. 廣不嘗食. 寬緩不苛, 士以此愛樂爲用. 其射, 見敵急, 非在數十步之內, 度不中不發, 發卽應弦而倒. 用此, 其將兵數困辱, 其射猛獸亦爲所傷云.

## 이광의 침착함과 용기

이윽고 석건石建이 죽자, 천자는 이광을 불러 석건을 대신하여 낭중령郎中令을 삼았다.

원삭元朔 6년, 이광은 다시 후장군後將軍이 되어 대장군大將軍 위청衛靑을 따라 정양定襄으로 출전하여 흉노를 쳤다. 여러 장수 중에는 적의 머리를 베고 포로를 잡은 수가 법령 규정에 맞아 제후가 된 사람이 많았으나 이광의 군사에는 그러한 공을 세운 자가 없었다.

2년 후에 이광은 낭중령으로서 기병 4천 명을 이끌고 우북평 밖으로 나갔다. 박망후博望侯 장건張騫도 기병 1만 명을 인솔하고 이광과 함께 흉노 정벌의 길에 올랐지만 서로 다른 길을 택하였다. 수백 리쯤 행군하였을 때, 이광은 흉노의 좌현왕左賢王이 거느린 4만 기병에 포위 당하고 말았다. 이광의 군사가 모두 겁을 먹자 이광은 그의 아들 이감李敢에게 명하여 적군 속을 달려 돌아다니게 하였다. 이감은 겨우 수십 기병을 데리고 흉노군의 한가운데를 돌파하여 적을 좌우로 갈라놓고 돌아와 이광에게 이렇게 말하였다.

"오랑캐 따위는 대단치 않은 것들입니다."

그제야 군사들은 안심하였다.

광은 둥그렇게 진을 치고 바깥쪽을 향하여 태세를 취하게 하였다. 흉노군이 급히 내달아오며 화살을 소나기처럼 퍼붓자, 한나라 군대는 전사자가 반을 넘고 화살도 거의 바닥이 났다.

이광은 군사들에게 활을 잡아 살을 겨눌 뿐 쏘지 않도록 명령하고, 자신이 대황大黃이라는 큰 활로 적의 부장을 쏘고 그 밖의 몇 사람을 죽이자 흉노군은 약간 주춤거렸다. 거의 날이 저물어 가자, 군사들은 모두 얼굴빛이 새파랗게 질렸으나 이광은 평상시나 다름없이 부하들을 정돈하고 격려하였다. 군사들은 이로 인하여 이광의 용기를 믿게 되었다.

이튿날에 다시 격전이 벌어졌을 때, 박망후의 군사도 도착하였다. 흉노의 군사는 포위를 풀고 물러갔지만, 한나라 군대는 지쳐 추격할 만한 여력이 없었다. 이 싸움에서 이광의 군사는 거의 전멸 상태가 되어 돌아왔다. 한나라 법률에 의하면 박망후가 제때에 도착하지 못한 것은 사형에 해당하는 죄였다. 그는 속죄금을 물고 서민이 되었다. 이광은 공적과 과실이 반반이라고 하여 포상은 없었다.

居頃之, 石建卒, 於是上召廣代建爲郎中令. 元朔六年, 廣復爲後將軍, 從大將軍軍出定襄, 擊匈奴. 諸將多中首虜率, 以功爲侯者, 而廣軍無功. 後二歲, 廣以郎中令將四千騎出右北平, 博望侯張騫將萬騎與廣俱, 異道. 行可數百里, 匈奴左賢王將四萬騎圍廣, 廣軍士皆恐, 廣乃使其子敢往馳之. 敢獨與數十騎馳, 直貫胡騎, 出其左右而還, 告廣曰:「胡虜易與耳.」軍士乃安. 廣爲圜陳外嚮, 胡急擊之, 矢下如雨. 漢兵死者過半, 漢矢且盡. 廣乃令士持滿毋發, 而廣身自以大黃射其裨將, 殺數人, 胡虜益解. 會日暮, 吏士皆無人色, 而廣意氣自如, 益治軍. 軍中自是服其勇也. 明日, 復力戰, 而博望侯軍亦至, 匈奴軍乃解去. 漢軍罷, 弗能追. 是時廣軍幾沒, 罷歸. 漢法, 博望侯留遲後期, 當死, 贖爲庶人. 廣軍功自如, 無賞.

## 〈2〉이채李蔡

### 그대가 열후가 되지 못한 이유

처음에 이광의 종제 이채李蔡는 이광과 함께 문제를 섬겼다. 경제 때 이채는 공로를 쌓아 2천 석이 되었고 문제에 이르러 대代나라의 승상이 되었다.

원삭 5년, 이채는 경거장군輕車將軍이 되어 대장군을 따라서 흉노의 우현왕右賢王을 쳐서 공로가 있었고, 법령의 규정에 맞아 낙안후樂安侯로 봉해졌다. 원수元狩 2년에는 드디어 공손홍公孫弘을 대신하여 승상이 되었다.

이채는 인품이 하급에서 중간 정도이며, 명성은 광에 비하여 훨씬 떨어졌다. 그런데도 이광은 작위나 봉읍도 얻지 못한 채 벼슬은 구경九卿에 불과하였으나, 이채는 열후가 되고 직위는 삼공三公에까지 이르렀다. 또한 이광의 군리와 사졸들 중에서도 이미 봉후가 된 자가 있었다.

어느 때 이광은 운기雲氣를 보고 운명을 점치는 예언자 왕삭王朔과 이야기를 하게 되었다.

"한나라가 흉노 정벌을 시작하고부터 일찍이 내가 참가하지 않은 적이 없었소. 그런데 부대의 교위校尉 이하 사람들의 재능이 중간에도 미치지 못하지만, 오랑캐를 쳤다는 공으로 봉후의 지위를 얻은 자가 수십 명이오. 나는 결코 남에게 뒤떨어지지 않았는데도 봉읍을 얻을 만한 조그마한 공이 없는 것은 어찌된 일이오? 내가 후가 될 상相이 아니오? 아니면 이것이 내 운명이오?"

그러자 왕삭이 말하였다.

"장군께서는 스스로 돌이켜보아 후회되는 일은 없으십니까?"

이광이 말하였다

"일찍이 농서 태수였을 때, 강족羌族이 모반하였소. 나는 그들에게 투항을 권하여 항복한 자가 800여 명이 되었는데 그만 그들을 속이고 단 하루에 다 죽여 버렸소. 지금까지 그 일만은 크게 후회하고 있소. 다만 그 일 하나뿐이오."

왕삭이 말하였다.
"항복한 자를 죽이는 것보다 더한 재앙은 없습니다. 그것이야말로 장군께서 열후가 되지 못하는 까닭입니다."

初, 廣之從弟李蔡與廣俱事孝文帝. 景帝時, 蔡積功勞至二千石. 孝武帝時, 至代相. 以元朔五年爲輕車將軍, 從大將軍擊右賢王, 有功中率, 封爲樂安侯. 元狩二年中, 代公孫弘爲丞相. 蔡爲人在下中, 名聲出廣下甚遠, 然廣不得爵邑, 官不過九卿, 而蔡爲列侯, 位至三公. 諸廣之軍吏及士卒或取封侯. 廣嘗與望氣王朔燕語, 曰:「自漢擊匈奴而廣未嘗不在其中, 而諸部校尉以下, 才能不及中人, 然以擊胡軍功取侯者數十人, 而廣不爲後人, 然無尺寸之功以得封邑者, 何也? 豈吾相不當侯邪? 且固命也!」朔曰:「將軍自念, 豈嘗有所恨乎?」廣曰:「吾嘗爲隴西守, 羌嘗反, 吾誘而降, 降者八百餘人, 吾詐而同日殺之. 至今大恨獨此耳.」朔曰:「禍莫大於殺已降, 此乃將軍所以不得侯者也.」

## 다시 흉노 토벌에 나서다

그로부터 2년 뒤, 대장군과 표기장군驃騎將軍 곽거병霍去病이 대거 출병하여 흉노를 치게 되었다. 이광은 자신도 출전하고 싶다고 여러 번 천자께 청하였으나, 천자는 그가 노령이라 하여 허락하지 않았다. 그러다가 얼마 후에 이를 허락하고 전장군前將軍이라고 하였다.

後二歲, 大將軍·驃騎將軍大出擊匈奴, 廣數自請行. 天子以爲老, 弗許; 良久乃許之, 以爲前將軍. 是歲, 元狩四年也.

## 내가 길을 잘못 든 것이외다

원수 4년, 이광은 대장군 위청衛青을 따라 흉노를 공격하게 되었다. 요새를 나오자, 위청은 적병을 잡아 선우가 있는 곳을 알아내어 스스로 정병을 이끌고 그곳으로 진격하였다. 이때 이광에게는 우장군右將軍 조이기趙食其의 군대와 합류하여 동쪽 길로 가도록 명하였다. 그런데 동쪽 길은 약간 멀리 우회하게 되어 있으며, 물과 풀이 적어 대군이 숙영하거나 행군할 수 있는 형세가 아니었다. 이광은 궁리 끝에 대장군 위청에게 청원하였다.

"신의 부서는 전장군인데 이제 대장군께서는 저에게 동쪽 길로 나가도록 명령하셨습니다. 저는 젊었을 때부터 계속 흉노와 싸워 왔으나 지금에야 선우와 싸움다운 싸움을 할 수 있게 되었으니, 선봉에 서서 선우와 결전을 벌이게 해 주십시오."

그러나 대장군 위청은 한편으로 은밀히 천자로부터 당부를 받은 일이 있었다.

"이광은 노령인데다 불운한 자이다. 선우와 대적하게 해서는 안 된다. 대적한다 하여도 목적은 달성하지 못할 것이다."

이러한 경계를 받은데다가 마침 공손오公孫敖가 후侯의 작위를 잃은 채 중장군中將軍으로서 대장군을 수행하고 있었다. 대장군은 공손오의 옛 은혜를 생각하고 함께 선우에 대적함으로써 공을 그에게 세워 주고 싶어 전장군 이광의 부서를 옮긴 것이다. 이광은 이런 사정을 알고 대장군에게 동쪽 길로 나가는 것을 한사코 사양하였다.

대장군은 이광의 요청을 받아들이지 않고 장사長史를 시켜 공문을 이광에게 주게 하였다.

"속히 소속 부서로 나아가 공문에 지시한 대로 하라!"

이광은 대장군에게 인사도 하지 않고 나왔다. 심중에 분노가 가득 찬 채로 부서로 가서, 군사를 인솔하여 우장군 조이기와 합류하여 함께 동쪽 길로 진군하였다. 그런데 군대에 길 안내자가 없었으므로 길을 잘못 들어 대장군이 정한 시간보다 늦어졌다. 대장군은 선우와 접전하였으나 선우가 달아났기 때문에 잡지 못하고 귀로에 올랐다. 남쪽 사막을 지나서야 전장군과 우장군을 만났다. 이광은 대장군을 만난 뒤 군영으로 돌아왔다. 대장군은 장사에게 말린 밥과 탁주를 들려 광에게 보내고, 이광과 조이기가 길을 잘못 들어 늦어진 상황을 물었다. 대장군 위청은 천자께 자세한 보고를 하려던 것인데, 이광은 좀처럼 대답하지 않았다. 대장군은 장사에게 이광 군영의 책임자들은 문서에 의해 사실을 심문을 받으라며 이광을 재촉하고 책망하였다.

이에 이광이 말하였다.

"여러 교위들에게는 죄가 없으며 내가 길을 잘못 든 것이다. 내가 직접 진술하겠다."

廣旣從大將軍靑擊匈奴, 旣出塞, 靑捕虜知單于所居, 乃自以精兵走之, 而令廣幷於右將軍軍, 出東道. 東道少回遠, 而大軍行水草少, 其勢不屯行. 廣自請曰:「臣部爲前將軍, 今大將軍乃徙令臣出東道, 且臣結髮而與匈奴戰, 今乃一得當單于, 臣願居前, 先死單于.」大將軍靑亦陰受上誡, 以爲李廣老, 數奇, 毋令當單于, 恐不得所欲. 而是時公孫敖新失侯, 爲中將軍從大將軍, 大將軍亦欲使敖與俱當單于, 故徙前將軍廣. 廣時知之, 固自辭於大將軍. 大將軍不聽, 令長史封書與廣之莫府, 曰:「急詣部, 如書.」廣不謝大將軍而起行, 意甚慍怒而就部, 引兵與右將軍食其合軍出東道. 軍亡導, 或失道, 後大將軍. 大將軍與單于接戰, 單于遁走, 弗能得而還. 南絶幕, 遇前將軍·右將軍. 廣已見大將軍, 還入軍. 大將軍使長史持糒醪遺廣, 因問廣·食其失道狀, 靑欲上書報天子軍曲折. 廣未對, 大將軍使長史急責廣之幕府對簿. 廣曰:「諸校尉無罪, 乃我自失道. 吾今自上簿.」

## 이광 자결하다

이광은 군영으로 돌아와 부하들에게 이렇게 말하였다.

"나는 젊었을 때부터 흉노와 70여 차례나 싸웠다. 이제 다행히도 대장군을 따라 출전하여 선우와 접전하려 하였는데, 대장군이 내 부서를 옮겼기 때문에 길을 돌아가게 되었고, 더욱이 길을 잘못 들기까지 하였다. 어쨌거나 천명이 아니겠는가! 내 나이 60세가 넘어 새삼 지금에 와서 도필리刀筆吏에게 심문을 받을 수는 없다."

그리고는 마침내 칼을 빼어 스스로 목을 찔러 자결하였다.

이 소식을 듣고 군대의 사대부를 비롯하여 이광의 군사들은 모두 소리 높여 울었다. 그 지방 사람들도 이 말을 듣고는 그를 아는 사람, 모르는 사람 할 것 없이, 그리고 늙은이 젊은이 할 것 없이 모두 눈물을 흘렸다. 그리고 우장군 조이기는 형리의 손에 넘겨져 사형을 받게 되었으나 속죄금을 물고 서민이 되었다.

至莫府, 廣謂其麾下曰: 「廣結髮與匈奴大小七十餘戰, 今幸從大將軍出接單于兵, 而大將軍又徙廣部行回遠, 而又迷失道, 豈非天哉! 且廣年六十餘矣, 終不能復對刀筆之吏.」 遂引刀自剄. 廣軍士大夫一軍皆哭. 百姓聞之, 知與不知, 無老壯皆爲垂涕. 而右將軍獨下吏, 當死, 贖爲庶人.

## 이광의 아들과 가족들

이광에게는 세 아들이 있었다. 당호當戶·초椒·감敢이라 하며 모두 낭이 되었다. 천자는 언젠가 한언韓嫣과 놀이를 하였는데, 한언의 행동이 교만하여 당호에게 매를 맞고 한언이 도망친 일이 있었다. 그 때문에 천자는 당호의 용기를 칭찬하였지만 그는 일찍 죽고 말았다. 초는 대군代郡 태수로 임명되었다가 역시 이광보다 앞서 죽었다. 당호에게 유복자가 있어 이름을 이릉李陵이라고 하였다. 이광이 군영에서 죽었을 때 이감은 표기장군에게 속해 있었다.

이광이 죽은 다음 해에 종제 이채는 승상의 몸으로 경제의 능원 담장 밖에 있는 땅을 침범하였다 하여 불경죄로 형리의 손에 넘겨져 문초를 당하게 되었다. 그러나 이채가 자살하여 문초에 응하지 않아 결국 봉국이 몰수되고 말았다.

이감은 교위가 되어 표기장군을 따라 흉노의 좌현왕과 온 힘을 다해 싸워 좌현왕의 북과 깃발을 빼앗고 적의 머리를 많이 베었다. 그 공으로 관내후關內侯의 작위를 받고 식읍 200호를 받게 되었으며, 이광을 대신하여 낭중령이 되었다. 그 뒤 얼마 뒤 대장군 위청이 자기 아버지를 죽게 만든 것에 원한을 품고, 대장군을 쳐서 상처를 입혔다. 그러나 대장군은 이 사실을 숨기고 누설되는 것을 좋아하지 않았다. 뒤에 이감이 주상의 행차를 따라 옹산雍山으로 가 감천궁甘泉宮에서 사냥을 할 때, 위청과 숙질 간인 표기장군 곽거병이 사냥하다 실수한 것으로 꾸며 이감을 활로 쏘아 죽였다. 당시에 곽거병은 주상의 총애를 받고 있었으므로, 주상은 이 사실을 숨겨 사슴의 뿔에 찔려 죽은 것으로 처리하였다. 1년쯤 지나 곽거병은 죽었다.

이감에게는 딸이 있었는데 태자의 시녀가 되어 총애를 받았다. 그 때문에 이감의 아들 이우李禹도 총애를 받게 되었지만, 재물을 좋아하여 이씨의 가풍도 점차로 쇠퇴하여졌다.

廣子三人, 曰當戶·椒·敢, 爲郎. 天子與韓嫣戲, 嫣少不遜, 當戶擊嫣, 嫣走. 於是天子以爲勇. 當戶早死, 拜椒爲代郡太守, 皆先廣死. 當戶有遺腹子名陵. 廣死軍時, 敢從驃騎將軍. 廣死明年, 李蔡以丞相坐侵孝景園壖地, 當下吏治, 蔡亦自殺, 不對獄, 國除. 李敢以校尉從驃騎將軍擊胡左賢王, 力戰, 奪左賢王鼓旗, 斬首多, 賜爵關內侯, 食邑二百戶, 代廣爲郎中令. 頃之, 怨大將軍青之恨其父, 乃擊傷大將軍, 大將軍匿諱之. 居無何, 敢從上雍, 至甘泉宮獵. 驃騎將軍去病與青有親, 射殺敢. 去病時方貴幸, 上諱云鹿觸殺之. 居歲餘, 去病死. 而敢有女爲太子中人, 愛幸, 敢男禹有寵於太子, 然好利, 李氏陵遲衰微矣.

## 〈3〉이릉李陵

### 이릉이 뒤를 잇다

이릉은 장년에 이르러 건장궁建章宮의 감監으로 뽑혀서 기랑騎郎들을 감독하였다. 그는 활쏘는 재주가 능하였고 군사들을 사랑하였다.

천자는 이씨 집안이 대대로 장군이었던 것을 생각하여 그를 기병 800명을 거느리는 장수로 삼았다. 이릉은 일찍이 흉노 땅으로 2천여 리나 깊숙이 침입하여 거연居延을 지나 지형을 살폈지만 흉노를 만난 일이 없이 돌아왔다. 그는 기도위騎都尉로 임명되어 단양丹陽의 초나라 사람 5천 명의 장수가 되어 주천酒泉·장액張掖에서 활쏘기를 가르치고 흉노의 침입에 둔병으로써 대비하였다.

李陵旣壯, 選爲建章監, 監諸騎. 善射, 愛士卒. 天子以爲李氏世將, 而使將八百騎. 嘗深入匈奴二千餘里, 過居延視地形, 無所見虜而還. 拜爲騎都尉, 將丹陽楚人五千人, 敎射酒泉·張掖以屯衛胡.

### 이릉 흉노에게 항복하다

수년 뒤, 천한天漢 2년 가을, 이사장군貳師將軍 이광리李廣利는 기병 3만 명을 이끌고 흉노의 우현왕을 기련祁連·천산天山에서 치고, 이릉에게 명하여 그 궁사·보병 5천 명을 이끌고 거연居延 북쪽 천여 리 지점에 진출하도록 하였다. 이로써 흉노의 군대를 양분하고 적병이 이사장군에게만 집중하지 않도록 한 것이었다. 때가 이르러 이릉이 돌아오려 하자, 선우는 8만 명의 군사로서 이릉의 군대를 포위하고 공격해 왔다. 이릉의 군사 5천 명은 무기와 화살이 다 떨어져 전사자가 전군의 반을 넘었다. 그러나 흉노를 살상한 것도 만여 명이나 되었다. 하지만 이릉은 흉노의 군사를 유인하면서 8일 동안 싸움을 계속하였다.

거연까지의 100여 리 지점에서 흉노는 좁은 지대를 차단하고 퇴로를 끊었다. 이릉의 군사는 양식도 떨어지고 원병도 오지를 않았다. 흉노가 한편으로는 맹공을 가하면서 다른 한편 항복을 권하자 이릉은 이렇게 말하였다.

"폐하께 보고할 면목이 없다."

그리고는 마침내 흉노에게 항복하였다. 부하들은 거의 다 전사하였고 그 나머지 중 이리저리 도망을 쳐 간신히 한나라로 돌아온 것은 400여 명에 불과하였다.

數歲, 天漢二年秋, 貳師將軍李廣利將三萬騎擊匈奴右賢王於祁連天山, 而使陵將其射士步兵五千人出居延北可千餘里, 欲以分匈奴兵, 毋令專走貳師也. 陵旣至期還, 而單于以兵八萬圍擊陵軍. 陵軍五千人, 兵矢旣盡, 士死者過半, 而所殺傷匈奴亦萬餘人. 且引且戰, 連鬪八日, 還未到居延百餘里, 匈奴遮狹絶道, 陵食乏而救兵不到, 虜急擊招降陵. 陵曰:「無面目報陛下.」遂降匈奴. 其兵盡沒, 餘亡散得歸漢者四百餘人.

## 이릉으로 인해 집안이 치욕을 입다

선우는 이미 이릉을 포로로 하였으나, 전부터 이씨 일가의 명성을 듣고 있었고 실제로 싸워 본 결과 용감하였으므로, 자기 딸을 아내로 주어 이릉을 후대하였다. 한나라에서는 이 소문을 듣고 이릉의 노모와 처자를 죽였다. 그 이후로 이씨 일가의 명성은 땅에 떨어지고, 농서군의 선비들은 이씨의 문하에 있었던 것을 부끄러워하였다.

單于旣得陵, 素聞其家聲, 及戰又壯, 乃以其女妻陵而貴之. 漢聞, 族陵母妻子. 自是之後, 李氏名敗, 而隴西之士居門下者皆用爲恥焉.

## 사마천의 평어

나 태사공은 이렇게 생각한다.

옛말論語에 '자신의 몸이 바르면 명령을 내리지 않고도 행하여지고, 자신의 몸이 바르지 못하면 명령을 내릴지라도 따르지 않는다'라 하였는데 진실로 이광장군과 같은 사람을 두고 말하는 것이 아니겠는가?

나는 이장군을 직접 보았다. 그는 순박하기는 촌사람 같고 별로 입을 여는 일이 없었다. 그가 죽던 날 천하 사람들은 그를 아는 자와 모르는 자 할 것 없이 모두가 그의 죽음을 슬퍼하였다. 그의 충실한 마음이 사대부들에게 신뢰를 주었기 때문이다.

속담에 '복숭아나 오얏나무는 말을 하지 않아도 그 아래에 절로 길이 생기게 마련'이라 하였다. 이는 하찮은 말이지만 그 비유는 크다 할 것이다.

太史公曰:《傳》曰「其身正, 不令而行; 其身不正, 雖令不從」. 其李將軍之謂也? 余睹李將軍悛悛如鄙人, 口不能道辭. 及死之日, 天下知與不知, 皆爲盡哀. 彼其忠實心誠信於士大夫也? 諺曰「桃李不言, 下自成蹊」. 此言雖小, 可以諭大也.

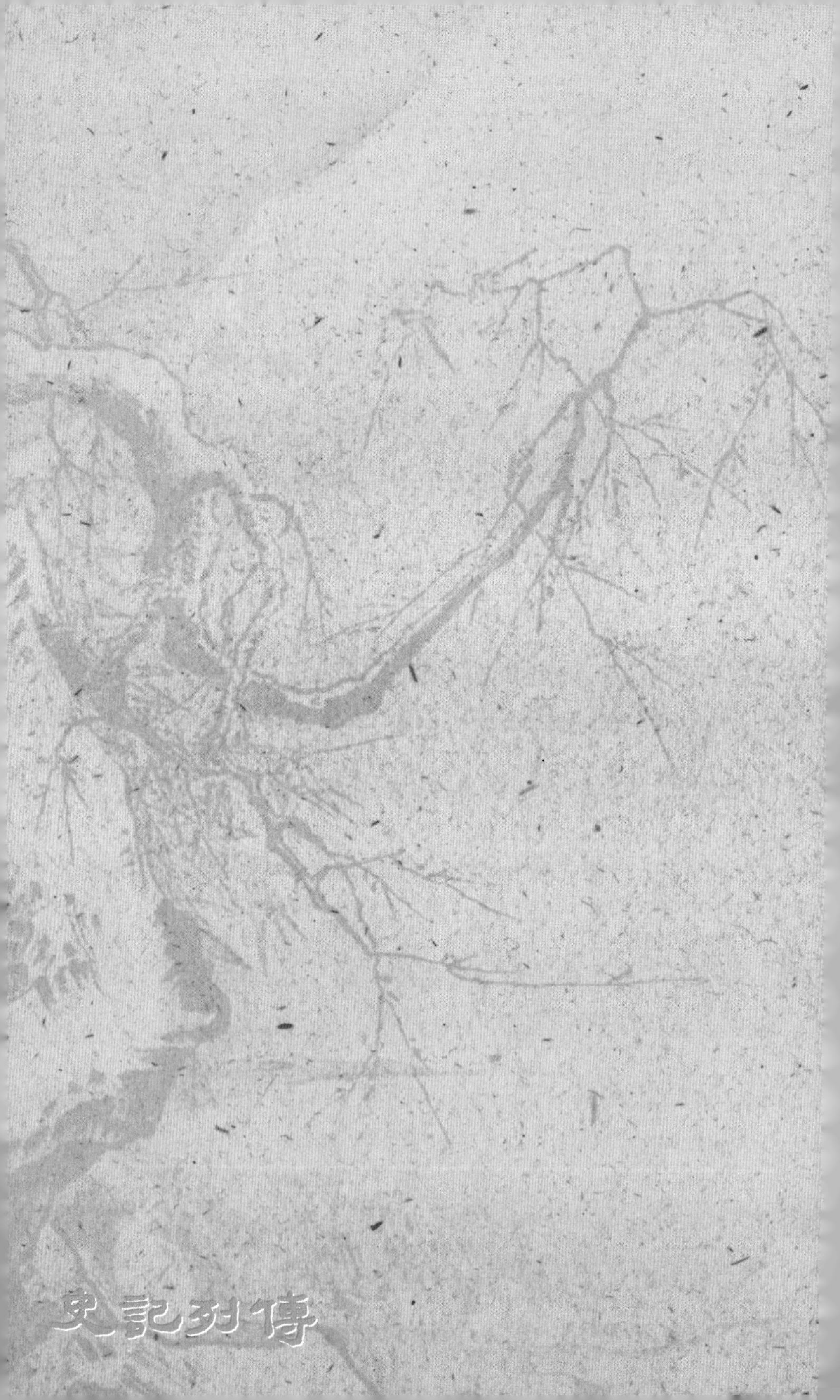
史記列傳

# 050(110) 흉노 열전匈奴列傳

## 흉노의 풍속

흉노의 선조는 하후씨夏后氏의 후예로 순유淳維라 불렸다. 당우唐虞 이전에는 산융山戎·험윤獫狁·훈육葷粥 등의 여러 종족이 북쪽의 야만 지역에서 목축을 하며 이리저리 옮겨다니며 생활을 하고 있었다.

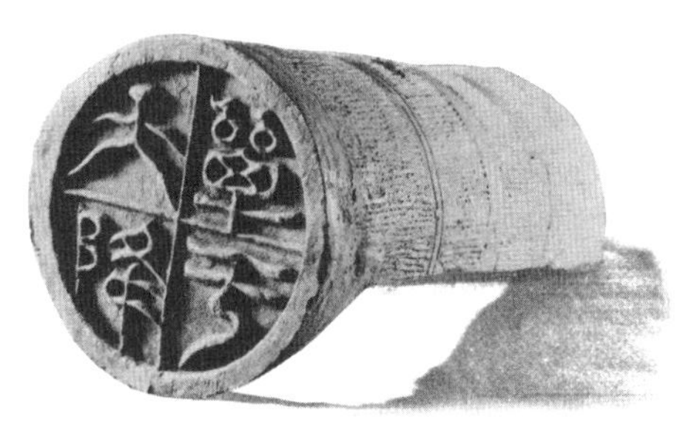

〈선우대항(單于大降)〉 와당, 漢

그들이 기르는 가축은 주로 말·소·양이었으며, 특이한 것으로는 낙타·나귀驢·노새·결제駃騠·도도騊駼·탄해驒騱 등이 있었다. 물과 풀을 따라 옮겨 살기 때문에 성곽이나 일정한 주거지도 없고 농사마저 짓지 않았으나, 각자의 세력 범위만은 경계가 분명하였다. 글이나 서적이 없어 말로써 약속을 하였다.

어린아이들도 양을 타고 돌아다니며 활을 당겨 새나 쥐 같은 것을 쏘고, 조금 자라나면 여우나 토끼 사냥을 하여 이를 양식으로 삼고 하였다. 장정이 되면 자유자재로 활을 다룰 수 있어 모두가 무장 기병이 되었다. 따라서 그들은 평상시에는 목축에 종사하면서 새나 짐승을 사냥하여 생계를 유지하였으나, 긴급 할 때에는 전원이 군사 행동에 나섰다. 이것은 거의 타고난 천성에서 오는 것이었다.

먼 거리에 쓰는 무기는 활과 화살이었고, 가까운 거리에서 쓰는 무기는 칼과 창이었다. 싸움이 유리할 경우는 나아가고, 불리할 경우는 물러났다. 도주하는 것을 수치로 알지 않았다. 무엇이든 이익이 될 만하면 그것을 얻으려 하며 예의 같은 것은 돌보지 않았다.

임금을 비롯해 모든 사람들이 가축의 고기를 먹고, 그 가죽이나 털로는 옷을 해 입거나 잠자리로 사용하였다. 건장한 사람을 소중히 위하고 노약자는 천대하여, 고기를 나눠 줄 때도 좋은 살코기는 장정들에게 우선 돌아가고 그 나머지가 노약자의 차지였다.

아버지가 죽으면 그 후처를 아들이 아내로 맞고, 형제가 죽으면 그 아내를 남아 있는 형이나 아우가 아내로 삼았다. 서로 이름을 부르는 것을 꺼리지 않으며, 성姓이나 자字 같은 것은 없다.

匈奴, 其先祖夏后氏之苗裔也, 曰淳維. 唐虞以上有山戎·獫狁·葷粥, 居于北蠻, 隨畜牧而轉移. 其畜之所多則馬·牛·羊, 其奇畜則橐駝·驢·騾·駃騠·騊駼·驒騱. 逐水草遷徙, 毋城郭常處耕田之業, 然亦各有分地. 毋文書, 以言語爲約束. 兒能騎羊, 引弓射鳥鼠; 少長則射狐兔: 用爲食. 士力能毋弓, 盡爲甲騎. 其俗. 寬則隨畜, 因射獵禽獸爲生業, 急則人習戰攻以侵伐, 其天性也. 其長兵則弓矢, 短兵則刀鋋. 利則進, 不利則退, 不羞遁走. 苟利所在, 不知禮義. 自君王以下, 咸食畜肉, 衣其皮革, 被旃裘. 壯者食肥美, 老者食其餘. 貴壯健, 賤老弱. 父死, 妻其後母; 兄弟死, 皆取其妻妻之. 其俗有名不諱, 而無姓字.

## 흉노와 중원의 역사적인 관계

하夏나라 정치가 어지러워지자 공류公劉는 대대로 이어받아 온 직관稷官의 지위를 잃고, 서융西戎의 풍습을 따르며 빈豳으로 옮겨가 도읍을 정하고 살았다. 그 뒤 300여 년이 지나 융적戎狄이 태왕大王 고공단보古公亶父를 공격하였다. 고공단보가 기산岐山 기슭으로 피하여 나오자 빈 사람들은 단보를 따라 옮겨와서 그곳에 도읍을 세우고 주周나라를 일으켰다.

그 뒤 100여 년이 지나 주나라 서백西伯 창昌, 文王이 견이씨犬夷氏를 쳤다. 그로부터 10여 년 뒤에 무왕武王이 은나라 주왕紂王을 무찌르고 낙읍雒邑을 도읍으로 정한 다음, 풍酆·호鄗에 살면서 융이戎夷를 경수涇水와 낙수洛水 이북으로 쫓아내었다. 융이는 철따라 조공을 바쳤고 그들이 사는 지역을 황복荒服이라 불렀다.

그로부터 200여 년이 지나자 주나라의 세력이 약해졌다. 목왕穆王이 견융을 쳐서 네 마리의 흰 늑대와 네 마리의 흰 사슴을 잡아 가지고 돌아왔을 뿐이었다. 그 뒤부터 황복에서는 조공을 바치는 일이 없게 되었다. 이에 주나라는 '보형甫刑'이란 법을 만들었다.

「漢幷天下」 와당, 漢

목왕 이후 200여 년이 지나 주나라 유왕幽王은 총애하던 비첩 포사褒姒의 사건으로 인해, 신후申侯와 틈이 생기게 되었다. 신후는 화가 나서 견융과 함께 쳐들어가 주나라 유왕을 여산驪山 기슭에서 죽였다. 이리하여 견융은 마침내 주나라 초호焦穫를 빼앗아 경수와 위수渭水 사이에 머물러 살면서, 중국을 침범하고 약탈을 하기 시작하였다.

한편 진秦나라 양공襄公이 주나라를 구원하여 주나라 평왕平王은 풍·호를 떠나 동쪽 낙읍으로 도읍을 옮겼다. 이때 진나라 양공은 견융을 치고 기산에 이르기까지 넓혀 비로소 제후의 지위에 오르게 되었다.

그로부터 65년 뒤에 산융山戎이 연燕나라를 넘어와 제齊나라를 공격하자, 제나라 희공釐公이 산융과 제나라 도성 밖에서 싸웠다. 그로부터 44년 후에 이번에는 산융이 연나라를 쳐들어오자, 연나라는 곧 위급함을 제나라에 알렸고, 제나라 환공桓公은 산융을 공격해 패주시켰다. 그로부터 20여 년 뒤에 융적이 낙읍으로 쳐들어와 주나라 양왕襄王을 공격하였다. 양왕은 정鄭나라 범읍氾邑으로 달아났다.

처음 주나라 양왕은 정나라를 치려는 생각에서 융적의 추장 딸을 후后로 맞은 다음, 융적의 군사와 함께 정나라를 쳤다. 그러나 그 뒤로는 적후狄后를 멀리하여 사랑하지 않아 적후는 왕을 원망하였다.

이 무렵 양왕의 계모 혜후惠后에게는 자대子帶라는 아들이 있었다. 혜후는 자대를 왕으로 앉히고자 하였다. 이에 혜후는 적후·자대와 함께 몰래 융적과 내통한 다음 그들을 끌어들였다. 융적은 이로 인해 도성으로 쳐들어올 수가 있었고, 결국 양왕을 몰아내고 자대를 천자로 세웠다. 이리하여 융적은 육혼陸渾에 살면서 가끔 동쪽으로 위衛나라에 이르러, 중국을 침략·약탈하며 포학한 짓을 일삼아 중국에서는 그들을 미워하게 되었다. 이에 시인은 그들에 대하여 이렇게 노래를 지었다.

> 융적을 응징하도다.
> 험윤을 쳐서 태원에 이르도다.
> 많은 수레 내어 저 삭방朔方에 성을 쌓도다.

주나라 양왕은 도성 밖에서 4년이나 살았다. 이에 사신을 진晉나라로 보내 위급함을 고하자, 진나라 문공文公은 처음 임금이 되면서 패업을 이룰 생각으로, 군사를 일으켜 융적戎翟을 쳐서 내쫓고 자대를 주살한 뒤 양왕을 맞아들여 낙읍에 살도록 하였다.

夏道衰, 而公劉失其稷官, 變于西戎, 邑于豳. 其後三百有餘歲, 戎狄攻大王亶父, 亶父亡走岐下, 而豳人悉從亶父而邑焉, 作周. 其後百有餘歲, 周西伯昌伐畎夷氏. 後十有餘年, 武王伐紂而營雒邑, 復居于酆鄗, 放逐戎夷涇·洛之北, 以時入貢, 命曰「荒服」. 其後二百有餘年, 周道衰, 而穆王伐犬戎, 得四白狼四白鹿以歸. 自是之後, 荒服不至. 於是周遂作《甫刑》之辟. 穆王之後二百有餘年, 周幽王用寵姬褒姒之故, 與申侯有卻. 申侯怒而與犬戎共攻殺周幽王于驪山之下, 遂取周之焦穫, 而居于涇渭之閒, 侵暴中國. 秦襄公救周, 於是周平王去酆鄗而東徙雒邑. 當是之時, 秦襄公伐戎至岐, 始列爲諸侯. 是後六十有五年, 而山戎越燕而伐齊, 齊釐公與戰于齊郊. 其後四十四年, 而山戎伐燕. 燕告急于齊, 齊桓公北伐山戎, 山戎走. 其後二十有餘年, 而戎狄至洛邑, 伐周襄王, 襄王奔于鄭之氾邑. 初, 周襄王欲伐鄭, 故娶戎狄女爲后, 與戎狄兵共伐鄭. 已而黜狄后, 狄后怨, 而襄王後母曰惠后, 有子子帶, 欲立之, 於是惠后與狄后·子帶爲內應, 開戎狄, 戎狄以故得入, 破逐周襄王, 而立子帶爲天子. 於是戎狄或居于陸渾, 東至於衛, 侵盜暴虐中國. 中國疾之, 故詩人歌之曰「戎狄是應」, 「薄伐獫狁, 至於大原」, 「出輿彭彭, 城彼朔方」. 周襄王旣居外四年, 乃使使告急于晉. 晉文公初立, 欲修霸業, 乃興師伐逐戎翟, 誅子帶, 迎內周襄王, 居于雒邑.

## 융족의 갈래

당시에는 진秦나라와 진晉나라가 강국이었다. 진晉나라 문공은 융적을 하서河西의 은수圁水와 낙수洛水 사이로 쫓아내고, 그들을 적적赤翟과 백적白翟으로 나누어 불렀다. 또한 진秦나라 목공穆公은 유여由余를 신하로 맞아 서융의 8개 나라를 복종시킬 수 있었다. 이리하여 농隴으로부터 서쪽에는 면저緜諸·곤융緄戎·적翟·원獂 등의 융족이 있었고, 기산·양산梁山·경수·칠수漆水 북쪽에는 의거義渠·대려大荔·오지烏氏·구연朐衍 등의 융족이 있었다. 그리고 진晉나라 북쪽에는 임호林胡·누번樓煩 등의 융족이 있었고, 연나라 북쪽에는 동호東胡·산융山戎이 있었다. 이들은 각각 떨어져 골짜기에 살고 있었고, 각각 군장君長이 있었다. 가끔 100여 개의 융족이 합치는 일은 있어도 하나로 단결되지는 못하였다.

當是之時, 秦晉爲彊國. 晉文公攘戎翟, 居于河西圁·洛之閒, 號曰赤翟·白翟. 秦穆公得由余, 西戎八國服於秦, 故自隴以西有緜諸·緄戎·翟·獂之戎, 岐·梁山·涇·漆之北有義渠·大荔·烏氏·朐衍之戎. 而晉北有林胡·樓煩之戎, 燕北有東胡·山戎. 各分散居谿谷, 自有君長, 往往而聚者百有餘戎, 然莫能相一.

## 역대 이래 흉노 방비

그로부터 100여 년 뒤에 진晉나라 도공悼公이 위강魏絳을 사신으로 하여 융적과 화친을 맺도록 보냄으로써 융적은 진晉나라에 입조하게 되었다.

다시 그로부터 100여 년 뒤에 조양자趙襄子가 구주산句注山을 넘어 대代를 무찔러 병합하고 호맥胡貉과 경계를 맞대게 되었다. 그 뒤 조양자는 한韓·위魏나라와 함께 지백智伯을 멸망시키고 진晉나라 영토를 분할하여 가졌으니 바로 조나라는 구주산 북쪽을 차지하고, 위나라는 하서·상군을 차지하여 융과 경계를 맞대었다.

그 뒤 의거의 융족이 성을 쌓고 지키고 있었으나, 진秦나라는 그들의 땅을 잠식해 들어가 혜왕惠王 때에는 드디어 의거의 25개 성읍을 차지하였다.

또 혜왕이 위魏나라를 치자, 위나라는 서하와 상군 전부를 진秦나라에 주었다.

진秦나라 소왕昭王 때 의거의 융왕이 소왕의 어머니 선태후宣太后와 밀통하여 두 아들을 낳았다. 그러나 선태후는 의거의 융왕을 속여 감천궁甘泉宮에서 죽이고, 드디어는 군사를 일으켜 의거를 공격해 멸망시켰다. 이리하여 진나라는 농서·북지·상군을 차지하고 장성을 쌓아 흉노를 막게 되었다.

또 조나라 무령왕武靈王은 풍습을 고쳐 호복胡服을 입고 말 타고 활쏘기를 가르쳐 북쪽으로 임호·누번을 무찔러 장성을 쌓고, 대代에서 음산陰山 기슭을 아울러 고궐高闕에 이르는 사이를 요새지로 만들고 운중雲中·안문鴈門·대군 등 3개의 군을 두었다.

그 뒤 연나라의 명장 진개秦開가 흉노에게 인질로 가 있으면서 그들에게 믿음을 산 다음, 연나라로 돌아오자 곧 동호를 습격하여 패주시켰다. 이때 동호는 1천여 리나 후퇴하였다. 형가荊軻와 함께 진秦나라 왕 정嬴政을 죽이러 갔던 진무양秦舞陽은 진개의 손자이다.

연나라 역시 조양造陽에서 양평襄平에 이르는 장성을 쌓고 상곡·어양漁陽·우북평右北平·요서遼西·요동遼東의 여러 군을 두어 흉노를 막았다.

당시 중국에는 문물 제도를 갖춘 전국칠웅戰國七雄, 齊·楚·韓·魏·燕·趙·秦이 있었는데, 그 중 연燕·조趙·진秦이 흉노와 경계를 맞대고 있었다. 그 뒤 조나라 장군 이목李牧이 있는 동안은 흉노가 감히 조나라 변경을 침입하지 못하였다.

그 뒤 진나라가 여섯 나라 없애 버리자, 시황제는 몽염蒙恬에게 10만 군사를 주어 북쪽으로 흉노를 치게 하였다. 몽염은 황하 남쪽 땅을 모두 손아귀에 넣고 황하를 이용하여 요새를 구축하는 한편, 황하를 따라 44개소에 현성縣城을 쌓고 죄수들로 구성된 군대를 옮겨 지키게 하였다. 그리고 구원九原에서 운양雲陽에 이르는 도로를 개통시켰다. 또한 지형의 험세를 살려 경계선으로 하고, 골짜기를 이용하여 참호로 만들며 보수할 곳은 보수하여 임조臨洮를 기점으로 요동에 이르기까지 1만여 리에 달하는 장성을 쌓았다. 또 황하를 북쪽으로 건너가 양산陽山과 북가北假 사이를 점령하였다.

自是之後百有餘年, 晉悼公使魏絳和戎翟, 戎翟朝晉. 後百有餘年, 趙襄子踰句注而破并代以臨胡貉. 其後既與韓魏共滅智伯, 分晉地而有之, 則趙有代·句注之北, 魏有河西·上郡, 以與戎界邊. 其後義渠之戎築城郭以自守, 而秦稍蠶食, 至於惠王, 遂拔義渠二十五城. 惠王擊魏, 魏盡入西河及上郡于秦. 秦昭王時, 義渠戎王與宣太后亂, 有二子. 宣太后詐而殺義渠戎王於甘泉, 遂起兵伐殘義渠. 於是秦有隴西·北地·上郡, 築長城以拒胡. 而趙武靈王亦變俗胡服, 習騎射, 北破林胡·樓煩. 築長城, 自代並陰山下, 至高闕爲塞. 而置雲中·鴈門·代郡. 其後燕有賢將秦開, 爲質於胡, 胡甚信之. 歸而襲破走東胡, 東胡卻千餘里. 與荊軻刺秦王秦舞陽者, 開之孫也. 燕亦築長城, 自造陽至襄平. 置上谷·漁陽·右北平·遼西·遼東郡以拒胡. 當是之時, 冠帶戰國七, 而三國邊於匈奴. 其後趙將李牧時, 匈奴不敢入趙邊. 後秦滅六國, 而始皇帝使蒙恬將十萬之衆北擊胡, 悉收河南地. 因河爲塞, 築四十四縣城臨河, 徙適戍以充之. 而通直道, 自九原至雲陽, 因邊山險塹谿谷可繕者治之, 起臨洮至遼東萬餘里. 又度河據陽山北假中.

## 두만頭曼 선우

당시는 동호가 강하고 월지月氐도 세력이 왕성하였다. 흉노의 선우單于는 두만頭曼이라 불렀다. 두만은 진秦나라를 당해내지 못하고 북쪽으로 옮겨갔으며, 그로부터 10여 년이 지나 몽염이 죽고 제후들이 진나라를 배반하여 중국이 온통 혼란 상태가 되자, 진나라가 변경을

「單于和親」 와당, 漢

지키기 위해 보냈던 수비병들은 모두 이탈하고 말았다. 흉노는 마음놓고 다시 차차 황하를 건너 남으로 내려와 마침내는 옛날 요새에서 중국과 경계를 맞대게 되었다.

當是之時, 東胡彊而月氏盛. 匈奴單于曰頭曼, 頭曼不勝秦, 北徙. 十餘年而蒙恬死, 諸侯畔秦, 中國擾亂, 諸秦所徙適戍邊者皆復去, 於是匈奴得寬, 復稍度河南與中國界於故塞.

## 소리나는 화살촉으로 아버지를 향해

두만선우에게는 태자가 있어 이름은 묵돌冒頓, 모돈으로도 읽음이라 하였다. 그러나 그 뒤에 총애하는 연지閼氏, 알지로도 읽음에게서 작은아들이 태어나자, 묵돌을 폐하고 작은아들을 태자로 세우려 하였다. 이에 선우는 묵돌을 월지에 볼모로 보낸 다음 서둘러 월지를 공격하였다. 월지는 선우의 예상대로 묵돌을 죽이려 하였으나, 묵돌은 준마를 훔쳐 타고 본국으로 도망쳐 돌아왔다.

두만은 일이 어긋나기는 하였으나, 그의 용기를 장하게 여겨 묵돌을 기병 1만 명을 거느리는 장군으로 삼아주었다. 그러자 묵돌은 소리나는 살촉 명적鳴鏑을 만들어 부하들에게 나누어주고 그 활로 말을 달리며 쏘는 연습을 시켰다. 그러던 어느 날 그는 이런 명령을 내렸다.

"내가 명적을 쏘거든 다같이 그곳에 맞추어 쏘아라. 쏘지 않는 자는 베어 버리겠다."

그런 다음 수렵에 나섰을 때, 묵돌은 자신이 명적을 쏘아댄 곳에 쏘지 않은 자는 가차없이 죽였다. 그 뒤 묵돌은 다시 자신이 가장 아끼는 말을 향하여 쏘았다. 그러자 좌우에서 차마 쏘지 못하는 자가 있었다. 묵돌은 역시 당장에 그들을 죽였다. 얼마 후에 그는 다시 자신이 사랑하는 애처에게 명적을 날렸다. 좌우에서 겁이 난 나머지 감히 쏘지 못하는 자가 있자, 묵돌은 그들 역시 사정없이 베어 버렸다. 그리고 얼마 뒤에 묵돌은 수렵에 참가하여 선우의 명마에 명적을 날렸다. 그러자 부하들은 모두 일제히 거기에 쏘아 댔다. 그제야 묵돌은 비로소 부하 전원이 자기의 명령을 따른다는 것을 믿고 확신을 가지게 되었다.

그리고 다음 수렵에 나갔을 때, 아버지 두만에게 명적을 날렸다. 과연 그의 부하들은 일제히 화살을 날려 두만 선우를 죽였다. 묵돌은 잇달아 그의 계모, 아우 및 자신을 따르지 않은 대신들을 모조리 죽이고 자립하여 선우가 되었다.

單于有太子名冒頓. 後有所愛閼氏, 生少子, 而單于欲廢冒頓而立少子, 乃使冒頓質於月氏. 冒頓旣質於月氏, 而頭曼急擊月氏. 月氏欲殺冒頓, 冒頓盜其善馬, 騎之亡歸. 頭曼以爲壯, 令將萬騎. 冒頓乃作爲鳴鏑, 習勒其騎射, 令曰:「鳴鏑所射而不悉射者, 斬之.」行獵鳥獸, 有不射鳴鏑所射者, 輒斬之. 已而冒頓以鳴鏑自射其善馬, 左右或不敢射者, 冒頓立斬不射善馬者. 居頃之, 復以鳴鏑自射其愛妻, 左右或頗恐, 不敢射, 冒頓又復斬之. 居頃之, 冒頓出獵, 以鳴鏑射單于善馬, 左右皆射之. 於是冒頓知其左右皆可用. 從其父單于頭曼獵, 以鳴鏑射頭曼, 其左右亦皆隨鳴鏑而射殺單于頭曼, 遂盡誅其後母與弟及大臣不聽從者. 冒頓自立爲單于.

### 동호의 거만함을 키워주다

묵돌이 선우에 올랐을 당시는 동호가 세력이 강하였다. 동호에서는 묵돌이 아버지를 죽이고 스스로 왕이 되었다는 말을 듣자, 묵돌에게 사자를 보내어 두만이 생전에 가지고 있던 천리마를 얻고 싶다고 청하였다. 이에 묵돌이 신하들의 의견을 묻자 신하들은 모두 이렇게 말하였다.

"천리마는 흉노의 보배입니다. 줄 수 없습니다."

그러나 묵돌은 이렇게 말하였다.

"서로 나라를 이웃하고 있으면서 어떻게 말 한 마리를 아낄 수 있겠는가?"

이리하여 결국 천리마를 내주었다.

얼마쯤 뒤에 동호는 묵돌이 자신을 무서워하고 있는 줄로 알고 다시 사자를 보내어 선우의 왕비 연지閼氏 중에 하나를 가지고 싶다고 청하였다. 묵돌이 또 좌우에게 물었다. 좌우는 모두 성을 내며 말하였다.

"동호는 무례합니다. 이제 연지를 요구하기에 이른 것입니다. 쳐서 버릇을 고쳐 주어야 합니다."

그러나 이때도 묵돌은 이렇게 말하였다.

"나라를 이웃하고 있으면서 어떻게 여자 하나를 아낄 수 있겠는가?"

그리고 사랑하는 연지 한 사람을 동호에 보내 주었다.

이로써 동호는 더욱 교만해져서 마침내는 국경을 침범하려 하였다. 당시 동호와 흉노 사이에는 1천여 리에 걸쳐 아무도 살고 있지 않는 황무지가 있었다. 두 나라는 각각 자기들의 변경에 수비 초소를 세워놓고 있었다. 동호는 이 황무지에 눈독을 들이고 사자를 보내어 모돈에게 이렇게 전하였다.

"흉노와 우리가 경계하고 있는 수비 초소 이외의 황무지는 흉노로서는 어차피 버려진 땅이니 우리가 차지하였으면 좋겠소."

모돈이 이 문제를 신하들에게 묻자 몇 사람이 이렇게 말하였다.

"그곳은 버려진 땅입니다. 주어도 좋고 안 주어도 좋을 것 같습니다."

그러자 모돈은 크게 성을 내며 말하였다.

"땅은 나라의 근본이다. 어떻게 줄 수 있단 말이냐?"

그리고는 주어도 좋다고 한 자들을 모조리 참수한 다음 곧 말에 오르며 전국에 명령을 내렸다.

"이번 출전에 후퇴하는 자는 죽여 없애리라."

그리고 마침내 동쪽으로 동호를 습격하였다. 동호는 처음에 묵돌을 업신여겨 흉노에 대한 방비를 거의 하지 않았다. 그 때문에 묵돌은 군사를 이끌고 습격하자, 순식간에 동호를 대파해 그 왕을 죽였으며, 백성들을 사로잡고 가축을 빼앗았다.

그리고 돌아오자, 이번에는 서쪽으로 월지를 쳐서 패주시켰고, 남쪽으로 하남河南의 누번왕樓煩王·백양왕白羊王 등의 영지를 병합하는 한편, 일찍이 진나라의 몽염에게 빼앗겼던 흉노 땅을 모조리 되찾았다. 이렇게 본래의 하남의 요새를 한나라와 경계를 삼고, 그곳에 관문을 설치하여 조나朝那·부시膚施, 나아가서는 연나라와 대나라에까지 침입하게 되었다.

당시 한漢나라 군대는 항우項羽와 서로 겨루고 있던 터라 중원 천하는 전쟁에 지쳐 있었다. 묵돌이 손쉽게 흉노를 강화할 수 있었던 것도 그 때문이었다. 흉노에는 활에 능숙한 군사만 해도 30만 명에 이르렀다.

冒頓旣立, 是時東胡彊盛, 聞冒頓殺父自立, 乃使使謂冒頓, 欲得頭曼時有千里馬. 冒頓問羣臣, 羣臣皆曰:「千里馬, 匈奴寶馬也, 勿與.」冒頓曰:「柰何與人鄰國而愛一馬乎?」遂與之千里馬, 居頃之, 東胡以爲冒頓畏之, 乃使使謂冒頓, 欲得單于一閼氏. 冒頓復問左右, 左右皆怒曰:「東胡無道, 乃求閼氏! 請擊之.」冒頓曰:「柰何與人鄰國愛一女子乎?」遂取所愛閼氏予東胡. 東胡王愈益驕, 西侵. 與匈奴閒, 中有弃地, 莫居, 千餘里, 各居其邊爲甌脫. 東胡使使謂冒頓曰:「匈奴所與我界甌脫外弃地, 匈奴非能至也, 吾欲有之.」冒頓問羣臣, 羣臣或曰:「此弃地, 予之亦可, 勿予亦可.」於是冒頓大怒曰:「地者, 國之本也, 柰何予之!」諸言予之者, 皆斬之. 冒頓上馬, 令國中有後者斬, 遂東襲擊東胡. 東胡初輕冒頓, 不爲備. 及冒頓以兵至, 擊, 大破滅東胡王, 而虜其民人及畜產. 旣歸, 西擊走月氏, 南幷樓煩·白羊河南王. (侵燕代)悉復收秦所使蒙恬所奪匈奴地者, 與漢關故河南塞, 至朝那·膚施, 遂侵燕·代. 是時漢兵與項羽相距, 中國罷於兵革, 以故冒頓得自彊, 控弦之士三十餘萬.

## 흉노의 정치 조직

흉노는 이처럼 순유淳維에서 두만頭曼에 이르기까지 1천여 년 동안 때로는 강성하고 때로는 약소해지기를 되풀이하면서 흩어지기도 하고 다시 모이기도 하였다. 이에 흉노 선우의 계보를 순서대로 기록할 수가 없다. 그러나 묵돌의 대에 들어서 흉노는 가장 강성해져 북방 이민족들을 모두 항복시키고 남쪽으로 중국과 적대 관계를 형성하게 되었다. 따라서 이후의 선우의 계승이나 관직 명칭을 다음과 같이 기록할 수 있다.

선우 밑에는 좌우 현왕賢王, 좌우 녹려왕谷蠡王, 좌우 대장大將, 좌우 대도위大都尉, 좌우 대당호大當戶, 좌우 골도후骨都侯 등을 두었다.

흉노에서는 어질다는 것을 도기屠耆라고 하였기 때문에, 언제나 태자를 좌도기왕左屠耆王이라 일컬었다. 좌우의 현왕 이하 당호에 이르기까지 크게는 기병 1만 명에서 적게는 기병 수천 명을 거느리는 대소 통솔자가 총 24 장長이 있다. 이들은 통상 '만기萬騎'라고 하였다. 여러 대신들은 그 벼슬을 세습하였으며, 호연씨呼衍氏·난씨蘭氏, 뒤에는 수복씨須卜氏까지 합쳐 3개 성이 흉노의 귀족이었다.

모든 좌방左方의 왕王과 장將들은 동쪽 지역에 살며, 상곡군에서부터 동쪽을 맡아 예맥穢貉과 조선朝鮮에 접해 있었다. 우방右方의 왕과 장들은 서쪽 방면에 살며 상군에서부터 서쪽을 맡아 월지와 저氐·강羌과 접해 있었다. 또 선우의 도읍지인 정庭은 대군·운중군과 마주보고 있었다. 이들은 각각 일정한 영역이 있어서 물과 풀을 따라 옮겨 살고 있었다. 좌우 현왕·좌우 녹려왕의 영역이 가장 크고, 좌우 골도후는 선우의 정치를 보좌하고 있었다. 24명의 장들은 또 각각 자기들대로 천장千長·백장百長·십장什長·비소왕裨小王·상봉相封·도위都尉·당호當戶·저거且渠 등의 속관을 두고 있었다.

自淳維以至頭曼千有餘歲, 時大時小, 別散分離, 尚矣, 其世傳不可得而次云. 然至冒頓而匈奴最彊大, 盡服從北夷, 而南與中國爲敵國, 其世傳國官號乃可得而記云.

置左右賢王, 左右谷蠡王, 左右大將, 左右大都尉, 左右大當戶, 左右骨都侯. 匈奴謂賢曰「屠耆」, 故常以太子爲左屠耆王. 自如左右賢王以下至當戶, 大者萬騎, 小者數千, 凡二十四長, 立號曰「萬騎」. 諸大臣皆世官. 呼衍氏, 蘭氏, 其後有須卜氏, 此三姓其貴種也. 諸左方王將居東方, 直上谷以往者, 東接穢貉·朝鮮; 右方王將居西方, 直上郡以西, 接月氏·氐·羌; 而單于之庭直代·雲中: 各有分地, 逐水草移徙. 而左右賢王·左右谷蠡王最爲大(國), 左右骨都侯輔政. 諸二十四長亦各自置千長·百長·什長·裨小王·相·封都尉·當戶·且渠之屬.

## 흉노의 풍속과 상벌제도

정월에는 선우가 있는 왕정에서 모든 장들이 소집회를 열고 제사를 지냈다. 5월에는 농성蘢城에서 대집회를 열고 조상과 천지신명 및 귀신들을 제사지냈다. 가을에 말이 살찔 때에는 대림蹛林에서 대집회를 열어 백성과 가축의 숫자를 조사하였다.

〈牛耕圖〉 嘉峪關 부근 魏晉 벽화

그들의 법률은 대개 이러하였다.

평상시에 칼을 한 자 이상 빼낸 자는 사형에 처하고, 도둑질한 자는 그의 재산을 몰수하며, 가벼운 범죄를 범한 자는 알형軋刑에 처하고, 무거운 죄를 범한 자는 사형에 처하였다. 옥에 가둬두는 것은 길어야 열흘을 넘기지 않았으며, 옥에 갇힌 사람은 전국을 통해 몇 명에 불과하였다.

선우는 아침에 군영을 나와 막 떠오르는 해를 향해 절을 하고 저녁에는 또 달을 보고 절을 하였다. 앉는 자리의 차례는 왼쪽을 윗자리로 하고 북쪽을 향해 앉았다. 무일戊日과 기일己日을 길일吉日이라 하여 소중히 여겼으며, 장례 때는 시체를 관곽棺槨에 넣고 그 안에 금은과 가죽옷들을 넣었다. 무덤에 봉분을 하거나 나무를 심는 일도 없고 상복을 입지도 않는다. 임금이 죽으면, 사랑받던 신하나 첩들 중에 따라 죽는 사람이 많을 때에는 수십 명에서 100명에 달하였다.

전쟁을 일으킬 때에는 항상 별과 달의 모양을 보고 결정하였다. 달이 커져서 둥글게 되면 공격을 하고 이지러지면 후퇴하였다. 공격할 때에 적의 목을 베거나 적을 포로로 한 자에게는 술 한 잔을 하사하고, 노획한 물품은 노획한 본인에게 주는데, 사람을 생포하였을 경우는 잡은 사람의 하인이나 하녀로 삼았다. 이 때문에 싸울 때는 누구나 이득을 얻으려고 교묘히 적을 유인하여 한꺼번에 내리 덮치기를 잘 하였다. 이에 적을 보기만 하면, 이득을 바라고 새 떼처럼 모여들지만 일단 싸움이 불리해져 패색이 짙어지면 뿔뿔이 흩어져 달아나 버린다. 또한 싸움에서 자기 편 전사자를 거두어 온 자에게는 전사자의 재산을 모두 그에게 주었다.

그 뒤 모돈은 북으로 혼유渾庾·굴석屈射·정령丁零·격곤鬲昆·신리薪犁 등을 항복받아 흉노의 모든 귀족과 대신들은 모돈 선우에 감복해 그를 어진 군주로 우러러보게 되었다.

歲正月, 諸長小會單于庭, 祠. 五月, 大會蘢城, 祭其先·天地·鬼神. 秋, 馬肥, 大會蹛林, 課校人畜計. 其法, 拔刃尺者死, 坐盜者沒入其家; 有罪小者軋, 大者死. 獄久者不過十日, 一國之囚不過數人. 而單于朝出營, 拜日之始生, 夕拜月. 其坐, 長左而北鄉. 日上戊己. 其送死, 有棺槨金銀衣裘, 而無封樹喪服;

近幸臣妾從死者, 多至數千百人. 擧事而候星月, 月盛壯則攻戰, 月顧則退兵. 其攻戰, 斬首虜賜一卮酒, 而所得鹵獲因以予之, 得人以爲奴婢. 故其戰, 人人自爲趣利, 善爲誘兵以冒敵. 故其見敵則逐利, 如鳥之集; 其困敗, 則瓦解雲散矣. 戰而扶輿死者, 盡得死者家財.

後北服渾庾·屈射·丁零·鬲昆·薪犂之國. 於是匈奴貴人大臣皆服, 以冒頓單于爲賢.

## ◎ 고조 유방이 백등산에 갇히다

이 때는 한漢나라가 비로소 중국을 평정하여 천하 통일을 이룩한 해이다. 당시 고조高祖는 한왕韓王 신信을 대代로 옮겨 마읍馬邑에 도읍을 정하도록 하였다. 그러나 얼마 뒤에 흉노의 기습을 받아 마읍이 포위되자 한왕 신은 흉노에게 항복하고 말았다.

흉노는 한왕 신을 얻자, 그 기세를 타 군사를 이끌고 남하하여 구주산을 넘어 태원太原에 쇄도하였고, 마침내는 진양晉陽 아래까지 육박해 들어왔다. 이에 고조는 친히 정벌하고자 출병하였지만, 때마침 겨울이라 추위가 심하고 많은 눈이 내려 병사들 중에 손가락을 잃는 자가 열에 둘 셋이 될 정도로 동상에 걸린 자가 속출하였다.

묵돌은 거짓으로 패주를 가장하여 한나라 군대를 계속 유인하였다. 한나라 군대는 모돈을 추격하자, 묵돌은 그들의 정예 부대를 숨겨 두고 나약해 보이는 군사들만 보이게 하였다. 그러자 한나라는 흉노 군대를 약졸로 업신여긴 나머지 전군을 투입시키는 한편, 보병을 32만 명으로 증원하여 추격에 가담하게 하였다. 고조 자신이 전군의 선두에 서서 평성平城에까지 이르렀을 때였다. 채 보병이 도착하기도 전에 묵돌의 정예 기병 40만 명이 고제를 백등산白登山 위로 몰아넣고 포위하였다.

한나라 군은 7일 동안이나 후진과 분단되어 보급과 구원을 받을 수 없었다. 당시 백등산을 포위한 흉노의 기병은 서쪽에 백마白馬, 동쪽에 청방마靑駹馬, 북쪽에 오려마烏驪馬, 남쪽에 성마騂馬를 탄 기병이 배치되어 있었다. 고제가 몰래 사자를 연지에게 보내어 후한 선물을 주자 연지는 묵돌에게 이렇게 말하였다.

"두 나라 임금이 서로 괴롭혀서는 안 됩니다. 지금 선우께서 한나라 땅을 얻는다 하더라도 그곳에서 살 것도 아닙니다. 그리고 한나라 왕은 신神의 도움을 받는다 합니다. 선우께서는 이를 헤아려 주시기를 바랍니다."

때마침 묵돌은 합류하기로 되어 있던 한왕 신의 장군 왕황王黃·조리趙利 등이 약속한 날이 되어도 나타나지 않자, 혹시 그들과 한나라 사이에 내통이 있었던 것은 아닐까 의심하고 있었다. 이에 연지의 말을 받아들여 포위망의 일부를 풀어 주었다. 고제는 군사들에게 활을 흉노 쪽으로 겨누게 하고 포위망을 빠져나와 후진의 대군과 합류할 수 있었다.

이윽고 묵돌은 군사를 이끌고 떠나갔다. 한나라 역시 군대를 이끌고 철수하였으며, 유경劉敬을 사신으로 묵돌에게 보내어 화친의 약속을 맺었다.

是時漢初定中國, 徙韓王信於代, 都馬邑. 匈奴大攻圍馬邑, 韓王信降匈奴. 匈奴得信, 因引兵南踰句注, 攻太原, 至晉陽下. 高帝自將兵往擊之. 會冬大寒雨雪, 卒之墮指者十二三, 於是冒頓詳敗走, 誘漢兵. 漢兵逐擊冒頓, 冒頓匿其精兵, 見其羸弱, 於是漢悉兵, 多步兵, 三十二萬, 北逐之. 高帝先至平城, 步兵未盡到, 冒頓縱精兵四十萬騎圍高帝於白登, 七日, 漢兵中外不得相救餉. 匈奴騎, 其西方盡白馬, 東方盡青駹馬, 北方盡烏驪馬, 南方盡騂馬. 高帝乃使使間厚遺閼氏, 閼氏乃謂冒頓曰:「兩主不相困. 今得漢地, 而單于終非能居之也. 且漢王亦有神, 單于察之.」冒頓與韓王信之將王黃·趙利期, 而黃·利兵又不來, 疑其與漢有謀, 亦取閼氏之言, 乃解圍之一角. 於是高帝令士皆持滿傅矢外鄉, 從解角直出, 竟與大軍合, 而冒頓遂引兵而去. 漢亦引兵而罷, 使劉敬結和親之約.

### 유경이 종실의 딸을 공주라 속여

그 뒤 한왕 신은 흉노의 장군이 되었고, 조리·왕황 등은 화친 맹약을 어기고 대代와 운중雲中으로 쳐들어와 약탈을 일삼았다. 또한 그로부터 얼마 뒤에는 진희陳豨가 반역을 꾀해 한왕 신과 내통하여 대군을 공격하였다.

한나라에선 번쾌樊噲로 하여금 이를 치도록 하였다. 번쾌는 대·안문·운중의 여러 군현을 수복하였으나, 방어선 밖으로는 나가지 않았다.

그 뒤에도 변경에 파견된 한나라의 장군 중에 부하를 이끌고 흉노에 투항한 자가 많았으며, 그 때마다 묵돌은 마음놓고 대에 침입하여 약탈을 일삼곤 하였다.

고제는 이를 걱정한 끝에 유경劉敬으로 하여금 종실의 딸을 공주라고 속여 선우의 연지로 보내 주었다. 또 해마다 흉노에게 정한 양의 무명·비단·누룩·곡식 등을 보내 주기로 하고 형제로서의 약속을 맺어 화친하여 모돈도 잠시 침략을 중지하였다. 그러나 뒤에 연나라 왕 노관盧綰이 한나라를 배반하여 일당 수천 명을 거느리고 흉노에 투항한 다음 상곡 동쪽 지역에 출동하여 주민을 괴롭혔다.

고조가 죽고, 혜제孝惠帝와 여태후呂太后 시대에 들어서자 한나라가 겨우 안정을 찾았으나, 흉노는 여전히 교만하게 굴면서 묵돌은 고후高后에게 망언의 편지를 보냈다. 고후는 격노한 나머지 묵돌을 치려고 하였으나 여러 장수들이 이렇게 만류하였다.

"고제께서 현명함과 무용을 가지고서도 오히려 평성에서 곤욕을 치렀습니다."

고후도 하는 수 없이 다시 흉노와 화친하였다.

是後韓王信爲匈奴將, 及趙利·王黃等數倍約, 侵盜代·雲中. 居無幾何, 陳豨反, 又與韓信合謀擊代. 漢使樊噲往擊之, 復拔代·鴈門·雲中郡縣, 不出塞. 是時匈奴以漢將衆往降, 故冒頓常往來侵盜代地. 於是漢患之, 高帝乃使劉敬奉宗室女公主爲單于閼氏, 歲奉匈奴絮繒酒米食物各有數, 約爲昆弟以和親, 冒頓乃少止. 後燕王盧綰反, 率其黨數千人降匈奴, 往來苦上谷以東. 高祖崩, 孝惠·呂太后時, 漢初定, 故匈奴以驕. 冒頓乃爲書遺高后, 妄言. 高后欲擊之, 諸將曰:「以高帝賢武, 然尙困於平城.」於是高后乃止, 復與匈奴和親.

## 흉노 공격이 무산되다

문제孝文帝가 즉위하자, 화친의 약속을 다시 확인하였다. 그런데 문제 3년 5월, 흉노의 우현왕이 하남 땅을 침입해 자리를 잡고 상군의 요새를 공격하여, 그곳을 지키고 있던 한나라의 만이蠻夷들을 살해하고 약탈을 일삼았다. 이에 문제는 승상 관영灌嬰에게 명하여 전차와 기병 8만 5천 명을 동원시켜 고노高奴에 주둔 중인 우현왕을 치도록 하였다. 우현왕은 패주하여 요새 밖으로 물러났다. 그런데 문제가 태원으로 거동한 틈을 타서 제북왕濟北王이 반란을 일으키자, 문제는 급히 장안으로 되돌아왔다. 이 때문에 승상의 흉노 공격도 중지되었다.

至孝文帝初立, 復修和親之事. 其三年五月, 匈奴右賢王入居河南地, 侵盜上郡葆塞蠻夷, 殺略人民. 於是孝文帝詔丞相灌嬰發車騎八萬五千, 詣高奴, 擊右賢王. 右賢王走出塞. 文帝幸太原. 是時濟北王反, 文帝歸, 罷丞相擊胡之兵.

## 흉노와의 화친

그 이듬해, 선우가 한나라에 이런 글을 보내왔다.

"하늘이 세우신 흉노의 대선우는 삼가 황제에게 그간 아무 탈이 없으셨는지 문안합니다. 앞서 황제께서 화친에 관한 말씀을 해 왔을 때 편지의 취지를 잘 이해하여 화친을 맺었소. 그런데 한나라 변경의 관리들이 우리 우현왕을 공격하여 모욕을 주었고, 우현왕 또한 나에게 의논하지도 않고 휘하의 후의後義·노후盧侯·난지難氏 등의 꾀를 받아들여 한나라 관리들과 싸움으로써 두 나라 임금의 약속을 깨뜨리고, 형제로서의 사랑하는 정을 벌려 놓고 말았소. 황제로부터의 책망의 편지가 두 번이나 도착한지라, 이쪽에서도 사신을 보내어 황제께 글로써 회답하였으나 그 사신은 돌아오지 않았고, 다시 그 사이에 일어난 일을 알려 주는 한나라 사신도 오지 않았소. 이리하여 한나라도 우리와 화친을 꾀하지 않고, 우리도 한나라와 친할 수가 없게 되고 말았소. 지금 하급 관리들이 약속을 깨뜨린 죄를 물어 이번에 우현왕에게 그 벌로써 서쪽으로 월지를 토벌하게 하였었소. 다행히도 하늘의 가호로 단련된 정병과 강건한 말로써 월지를 쳐부수어 이를 모조리 죽이거나 항복시키고 누란樓蘭·오손烏孫·호걸呼揭 및 그에 이웃한 26개 나라를 평정하여 이들 땅을 모두 흉노에 병합하였소. 이리하여 활로 무기를 삼는 모든 민족은 합하여 한집안이 되었고, 북쪽 지방은 이미 안정을 보게 되었소. 원컨대 전쟁을 그치고 사졸들을 쉬게 하며 말을 길러 앞서의 일들을 잊고 본래의 약속을 회복시켜 변경의 백성들을 편안케 하고 당초의 친선 관계로 되돌아가, 나이 어린 것들이 건강하게 성장하고 늙은이들이 안정된 생활을 보낼 수 있게 하여 대대로 태평을 노래하게끔 만들었으면 하고 바라오. 그러나 황제의 의향이 어떠한지를 알 수 없어, 낭중 계우천係雩淺을 사신으로 이 글을 올리도록 하고, 아울러 낙타 한 마리와 기마 두 필, 수레를 끄는 말 두 사駟를 드리는 바요. 황제께서 만일 한나라 변방 요새지대에 우리가 접근하는 것을 바라지 않으신다면, 수비대와 주민들에게 영을 내려 변방에서 멀리 떨어져 살게 해 주도록 하시오. 그리고 이 사신이 도착하는 즉시 무사히 돌려보내 주시기 바라오."

흉노의 사신이 6월에 신망薪望에 이르렀고, 이어 한나라 조정에 글이 도착하자, 한나라에서는 화친과 공격 중 어느 쪽을 택할 것인가를 놓고 의논을 거듭하였다. 대신들은 모두 이렇게 의견을 모았다.

"선우는 새로 월지를 깨뜨리고 승리한 기세를 타고 있습니다. 공격을 해서는 안 됩니다. 그리고 흉노의 땅은 차지해 보아야 늪과 소금기가 많은 황무지일 뿐으로 살 만한 곳이 되지 못합니다. 화친하는 편이 훨씬 유리하다고 여깁니다."

이리하여 한나라는 흉노와의 화친을 허락하였다.

其明年, 單于遺漢書曰:「天所立匈奴大單于敬問皇帝無恙. 前時皇帝言和親事, 稱書意, 合歡. 漢邊吏侵侮右賢王, 右賢王不請, 聽後義盧侯難氏等計, 與漢吏相距, 絶二主之約, 離兄弟之親. 皇帝讓書再至, 發使以書報, 不來, 漢使不至, 漢以其故不和, 鄰國不附. 今以小吏之敗約故, 罰右賢王, 使之西求月氏擊之. 以天之福, 吏卒良, 馬彊力, 以夷滅月氏, 盡斬殺降下之. 定樓蘭·

烏孫·呼揭及其旁二十六國, 皆以爲匈奴. 諸引弓之民, 幷爲一家. 北州已定, 願寢兵休士卒養馬, 除前事, 復故約, 以安邊民, 以應始古, 使少者得成其長, 老者安其處, 世世平樂. 未得皇帝之志也, 故使郎中係雩淺奉書請, 獻橐他一匹, 騎馬二匹, 駕二駟. 皇帝卽不欲匈奴近塞, 則且詔吏民遠舍. 使者至, 卽遣之.」以六月中來至薪望之地. 書至, 漢議擊與和親孰便. 公卿皆曰:「單于新破月氏, 乘勝, 不可擊. 且得匈奴地, 澤鹵, 非可居也. 和親甚便.」漢許之.

## 선우에게 보낸 편지와 예물

문제 전원前元 6년, 한나라는 흉노 선우에게 다음과 같은 글을 보내었다. "황제는 삼가 흉노의 대선우에게 별 탈 없으신지 안부를 묻소. 그런데 낭중 계우천을 통해 짐에게 보내온 글에 '우현왕은 선우에게 의논하지도 않고, 후의·노후·난지 등의 모책을 듣고 한나라 관리와 싸움으로써 두 나라 임금 사이의 약속을 깨뜨리고 형제로서의 사랑하는 정을 벌려 놓았다. 그로 인해 한나라는 우리와 화친을 하지 않고 우리도 한나라와 친할 수 없게 되었던 것이다. 지금 낮은 관리들이 약속을 깨뜨린 죄를 물어 이번에 우현왕에게 그 벌로써 서쪽으로 월지를 치게 하여 모조리 이를 평정시켰다. 원컨대 전쟁을 중지하고 사졸들을 쉬게 하며 말을 길러 앞서의 일들을 잊고 본래의 약속을 되찾아, 변경의 백성들을 편안케 하고 나이 어린 것들은 건강하게 성장 할 수 있게 하며, 늙은이에게도 안정된 삶을 보내게 하여 대대로 태평을 노래하게 하고 싶다'라 하였는데 짐은 심히 이를 가상히 여기는 바요. 이것이야말로 옛 성왕의 뜻이오. 한나라는 흉노와 형제가 되는 약속을 맺었으니, 선우에게 매우 후한 선물을 보내 주고 있었으나, 약속을 배반하고 형제로서의 사랑하는 정을 벌어지게 한 것은 언제나 흉노 쪽이었소. 그러나 우현왕의 일은 이미 이번 대사면령이 내리기 이전의 일이었으니, 선우께서는 그를 너무 책하지 말아 주오. 그리고 만일 선우가 이쪽 편지의 뜻에 찬동하여 귀국의 모든 관리들에게 약속을 저버리는 일이 없이 믿음을 지키도록 분명히 포고를 해 주신다면, 짐도 또한 삼가 선우께서 보낸 글의 내용을 지켜나가겠소. 사신의 말에 의하면,

선우께서는 몸소 장군이 되어 여러 나라를 쳐서 공을 세우고 싸움으로 인한 고생이 심히 많았다 하니, 위로하는 뜻에서 짐이 입는 예복禮服 수겹기의繡袷綺衣·수겹장유繡袷長襦·금겹포錦袷袍 각각 한 벌, 비여比余 빗 1개, 황금 장식의 허리띠 1개, 황금 서비胥紕 허리띠 고리 1개, 수놓은 비단 40필, 비단 30필, 붉은 비단과 푸른 비단 각각 10필을 중대부 의意와 알자령謁者令 견肩을 통해 그대 선우에게 보냅니다."

孝文皇帝前六年, 漢遺匈奴書曰:「皇帝敬問匈奴大單于無恙. 使郎中係雩淺遺朕書曰:『右賢王不請, 聽後義盧侯難氏等計, 絶二主之約, 離兄弟之親, 漢以故不和, 鄰國不附. 今以小吏敗約, 故罰右賢王使西擊月氏, 盡定之. 願寢兵休士卒養馬, 除前事, 復故約, 以安邊民, 使少者得成其長, 老者安其處, 世世平樂.』朕甚嘉之, 此古聖主之意也. 漢與匈奴約爲兄弟, 所以遺單于甚厚. 倍約離兄弟之親者, 常在匈奴. 然右賢王事已在赦前, 單于勿深誅. 單于若稱書意, 明告諸吏, 使無負約, 有信, 敬如單于書. 使者言單于自將伐國有功, 甚苦兵事. 服繡袷綺衣·繡袷長襦·錦袷袍各一, 比余一, 黃金飾具帶一, 黃金胥紕一, 繡十匹, 錦三十匹, 赤綈·綠繒各四十匹, 使中大夫意·謁者令肩遺單于.」

### ◎ 흉노에게 투항한 환관

얼마 후 묵돌이 죽자, 그의 아들 계육稽粥이 뒤를 이어 호를 노상선우老上單于라 하였다.

노상계육 선우가 즉위하자, 문제는 곧 종실의 딸을 공주라 속여 흉노에게 보내어 선우의 연지로 삼도록 하였다. 그리고 연나라 출신 환관 중항열中行說을 공주의 부傅로 하여 딸려 보냈다. 중항열은 흉노에 가는 것을 꺼려 사퇴하였으나, 허락되지 않자 이렇게 투덜거리며 떠났다.

"내가 가게 되면 틀림없이 한나라의 화가 될 것이다."

중항열은 흉노 땅에 도착하자마자 선우에게 귀순하여 곧 그의 총애를 받게 되었다.

後頃之, 冒頓死, 子稽粥立, 號曰老上單于.

老上稽粥單于初立, 孝文皇帝復遣宗室女公主爲單于閼氏, 使宦者燕人中行說傳公主. 說不欲行, 漢彊使之. 說曰:「必我行也, 爲漢患者.」中行說旣至, 因降單于, 單于甚親幸之.

## 한나라 물건을 좋아하다가는 한나라에 귀속됩니다

처음 흉노는 한나라의 비단·무명이나 음식 등을 좋아하고 있었는데 중항열은 이를 들어 선우에게 이렇게 진언하였다.

"흉노의 인구는 한나라의 군 하나에도 미치지 못합니다. 그런데도 흉노가 강한 것은 입고 먹는 것이 한나라와 달라 그것을 한나라에 의존하는 일이 없기 때문입니다. 지금 선우께서 풍습을 바꾸어 한나라 물자를 좋아하시게 되면, 흉노가 한나라가 물자의 10분의 2를 채 소비시키기도 전에 흉노의 백성들은 모두 한나라에 귀속되고 말 것입니다. 한나라의 비단과 무명으로 옷을 지어 입고, 말을 타고 풀과 가시밭 사이를 돌아다니십시오. 그러면 웃옷과 바지가 모두 찢어져 못 쓰게 될 것입니다. 그리하여 비단옷과 무명옷이 털옷이나 가죽옷만큼 튼튼하지 못하고 좋지도 않다는 것을 온 나라에 보여 주십시오. 또 한나라의 음식을 얻게 되면, 모두 버려서 그것들이 젖과 유제품의 편리함과 맛을 따를 수 없다는 것을 보여 주십시오."

또 그는 선우의 좌우에 있는 신하들에게 기록하는 방법을 가르쳐 인구와 가축을 조사하도록 시켰다.

初, 匈奴好漢繒絮食物, 中行說曰:「匈奴人衆不能當漢之一郡, 然所以彊者, 以衣食異, 無仰於漢也. 今單于變俗好漢物, 漢物不過什二, 則匈奴盡歸於漢矣. 其得漢繒絮, 以馳草棘中, 衣袴皆裂敝, 以示不如旃裘之完善也. 得漢食物皆去之, 以示不如湩酪之便美也.」於是說敎單于左右疏記, 以計課其人衆畜物.

### 흉노에게 보내는 편지투

한나라가 선우에게 편지를 보낼 때에는 나무쪽은 한 자 한 치의 것을 쓰고 문장의 투는 이러하였다.

"황제는 삼가 흉노의 대선우에게 별탈이 없으신지 문안하노라."

그리고 보내는 물품과 용건은 어떤 것이다라는 식이었다.

이에 중항열은 선우에게 한나라에 글을 보낼 때는, 한 자 두 치의 나무쪽을 쓰게 하고 도장과 봉투를 세로나 가로가 다 크게 하며 글투도 거만스럽게 이렇게 쓰도록 하였다.

"천지가 낳으시고, 일월이 세우신 흉노의 대선우는 삼가 한나라 황제에게 별탈 없는지 문안하노라."

그리고 보내 주는 물품과 전하는 말은 이러하다라는 식으로 하도록 한 것이다.

漢遺單于書, 牘以尺一寸, 辭曰「皇帝敬問匈奴大單于無恙」, 所遺物及言語云云. 中行說令單于遺漢書以尺二寸牘, 及印封皆令廣大長, 倨傲其辭曰「天地所生日月所置匈奴大單于敬問漢皇帝無恙」, 所以遺物言語亦云云.

### 풍습이 야만스러운 것이 아니라 삶이 그런 것이오

한나라 사신으로서 혹자가 "흉노의 풍습에서는 노인을 천대하고 있다"라고 하는 사람이 있자, 중항열은 그 한나라 사신에게 끝까지 따져 물었다.

"당신들 한나라 풍속에도 자기 자식이 주둔군의 수비를 위해 군대로 떠나게 될 때에는, 그 늙은 양친이 자기들의 두껍고 따뜻한 옷을 벗어 주고 기름지고 맛있는 음식을 나누어 주지 않소?"

한나라 사신이 "그렇다"라 하자 중항열이 말하였다.

"흉노는 분명히 싸움을 일로 알고 있소. 늙고 약한 사람은 싸울 수가 없소. 그러기에 자기들이 먹을 기름지고 맛있는 음식을 건장한 사람들에게 먹이는 것이오. 이같이 스스로를 지킴으로써 아비와 자식이 오랫동안에 걸쳐 몸을 보존할 수가 있는 것이오. 이와 같은데 어떻게 흉노가 노인을 가볍게 여긴다고 할 수 있겠소?"

이에 한나라 사자가 말하였다.

"그러나 흉노는 부자가 같은 천막 속에 살며 아비가 죽으면 자식이 그 첩을 아내로 하고, 형제가 죽으면 남아 있는 형이나 동생이 그의 아내를 맞아 자기 아내로 삼소. 옷과 관과 허리띠 등 아름다운 예복도 없고 조정에 있어서의 의식과 예절도 없소."

중항열이 말하였다.

"흉노의 풍습에서 사람은 가축의 고기를 먹고 그 젖을 마시며 그 털가죽으로 옷을 만들어 입고 있소. 가축은 풀을 먹고 물을 마시며 철 따라 이동하오. 그러므로 싸울 때를 위해 말 타고 활 쏘는 법을 익히고 평상시에는 일 없는 것을 즐기고 있소. 법과 규칙은 가볍고 편리하여 실행하기가 쉽고, 임금과 신하의 관계는 간단하고 쉬워 한 나라의 정치는 흡사 한집안의 일과도 같소. 부자 형제가 죽으면 남은 사람이 그들의 아내를 맞아 자기 아내로 하는 것은 뒤가 끊어질까 두려워하기 때문이오. 그러므로 흉노는 어지럽기는 하지만, 종족만은 그대로 유지되고 있는 것이오. 그런데 중국의 경우 겉으로 아비나 형의 아내를 아내로 삼는 일은 없지만, 친족 관계가 거리가 멀어지게 되면, 서로 죽이기도 하고 혁명이 일어나니, 제왕의 성이 바뀌는 것도 다 이러한 데서 생기는 것이오. 그리고 예의도 충성이나 믿음의 마음도 없이 예의만을 강요하기 때문에 위아래가 서로 원망만 하게 되고, 궁실과 집도 아름답게만 지으려고 하기 때문에 생활에 필요한 힘을 그곳에 다 써 버리고 있소. 대체로 한나라 백성들은 밭갈이하고 누에를 치고, 먹고 입는 것을 구하고 성을 쌓아 방비를 하기 때문에, 전시에는 싸움을 익히지 않아 공을 세우는 데 서투르며 평시에는 생업에 지쳐 있소. 슬프오! 흙집에 살고 있는 한나라 사람들이여! 자신들의 일을 잘 반성해 보고 쓸데없는 말 함부로 하지 마시오. 겉만 화려하고 실속이 없는데 모자를 써 보았자 어디에 소용이 닿겠소?"

그 뒤로 한나라 사신이 뭐라고 변론을 하려고 하면 그때마다 중항열은 이렇게 말하였다.

"한나라 사신이여, 여러 말이 필요 없소. 한나라에서 보내오는 비단·

무명·쌀·누룩을 수량만큼 좋은 것으로 해 주면 그만이오. 그밖에 다른 말은 필요가 없소. 보내 주는 물건의 수량이 맞고 질이 좋은 것이면 좋지만 수량도 맞지 않고 질도 나쁠 경우, 곡식이 익는 가을을 기다렸다가 기마로 농작물을 짓밟아 버릴 것이오.”

그리고는 밤낮으로 선우에게 한나라로 쳐들어가는 데 유리한 지점을 살펴보게 하였다.

漢使或言曰:「匈奴俗賤老.」中行說窮漢使曰:「而漢俗屯戍從軍當發者, 其老親豈有不自脫溫厚肥美以齎送飮食行戍乎?」漢使曰:「然.」中行說曰:「匈奴明以戰攻爲事, 其老弱不能鬪, 故以其肥美飮食壯健者, 蓋以自爲守衛, 如此父子各得久相保, 何以言匈奴輕老也?」漢使曰:「匈奴父子乃同穹廬而臥. 父死, 妻其後母; 兄弟死, 盡取其妻妻之. 無冠帶之飾, 闕庭之禮.」中行說曰:「匈奴之俗, 人食畜肉, 飮其汁, 衣其皮; 畜食草飮水, 隨時轉移. 故其急則人習騎射, 寬則人樂無事, 其約束輕, 易行也. 君臣簡易, 一國之政猶一身也. 父子兄弟死, 取其妻妻之, 惡種姓之失也. 故匈奴雖亂, 必立宗種. 今中國雖詳不取其父兄之妻, 親屬益疏則相殺, 至乃易姓, 皆從此類. 且禮義之敝, 上下交怨望, 而室屋之極, 生力必屈. 夫力耕桑以求衣食, 築城郭以自備, 故其民急則不習戰功, 緩則罷於作業. 嗟土室之人, 顧無多辭, 令喋喋而佔佔, 冠固何當?」

自是之後, 漢使欲辯論者, 中行說輒曰:「漢使無多言, 顧漢所輸匈奴繒絮米糱, 令其量中, 必善美而已矣, 何以爲言乎? 且所給備善則已; 不備, 苦惡, 則候秋孰, 以騎馳蹂而稼穡耳.」日夜教單于候利害處.

### 흉노의 끊임없는 내침

문제 14년, 흉노 선우의 기병 14만 명이 조나朝那·소관蕭關에 쳐들어와 북지北地 도위 앙卬을 죽이고 많은 수의 주민과 가축들을 잡아갔다. 그리고 드디어 팽양彭陽까지 진출하여 기습 부대를 풀어 회중궁回中宮을 불태우고, 그들 척후의 기병대는 옹주雍州에 있는 감천궁甘泉宮에 이르렀다.

이에 문제는 중위 주사周舍와 낭중령 장무張武를 장군으로 삼아 병거 1천 승乘과 기병 10만 명을 보내어 장안 근방에 진을 치고 흉노의 침입에 대비하는 한편 창후昌侯 노경盧卿을 상군장군上郡將軍으로, 영후甯侯 위속魏遬을 북지장군北地將軍으로, 융려후隆慮侯 주조周竈를 농서장군隴西將軍으로, 동양후東陽侯 장상여張相如를 대장군으로, 성후成侯 동적董赤을 전장군前將軍으로 각각 임명하고 나아가 흉노를 치게 하였다.

그러자 선우는 요새 안으로 들어와 한 달 남짓 있다가 돌아갔다. 한나라 군대는 뒤쫓아 요새 밖으로 나가기는 하였으나, 아무런 전과도 없이 곧 되돌아왔다. 흉노는 날이 갈수록 교만해져서 해마다 변경으로 침입하여, 무수한 주민과 가축들을 살상하고 약탈하였다. 특히 운중과 요동이 가장 심하였고, 대군까지 포함하면 희생자가 1만 명 이상에 달하였다.

한나라는 이를 걱정하여 사신을 흉노에 보내어 글을 전하고 선우도 당호當戶에게 회답 편지를 들려 사과를 하는 등 다시 화친을 논의하게 되었다.

漢孝文皇帝十四年, 匈奴單于十四萬騎入朝那·蕭關, 殺北地都尉卬, 虜人民畜産甚多, 遂至彭陽. 使奇兵入燒回中宮, 候騎至雍甘泉. 於是文帝以中尉周舍·郎中令張武爲將軍, 發車千乘, 騎十萬, 軍長安旁以備胡寇. 而拜昌侯盧卿爲上郡將軍, 甯侯魏遬爲北地將軍, 隆慮侯周竈爲隴西將軍, 東陽侯張相如爲大將軍, 成侯董赤爲前將軍, 大發車騎往擊胡. 單于留塞內月餘乃去, 漢逐出塞卽還, 不能有所殺. 匈奴日已驕, 歲入邊, 殺略人民畜産甚多, 雲中·遼東最甚, 至代郡萬餘人. 漢患之, 乃使使遺匈奴書. 單于亦使當戶報謝, 復言和親事.

### 흉노를 달래기 위하여 보낸 글

문제 후원後元 2년, 흉노에게 사신을 보내어 다음과 같은 글을 전달하였다.

"황제는 삼가 흉노의 대선우에게 그간 별탈 없으신 지 문안하오. 당호 겸 저거且居 조거난雕渠難과 낭중 한요韓遼를 시켜 짐에게 보낸 말 두 필은 삼가 잘 받았소. 그런데 우리 선황제 고조 유방의 조칙에는 '장성 이북의 활쏘기에 뛰어난 나라는 선우로부터 명령을 받고, 장성 안의 의관속대衣冠束帶를 한 사람은 짐이 통솔하여 만백성에게 밭갈이와 베짜기·사냥에 의해 입고 먹게 하며 아버지와 아들이 헤어지는 일이 없고, 임금과 신하가 서로 편안히 하여 모두 포학한 일을 하는 일이 없게 하라'라 하셨소. 그런데 지금 듣자하니 사악한 무리들이 탐욕스럽게도 이익에 눈이 멀어, 의리를 배반하고 약속을 어기어 만백성의 생명은 생각하지 않고 두 나라 임금의 우의를 갈라놓았다 하오. 그러나 그것은 이미 지나간 일이오. 보내신 글에 '두 나라는 이제 화친하여 두 임금이 함께 즐기며, 싸움을 그쳐 군사를 쉬게 하고 말을 길러 대대로의 번영과 화락을 위해 새 출발을 하고 싶다'라고 하였소. 짐은 심히 이를 가상히 여기는 바요. 성인은 날마다 새롭게 그 잘못을 고치고 보다 나은 정치를 하여 늙은이를 편안히 지낼 수 있게 하고, 어린이들을 잘 자라게 하며, 백성들 누구나 모두가 생명을 보존하여 하늘이 준 수명을 다하게 한다 하였소. 짐과 선우가 함께 이 성인의 도를 따라 하늘에 순종하고 백성을 사랑하여, 대대로 전해 이를 끝없이 베풀게 되면 천하에 안녕을 누리지 않은 사람이 없을 것이오. 한나라와 흉노는 서로 이웃한 대등한 나라요. 흉노의 땅은 북쪽에 위치하여 무섭게 찬 기운이 일찍 내리기에 짐은 우리 관리에게 명하여 선우에게 해마다 일정량의 차조·누룩·금·비단·무명과 그 밖의 물건들을 보내도록 하였소.

지금 천하는 아주 평화로우며 만백성들은 즐거워하고 있소. 짐과 선우는 그들 만백성의 부모인 것이오. 짐이 지난 일을 돌이켜보건대 그것은 하찮은 작은 일들이었고, 모신들의 계획이 잘못된 때문으로 어느 것이나 형제로서의 친목을 벌어지게 할 정도의 것은 아니었소. 짐이 듣건대 하늘은 한쪽으로 치우쳐 덮는 일이 없고, 땅은 한쪽으로 치우쳐 싣지 않는다 하였소. 짐은 선우와 더불어 지나간 작은 일들을 씻어 버리고, 함께 큰 길을 걸으며 과거의 잘못을 씻고 장구한 앞날을 꾀하여, 두 나라 백성들을 한집안 식구처럼 대하고, 만백성들은 물론 아래로는 고기와 자라, 위로는 나는 새에 미치기까지 발로 걸어다니는 것, 입으로 숨을 쉬는 것, 꿈틀거리는 것까지도, 편하고 이로운 것을 찾아 위험을 피하지 못하는 자가 없게 만들고 싶소. 그러므로 오는 것을 막지 않는 것은 하늘의 도道요. 다같이 지나간 일은 잊기 바라오. 짐은 흉노로 도망간 한나라 백성들을 용서하겠소. 선우께서도 우리에게 도망온 장니章尼들을 불문에 붙여 주시오. 짐이 듣건대 옛 제왕들은 약속은 극히 밝게 하고 식언하는 일이 없었다 하오. 선우께서 화친에 마음을 쓰면 천하는 크게 편안하게 될 것이오. 화친을 한 뒤 한나라가 흉노에 먼저 약속을 어기는 잘못을 범하지는 않을 것이오. 선우께서는 이 점을 잘 살펴 주시오."

孝文帝後二年, 使使遺匈奴書曰:「皇帝敬問匈奴大單于無恙. 使當戶且居雕渠難·郎中韓遼遺朕馬二匹, 已至, 敬受. 先帝制: 長城以北, 引弓之國, 受命單于; 長城以內, 冠帶之室, 朕亦制之. 使萬民耕織射獵衣食, 父子無離, 臣主相安, 俱無暴逆. 今聞渫惡民貪降其進取之利, 倍義絕約, 忘萬民之命, 離兩主之驩, 然其事已在前矣. 書曰:『二國已和親, 兩主驩說, 寢兵休卒養馬, 世世昌樂, 闟然更始.』朕甚嘉之. 聖人者日新, 改作更始, 使老者得息, 幼者得長, 各保其首領而終其天年. 朕與單于俱由此道, 順天恤民, 世世相傳, 施之無窮, 天下莫不咸便. 漢與匈奴鄰國之敵, 匈奴處北地, 寒, 殺氣早降, 故詔吏遺單于秫糵金帛絲絮佗物歲有數. 今天下大安, 萬民熙熙, 朕與單于爲之父母. 朕追念前事, 薄物細故, 謀臣計失, 皆不足以離兄弟之驩. 朕聞天下頗覆, 地不偏載. 朕與單于皆捐往細故, 俱蹈大道, 墮壞前惡, 以圖長久, 使兩國之民若一家子. 元元萬民, 下及魚鼈, 上及飛鳥, 跂行喙息蠕動之類, 莫不就安利而辟危殆. 故來者不止, 天之道也. 俱去前事: 朕釋逃虜民, 單于無言章尼等. 朕聞古之帝王, 約分明而無食言. 單于留志, 天下大安, 和親之後, 漢過不先. 單于其察之.」

## 흉노와 친하게 지내도록 하라

선우도 화친을 약속하였다. 이에 문제는 어사에게 이렇게 조서를 내리도록 하였다.

"흉노의 대선우가 짐에게 글을 보내 화친을 제안해 왔으며, 그 화친의 약속은 이미 맺어졌다. 지금까지 흉노에서 한나라로 도망해 온 자들은 인구를 더해 주는 일도 영토를 넓혀 주는 데도 도움이 되지 못할 것이니, 흉노가 요새를 넘어 침입해 오는 일이 없도록 하라. 한나라도 요새를 벗어나는 일이 있어서는 안 된다. 이 약속된 규정을 어기는 자는 사형에 처한다. 이같이 하면 오래 화친하게 될 것이며 뒷날까지 문제가 생기지 않을 것이므로, 두 나라가 다 함께 편안함을 누릴 수 있을 것이다. 짐은 화친을 허락하였으니 곧 천하에 포고하여 이를 밝혀 널리 알리도록 하라."

單于旣約和親, 於是制詔御史曰:「匈奴大單于遺朕書, 言和親已定, 亡人不足以益衆廣地, 匈奴無入塞, 漢無出塞, 犯(令)[今]約者殺之, 可以久親, 後無咎, 俱便. 朕已許之. 其布告天下, 使明知之.」

## 군신 선우가 들어서다

그로부터 4년 뒤, 노상계육 선우가 죽고 그의 아들 군신軍臣이 뒤를 이어 선우가 되었다. 군신선우軍臣單于가 들어 서자, 문제는 흉노와의 화친을 다시 확인하였다. 중항열은 그대로 새 선우를 섬겼다.

군신선우가 들어선 지 4년, 흉노는 또다시 화친을 끊고 대거 상군과 운중군에 각각 기병 3만 명을 이끌고 침입해 많은 백성들을 죽이고 약탈해 갔다. 이에 한나라는 세 장군의 군사를 북지에 주둔시켰다. 즉 대代에는 구주산에 주둔하고, 조趙나라에는 비호飛狐 고개 어귀에 주둔하며, 변경 일대도 각각 굳게 지켜 흉노의 침입에 대비하였다. 또 별도로 세 장군을 배치하여, 장안 서쪽의 세류細柳와 위수渭水 북쪽의 극문棘門·패상霸上에 진을 치고 흉노에 대비하도록 하였다.

그러나 흉노의 기병이 다시 대의 구주산으로 침입하여 변경의 봉화가 감천·장안까지 위급함을 알려, 한나라 군대가 변경에 도착하였을 무렵에는 이미 흉노가 변방 요새로부터 멀리 떠나버린 뒤였다. 이에 한나라 군대 역시 철수하고 말았다.

그 뒤 1년 남짓 지나 문제가 죽고 경제가 즉위하였다.

이 무렵 조왕 수遂가 몰래 사자를 흉노로 보내어 오·초 7국吳楚七國이 모반을 일으켰을 때, 변경을 침입하도록 계책을 세웠으나, 한나라가 조나라를 포위하여 깨뜨려 흉노도 계획을 중지하고 말았다.

이로부터 뒤로 경제는 다시 흉노와 화친을 확인하고, 본래의 약속대로 관문에서 교역을 하며 흉노에게 물자를 보내주고 공주도 보냈다. 이로 인해 경제 시대가 끝날 때까지 흉노는 때때로 소규모로 침입해 와 변경에서 도둑질을 한 일은 있었으나 크게 침략한 일은 없었다.

後四歲, 老上稽粥單于死, 子軍臣立爲單于. 旣立, 孝文皇帝復與匈奴和親. 而中行說復事之.

軍臣單于立四歲, 匈奴復絶和親, 大入上郡·雲中各三萬騎, 所殺略甚衆而去. 於是漢使三將軍軍屯北地, 代屯句注, 趙屯飛狐口, 緣邊亦各堅守以備胡寇. 又置三將軍, 軍長安西細柳·渭北棘門·霸上以備胡. 胡騎入代句注邊, 烽火通於甘泉·長安. 數月, 漢兵至邊, 匈奴亦去遠塞, 漢兵亦罷. 後歲餘, 孝文帝崩, 孝景帝立, 而趙王遂乃陰使人於匈奴. 吳楚反, 欲與趙合謀入邊. 漢圍破趙, 匈奴亦止. 自是之後, 孝景帝復與匈奴和親, 通關市, 給遺匈奴, 遣公主, 如故約. 終孝景時, 時小入盜邊, 無大寇.

## 평화시대를 열다

지금의 황제 무제孝武帝가 즉위하자, 화친의 약속을 명확히 하여 흉노를 후히 대우하고 관문을 통해 무역을 하면서 많은 물자를 보내 주었다. 흉노는 선우 이하 모두가 한나라와 친하게 되어 장성 아래까지 자주 내왕하였다.

今帝卽位, 明和親約束, 厚遇, 通關市, 饒給之. 匈奴自單于以下皆親漢, 往來長城下.

## 흉노를 유인하였으나

한나라는 마읍성馬邑城 아래에 사는 섭옹일聶翁壹로 하여금 금령을 어기고 몰래 변방을 넘어 물자를 반출하여 흉노와 교역하도록 시켰다. 섭옹일은 거짓으로 마읍성을 팔아넘기는 척하며 선우를 유인하였다. 선우는 그의 말을 믿고 마읍의 재물을 탐내어 기병 10만 명을 이끌고 무주武州의 요새로 들어왔다.

이때 한나라는 30여 만 명의 군사를 마읍 근처에 매복하고 어사대부 한안국韓安國이 호군장군護軍將軍이 되어 네 장군을 독려하며 선우를 기다리고 있었다. 선우는 이미 한나라 요새를 넘어 들어왔으나, 마읍까지 100여 리밖에 안되는 지점에서 군대를 멈추었다. 온 들판에 가축이 떼지어 있는데도 사람이 보이지 않는 것을 괴이하게 여겼기 때문이었다.

이에 방향을 돌려 정亭을 공격하였다. 이 때 안문鴈門의 위사尉史가 변방 요새를 순찰하는 중 선우의 부대를 보고 정을 지키고 있다가 붙잡혔다. 한나라 군대의 모략을 알고 있었던 그는 선우가 죽이려 하자 한나라 군대가 매복한 곳을 일러주었다. 선우는 크게 놀라며 말하였다.

"나는 처음부터 의심하고 있었다."

그리고는 군사를 이끌고 되돌아 요새를 벗어나서는 다시 이렇게 말하였다.

"내가 위사를 잡게 된 것은 천명이다. 하늘이 그대에게 말을 하도록 시킨 것이다."

그리하여 위사를 '천왕'天王으로 삼았다. 한나라 군대는 선우가 마읍에 들어오면 군사를 치려고 많은 병력을 매복시켜 두었으나, 선우가 스스로 물러가는 바람에 아무런 전과도 없었다.

또한 한나라 장군 왕회王恢의 별동대는 대代로부터 나가 흉노의 보급부대를 공격하기로 되어 있었는데, 선우가 철수할 때에 군사가 많다는 것을 알고 감히 나가 치지 못하였다. 한나라에서는 왕회가 원래 이번 작전을 세운 자인데도 진격을 하지 않았다 하여 사형에 처하였다.

그 뒤로 흉노는 한나라와 화친을 끊고 닥치는 대로 한나라 변방 요새를 공격하여 약탈을 일삼았다. 그러면서도 흉노는 탐욕스럽게 여전히 관문에서의 교역을 즐기며 한나라 재물들을 좋아하였다. 한나라도 관문에서의 교역만은 그대로 계속시킴으로써 흉노를 달래려 하였다.

漢使馬邑下人聶翁壹奸蘭出物與匈奴交, 詳爲賣馬邑城以誘單于. 單于信之, 而貪馬邑財物, 乃以十萬騎入武州塞. 漢伏兵三十餘萬馬邑旁, 御史大夫韓安國爲護軍, 護四將軍以伏單于. 單于旣入漢塞, 未至馬邑百餘里, 見畜布野而無人牧者, 怪之, 乃攻亭. 是時鴈門尉史行徼, 見寇, 葆此亭, 知漢兵謀, 單于得, 欲殺之, 尉史乃告單于漢兵所居. 單于大驚曰: 「吾固疑之.」 乃引兵還. 出曰: 「吾得尉史, 天也, 天使若言.」 以尉史爲「天王」. 漢兵約單于入馬邑而縱, 單于不至, 以故漢兵無所得. 漢將軍王恢部出代擊胡輜重, 聞單于還, 兵多, 不敢出. 漢以恢本造兵謀而不進, 斬恢. 自是之後, 匈奴絶和親, 攻當路塞, 往往入盜於漢邊, 不可勝數. 然匈奴貪, 尙樂關市, 嗜漢財物, 漢亦尙關市不絶以中之.

### 흉노를 대대적으로 토벌하다

마읍 사건이 있은 지 5년이 지난 가을, 한나라는 장군 4명에게 각각 기병 1만 명을 거느리고 관문 교역장 주변의 흉노를 공격하도록 하였다. 장군 위청衛靑은 상곡에서 출격하여 농성蘢城에 이르러 흉노의 수급과 포로 700명을 얻었다. 공손하公孫賀는 운중에서 출격하였으나 전과가 없었다. 공손오公孫敖는 대군에서 출격하였다가 흉노에게 패하여 700여 명을 잃었고, 이광李廣은 안문에서 출격하였으나 흉노에게 역시 패하고, 이광 자신마저 포로가 되었다가 뒤에 도망쳐 돌아왔다. 한나라에서는 공손오와 이광을 옥에 가두었는데, 공손오와 이광은 속죄금贖罪金을 물고 평민이 되었다.

그 해 겨울, 흉노는 자주 변경으로 쳐들어와 약탈을 하였다. 그 중 어양漁陽 지역의 피해가 가장 컸다. 이에 한나라는 장군 한안국을 어양에 주둔시켜 흉노에 대비하도록 하였다.

그 이듬해 가을, 흉노의 기병 2만명이 한나라에 침입하여 요서遼西 태수를 죽이고 2천여 명을 사로잡아갔다.

흉노가 다시 쳐들어와 어양태수의 군사 1천여 명을 깨뜨리고 한나라 장군 한안국을 포위하였다. 한안국의 군사는 그 때 기병 1천여 명밖에 되지 않았고 그마저 전멸 상태에 놓여 있었다. 그때 마침 연나라로부터의 구원병이 도착하는 바람에 흉노가 철수함으로써 위기를 모면하게 되었다.

흉노는 또 안문에도 침입하여 1천여 명을 죽이거나 잡아갔다. 이에 한나라는 장군 위청에게 기병 3만을 거느리고 안문군에서 출격하도록 하고 이식李息은 대군에서 출격하여 흉노를 토벌하도록 하였다. 이 때에 수급과 포로를 합쳐 수천 명의 전과를 얻었다.

그 이듬해 위청은 또 운중에서 출격하여 서쪽으로 나아가, 농서에 이르러 하남 땅에 진을 친 흉노의 누번왕樓煩王과 백양왕白羊王을 공격하고, 흉노의 수급·포로 수천과 소·양 100여 만 마리를 얻었다. 이리하여 한나라는 드디어 하남 땅을 탈취하여 그곳에 삭방군朔方郡을 설치하고 진나라 때 몽염이 만들었던 요새를 수복하고 하수를 따라 방비를 굳혔다. 그러나 한편 한나라는 흉노 땅에 깊숙이 들어가 있는 상곡 북쪽의 조양현造陽縣의 땅을 흉노에게 주었다. 이 해는 한나라 원삭元朔 2년이었다.

自馬邑軍後五年之秋, 漢使四將軍各萬騎擊胡關市下. 將軍衛青出上谷, 至蘢城, 得胡首虜七百人. 公孫賀出雲中, 無所得. 公孫敖出代郡, 爲胡所敗七千餘人. 李廣出鴈門, 爲胡所敗, 而匈奴生得廣, 廣後得亡歸. 漢囚敖·廣, 敖·廣贖爲庶人. 其冬, 匈奴數入盜邊, 漁陽尤甚. 漢使將軍韓安國屯漁陽備胡. 其明年秋, 匈奴二萬騎入漢, 殺遼西太守, 略二千餘人. 胡又入敗漁陽太守軍千餘人, 圍漢將軍安國, 安國時千餘騎亦且盡, 會燕救至, 匈奴乃去. 匈奴又入鴈門, 殺略千餘人. 於是漢使將軍衛青將三萬騎出鴈門, 李息出代郡, 擊胡. 得首虜數千人. 其明年, 衛青復出雲中以西至隴西, 擊胡之樓煩·白羊王於河南, 得胡首虜數千, 牛羊百餘萬. 於是漢遂取河南地, 築朔方, 復繕故秦時蒙恬所爲塞, 因河爲固. 漢亦弃上谷之什辟縣造陽地以予胡. 是歲, 漢之元朔二年也.

## 새로운 선우가 들어서다

그 이듬해 겨울, 흉노의 군신선우가 죽었다. 그러자 군신선우의 아우 좌녹려왕左谷蠡王 이치사伊稚斜가 스스로 선우가 되어 군신선우의 태자인 오단於單을 쳐서 깨뜨렸다. 오단은 도망쳐 한나라에 항복하였다. 한나라는 오단을 섭안후涉安侯로 봉하였는데, 그는 몇 달 뒤에 죽었다.

其後冬, 匈奴軍臣單于死. 軍臣單于弟左谷蠡王伊稚斜自立爲單于, 攻破軍臣單于太子於單. 於單亡降漢, 漢封於單爲涉安侯, 數月而死.

## 흉노의 재차 침입

이치사선우가 즉위하자, 그 해 여름 흉노의 기병 수만 명이 침입하여 대군代郡 태수 공우恭友를 죽이고 1천여 명을 잡아갔다.

그 해 가을 흉노는 또다시 안문에 침입하여 1천여 명을 죽이거나 잡아갔다.

그 이듬해 흉노는 다시 대군·정양군·상군에 각각 기병 3만 명으로 침입하여 수천 명을 죽이거나 잡아갔다. 흉노의 우현왕은 한나라가 그의 하남 땅을 빼앗은 다음 삭방군을 설치한 것을 분하게 여기고, 자주 쳐들어와 변경을 약탈하고 또 하남 땅으로 쳐들어와 삭방군을 휩쓸고 다니며 많은 수의 관리와 백성들을 죽이거나 잡아갔다.

伊稚斜單于旣立, 其夏, 匈奴數萬騎入殺代郡太守恭友, 略千餘人. 其秋, 匈奴又入鴈門, 殺略千餘人. 其明年, 匈奴又復入代郡·定襄·上郡, 各三萬騎, 殺略數千人. 匈奴右賢王怨漢奪之河南地而築朔方, 數爲寇, 盜邊, 及入河南, 侵擾朔方, 殺略吏民甚衆.

## 위청의 활약

그 이듬해 봄, 한나라는 위청을 대장군에 임명하고 장군 6명과 10여 만 명의 군사를 거느리고 삭방·고궐高闕에서 출격하여 흉노를 토벌하도록 명하였다. 이때 우현왕은 한나라 군대가 그곳까지 쳐들어올 수 없으리라고 여겨 술을 마시고 취해 있었다. 한나라 군대는 요새에서 6, 7백 리나 나아가 밤에 갑자기 우현왕을 포위하였다. 우현왕은 크게 놀라 단신으로 도망쳐 달아났고, 정예 기병들도 그 뒤를 따라 허겁지겁 달아났다. 한나라 군대는 이 싸움에서 우현왕에 소속된 남녀 1만 5천 명과 비소왕裨小王 10여 명을 사로잡았다.

그 해 가을, 흉노 기병 1만 명이 대군에 침입하여 대군 도위 주영朱英을 죽이고 1천여 명을 잡아갔다.

其明年春, 漢以衛青爲大將軍, 將六將軍, 十餘萬人, 出朔方·高闕擊胡. 右賢王以爲漢兵不能至, 飮酒醉, 漢兵出塞六七百里, 夜圍右賢王. 右賢王大驚, 脫身逃走, 諸精騎往往隨後去. 漢得右賢王衆男女萬五千人, 裨小王十餘人. 其秋, 匈奴萬騎入殺代郡都尉朱英, 略千餘人.

### 조신의 계책을 들은 흉노

그 이듬해 봄, 한나라는 다시 대장군 위청에게 장군 6명과 군사 기병 10만 명을 거느리고 토벌하도록 명하였다. 위청은 다시 정양에서 수백 리나 진출하여 흉노를 공격하고 앞뒤를 통해 수급과 포로 약 1만 9천을 얻었다. 그러나 한나라도 장군 2명과 기병 3천여 명을 잃었다. 또 우장군 소건蘇建은 단신으로 도망쳐 나왔고, 전장군前將軍인 흡후翕侯 조신趙信은 싸움에 패하여 흉노에게 항복하였다.

조신은 원래 흉노의 소왕小王이었으나, 한나라에 항복해 와서 흡후로 봉해졌던 사람이다. 그 조신은 전장군으로서 우장군과 군사를 합쳐 주력 부대와 떨어져 진군하다가 그 부대만이 선우의 군대와 마주치게 되어 전멸한 것이다. 선우는 흡후를 잡자 자차왕自次王으로 만들어 그에게 자기 누님을 아내로 주고 함께 한나라에 대한 전략을 짰다. 조신이 선우에게 말하였다.

"좀더 북쪽으로 물러나 사막을 건너 한나라 군대를 유인하여 지치도록 한 다음, 심하게 지쳤을 때에 공격을 해야 합니다. 요새 가까이 다가가서는 안 됩니다."

선우는 그의 계책을 따랐다.

그 이듬해 흉노의 기병 1만 명이 상곡에 침입하여 수백 명을 죽였다.

其明年春, 漢復遣大將軍衛青將六將軍, 兵十餘萬騎, 乃再出定襄數百里擊匈奴, 得首虜前後凡萬九千餘級, 而漢亦亡兩將軍, 軍三千餘騎. 右將軍建得以身脫, 而前將軍翕侯趙信兵不利, 降匈奴. 趙信者, 故胡小王, 降漢, 漢封爲翕侯, 以前將軍與右將軍幷軍分行, 獨遇單于兵, 故盡沒. 單于旣得翕侯, 以爲自次王, 用其姊妻之, 與謀漢. 信敎單于益北絶幕, 以誘罷漢兵, 徼極而取之, 無近塞. 單于從其計. 其明年, 胡騎萬人入上谷, 殺數百人.

## 곽거병 기련산까지 이르다

그 이듬해 봄, 한나라는 표기장군驃騎將軍 곽거병霍去病에게 기병 1만 명을 거느리고 농서에서 출격하도록 하였다. 곽거병은 언지산焉支山에서 1천여 리나 진출해서 흉노를 공격하여 흉노의 수급과 포로 1만 8천 여명을 얻고 휴저왕休屠王을 깨뜨린 다음, 왕이 하늘에 제사지낼 때 쓰는 쇠로 만든 상像을 손에 넣었다.

그 해 여름 표기장군은 또 합기후合騎侯 공손오公孫敖와 함께 수만 기병을 거느리고 농서와 북지에서 나가 2천 리나 진출해서 흉노를 공격하고 거연居延을 지나 기련산祁連山을 공격하여 흉노의 수급·포로 3만여 명과 비소왕 이하 70여 명을 획득하였다.

이때 흉노도 대군·안문군으로 습격해 와서 수백 명을 죽이고 잡아갔다. 이에 한나라는 박망후 장건과 장군 이광에게 우북평군에서 출격하여 흉노의 좌현왕을 토벌하도록 하였다. 그러나 이장군이 좌현왕에게 포위당하고 말았다. 이광의 군사는 4천 명 정도로 전멸할 지경이었으나 적을 죽이고 사로잡은 수는 이쪽의 손실보다도 많았다. 마침 박망후의 구원군이 도착하여 겨우 위기에서 벗어날 수 있었다. 그러나 한나라 군대는 기병 수천 명을 잃었다. 이 때문에 합기후는 표기장군과 약속 기일을 지키지 못해 박망후 장건 합기후는 사형을 당하게 되었으나 속죄금을 물고 평민이 되었다.

其明年春, 漢使驃騎將軍去病將萬騎出隴西, 過焉支山千餘里, 擊匈奴, 得胡首虜(騎)萬八千餘級, 破得休屠王祭天金人. 其夏, 驃騎將軍復與合騎侯數萬騎出隴西·北地二千里, 擊匈奴. 過居延, 攻祁連山, 得胡首虜三萬餘人, 裨小王以下七十餘人. 是時匈奴亦來入代郡·鴈門, 殺略數百人. 漢使博望侯及李將軍廣出右北平, 擊匈奴左賢王. 左賢王圍李將軍, 卒可四千人, 且盡, 殺虜亦過當. 會博望侯軍救至, 李將軍得脫. 漢失亡數千人, 合騎侯後驃騎將軍期, 及與博望侯皆當死, 贖爲庶人.

## 혼야왕의 투항

그 해 가을, 선우는 서쪽에 있던 혼야왕渾邪王과 휴저왕이 한나라 군대에 수만 명이나 죽고 포로가 되게 한 것을 노여워하여 그들을 불러들여 죽이려 하였다. 이에 혼야왕과 휴저왕이 겁을 내어 한나라에 항복하고 도모하였다. 그러자 한나라는 표기장군으로 하여금 이들을 맞으러 가도록 하였다. 혼야왕은 휴저왕을 죽여 그의 군사와 백성들을 합쳐 거느리고 한나라에 항복하였다. 약 4만여 명이었는데 10만 명이라 하였다. 이리하여 한나라는 혼야왕을 얻게 되었고, 농서·북지·하서에서는 흉노의 침입이 훨씬 줄어들게 되었다. 이에 함곡관 동쪽의 땅에 살고 있는 가난한 백성들을 흉노에서 빼앗아들인 하남과 신진중新秦中에 옮겨 살게 하여 그 지역을 채우고, 북지에서 서쪽으로 있는 수비병을 반으로 줄였다. 그 이듬해, 흉노는 우북평·정양군에 각각 기병 수만 명이 침입해 와서 1천여 명을 죽이거나 사로잡아갔다.

其秋, 單于怒渾邪王·休屠王居西方爲漢所殺虜數萬人, 欲召誅之. 渾邪王與休屠王恐, 謀降漢, 漢使驃騎將軍往迎之. 渾邪王殺休屠王, 幷將其衆降漢. 凡四萬餘人, 號十萬. 於是漢已得渾邪王, 則隴西·北地·河西益少胡寇, 徙關東貧民處所奪匈奴河南·新秦中以實之, 而減北地以西戍卒半. 其明年, 匈奴入右北平·定襄各數萬騎, 殺略千餘人而去.

## ◎ 위청과 곽거병의 활약

그 이듬해, 한나라는 전략을 세우되 '흡후 조신이 세운 계책으로 선우는 사막 북쪽에 있을 것이다. 한나라 군대가 그곳까지는 쳐들어올 수 없으리라 생각하였기 때문이다'라고 여기고 말을 충분히 먹여 기병 10만 명을 출동시켰다. 여기에 식량과 보급을 위한 말을 따로 하고도 개인의 물건을 싣고 따라가는 말이 14만 마리나 되었다. 그리고 대장군 위청과 표기장군 곽거병에게 군사를 반으로 나눠 통솔하도록 하였다.

대장군은 정양에서 출정에 나서고, 표기장군은 대에서 출정하여 함께 사막을 건너 흉노를 토벌하기로 약속하였다. 선우가 소식을 듣자 그들 보급 부대를 먼 곳으로 대피시킨 다음 정예 부대를 이끌고 사막 북쪽에서 기다리고 있다가 한나라 대장군과 접전을 벌였다.

그러던 어느 날 해질 무렵, 마침 큰 바람이 일자, 한나라 군대는 바람을 타고 좌우의 군사를 풀어 선우를 포위하였다. 선우는 전투에 있어서는 한나라 군사를 당하지 못할 것이라 판단하고 마침내 홀몸으로 겨우 수백 명의 용감한 기병들만을 데리고 한나라 포위를 뚫고 북서쪽으로 도망쳐 달아나고 말았다. 한나라 군대는 밤이 되어 뒤쫓지 못하고 가는 길에 흉노의 머리를 베거나 포로로 잡은 수가 1만 9천 명이나 되었다. 한나라 군대는 북쪽 전안산闐顔山에 있는 조신趙信의 성까지 쳐들어갔다가 되돌아 나왔다.

其明年春, 漢謀曰「翕侯信爲單于計, 居幕北, 以爲漢兵不能至」. 乃粟馬發十萬騎, (負)私[負]從馬凡十四萬匹, 糧重不與焉. 令大將軍青·驃騎將軍去病中分軍, 大將軍出定襄, 驃騎將軍出代, 咸約絶幕擊匈奴. 單于聞之, 遠其輜重, 以精兵待於幕北. 與漢大將軍接戰一日, 會暮, 大風起, 漢兵縱左右翼圍單于. 單于自度戰不能如漢兵, 單于遂獨身與壯騎數百潰漢圍西北遁走. 漢兵夜追不得. 行斬捕匈奴首虜萬九千級, 北至闐顔山趙信城而還.

## 선우가 죽은 줄로 알고

선우가 도망칠 때, 그들 군사는 가끔 한나라 군대와 서로 엇갈려 가며 선우를 뒤쫓고 있었기 때문에 선우는 오랫동안 자기 부대와 합류할 수가 없었다. 그 때문에 우녹려왕은 선우가 죽은 줄로 알고 스스로 선우가 되었으나, 선우가 다시 살아와서 군권을 잡게 되자 그는 다시 우녹려왕으로 돌아갔다.

單于之遁走, 其兵往往與漢兵相亂而隨單于. 單于久不與其大衆相得, 其右谷蠡王以爲單于死, 乃自立爲單于. 眞單于復得其衆, 而右谷蠡王乃去其單于號, 復爲右谷蠡王.

## 바이칼 호까지 진격

한편 한나라의 표기장군은, 대代를 나와 2천여 리 되는 곳에서 좌현왕과 접전을 벌인 끝에 흉노의 수급과 포로 약 7만여 명을 얻기는 하였으나, 좌현왕의 장군들은 모두 놓치고 말았다. 표기장군은 낭거서산狼居胥山에서 봉제封祭를 올리고, 고연산姑衍山에서 선제禪祭를 드린 다음 한해翰海(바이칼 호수)까지 갔다가 되돌아 나왔다.

漢驃騎將軍之出代二千餘里, 與左賢王接戰, 漢兵得胡首虜凡七萬餘級, 左賢王將皆遁走. 驃騎封於狼居胥山, 禪姑衍, 臨翰海而還.

## 한나라의 영토 회복

그 뒤로 흉노는 멀리 달아나 사막 남쪽에는 선우의 왕정王庭이 없었다.

한나라는 황하를 북쪽으로 건너가 삭방에서 서쪽의 영거令居에 이르기까지의 사이에 곳곳에 물을 대기 위한 도랑을 만들어 전관田官을 배치하고 관리와 병졸 5, 6만 명을 주둔시켜 차츰 땅을 잠식해 흉노의 옛 세력 범위였던 북쪽을 경계로 하였다.

是後匈奴遠遁, 而幕南無王庭. 漢度河自朔方以西至令居, 往往通渠置田, 官吏卒五六萬人, 稍蠶食, 地接匈奴以北.

## 곽거병이 죽어

이에 앞서 한나라의 두 장군이 대규모로 출격하여 선우를 포위하였을 때, 흉노를 죽이고 포로로 한 것이 8, 9만 명이나 되지만, 한나라의 군사도 역시 수만 명이 죽고, 말도 10만 마리나 넘게 죽었다. 흉노는 지쳐서 멀리 도망쳐 버렸지만, 한나라도 말이 줄어들어 그 이상 출격할 수 없었다.

그 뒤 흉노는 조신의 꾀에 따라 사신을 한나라로 보내 좋은 말로 화친을 청해 왔다. 천자는 이것을 조정의 의논에 붙였다. 어떤 자는 화친을 주장하고, 어떤 자는 흉노를 신하로 만들어야 한다고 주장하였다. 승상의 장사長史인 임창任敞은 이렇게 말하였다.

"흉노는 싸움에 패한 지 얼마 되지 않아 곤란한 처지에 있는 만큼, 마땅히 속국으로서 봄·가을로 변경에서 입조의 예를 하도록 하는 것이 좋을 줄로 아옵니다."

이리하여 한나라는 임창을 선우에게 사신으로 보냈다. 선우는 임창의 주장을 듣자, 크게 노하며 그를 감금시킨 다음 돌려보내 주지 않았다. 앞서 흉노의 사신이 한나라에 구금된 일이 있었기 때문에, 선우도 한나라 사신을 감금하여 이에 대항한 것이다. 이에 한나라는 바야흐로 사졸과 군마를 징발시키려 하였는데, 때마침 표기장군 곽거병이 병으로 죽었기 때문에 이로부터 여러 해 동안 북쪽으로 올라가 흉노를 치지 못하였다.

初, 漢兩將軍大出圍單于, 所殺虜八九萬, 而漢士卒物故亦數萬, 漢馬死者十餘萬. 匈奴雖病, 遠去, 而漢亦馬少, 無以復往. 匈奴用趙信之計, 遣使於漢, 好辭請和親. 天子下其議, 或言和親, 或言遂臣之. 丞相長史任敞曰:「匈奴新破, 困, 宜可使爲外臣, 朝請於邊.」漢使任敞於單于. 單于聞敞計, 大怒, 留之不遣. 先是漢亦有所降匈奴使者, 單于亦輒留漢使相當. 漢方復收士馬, 會驃騎將軍去病死, 於是漢久不北擊胡.

### 소강상태를 이루다

몇 년이 지나 이치사선우는 선우가 된 지 13년 만에 죽고, 그의 아들인 오유烏維가 뒤를 이어 선우가 되었다. 이 해는 한나라 원정元鼎 3년이었다. 오유가 선우에 오르자, 한나라 천자는 처음으로 수도를 나와 군현을 순행하였다. 그 뒤 한나라는 남쪽으로 남월과 동월을 무찔렀으나 흉노는 치지 않았다. 흉노도 또 변경을 침입하지 않았다.

數歲, 伊稚斜單于立十三年死, 子烏維立爲單于. 是歲, 漢元鼎三年也. 烏維單于立, 而漢天子始出巡郡縣. 其後漢方南誅兩越, 不擊匈奴, 匈奴亦不侵入邊.

### 흉노 땅이 텅 비어 사람을 볼 수 없어

오유선우가 즉위한 지 3년, 한나라는 이미 남월을 없애고 나자, 태복太僕을 지냈던 공손하公孫賀를 북쪽으로 보냈다. 공손하는 기병 1만 5천 명을 거느리고 구원九原에서 2천여 리나 진출하여 부저정浮苴井까지 갔다가 돌아왔으나, 흉노는 한 사람도 볼 수 없었다.

한나라는 다시 전 종표후從驃侯 조파노趙破奴에게 명하여, 기병 1만여 명을 이끌고 영거에서 수천 리나 진출하여 흉하수匈河水까지 갔다가 돌아오도록 하였으나, 역시 흉노를 한 사람도 볼 수 없었다.

烏維單于立三年, 漢已滅南越, 遣故太僕賀將萬五千騎出九原二千餘里, 至浮苴井而還, 不見匈奴一人. 漢又遣故從驃侯趙破奴萬餘騎出令居數千里, 至匈河水而還, 亦不見匈奴一人.

### 곽길이 사신을 나서서

이 무렵, 천자는 변경을 순행하여 삭방군에 이르러 기병 18만 명을 열병하며 위세와 절도를 과시하고, 곽길郭吉을 사신으로 하여 선우에게 은근히 깨우쳐 주도록 하였다. 곽길이 흉노에 이르자, 흉노의 주객主客이 사자가 온 뜻을 물었다. 곽길은 정중히 예를 갖춘 한 다음 이렇게 말을 하였다.

"선우께 뵈온 다음 직접 말씀을 드리겠습니다."

이리하여 선우를 만나게 된 곽길은 이렇게 말하였다.

"남월왕의 머리는 이미 한나라 서울 북문에 달려 있습니다. 지금 선우께서는 가능하다면 나아가 한나라와 싸워 주십시오. 한나라 천자는 친히 군사를 거느리고 변경에서 기다리고 있습니다. 그것이 불가능하다면 남쪽을 향해 한나라의 신하가 되어야 합니다. 어찌하여 공연히 멀리 달아나 사막 북쪽의 차고 괴로운, 물도 풀도 없는 땅에 숨어서 살고 계십니까? 아무런 쓸모가 없는 일입니다."

그의 말이 끝나자, 선우는 크게 노하여 그를 만나게 한 주객을 그 자리에서 목베고 곽길을 붙들어 북해北海 근처에 감금시켰다. 그러나 선우는 끝내 한나라 변경으로 쳐들어가지 않았고, 사졸과 말을 충분히 쉬게 하고 사냥을 하여 활쏘기를 익히게 하였다. 그리고 자주 사신을 한나라로 보내어 좋은 말과 달콤한 소리로 화친을 청할 뿐이었다.

是時天子巡邊, 至朔方, 勒兵十八萬騎以見武節, 而使郭吉風告單于. 郭吉既至匈奴, 匈奴主客問所使, 郭吉禮卑言好, 曰:「吾見單于而口言.」單于見吉, 吉曰:「南越王頭已懸於漢北闕. 今單于(能)卽[能]前與漢戰, 天子自將兵待邊; 單于卽不能, 卽南面而臣於漢. 何徒遠走, 亡匿於幕北寒苦無水草之地, 毋爲也.」語卒而單于大怒, 立斬主客見者, 而留郭吉不歸, 遷之北海上. 而單于終不肯爲寇於漢邊, 休養息士馬, 習射獵, 數使使於漢, 好辭甘言求請和親.

### ◎ 화친을 청하고 싶다

한나라는 왕오王烏 등을 시켜 흉노의 동정을 살펴보게 하였다. 그런데 흉노의 법에 의하면, 한나라 사신이라도 부절을 버리고 얼굴에 먹물을 넣은 사람이 아니면 선우의 천막 안으로 들어갈 수 없게 되어 있었다.

왕오는 북지군 사람으로 흉노의 풍습에 익숙하였다. 그리하여 그가 가진 부절을 버리고 얼굴에 먹물을 넣은 다음, 선우의 천막 안으로 들어갈 수가 있었다. 선우는 왕오를 기특히 여기고 그의 의견에 동조하는 태도로 달콤한 말을 하며, 태자를 한나라로 보내어 화친을 청하고 싶다고 말하였다.

漢使王烏等窺匈奴. 匈奴法, 漢使非去節而以墨黥其面者不得入穹廬. 王烏, 北地人, 習胡俗, 去其節, 黥面, 得入穹廬. 單于愛之, 詳許甘言, 爲遣其太子入漢爲質, 以求和親.

## 태자를 인질로 보내시오

한나라는 다시 양신楊信을 흉노에 사신으로 보냈다.

당시 한나라는 동쪽으로는 예맥·조선을 정복하여 이를 몇 개의 군으로 만들고 서쪽으로는 주천군酒泉郡을 두어 흉노와 강족羌族과의 통로를 끊고 있었다. 게다가 서쪽의 월지月氏·대하大夏 등과 우호 관계를 맺고, 공주를 오손왕烏孫王의 아내로 주는 등 회유책을 써서, 흉노를 지원하던 서방 여러 나라들과 흉노와의 사이를 끊어 놓았다. 또 북쪽으로는 더욱더 농지를 넓혀나가 현뢰眩雷까지 이르렀으며, 그 곳에 요새를 구축하였다. 그런데도 흉노는 한 마디 항의도 하지 않았다. 더구나 이 해에 흡후 조신이 죽자, 한나라 대신들은 흉노가 약해져 있는 한 능히 굴복시킬 수 있으리라고 여기고 있었다.

양신은 본래 강직하여 굴복할 줄 모르는 사람이었다. 그런데 선우는 그의 지위가 별로 높지 않은 것을 알자 친절히 대하려 하지 않았다. 또 선우가 천막 안으로 불러들이려 해도 양신은 끝내 부절을 버리려 하지 않았다. 이에 선우는 천막 밖에 자리를 펴고 거기에서 양신을 만나 보았다. 그러자 양신은 대뜸 이렇게 말하였다.

"만일 화친을 원하신다면 선우의 태자를 한나라에 인질로 보내 주십시오."

그러자 선우는 이렇게 대답하였다.

"그것은 본래의 약속과는 다르오. 본래의 약속은 한나라는 항상 공주를 보내주고 비단·무명·먹을 것 등 많은 물건들을 주어 화친을 하면 흉노도 한나라 변경을 어지럽히지 않겠다는 것이었소. 그런데 본래의 규정과는 달리 이번에 우리 태자를 인질로 만들고 싶다고 하다니 도저히 응할 수 없소."

흉노의 습관으로는 한나라 사신이 중귀인中貴人이 아닐 경우, 그 사신이 유학자儒學者이면 설득시키기 위해 온 것인 줄로 알고 그의 변설을 꺾으려 하였고, 젊은 사람이면 자객으로 온 것인 줄 알고 그의 기운을 꺾으려 하였다. 그리고 한나라 사신이 흉노로 들어오면 흉노는 그때마다 답례로 사신을 보냈고, 한나라가 흉노의 사신을 돌려보내지 않으면 흉노도 또 한나라 사신을 돌려보내지 않는 등 반드시 대등한 수단을 취하였다.

漢使楊信於匈奴. 是時漢東拔穢貉·朝鮮以爲郡, 而西置酒泉郡以鬲絶胡與羌通之路. 漢又西通月氏·大夏, 又以公主妻烏孫王, 以分匈奴西方之援國. 又北益廣田至胘雷爲塞, 而匈奴終不敢以爲言. 是歲, 翕侯信死, 漢用事者以匈奴爲已弱, 可臣從也. 楊信爲人剛直屈彊, 素非貴臣, 單于不親. 單于欲召入, 不肯去節, 單于乃坐穹廬外見楊信. 楊信旣見單于, 說曰:「卽欲和親, 以單于太子爲質於漢.」單于曰:「非故約. 故約, 漢常遣翁主, 給繒絮食物有品, 以和親, 而匈奴亦不擾邊. 今乃欲反古, 令吾太子爲質, 無幾矣.」匈奴俗, 見漢使非中貴人, 其儒先, 以爲欲說, 折其辯; 其少年, 以爲欲刺, 折其氣. 每漢使入匈奴, 匈奴輒報償. 漢留匈奴使, 匈奴亦留漢使, 必得當乃肯止.

### 천자를 직접 만나고 싶다

양신이 그대로 돌아온 다음, 한나라는 다시 왕오를 흉노에 보냈다. 그러자 선우는 달콤한 말로 왕오를 달래며 한나라 재물을 많이 얻을 욕심에 거짓으로 이렇게 말하였다.

"내가 한나라로 가서 직접 천자를 뵙고 마주앉아 형제의 약속을 맺고 싶소."

왕오가 돌아와 이 내용을 한나라에 보고하자, 한나라에서는 선우를 위해 장안에다 저택을 세웠다. 그러나 흉노는 또 이렇게 말하였다.

"한나라에서 고관을 사신으로 보내 주지 않는 한 진실한 말을 할 수 없소."

그리고 흉노에서 고관 한 사람을 사신으로 보내 왔는데, 그는 한나라에 도착하자마자 병이 났다. 한나라에서는 약을 써서 그를 치료하고자 하였으나 불행히도 죽고 말았다.

이에 한나라는 노충국路充國에게 2천 석의 고관이 차는 인수印綬를 주어 사신으로 삼아, 유해를 호송해 정중한 장례식을 치르게 해 주었다. 그 비용만 해도 수천 금에 달하였다. 그러나 노충국이 스스로 한나라의 고관이라고 말하자, 한나라가 흉노의 고관 사신을 죽였다고 생각한 선우는, 그 보복으로 노충국을 붙들어 돌려보내 주지 않았다.

이 때까지 해 온 여러 가지 이야기들은 다만 선우가 왕오 등을 속인 것 뿐으로, 한나라에 갈 생각도 태자를 인질로 보낼 생각도 전혀 없었던 것이다. 이리하여 흉노는 다시 기병 부대를 보내어 변경을 자주 침범하였다. 한나라는 곽창郭昌을 발호장군拔胡將軍에 임명하고, 또 착야후浞野侯 조파노를 삭방군 동쪽에 주둔시켜 흉노에 대비하도록 하였다.

노충국이 흉노에 붙들린 지 3년이 지났을 선우가 죽었다.

楊信旣歸, 漢使王烏, 而單于復讇以甘言, 欲多得漢財物, 紿謂王烏曰:「吾欲入漢見天子, 面相約爲兄弟.」王烏歸報漢, 漢爲單于築邸于長安. 匈奴曰:「非得漢貴人使, 吾不與誠語.」匈奴使其貴人至漢, 病, 漢予藥, 欲愈之, 不幸而死. 而漢使路充國佩二千石印綬往使, 因送其喪, 厚葬直數千金, 曰「此漢貴人也」. 單于以爲漢殺吾貴使者, 乃留路充國不歸. 諸所言者, 單于特空紿王烏, 殊無意入漢及遣太子來質. 於是匈奴數使奇兵侵犯邊. 漢乃拜郭昌爲拔胡將軍, 及浞野侯屯朔方以東, 備胡. 路充國留匈奴三歲, 單于死.

### 서로의 사신을 억류하다

오유선우가 10년의 재위 끝에 죽고, 그의 아들 오사려烏師廬가 뒤를 이어 선우가 되었다. 오사려는 나이가 어렸기 때문에 아선우兒單于라 불렸다. 이 해는 원봉元封 6년이었다. 이 뒤로 선우는 더욱 서북쪽으로 이동하여 좌익의 군사는 운중군에서 맞서고, 우익의 군사는 주천군·돈황군燉煌郡에 맞서 있었다.

아선우가 계승하여 들어서자, 한나라에서는 두 사람의 사신을 보내되 한 사람에게는 선우를 조문하게 하고, 다른 한 사람에게는 우현왕을 조문하도록 시켜 그들 내부를 이간시키려 하였다.

그러나 흉노 땅에 들어간 두 사신은 모두 선우에게 끌려갔고, 선우는 노한 나머지 그들을 붙들어 두었다. 이로써 한나라 사신으로 흉노에 붙들려 있는 사람은 10여 명에 이르렀다. 그리하여 한나라 역시 흉노의 사신이 오는 대로 붙들어 두어 흉노와 맞먹도록 하였다.

烏維單于立十歲而死, 子烏師廬立爲單于. 年少, 號爲兒單于. 是歲元封六年也. 自此之後, 單于益西北, 左方兵直雲中, 右方直酒泉·燉煌郡.

兒單于立, 漢使兩使者, 一弔單于, 一弔右賢王, 欲以乖其國. 使者入匈奴, 匈奴悉將致單于. 單于怒而盡留漢使. 漢使留匈奴者前後十餘輩, 而匈奴使來, 漢亦輒留相當.

## 수항성을 쌓다

이 해 한나라는 이사장군貳師將軍 이광리李廣利로 하여금 서쪽으로 대완大宛을 치도록 하고, 인우장군因杅將軍 공손오로 하여금 수항성受降城을 쌓도록 명하였다.

그런데 그 해 겨울, 흉노 땅에는 폭설이 내려 많은 가축이 굶주리고 얼어죽은 데다, 아선우가 나이 젊고 잔인하였기 때문에 민심이 들떠 있었다. 이에 좌대도위左大都尉가 선우를 죽일 생각으로 몰래 사람을 한나라에 보내어 이렇게 꾀하였다.

"나는 선우를 죽이고 한나라에 항복하고 싶소. 그러나 한나라는 너무 멀구려. 만일 한나라 군대가 나를 맞이하러 와 주기만 한다면 곧 반란을 일으키겠소."

그렇지 않아도 한나라는 항복해 오는 자들을 받아들이기 위해 수항성受降城을 쌓아 놓았지만, 그래도 그곳까지 여전히 멀다고 하였던 것이다.

是歲, 漢使貳師將軍廣利西伐大宛, 而令因杅將軍敖築受降城. 其冬, 匈奴大雨雪, 畜多飢寒死. 兒單于年少, 好殺伐, 國人多不安. 左大都尉欲殺單于, 使人閒告漢曰: 「我欲殺單于降漢, 漢遠, 卽兵來迎我, 我卽發.」 初, 漢聞此言, 故築受降城, 猶以爲遠.

### 대군이 흉노에 투항하다

그 이듬해 봄, 한나라는 착야후 조파노로 하여금 기병 2만여 명을 거느리고 삭방군 북서쪽 2천여 리까지 진출하도록 하였다. 준계산浚稽山까지 갔다가 되돌아온다는 약속이었다. 착야후는 약속한 지점까지 갔다가 되돌아왔다. 이때 좌대도위는 약속대로 반란을 일으키려 하였으나, 사전에 선우에게 발각되어 실패하고 말았다. 선우는 좌대도위를 처단한 다음, 좌익의 군사를 보내 착야후를 치게 하였다. 착야후는 그들과 싸워 수급과 포로 수천 명을 얻었으나, 수항성에서 400리 되는 지점에서 그만 흉노 기병 8만 명에 포위되고 말았다. 그리고 밤에 그 자신이 직접 밖으로 나가 물을 찾다가 잠복해 있던 흉노에게 생포되었다. 흉노는 이 틈을 이용하여 한나라 군대를 급습하였다.

한편 한나라 군중에서는 곽종郭縱이 호군護軍이 되고, 유왕維王이 거수渠帥가 되어 상의를 하였으나 "교위들일지라도 장군을 잃고 도망쳐 돌아온 자는 사형에 처한다"라는 군법을 두려워한 나머지 한 사람도 돌아가자고 권하는 사람이 없었다. 이에 마침내 전군이 흉노에게 항복하자, 아선우는 크게 기뻐하며 드디어 기습 부대를 풀어 수항성을 공격하였다. 그러나 항복을 받을 수 없어 변경으로 쳐들어왔다가 물러갔다.

그 이듬해, 선우는 직접 다시 수항성을 공격하려 하였으나, 수항성에 이르기 전에 병으로 죽고 말았다.

其明年春, 漢使浞野侯破奴將二萬餘騎出朔方西北二千餘里, 期至浚稽山而還. 浞野侯旣至期而還, 左大都尉欲發而覺, 單于誅之, 發左方兵擊浞野. 浞野侯行捕首虜得數千人. 還, 未至受降城四百里, 匈奴兵八萬騎圍之. 浞野侯夜自出求水, 匈奴閒捕, 生得浞野侯, 因急擊其軍. 軍中郭縱爲護, 維王爲渠, 相與謀曰: 「及諸校尉畏亡將軍而誅之, 莫相勸歸.」 軍遂沒於匈奴.

匈奴兒單于大喜, 遂遣奇兵攻受降城. 不能下, 乃寇入邊而去. 其明年, 單于欲自攻受降城, 未至, 病死.

## 한나라의 방비

아선우는 선우가 된 지 겨우 3년에 불과하였다. 그의 아들은 아직 어렸기 때문에, 흉노는 아선우의 막내 숙부 오유선우烏維單于의 아우 우현왕 구리호呴犁湖를 선우에 추대하였다. 이 해는 태초太初 3년이었다.

구리호선우가 즉위하자, 한나라는 광록대부光祿大夫 서자위徐自爲를 오원五原의 요새에서 수백 리, 멀게는 천여 리까지 진출하여 성채와 망루를 쌓고 여구산廬朐山까지 이르도록 하였다. 그리고 유격장군遊擊將軍 한열韓說과 장평후長平侯 위항衛伉을 그 근처에 주둔시키고, 강노도위彊弩都尉 노박덕路博德에게 거연택居延澤 근처에 요새를 쌓아 방비하도록 하였다.

兒單于立三歲而死. 子年少. 匈奴乃立其季父烏維單于弟右賢王呴犁湖爲單于. 是歲太初三年也.

呴犁湖單于立, 漢使光祿徐自爲出五原塞數百里, 遠者千餘里, 築城鄣列亭至廬朐, 而使游擊將軍韓說·長平侯衛伉屯其旁, 使彊弩都尉路博德築居延澤上.

## 성채와 보루를 파괴하고

그 해 가을, 흉노는 정양·운중에 크게 침입하여 수천 명을 죽이거나 사로잡아 가는 한편, 2천 석의 고관 몇 사람을 깨뜨리고, 돌아가는 길에 광록대부가 쌓은 성채와 망루마저 파괴하였다. 또 우현왕은 주천·장액張掖에 침입하여 수천 명을 죽이거나 사로잡았지만, 마침 임문任文 장군이 공격을 가해 구원에 나서자, 흉노는 손에 넣었던 것을 모두 버린 채 돌아가고 말았다.

이 해 이사장군貳師將軍은 대완大宛을 깨뜨리고 그 왕을 목베어 돌아왔다. 흉노는 그의 귀로를 가로막으려 하였으나 미치지 못하였다.

그 해 겨울 흉노는 수항성을 습격하려 하였지만 때마침 선우가 병으로 죽었다.

구리호선우는 선우가 된지 1년 만에 죽었다. 이에 흉노는 그의 아우인 좌대도위 저제후且鞮侯를 세워 선우로 추대하였다.

其秋, 匈奴大入定襄·雲中, 殺略數千人, 敗數二千石而去, 行破壞光祿所築城列亭鄣. 又使右賢王入酒泉·張掖, 略數千人. 會任文擊救, 盡復失所得而去. 是歲, 貳師將軍破大宛, 斬其王而還. 匈奴欲遮之, 不能至. 其冬, 欲攻受降城, 會單于病死.

呴犁湖單于立一歲死. 匈奴乃立其弟左大都尉且鞮侯爲單于.

## 끝까지 흉노를 괴롭히리라

한나라가 대완을 무찌른 뒤로는 그 위세는 외국에까지 떨쳤다. 그러나 천자의 의도는 어디까지나 흉노를 곤궁하게 하고자 하는 데 있었으므로 이렇게 조칙을 내렸다.

"고황제는 짐에게 평성에서의 한을 남기셨다. 또 고후 때 선우의 편지 내용은 너무나 무도하였다. 옛날 제나라 양공襄公은 9세九世의 원수를 갚았는데 《춘추春秋》에는 이를 정당한 것이라 하였다."

이 해는 태초 4년이었다.

漢旣誅大宛, 威震外國. 天子意欲遂困胡, 乃下詔曰:「高皇帝遺朕平城之憂, 高后時單于書絶悖逆. 昔齊襄公復九世之讎, 《春秋》大之.」是歲太初四年也.

## 한나라 천자는 아버지와 항렬이 같다

저제후선우가 왕위에 오른 뒤, 한나라 사신으로 흉노에 귀순하지 않는 자를 모두 돌려보내 주었다. 이에 노충국 등도 돌아올 수 있었다. 그가 선우가 되었을 당초는 한나라의 습격이 두려워 그 자신 스스로 이렇게 말하였다.

"나 같은 어린아이가 어찌 감히 한나라 천자와 대등하게 되기를 바라겠는가! 한나라 천자는 우리 아버지의 항렬이 되는 어른이시다."

한나라는 중랑장 소무蘇武로 하여금 많은 폐물을 선우에게 보내어 달래고자 하였으나, 선우는 오히려 차츰 교만해져서 대하는 것이 매우 무례하였다. 한나라로서의 기대는 허물어지고 말았다. 그 이듬해 착야후 조파노는 한나라로 도망쳐 돌아올 수가 있었다.

且鞮侯單于旣立, 盡歸漢使之不降者. 路充國等得歸. 單于初立, 恐漢襲之, 乃自謂「我兒子, 安敢望漢天子! 漢天子, 我丈人行也」. 漢遣中郎將蘇武厚幣賂遺單于. 單于益驕, 禮甚倨, 非漢所望也. 其明年, 浞野侯破奴得亡歸漢.

## 이릉이 흉노에 항복하다

그 이듬해, 한나라는 이사장군貳師將軍 이광리에게 명하여 기병 3만 명을 거느리고 주천으로 나가 천산天山에서 우현왕을 치도록 하였다. 이사장군은 흉노의 수급과 포로 1만여 명을 얻어 돌아오던 중, 흉노에게 포위당해 거의 벗어날 수 없는 지경에 빠지고 말았다. 이리하여 한나라 군대는 열 명 중에 예닐곱의 전사자를 내었다. 한나라는 또 인우장군 공손오에게 명하여 서하西河로 나가 강노도위와 탁도산涿涂山에서 합류하였으나 전과는 없었다. 또 기도위騎都尉 이릉李陵에게 보병과 기병 5천 명을 거느리고 거연居延 북쪽 1천여 리까지 나아가 치게 하였다. 이릉은 선우와 마주쳐 1만여 명의 적을 살상하였으나, 이쪽도 군사와 식량이 거의 바닥나 전투 태세를 풀고 돌아오려 하였다. 그러나 흉노에 포위되어 마침내 항복하였고, 그의 군사는 거의 전멸하여 한나라로 살아 돌아온 자는 겨우 400명이었다. 선우는 이릉을 극진히 대우하여 그의 딸을 아내로 주었다.

其明年, 漢使貳師將軍廣利以三萬騎出酒泉, 擊右賢王於天山, 得胡首虜萬餘級而還. 匈奴大圍貳師將軍, 幾不脫. 漢兵物故什六七. 漢復使因杅將軍敖出西河, 與彊弩都尉會涿涂山, 毋所得. 又使騎都尉李陵將步騎五千人, 出居延北千餘里, 與單于會, 合戰, 陵所殺傷萬餘人, 兵及食盡, 欲解歸, 匈奴圍陵, 陵降匈奴, 其兵遂沒, 得還者四百人. 單于乃貴陵, 以其女妻之.

## ◎ 수많은 정벌자들

그로부터 2년 뒤에, 한나라는 다시 이사장군에게 명하여 기병 5만 명과 보병 10만 명을 거느리고 삭방에서 출정하도록 하고, 강노도위 노박덕은 1만여 명을 거느리고 이사장군과 합류하도록 하였다. 유격장군 한열은 보병과 기병 3만 명을 거느리고 오원五原에서 출격하고, 인우장군 공손오는 기병 1만 명과 보병 3만 명을 거느리고 안문에서 출격하였다.

흉노가 이를 듣자, 처자와 재산을 여오수余吾水 북쪽에 멀리 숨겨두고, 선우가 직접 기병 10만 명을 거느리고 여오수 남쪽에서 대기하고 있다가 이사장군과 접전을 벌였다. 이사장군은 선우와 10여 일을 싸운 끝에 군사를 이끌고 퇴각하였다. 그런데 도중에서 가족들이 '무고巫蠱의 난'에 연루되어 몰살되었다는 소식을 듣자, 군대를 거느린 채 흉노에게 투항하고 말았다. 그의 군사 중 한나라로 살아 돌아온 자는 1천 명에 한 두 사람 꼴에 지나지 않았다. 유격장군 한열은 전과를 올리지 못하였고, 인우장군 공손오도 좌현왕과 싸웠으나 싸움이 불리해지자 군사를 이끌고 돌아왔다. 이 해에 한나라 군사로서 흉노로 출격한 사람은 많았으나 공을 논할 만한 자는 없었다.

한편 조칙이 내려 태의령太醫令 수단隨但을 체포하였다. 이사장군의 가족이 몰살당한 소식을 누설하여 이광리로 하여금 흉노에 항복하도록 하였다는 죄목이었다.

後二歲, 復使貳師將軍將六萬騎, 步兵十萬, 出朔方. 彊弩都尉路博德將萬餘人, 與貳師會. 游擊將軍說將步騎三萬人, 出五原. 因杅將軍敖將萬騎步兵三萬人, 出鴈門. 匈奴聞, 悉遠其累重於余吾水北, 而單于以十萬騎待水南, 與貳師將軍接戰. 貳師乃解而引歸, 與單于連戰十餘日. 貳師聞其家以巫蠱族滅, 因并衆降匈奴, 得來還千人一兩人耳. 游擊說無所得. 因杅敖與左賢王戰, 不利, 引歸. 是歲漢兵之出擊匈奴者不得言功多少, 功不得御. 有詔捕太醫令隨但, 言貳師將軍家室族滅, 使廣利得降匈奴.

## 사마천의 평어

나 태사공은 이렇게 생각한다.

공자가 《춘추》를 지으면서 옛날 노魯나라 은공隱公과 환공桓公 사이는 기록이 명료하였으나, 자신과 같은 시대인 정공定公과 애공哀公 사이의 일은 기록이 모호하고 분명하지 못하였다. 그것은 그 당시로서는 매우 가까운 예악 제도를 적는 것이기 때문에, 비판을 피하고 말하기를 꺼려하였기 때문이다.

지금 흉노에 대한 세세한 논의들은 한때의 권세를 얻기 위하여 천자에게 자신의 주장이 채택되도록 노력하고, 다만 편견에만 사로잡혀 피차의 올바른 정세를 파악하지 못한 경향이 있다. 장수들은 중국의 광대한 것만을 믿고 기세를 올렸고, 천자는 그들의 의견에 따라 전략을 결정하였기 때문에 큰 공을 세울 수가 없었다. 요堯는 비록 성현이었지만 혼자 힘으로는 사업을 일으켜서 성공할 수가 없었으며, 우禹를 얻음으로써 온 중국을 편안하게 할 수 있었다. 만일 성스러운 천자의 통업統業을 일으키려 한다면, 오직 장군과 재상을 잘 선택하는 데에 달려 있으리라! 오직 장군과 재상을 잘 선택하는 데에 달려 있으리라!

太史公曰: 孔氏著《春秋》, 隱桓之閒則章, 至定哀之際則微, 爲其切當世之文而罔褒, 忌諱之辭也. 世俗之言匈奴者, 患其徼一時之權, 而務讇納其說, 以便偏指, 不參彼己; 將率席中國廣大, 氣奮, 人主因以決策, 是以建功不深. 堯雖賢, 興事業不成, 得禹而九州寧. 且欲興聖統, 唯在擇任將相哉! 唯在擇任將相哉!

史記列傳

## 051(111) 위장군표기 열전衛將軍驃騎列傳

① 위청衛青 ② 공손하公孫賀 ③ 이식李息 ④ 공손오公孫敖
⑤ 이저李沮 ⑥ 이채李蔡 ⑦ 장차공張次公 ⑧ 소건蘇建
⑨ 조신趙信 ⑩ 장건張騫 ⑪ 조이기趙食其 ⑫ 조양曹襄
⑬ 한열韓說 ⑭ 곽창郭昌 ⑮ 순체荀彘 ⑯ 곽거병霍去病
⑰ 노박덕路博德 ⑱ 조파노趙破奴

### 〈1〉 위청衛青

#### 평양후의 첩과 사통하여 낳은 아이들

대장군 위청衛青은 평양平陽 사람이다. 그의 아버지 정계鄭季가 관리로서 평양후平陽侯 조수曹壽의 집에 근무하던 때 평양후의 비첩 위온衛媼과 사통하여 청青을 낳았다. 청의 동복 형제로는 형으로 위장자衛長子, 누님으로 위자부衛子夫가 있었다. 위자부가 평양공주平陽公主를 모시다가 무제孝武帝의 사랑을 받게 되어 위청도 위씨衛氏를 성으로 삼았다. 위청의 자는 중경仲卿이며, 위장자는 자를 장군長君으로 고쳤다.

위청

위온은 장군을 비롯해 장녀 위유衛孺, 차녀 소아少兒, 삼녀 자부子夫를 낳았는데, 뒤에 자부 다음으로 사내 동생 보步와 광廣을 얻어 그들 역시 감히 위씨를 성으로 하였다.

大將軍衛青者, 平陽人也. 其父鄭季, 爲吏, 給事平陽侯家, 與侯妾衛媼通, 生青. 青同母兄衛長子, 而姊衛子夫自平陽公主家得幸天子, 故冒姓爲衛氏. 字仲卿. 長子更字長君. 長君母號爲衛媼. 媼長女衛孺, 次女少兒, 次女卽子夫. 後子夫男弟步·廣皆冒衛氏.

## 종으로 태어났으니 매나 맞지 않으면 다행

위청은 평양후의 집에서 하인으로 지내다, 어린 나이에 아버지의 집으로 들어갔다. 그러나 아버지는 위청에게 양을 지키게 하였고, 본처의 자식들은 위청을 하인으로 취급할 뿐 형제로 인정해 주지 않았다.

위청은 일찍이 사람을 따라 감천궁甘泉宮의 감옥에 간 적이 있었는데, 그 때 죄수 중에 목에 칼을 쓴 사람이 위청의 관상을 보더니 이렇게 말하였다.

"너에게는 귀인의 상이 있다. 벼슬은 후侯에 이를 것이다."

그러자 위청은 웃으며 말하였다.

"종놈으로 태어났으니 매나 맞지 않고 욕이나 먹지 않으면 그것으로 다행일 따름입니다. 어찌 후에 봉해질 수 있으리오!"

青爲侯家人, 少時歸其父, 其父使牧羊. 先母之子皆奴畜之, 不以爲兄弟數. 青嘗從入至甘泉居室, 有一鉗徒相青曰:「貴人也, 官至封侯.」青笑曰:「人奴之生, 得毋笞罵卽足矣, 安得封侯事乎!」

## 누이가 황제의 아이를 임신하다

위청은 장년이 되면서, 평양후 집의 기사騎士가 되어 평양공주를 모셨다.

건원建元 2년 봄, 위청의 누이 위자부가 궁중으로 들어가 황제武帝의 사랑을 받게 되었다. 그런데 황후는 당읍대장공주堂邑大長公主의 딸로 그때까지 아들을 낳지 못해 질투가 심하였다. 대장공주는 위자부가 황제의 사랑을 받아 아기를 가졌다는 소리를 듣자, 질투하여 위청을 잡아들이게 하였다. 위청은 그 무렵 건장궁建章宮에서 일을 보고 있었으며, 아직 세상에 이름이 알려져 있지 않았다. 대장공주가 위청을 잡아 가두고 그를 죽이려 하자, 위청의 친구 기랑騎郎 공손오公孫敖가 장사들을 이끌고 달려와 구원해 내어 위청은 겨우 죽음을 모면할 수 있었다.

황제는 이를 듣고 위청을 불러 건장궁의 궁감宮監 겸 시중侍中에 임명하였고, 잇달아 위청의 동복 형제들을 귀인에 올려 주었다. 이 무렵 황제가 그에게 내린 하사금은 불과 며칠 사이에 수천 금이나 되었다. 그의 맏누이 위유는 태복太僕 공손하公孫賀의 아내가 되었고, 둘째 누이 위소아는 원래 진장陳掌과 사통하고 있었으며, 그 때문에 진장이 대신 벼슬을 얻었다. 공손오는 위청을 구원한 일로 더욱 귀하게 되었고, 위자부는 부인夫人의 지위로 올랐으며 위청은 태중대부太中大夫가 되었다.

青壯, 爲侯家騎, 從平陽主. 建元二年春, 青姊子夫得入宮幸上. 皇后, 堂邑大長公主女也, 無子, 妒. 大長公主聞衛子夫幸, 有身, 妒之, 乃使人捕青. 青時給事建章, 未知名. 大長公主執囚青, 欲殺之. 其友騎郎公孫敖與壯士往篡取之, 以故得不死. 上聞, 乃召青爲建章監, 侍中, 及同母昆弟貴, 賞賜數日間累千金. 孺爲太僕公孫賀妻. 少兒故與陳掌通, 上召貴掌. 公孫敖由此益貴. 子夫爲夫人. 青爲大中大夫.

## 장군이 되어 흉노 출정에 나서다

원광元光 5년, 위청은 거기장군車騎將軍으로 흉노를 토벌하기 위하여 상곡上谷으로 출정하고, 태복 공손하는 경거장군輕車將軍으로서 운중雲中으로, 그리고 태중대부 공손오는 기장군騎將軍으로서 대군代郡으로, 위위衛尉 이광李廣은 효기장군驍騎將軍으로서 안문鴈門으로 각각 기병 1만 명을 거느리고 출정하였다.

이 출정에서 위청은 농성蘢城까지 육박하여 적의 수급과 포로 600을 얻었다. 하지만 기장군 공손오는 기병 7천 명을 잃었고, 위위 이광은 적에게 사로잡혔다가 탈출해 돌아왔다. 두 사람 모두 사형에 해당됐지만 속죄금을 물고 평민이 되었다. 공손하 역시 공은 없었다.

元光五年, 靑爲車騎將軍, 擊匈奴, 出上谷; 太僕公孫賀爲輕車將軍, 出雲中; 大中大夫公孫敖爲騎將軍, 出代郡; 衛尉李廣爲驍騎將軍, 出雁門: 軍各萬騎. 靑至蘢城, 斬首虜數百. 騎將軍敖亡七千騎; 衛尉李廣爲虜所得, 得脫歸: 皆當斬, 贖爲庶人. 賀亦無功.

## 위청의 공을 극찬하다

원삭元朔 원년 봄, 위부인은 아들을 낳고 황후가 되었다. 그 해 가을 위청은 거기장군이 되어 기병 3만 명을 거느리고 안문으로 출정하여, 흉노를 토벌하고 적의 수급과 포로 수천 명을 얻었다.

이듬해, 흉노가 침입하여 요서遼西 태수를 죽이고 어양漁陽의 백성 2천여 명을 포로로 잡아가는 한편, 장군 한안국韓安國의 군사를 깨뜨렸다. 한나라는 이를 토벌하기 위하여 장군 이식李息에게 대군에서 출격하도록 하고, 거기장군 위청에게는 운중에서 나아가 치도록 하였다.

위청은 서쪽으로 나아가 고궐高闕에 이르렀고, 드디어 하남河南 땅을 공략하여 농서隴西에 이르렀다. 그리하여 적의 수급 및 포로 수천 명을 얻고 가축 수십 만 마리를 얻는 한편, 흉노의 백양왕白羊王과 누번왕樓煩王을 패주시켰으며, 마침내는 하남 땅에 삭방군朔方郡을 설치하였다. 한나라는 위청에게 식읍 3천 800호를 내리고 장평후長平侯라 하였다.

또 공이 있었던 위청의 교위校尉 소건蘇建은 1천 100호 식읍에 봉하여 평릉후平陵侯로 한 다음, 삭방성朔方城을 쌓도록 하였다. 위청의 교위 장차공張次公도 공이 있어 안두후岸頭侯에 봉하였다.

이때 천자는 이렇게 조서를 내렸다.

"흉노는 그 풍습이 천리天理를 거역하고 인륜을 어지럽히며, 나이 많은 사람을 혹사시키고 노인을 학대하며 도둑질을 일삼고, 모든 오랑캐들을 속여 모략으로써 응원병을 빌려 자주 우리 변경을 침략하고 있다. 그러므로 군사를 일으키고 장수를 보내어 그들을 응징하게 하였던 것이다. 옛날에도 흉노를 정벌한 일이 있어 《시詩》에도 이렇게 말하지 않았던가.

험윤玁狁을 토벌하여 태원太原에 이르렀네.
수레 소리 요란하여 저 삭방에 성을 쌓도다.

지금 거기장군 위청이 서하西河를 건너 고궐에 이르러 적의 수급과 포로 2천 300명을 얻고, 그들 전차와 치중거·가축 등을 모조리 노획하였다. 또 열후로 봉해진 뒤로는 서쪽으로 하남 일대를 평정하고 유계楡谿의 옛 요새를 되찾았으며, 재령梓嶺을 넘고 북하北河에 다리를 놓아, 포니蒲泥를 치고 부리符離를 깨뜨렸다. 적의 정예 부대를 무찌르고, 복병 및 정찰병을 사로잡기 3천 71명, 포로를 심문하여 적의 많은 군사를 얻었고, 말·소·양 100여 만 마리를 몰아, 우리 군사에 손상 없이 무사히 귀환하였다. 따라서 위청에게 3천 호를 증봉하노라."

그 이듬해, 흉노가 다시 침입하여 대군 태수 공우共友를 죽였으며, 안문에서는 1천여 명을 사로잡아갔다. 그 이듬해에도 흉노는 대군·정양군·상군에 크게 침입하여 주민 수천 명을 죽이거나 사로잡아갔다.

元朔元年春, 衛夫人有男, 立爲皇后. 其秋, 靑爲車騎將軍, 出雁門, 三萬騎擊匈奴, 斬首虜數千人. 明年, 匈奴入殺遼西太守, 虜略漁陽二千餘人, 敗韓將軍軍. 漢令將軍李息擊之, 出代; 令車騎將軍靑出雲中以西至高闕. 遂略河南地, 至于隴西, 捕首虜數千, 畜數十萬, 走白羊·樓煩王. 遂以河南地爲朔方郡. 以三千八百戶封靑爲長平侯. 靑校尉蘇建有功, 以千一百戶封建爲平陵侯. 使建築朔方城. 靑校尉張次公有功, 封爲岸頭侯. 天子曰:「匈奴逆天理, 亂人倫, 暴長虐老, 以盜竊爲務, 行詐諸蠻夷, 造謀藉兵, 數爲邊害, 故興師遣將, 以征厥罪.《詩》不云乎, 『薄伐玁狁, 至于太原』, 『出車彭彭, 城彼朔方』. 今車騎將軍靑度西河至高闕, 獲首虜二千三百級, 車輜畜産畢收爲鹵, 已封爲列侯, 遂西定河南地, 按楡谿舊塞, 絶梓領, 梁北河, 討蒲泥, 破符離, 斬輕銳之卒, 捕伏聽者三千七十一級, 執訊獲醜, 驅馬牛羊百有餘萬, 全甲兵而還, 益封靑三千戶.」其明年, 匈奴入殺代郡太守友, 入略鴈門千餘人. 其明年, 匈奴大入代·定襄·上郡, 殺略漢數千人.

## 어린 세 아들과 교위들에게도 봉후의 작위를 주다

그 이듬해, 원삭 5년 봄, 한나라는 거기장군 위청에게 기병 3만 명을 거느리고 고궐에서 출격하도록 하였다. 그리고 위위 소건은 유격장군遊擊將軍, 좌내사左內史 이저李沮는 강노장군彊弩將軍, 태복 공손하는 기장군, 대군 재상 이채李蔡는 경거장군으로 삼아 거기장군 위청의 휘하로 하여 함께 삭방에서 출격하게 하였다.

또 대행大行 이식李息과 안두후岸頭侯 장차공張次公을 장군으로 한 대병력이 우북평에서 출격하여 함께 흉노를 공격하게 하였다.

흉노의 우현왕右賢王은 위청을 기다리고 있었지만, 그러나 한나라 군대가 거기까지 오리라고는 미쳐 생각지 못하고 술에 가득 취해 있었다. 그런데 갑자기 한나라 군대가 야습하여 포위하자, 우현왕은 놀란 나머지 애첩과 수백의 정예만을 이끌고 야음을 타서 북쪽으로 도주하였다. 한나라의 경기교위輕騎校尉 곽성郭成 등이 수백 리를 추격하였으나 잡지 못하였다. 이 싸움에서 한나라 군은 우현왕 아래의 비왕裨王 10여 명과 남녀 1만 5천 여명, 가축 수천 마리를 얻어 군사를 이끌고 요새로 돌아왔다.

그러자 천자는 사신에게 대장군의 인수를 들려 보내 군중에서 거기장군 위청을 대장군으로 승진시켰다. 이로써 모든 장군들은 각각 그의 군사를 거느린 채 대장군 위청에게 소속되었다. 위청이 대장군의 관호官號를 세우고 돌아오자 천자는 이렇게 말하였다.

"대장군 위청은 몸소 군대를 이끌고 크게 싸움에 이겨 흉노의 왕 10여 명을 사로잡았다. 이에 위청에게 1천 호를 더하여 봉한다."

그리고 위청의 아들 항伉을 의춘후宜春侯에, 불의不疑를 음안후陰安侯에, 등登을 발간후發干侯에 봉하였다.

그러나 위청은 굳이 사양하여 말하였다.

"신은 다행히도 장군으로 등용되어 폐하의 신령에 힘입어 싸움을 크게 이길 수 있었습니다. 이것은 모두 교위들이 용감하게 전투에 임한 공입니다. 그런데 폐하께서는 황공하게 신을 증봉해 주셨을 뿐 아니라, 아직도 강보에 싸여 있어서 아무 한 일도 없는 신의 자식들에게까지 땅을 내리시고 각각 후로 봉하셨습니다. 그러나 이는 신이 장군으로 등용되어 병사들에게 힘껏 싸울 것을 권장하는 뜻에 맞지 않습니다. 제 아들 항을 합해 세 녀석들이 어찌 봉후를 받을 수 있겠습니까!"

그러자 황제가 말하였다.

"짐이 교위들의 공을 잊고 있는 것이 아니다. 마땅히 지금 곧 마땅한 조치를 내리리라."

그리고 어사를 통해 이러한 조서를 내렸다.

"호군도위 공손오는 세 차례 대장군을 따라 흉노를 치며, 항상 전체 군대를 감독 보호하여 부대를 이끌고 흉노의 왕을 사로잡았다. 이에 식읍 1천 500호를 내리고 합기후合騎侯로 봉한다. 도위 한열韓說은 대장군을 따라 유혼窳渾으로 출격하여 흉노의 우현왕 본진까지 육박, 대장군 지휘 아래 용감히 싸워 흉노의 왕을 사로잡았다. 이에 식읍 1천 300호를 내리고 용액후龍額侯로 봉한다. 기장군 공손하는 대장군을 따라 흉노의 왕을 사로잡았다. 이에 식읍 1천 300호를 내리고 남교후南窌侯로 봉한다. 경거장군 이채는 두 차례나 대장군을 따라 흉노의 왕을 사로잡았다. 이에 식읍 1천 600호를 내리고 낙안후樂安侯로 봉한다. 교위 이삭李朔·조불우趙不虞·공손융노公孫戎奴는 각각 세 차례나 대장군을 따라 흉노의 왕을 사로잡았다. 이삭에게 식읍 1천 300호를 내리고 섭지후涉軹侯에 봉한다. 조불우에게 식읍 1천 300호를 내리고 수성후隨成侯에 봉하며, 공손융노에게 식읍 1천 300호를 내리고 종평후從平侯에 봉한다. 장군 이저·이식 및 교위 두여의豆如意도 공이 있으니 이에 관내후關內侯에 봉하고 식읍 각각 300호를 하사한다."

그 해 가을, 흉노는 다시 대군에 침입하여 도위 주영朱英을 죽였다.

其明年, 元朔之五年春, 漢令車騎將軍青將三萬騎, 出高闕; 衛尉蘇建爲游擊將軍, 左內史李沮爲彊弩將軍, 太僕公孫賀爲騎將軍, 代相李蔡爲輕車將軍, 皆領屬車騎將軍, 俱出朔方; 大行李息·岸頭侯張次公爲將軍, 出右北平: 咸擊匈奴. 匈奴右賢王當衛青等兵, 以爲漢兵不能至此, 飲醉. 漢兵夜至, 圍右賢王, 右賢王驚, 夜逃, 獨與其愛妾一人壯騎數百馳, 潰圍北去. 漢輕騎校尉郭成等逐數百里, 不及, 得右賢裨王十餘人, 衆男女萬五千餘人, 畜數千百萬, 於是引兵而還. 至塞, 天子使使者持大將軍印, 卽軍中拜車騎將軍靑爲大將軍, 諸將皆以兵屬大將軍, 大將軍立號而歸. 天子曰:「大將軍靑躬率戎士, 師大捷, 獲匈奴王十有餘人, 益封靑六千戶.」而封靑子伉爲宜春侯, 靑子不疑爲陰安侯, 靑子登爲發干侯. 靑固謝曰:「臣幸得待罪行閒, 賴陛下神靈, 軍大捷, 皆諸校尉力戰之功也. 陛下幸已益封臣靑. 臣靑子在繈緥中, 未有勤勞, 上幸列地封爲三侯, 非臣待罪行閒所以勸士力戰之意也. 伉等三人何敢受封!」天子曰:「我非忘諸校尉功也, 今固且圖之.」乃詔御史曰:「護軍都尉公孫敖三從大將軍擊匈奴, 常護軍, 傅校獲王, 以千五百戶封敖爲合騎侯. 都尉韓說從大將軍出窳渾, 至匈奴右賢王庭, 爲麾下搏戰獲王, 以千三百戶封說爲龍頟侯. 騎將軍公孫賀從大將軍獲王, 以千三百戶封賀爲南窌侯. 輕車將軍李蔡再從大將軍獲王, 以千六百戶封蔡爲樂安侯. 校尉李朔, 校尉趙不虞, 校尉公孫戎奴, 各三從大將軍獲王, 以千三百戶封朔爲涉軹侯, 以千三百戶封不虞爲隨成侯, 以千三百戶封戎奴爲從平侯. 將軍李沮·李息及校尉豆如意有功, 賜爵關內侯, 食邑各三百戶.」其秋, 匈奴入代, 殺都尉朱英.

## 내가 직접 부하의 목을 칠 수는 없다

그 이듬해 봄, 대장군 위청은 정양에서 출격하였다. 이때 합기후 공손오가 중장군中將軍이 되고, 태복 공손하가 좌장군, 흡후 조신이 전장군, 위위 소건이 우장군, 낭중령 이광이 후장군, 좌내사 이저가 강노장군이 되었으며, 모두 대장군 위청에게 소속되었다. 이 토벌 작전에서는 적의 수급 수천 명을 거두고 돌아왔다.

다시 한 달 남짓 뒤에 대장군 이하 모두가 다시 정양군에서 출격하여 1만여 명의 수급과 포로를 잡았다.

그러나 이때 우장군 소건과 전장군 조신의 기병 4천여 명이 따로 떨어져, 단독으로 선우의 군사와 마주쳐 하루 남짓 교전하다가 그만 거의 전멸 상태에 빠지고 말았다. 전장군은 원래 흉노 출신으로 한나라에 항복하여 흡후가 된 사람이었다. 따라서 흉노는 그에게 끈질기게 투항을 권유하였고, 더 이상 버틸 수 없었던 전장군은 마침내 그의 잔여 병력 기병 800명을 거느리고 선우에게 투항하고 말았다. 이때 우장군 소건은 홀로 도망쳐 나와 대장군에게 그 일을 보고하였다. 대장군은 군정軍正 굉閎과 장사 안安, 의랑議郎 주패周霸 등에게 소건의 죄를 물었다.

"소건을 어떻게 처리해야 되겠소?"

주패가 말하였다.

"대장군께서는 출전하신 이래로 아직 부장副將을 목벤 일이 없습니다. 그러나 지금 소건은 군사를 버리고 도망쳐 왔으니, 사형에 처하여 장군의 위엄을 분명히 하셔야 합니다."

그러나 굉과 안은 이렇게 말하였다.

"그렇지 않습니다. 병법에도 '적은 병력의 군대는 아무리 용감히 싸워도 끝내는 많은 병력의 군대의 포로가 된다'고 하였습니다. 지금 소건은 불과 수천 명의 군사로 선우의 수만 명 군사를 상대로 용감히 하루 동안이나 지탱하였을 뿐 아니라, 드디어는 군사들이 다 죽고 말았지만, 두 마음을 품지 않고 스스로 돌아왔습니다. 스스로 돌아온 것을 사형에 처한다는 것은 앞으로는 돌아오지 못하게 하는 것밖에 되지 않습니다. 사형에 처하는 것은 부당합니다."

대장군 위청이 말하였다.

"나는 다행히도 폐하의 인척인 까닭으로 장군에 임명되어 위엄이 서지 않을까 걱정하지는 않소. 주패는 나에게 위엄을 분명히 하라고 하였으나 내 뜻과는 전혀 다르오. 물론 내 직권으로 부장의 목을 베어도 되기는 하나 폐하의 은총을 입고 있다고 하여 국경 밖에서 감히 내 마음대로 사람을 죽일 수는 없소. 천자께 상세히 사정을 보고하여 천자께서 직접 결정을 내리도록 함으로써, 내가 신하로서 감히 권력을 함부로 하지 않는다는 것을 보여주는 것도 또한 좋지 않겠소?"

군의 관리들이 모두 말하였다.

"훌륭합니다."

이리하여 드디어 소건을 가두어 행재소로 보내고 요새로 들어와 전투를 멈추었다.

其明年春, 大將軍青出定襄, 合騎侯敖爲中將軍, 太僕賀爲左將軍, 翕侯趙信爲前將軍, 衛尉蘇建爲右將軍, 郎中令李廣爲後將軍, 右內史李沮爲彊弩將軍, 咸屬大將軍, 斬首數千級而還. 月餘, 悉復出定襄擊匈奴, 斬首虜萬餘人. 右將軍建·前將軍信并軍三千餘騎, 獨逢單于兵, 與戰一日餘, 漢兵且盡. 前將軍故胡人, 降爲翕侯, 見急, 匈奴誘之, 遂將其餘騎可八百, 犇降單于. 右將軍蘇建盡亡其軍, 獨以身得亡去, 自歸大將軍. 大將軍問其罪正閎·長史安·議郎周霸等:「建當云何?」霸曰:「自大將軍出, 未嘗斬裨將. 今建弃軍, 可斬以明將軍之威.」閎·安曰:「不然. 兵法『小敵之堅, 大敵之禽也』. 今建以數千當單于數萬, 力戰一日餘, 士盡, 不敢有二心, 自歸. 自歸而斬之, 是示後無反意也. 不當斬.」大將軍曰:「青幸得以肺腑待罪行閒, 不患無威, 而霸說我以明威, 甚失臣意. 且使臣職雖當斬將, 以臣之尊寵而不敢自擅專誅於境外, 而具歸天子, 天子自裁之, 於是以見爲人臣不敢專權, 不亦可乎?」軍吏皆曰「善」. 遂囚建詣行在所. 入塞罷兵.

## 곽거병의 출정과 공

이 해, 대장군 위청의 맏누이 위소아의 아들인 곽거병霍去病은 18세였는데 천자의 사랑을 받아 시중에 임명되었으며, 말타기와 활쏘기 재주에 뛰어나 대장군을 따라 출전하였다. 대장군은 황제의 조칙을 받아 곽거병에게 병사를 주고 그를 표요교위剽姚校尉로 삼았다. 곽거병이 가볍게 무장한 기병 800명과 함께 곧장 주력 부대에서 떨어져 나와 수백 리나 전진하며 많은 적의 수급과 포로를 사로잡았다. 이에 천자는 이렇게 말하였다.

霍去病 묘지석「馬踏匈奴圖」

"표요교위 곽거병은 참수한 적이 무려 2천 28명인데, 그 중에는 상국·당호도 포함되어 있으며, 선우의 할아버지 뻘인 적약후籍若侯 산産을 베고, 선우의 막내 숙부 나고비羅姑比를 생포하였다. 그의 공은 두 차례나 전군의 으뜸이었다. 1천 600호로 봉하여 관군후冠軍侯로 한다. 또 상곡 태수 학현郝賢은 네 차례나 대장군을 따라 출병하여, 2천 여 명 적의 머리를 베거나 사로잡았으니 1천 100호를 봉하여 중리후衆利侯로 봉한다."

그러나 대장군은 이 해에 두 장군 소건과 조신의 군사를 잃었고, 흡후 조신이 달아나는 등 공이 많지 못하여 증봉을 받지 못하였다. 한편 행재소로 보내졌던 우장군 소건은 천자의 용서를 받아 죽음은 모면하였으나 평민이 되었다.

是歲也, 大將軍姊子霍去病年十八, 幸, 爲天子侍中. 善騎射, 再從大將軍, 受詔與壯士, 爲剽姚校尉, 與輕勇騎八百直弃大軍數百里赴利, 斬捕首虜過當. 於是天子曰:「剽姚校尉去病斬首虜二千二十八級, 及相國·當戶, 斬單于大父行籍若侯產, 生捕季父羅姑比, 再冠軍, 以千六百戶封去病爲冠軍侯. 上谷太守郝賢四從大將軍, 捕斬首虜二千餘人, 以千一百戶封賢爲衆利侯.」是歲, 失兩將軍軍, 亡翕侯, 軍功不多, 故大將軍不益封. 右將軍建至, 天子不誅, 赦其罪, 贖爲庶人.

### 천자 사랑을 받는 왕부인 어머니 축수를

대장군이 돌아오자 천자는 1천 금을 하사하였다.

당시는 왕부인王夫人이 천자의 사랑을 받고 있었다. 이에 영승甯乘이란 자가 대장군에게 이렇게 귀띔하였다.

"장군은 공이 그리 많은 편이 아닌데도 1만 호의 식읍을 받고 세 아드님은 모두 후가 되어 있습니다. 이것은 오직 위황후와의 관계 때문입니다. 지금 왕부인이 폐하의 사랑을 받고 있으나, 그 집안 사람들은 아직 부귀를 누리지 못하고 있습니다. 바라건대 장군께서 받으신 1천 금을 왕부인에게 바치고 그 왕부인 어머니의 장수를 축원하십시오."

대장군은 그 말을 따라 5백 금으로 왕부인 어머니의 장수를 축원하였다.

이 이야기를 들은 천자가 그 까닭을 대장군에게 묻자, 대장군은 정직하게 사실 그대로를 아뢰었다. 천자는 영승을 기특히 여겨 곧 동해군東海郡 도위로 임명하였다.

大將軍旣還, 賜千金. 是時王夫人方幸於上, 甯乘說大將軍曰:「將軍所以功未甚多, 身食萬戶, 三子皆爲侯者, 徒以皇后故也. 今王夫人幸而宗族未富貴, 願將軍奉所賜千金爲王夫人親壽.」大將軍乃以五百金爲壽. 天子聞之, 問大將軍, 大將軍以實言, 上乃拜甯乘爲東海都尉.

## 장건이 박망후에 봉해지다

한편 장건張騫은 대장군을 따라 출전하였을 때, 일찍이 사신으로 대하大夏에 가다가 오랫동안 흉노에게 억류당하였던 그 경험을 살려 군대를 안내하였다. 그의 인도로 한나라 군대는 물과 풀이 풍부한 곳을 따라 전진하여 갈증과 마초의 곤란을 벗어날 수 있었다. 이에 천자는 장건의 공을 헤아리며 앞서 사신을 다녀왔던 공로를 감안해 박망후博望侯에 봉하였다.

張騫從大將軍, 以嘗使大夏, 留匈奴中久, 導軍, 知善水草處, 軍得以無飢渴, 因前使絶國功, 封騫博望侯.

## 곽거병의 공을 칭찬하다

관군후 곽거병가 후가 된 지 3년 뒤인 원수元狩 2년 봄, 표기장군에 임명되어 기병 1만 명을 이끌고 농서로부터 출격하여 공을 세우자, 천자는 이렇게 그의 공을 칭찬하였다.

"표기장군은 군사들을 이끌고 오려산烏盭山을 넘어 속복遬濮 부족을 치고, 호노수狐奴水를 건너 다섯 왕국을 두루 돌아다니되 두려워하는 백성들로부터, 군수품으로 하기 위해 약탈하지 않았고, 오직 선우의 아들을 잡으려고 여기저기로 찾아다니며 싸우기를 엿새, 언지산焉支山을 지나 1천여 리나 나아가 접전하여 절란왕折蘭王을 죽이고, 노호왕盧胡王을 목베었으며, 전갑全甲을 무찌르고 혼야왕渾邪王의 아들 및 상국·도위 등 8천여 명을 목베거나 사로잡았으며, 휴저왕休屠王이 하늘에 제사지낼 때 쓰는 금상金像을 거두었다. 이에 곽거병에게 식읍 2천 호를 증봉한다."

冠軍侯去病旣侯三歲, 元狩二年春, 以冠軍侯去病爲驃騎將軍, 將萬騎出隴西, 有功. 天子曰:「驃騎將軍率戎士踰烏盭, 討遬濮, 涉狐奴, 歷五王國, 輜重人衆懾慴者弗取, 冀獲單于子. 轉戰六日, 過焉支山千有餘里, 合短兵, 殺折蘭王, 斬盧胡王, 誅全甲, 執渾邪王子及相國·都尉, 首虜八千餘級, 收休屠祭天金人, 益封去病二千戶.」

## 다시 공을 세운 장군들

그 해 여름, 표기장군은 다시 합기후 공손오와 함께 북지군에서 출정하였고, 박망후 장건과 낭중령 이광은 함께 우북평에서 출정하였다. 그러나 이들 넷은 모두 길을 나누어 나아가며 흉노를 공격하였다.

낭중령은 기병 4천 명을 이끌고 앞서 가고, 박망후는 기병 1만 명을 거느리고 후방에 있었는데, 흉노의 좌현왕이 기병 수만 명을 거느리고 낭중령을 포위하였다. 낭중령은 그들을 맞아 이틀이나 교전하는 동안 군사의 태반을 잃었지만, 흉노의 전사자는 그보다 더 많았다. 박망후의 구원군이 달려오자, 흉노는 재빨리 물러났다. 박망후의 구원군이 늦은 죄는 마땅히 참형에 해당하였지만, 박망후는 속죄금을 물고 평민이 되었다.

한편 북지군에서 출정한 표기장군은, 흉노 땅 깊숙이 들어가는 동안 합기후와 너무 떨어져 서로 연락이 끊겼다. 그러나 표기장군은 곧장 거연居延을 지나 기련산祁連山에까지 진군하여 많은 적의 수급과 포로를 사로잡아 돌아왔다. 천자는 다시 표기장군의 공을 이렇게 칭찬하였다.

"표기장군은 거연을 건너가, 소월지국小月氏國을 통과하여 기련산을 공격하고 추도왕酋王을 사로잡았다. 이때 무리를 이끌고 항복해 온 자가 2천 500명, 목을 베거나 포로로 사로잡은 자가 3만 200명, 다섯 왕과 그들의 어머니, 선우의 연지와 왕자 59명, 상국·장군·당호·도위 63명을 사로잡았다. 이 싸움으로 한나라 군사는 약 10분의 3을 잃었다. 이에 곽거병에게 5천 호를 증봉하고, 교위들 중에 곽거병을 따라 소월지국까지 간 사람에게는 좌서장左庶長의 작위를 내린다. 또 응격사마鷹擊司馬 조파노는 두 차례에 걸쳐 표기장군을 따라 속복왕을 베고, 계저왕稽且王과 천기장千騎將을 사로잡았다. 왕과 왕의 어미 각각 1명, 왕자 이하 41명을 사로잡고, 포로 3천 300명을 얻었으며, 그의 전위 부대가 포로로 1천 400명을 사로잡았다. 이에 조파노를 식읍 1천 500호로 봉하여 종표후從驃侯로 한다. 교위 구왕句王 고불식高不識은 표기장군을 따라 호우저왕呼于屠王과 왕자 이하 11명을 사로잡고, 1천 768명을 포로로 잡았다. 이에 고불식을 1천 100호로 봉하여 의관후宜冠侯로 봉한다. 교위 복다僕多도 공이 있으니 휘거후煇渠侯로 봉한다."

합기후 공손오는 지체하여 표기장군과 합류하지 못한 죄로 참형에 해당하였으나, 속죄금을 물고 평민이 되었다.

한나라의 숙장宿將들이 이끄는 사졸과 병마들은 표기장군을 따르지 못하였다. 표기장군은 언제나 선발된 정예 부대로 이루어졌다. 또한 표기장군은 언제나 용감한 기병들과 함께 주력 부대의 앞장을 서서 적지 깊숙이 전진하였고, 또 하늘의 도움으로 곤액에 처한 일이 한 번도 없었다. 그런데 숙장들은 진격이 지체되는 등의 죄를 받아 불운을 겪기도 하였다. 이 때문에 표기장군에 대한 천자의 사랑과 신임은 날이 갈수록 두터워졌으며, 마침내 대장군의 위세와 맞먹게 되었다.

其夏, 驃騎將軍與合騎侯敖俱出北地, 異道; 博望侯張騫·郎中令李廣俱出右北平, 異道: 皆擊匈奴. 郎中令將四千騎先至, 博望侯將萬騎在後至. 匈奴左賢王將數萬騎圍郎中令, 郎中令與戰二日, 死者過半, 所殺亦過當. 博望侯至, 匈奴兵引去. 博望侯坐行留, 當斬, 贖爲庶人. 而驃騎將軍出北地, 已遂深入, 與合騎侯失道, 不相得, 驃騎將軍踰居延至祁連山, 捕首虜甚多. 天子曰: 「驃騎將軍踰居延, 遂過小月氏, 攻祁連山, 得酋涂王, 以衆降者二千五百人, 斬首虜三萬二百級, 獲五王, 五王母, 單于閼氏·王子五十九人, 相國·將軍·當戶·都尉六十三人, 師大率減什三, 益封去病五千戶. 賜校尉從至小月氏爵左庶長. 鷹擊司馬破奴再從驃騎將軍斬遬濮王, 捕稽沮王, 千騎將得王·王母各一人, 王子以下四十一人, 捕虜三千三百三十人, 前行捕虜千四百人, 以千五百戶封破奴爲從驃侯. 校尉句王高不識, 從驃騎將軍捕呼于屠王王子以下十一人, 捕虜千七百六十八人, 以千一百戶封不識爲宜冠侯. 校尉僕多有功, 封爲煇渠侯.」合騎侯敖坐行留不與驃騎會, 當斬, 贖爲庶人. 諸宿將所將士馬兵亦不如驃騎, 驃騎所將常選, 然亦敢深入, 常與壯騎先其大(將)軍, 軍亦有天幸, 未嘗困絶也. 然而諸宿將常坐留落不遇. 由此驃騎日以親貴, 比大將軍.

## 혼야왕이 투항해오다

그 해 가을, 흉노의 선우는 서방의 혼야왕渾邪王이 번번이 한나라에 패하여 수만 명의 군사를 잃은 것이 표기장군의 군대 때문임을 알고, 노여워한 나머지 그를 불러들여 주벌하고자 하였다. 이에 혼야왕은 휴저왕과 상의 끝에, 한나라에 항복할 결심을 하고 사자를 변경으로 보내어, 그곳의 한나라 군대에 그 뜻을 전하였다.

때마침 한나라 대행 이식李息이 군대를 거느리고 황하 유역 요새에 성을 쌓고 있다가, 혼야왕의 사자가 찾아오자 이 사실을 곧장 파발마를 보내어 조정에 알렸다. 그러나 천자는 이를 듣고 혼야왕이 항복을 가장하고 변경을 습격하려는 것이나 아닌가 의심하여, 표기장군에게 군사를 거느리고 혼야왕을 맞이하게 하였다.

표기장군은 황하를 서쪽으로 건너 혼야왕의 군사들과 마주 보게 되었다. 그러자 혼야왕의 부장들 가운데 한나라 군사를 보고 동요하는 자들이 잇달아 생겨났다. 그리고 그들이 계속 도망치자, 표기장군은 지체 없이 흉노의 진중으로 달려들어가 도망치려던 자들은 베고 8천여 명을 참수하거나 사로잡았다. 이어 혼야왕만을 역마에 태워 먼저 행재소로 보낸 뒤 혼야왕의 무리들을 이끌고 황하를 건너 귀로에 올랐다. 이때 항복한 자는 수만 명이었지만 흔히 10만 명이라 하였다.

일행이 장안에 도착하자, 천자는 수십만 금을 하사하고, 혼야왕에게는

1만 호의 땅을 봉하여 탑음후漯陰侯에 봉하고 그의 비소왕裨小王인 호독니呼毒尼를 하마후下摩侯로, 응비鷹庇를 휘거후煇渠侯로, 금리禽梨를 하기후河其侯, 대당호大當戶 동리銅離를 상락후常樂侯로 봉하였다. 이어서 천자는 표기장군의 공을 이렇게 칭찬하였다.

"표기장군 곽거병은 군사를 거느리고 흉노를 쳐서, 서역의 혼야왕 및 그의 군사들을 한나라에 항복시켰다. 곽거병은 군량으로 그들의 식량을 대주었고, 궁수 1만여 명을 이끌고 거칠고 사납게 맞서는 자는 베고, 8천여 명을 참수하거나 포로로 잡았다. 이국의 왕으로서 항복한 자가 32명, 우리 군사들은 아무 손상 없이 10만 명의 무리 역시 모두 자진하여 귀순한 것이다. 우리 전사들이 지금까지 거듭되어 온 토벌의 노고 덕분에 이제야 비로소 변경 지방과 아울러 황하 연안의 모든 고을에서 백성들의 근심은 사라지고 길이 평화가 찾아오려 하고 있다. 이에 표기장군에게 1천 700호를 증봉한다."

그리고는 농서군·북지군·상군의 수비군 수를 반으로 줄여 천하의 부역을 줄였다.

其秋, 單于怒渾邪王居西方數爲漢所破, 亡數萬人, 以驃騎之兵也. 單于怒, 欲召誅渾邪王. 渾邪王與休屠王等謀欲降漢, 使人先要邊. 是時大行李息將城河上, 得渾邪王使, 卽馳傳以聞. 天子聞之, 於是恐其以詐降而襲邊, 乃令驃騎將軍將兵往迎之. 驃騎旣渡河, 與渾邪王衆相望. 渾邪王裨將見漢軍而多欲不降者, 頗遁去. 驃騎乃馳入與渾邪王相見, 斬其欲亡者八千人, 遂獨遣渾邪王乘傳先詣行在所, 盡將其衆渡河, 降者數萬, 號稱十萬. 旣至長安, 天子所以賞賜者數十巨萬. 封渾邪王萬戶, 爲漯陰侯. 封其裨王呼毒尼爲下摩侯, 鷹庇爲煇渠侯, 禽梨爲河其侯, 大當戶銅離爲常樂侯. 於是天子嘉驃騎之功曰:「驃騎將軍去病率師攻匈奴西域王渾邪, 王及厥衆萌咸相犇, 率以軍糧接食, 幷將控弦萬有餘人, 誅獟駻, 獲首虜八千餘級, 降異國之王三十二人, 戰士不離傷, 十萬之衆咸懷集服, 仍與之勞, 爰及河塞, 庶幾無患, 幸旣永綏矣. 以千七百戶益封驃騎將軍.」減隴西·北地·上郡戍卒之半, 以寬天下之繇.

### ◎ 백성을 이주시키다

그로부터 얼마 뒤, 항복해 온 흉노들은 변경의 다섯 군郡, 즉 요새 밖으로 나누어 살도록 옮겼다. 그들은 모두 다시 하남 땅에 살면서 그들의 옛 풍습을 유지한 채 한나라 속국이 되었다.

그러나 이듬해 흉노가 다시 우북평군·정양군에 침입하여 주민 1천여 명을 살상하거나 잡아갔다.

*居頃之, 乃分徙降者邊五郡故塞外, 而皆在河南, 因其故俗, 爲屬國. 其明年, 匈奴入右北平·定襄, 殺略漢千餘人.*

### ◎ 다시 토벌 작전을 세우다

그 이듬 해 천자는 여러 장수들과 이렇게 상의하였다.

"흡후翕侯 조신趙信이 선우를 편들어 그를 위해 계책을 세우고 있으나, 그는 항상 한나라 군사는 사막을 넘어 오래 버티지는 못할 것으로 알고 있다. 지금 크게 군사를 동원하여 이를 공격한다면 형세로 보아 틀림없이 목적을 달성할 수 있을 것이다."

이 해는 원수 4년이었다.

*其明年, 天子與諸將議曰:「翕侯趙信爲單于畫計, 常以爲漢兵不能度幕輕留, 今大發士卒, 其勢必得所欲.」是歲元狩四年也.*

### ◎ 곽거병의 대대적인 토벌 작전

원수 4년 봄, 천자는 대장군 위청과 표기장군 곽거병에게 명하여 각각 기병 5만 명을 거느리도록 하고, 보병과 군수품 운반 병사 수십만 명을 뒤따르게 하였다. 이때에도 정선된 정예 부대는 모두 표기장군에 소속되었다.

표기장군은 처음 정양에서 출정하여 선우와 접전할 예정이었다. 그러나 선우가 동쪽으로 이동하였다는 포로의 말을 들은 천자는, 계획을 바꾸어 대군代郡에서 출격하라는 명령을 표기장군에게 내리고, 그 대신 대장군을 정양에서 출격하도록 명하였다. 낭중령 이광은 전장군으로, 태복 공손하는 좌장군으로, 주작도위 조이기趙食其는 우장군으로, 평양후 조양曹陽은 후장군으로 삼아 이들 모두 대장군에 소속되도록 하였다.

이리하여 대장군은 사막을 건너게 되었으며, 5만 기병으로서 표기장군 등과 힘을 합해 함께 흉노의 선우를 치기로 되었다.

한편 조신은 선우에게 한나라 군대의 공격에 대응하기 위한 계책을 이렇게 말하였다.

"한나라 군대는 이미 사막을 건너서 병사나 말이 다같이 지쳐 있습니다. 우리는 가만히 앉아서 적을 사로잡을 수 있을 것입니다."

선우는 먼저 군수 물자를 모두 멀리 북쪽으로 옮기고, 정예 부대만을 거느린 채 사막 북쪽에서 기다리고 있다가, 마침 대장군과 마주치게 되었다. 대장군 군대는 요새를 벗어나 천여 리를 진격한 곳에 이르러, 선우의 군사가 진을 치고 기다리고 있는 것을 발견하였다. 대장군은 곧 무강거武剛車를 고리 모양으로 둥글게 배치시켜 진을 친 다음, 기병 5천 명을 내보내 흉노에게 돌진시켰다. 흉노도 기병 1만여 명 내보냈다.

때마침 해가 저물 무렵이고 거센 바람이 불어 모래가 얼굴을 몰아치는 상황이 벌어져, 양쪽 모두 상대 적을 알아볼 수 없는 형편이었다. 한나라 군대는 더욱 좌우로 날개처럼 벌리며, 전군을 동원해 선우를 포위하였다. 선우는 한나라가 군사도 많고 병력이 막강하여 자신들의 불리한 것을 알아차리고, 어두워질 무렵에 여섯 마리의 노새가 끄는 전차에 올라 용맹한 기병 수백 명 가량만 이끈 채 한나라의 포위망을 뚫고 곧장 북서쪽으로 달아났다. 하지만 이미 날이 어두워져 한나라 군과 흉노군은 혼전을 벌여 양쪽 모두 많은 사상자를 내고 말았다.

그 동안 한나라 좌교左校가 잡은 포로에게서 선우가 이미 해가 저물기 전에 달아났다는 사실을 알아내었다. 이에 대장군은 지체 없이 날랜 기병들을 보내어 선우를 추격하는 한편, 그 자신도 친위 병력을 이끌고 뒤따라 나섰다.

그러자 흉노 군사 역시 뿔뿔이 흩어져 선우에게로 도망쳐 달아났다. 한나라 군대는 새벽녘까지 200여 리나 추격하였으나, 선우를 잡을 수 없었다. 1만 명이 넘게 목을 베거나 포로로 잡았다. 드디어 전안산闐顔山 조신趙信의 성城에 이르러, 흉노가 쌓아둔 군량을 찾아내어 전군에게 지급하였다. 그리고 그곳에서 하루를 머물러 있다가 철수하면서 성 안에 남아 있는 군량은 모조리 불태워 버렸다.

元狩四年春, 上令大將軍青·驃騎將軍去病將各五萬騎, 步兵轉者踵軍數十萬, 而敢力戰深入之士皆屬驃騎. 驃騎始爲出定襄, 當單于. 捕虜言單于東, 乃更令驃騎出代郡, 令大將軍出定襄. 郎中令爲前將軍, 太僕爲左將軍, 主爵趙食其爲右將軍, 平陽侯襄爲後將軍, 皆屬大將軍. 兵卽度幕, 人馬凡五萬騎, 與驃騎等咸擊匈奴單于. 趙信爲單于謀曰:「漢兵旣度幕, 人馬罷, 匈奴可坐收虜耳.」乃悉遠北其輜重, 皆以精兵待幕北. 而適値大將軍軍出塞千餘里, 見單于兵陳而待, 於是大將軍令武剛車自環爲營, 而縱五千騎往當匈奴. 匈奴亦縱可萬騎. 會日且入, 大風起, 沙礫擊面, 兩軍不相見, 漢益縱左右翼繞單于. 單于視漢兵多, 而士馬尙彊, 戰而匈奴不利, 薄莫, 單于遂乘六騾, 壯騎可數百, 直冒漢圍西北馳去. 時已昏, 漢匈奴相紛挐, 殺傷大當. 漢軍左校捕虜言單于未昏而去, 漢軍因發輕騎夜追之, 大將軍軍因隨其後. 匈奴兵亦散走. 遲明, 行二百餘里, 不得單于, 頗捕斬首虜萬餘級, 遂至窴顔山趙信城, 得匈奴積粟食軍. 軍留一日而還, 悉燒其城餘粟以歸.

### 이광의 자살

대장군이 선우와 맞붙어 싸울 때, 전장군 이광과 우장군 조이기는 주력부대와 갈라져 동쪽 길로 나아가고 있었다. 그런데 도중에 길을 잃고 헤매는 바람에 전투에 참가하지 못하였다. 두 장군이 합류한 것은 대장군이 사막의 남쪽까지 철수해 왔을 때였다. 이에 대장군은 천자에게 보고하기 위하여 장사長史를 시켜 이광에게 문서에 적힌 대로 심문하도록 하자, 이광은 이를 거부한 채 자살하였고, 우장군 조이기는 장안으로 돌아온 뒤 속죄금을 물고 평민이 되었다.

이윽고 대장군의 군사는 귀환하였으며, 이번 토벌의 전과는 목을 베거나 사로잡은 자가 1만 9천 명이나 되었다.

大將軍之與單于會也, 而前將軍廣·右將軍食其軍別從東道, 或失道, 後擊單于. 大將軍引還過幕南, 乃得前將軍·右將軍. 大將軍欲使使歸報, 令長史簿責前將軍廣, 廣自殺. 右將軍至, 下吏, 贖爲庶人. 大將軍軍入塞, 凡斬捕首虜萬九千級.

### ◎ 선우의 행방을 알 수 없어

한편 흉노에선 10여 일이 되도록 선우의 행방을 알 수 없게 되자, 우녹려왕右谷蠡王이 스스로 선우가 되었다. 그러나 선우가 뒤에 다시 나타나 그의 무리를 만나자, 우녹려왕은 순순히 선우라는 호칭을 버렸다.

是時匈奴衆失單于十餘日, 右谷蠡王聞之, 自立爲單于. 單于後得其衆, 右王乃去單于之號.

### ◎ 공에 따라 작위를 받은 사람들

표기장군 역시 기병 5만 명을 거느리고 전차와 군수 물자도 대장군의 군대와 같았으나 부장은 없었다. 이에 이감李敢 등을 모두 대교大校로 임명하여 부장 역할을 담당하게 한 다음, 대군·우북평에서 천여 리나 출격하여 흉노의 좌익군과 대전하였다. 그리고 적을 베거나 포로를 얻은 군공은 대장군보다 컸다. 군대가 돌아오자 천자는 이렇게 말하였다.

"표기장군 곽거병은 군을 통솔하여 지금까지 사로잡은 흉노의 병사를 직접 거느리고, 군장과 군수 물자를 가볍게 하여 큰 사막을 가로질러 강을 건너 장거章渠를 사로잡고 비거기比車耆를 무찌르고 되돌아 좌대장左大將을 공격하여, 군기와 전고戰鼓를 빼앗고, 이후산離侯山을 넘어 궁려강弓閭江을 건너가 둔두왕屯頭王·한왕韓王 등 세 사람과, 장군·상국·당호·도위 등 83명을 사로잡고, 낭거서산狼居胥山에서 천신제를 올리고, 고연산姑衍山에서 지신제를 드린 다음, 한해翰海에까지 이르렀다. 사로잡은 포로는 7만 443명으로서, 이로 인해 적군은 약 10분의 3이 줄었을 뿐이다. 식량을 적으로부터 빼앗아 저 먼 곳까지 진출하였으나, 군량이 끊어진 일이 없었다.

이에 표기장군에게 5천 800호를 증봉한다.

한편 우북평 태수 노박덕은 표기장군에 소속되어, 여성與城에서 합류하면서 그 시기를 놓치지 않았고, 또 도도산檮余山에 이르러 적을 베거나 사로잡은 자가 2천 700명이 되니 노박덕을 1천 600호로 봉하여 부리후符離侯로 봉한다. 북지도위 형산邢山은 표기장군을 따라 흉노의 왕을 사로잡았으므로, 형산에게 1천 200호로 봉하여 의양후義陽侯로 한다. 흉노로서 귀순해 온 인순왕因淳王 복육지復陸支와 누전왕樓專王 이즉간伊卽靬은 함께 표기장군을 따라 공을 세웠으니, 복육지를 1천 300호로 봉해 장후壯侯로 하고, 이즉간을 1천 800호로 봉해 중리후衆利侯로 한다. 종표후 조파노, 창무후昌武侯 조안계趙安稽는 표기장군을 따라 공이 있었으니, 각각 300호를 봉한다. 교위 이감은 적의 군기와 군북을 빼앗았으니 관내후로 하여 식읍 200호를 내린다. 교위 서자위徐自爲에게는 대서장大庶長의 작위를 내린다."

표기장군의 군리와 사졸로서 관위官位를 받고 상을 받은 사람이 대단히 많았다. 대장군은 증봉도 되지 않고, 그의 군리와 사졸로서 후에 봉해진 사람은 한 사람도 없었다.

驃騎將軍亦將五萬騎, 車重與大將軍軍等, 而無裨將. 悉以李敢等爲大校, 當裨將, 出代·右北平千餘里, 直左方兵, 所斬捕功已多大將軍. 軍旣還, 天子曰:「驃騎將軍去病率師, 躬將所獲葷粥之士, 約輕齎, 絶大幕, 涉獲章渠, 以誅比車耆, 轉擊左大將, 斬獲旗鼓, 歷涉離侯. 濟弓閭, 獲屯頭王·韓王等三人, 將軍·相國·當戶·都尉八十三人, 封狼居胥山, 禪於姑衍, 登臨翰海. 執鹵獲醜七萬有四百四十三級, 師率減什三, 取食於敵, 逴行殊遠而糧不絶, 以五千八百戶益封驃騎將軍.」 右北平太守路博德屬驃騎將軍, 會與城, 不失期, 從至檮余山, 斬首捕虜二千七百級, 以千六百戶封博德爲符離侯. 北地都尉邢山從驃騎將軍獲王, 以千二百戶封山爲義陽侯. 故歸義因淳王復陸支·樓專王伊卽靬皆從驃騎將軍有功, 以千三百戶封復陸支爲壯侯, 以千八百戶封伊卽靬爲衆利侯. 從驃侯破奴·昌武侯安稽從驃騎有功, 益封各三百戶. 校尉敢得旗鼓, 爲關內侯, 食邑二百戶. 校尉自爲爵大庶長. 軍吏卒爲官, 賞賜甚多. 而大將軍不得益封, 軍吏卒皆無封侯者.

## 대장군과 표기장군

두 장군의 군대가 요새를 나올 때, 관마官馬와 사마私馬를 헤아려 보았더니 대략 14만 마리였으며, 다시 요새로 돌아온 것은 3만 마리도 채 되지 않았다. 이에 대사마大司馬의 관위官位를 증설하여 대장군 위청과 표기장군이 함께 대사마에 임명되었다. 또 법령에 의해 표기장군의 지위와 봉록을 대장군과 같게 하였다.

그로부터 대장군 위청의 위세는 날로 줄어들고, 표기장군은 날로 더 높아갔다. 대장군의 그 전 친구들과 문인들은, 거의가 대장군을 떠나 표기장군을 섬기다가 대부분은 곧 벼슬을 얻었다. 그러나 오직 임안任安만은 이러한 상황을 수긍하지 않았다.

兩軍之出塞, 塞閱官及私馬凡十四萬匹, 而復入塞者不滿三萬匹. 乃益置大司馬位, 大將軍·驃騎將軍皆爲大司馬. 定令, 令驃騎將軍秩祿與大將軍等. 自是之後, 大將軍青日退, 而驃騎日益貴. 擧大將軍故人門下多去事驃騎, 輒得官爵, 唯任安不肯.

## 두 사람의 인간 됨됨이

표기장군의 사람됨은 말이 적고 남의 비밀을 알아내고자 하는 일이 없었으며, 과감히 스스로 일을 책임지고 나서는 기개가 있었다. 천자가 일찍이 그에게 손자孫子와 오자吳子의 병법을 가르치려 하자, 그는 이렇게 대답하였다.

"어떤 전략을 쓸 것인가를 잘 생각하면 그만입니다. 옛날 병법을 배울 필요는 없습니다."

또 천자가 그를 위해 저택을 지어 두고 그로 하여금 구경하도록 권한 적이 있었는데 그 때 그는 이렇게 대답하였다.

"흉노는 아직 망하지 않았으니 집은 아무런 소용이 없습니다."

이런 일들이 있음으로써 천자는 더욱 그를 소중히 여기고 사랑하였다.

그러나 표기장군은 나이 젊어서 시중이 되었고, 높은 지위에 오른 뒤로는 사병들을 보살필 줄을 몰랐다. 그가 전장에 나가 있을 때, 천자는 태관太官을 시켜 수십 대의 수레로 음식을 보내 주었다. 그가 돌아올 때 군수 운반 수레에는 주체 못할 만큼 좋은 쌀과 고기들이 남아 있었지만, 그의 부하들 중에는 굶주린 자도 있었다. 또 요새 밖에 있을 때 병사들은 식량이 모자라 제대로 기운을 차리지 못하고 있는데도, 표기장군은 여전히 구역을 정해 놓고 공차기를 즐기고 있었다. 그에게는 이와 비슷한 일들이 많았다.

한편 대장군의 사람됨은 인자하고 마음씨 착하고 겸손하고 양보심이 많았으며, 언제나 부드러워 천자의 환심을 샀다. 그러나 세상에는 그를 칭송하는 사람은 없었다.

驃騎將軍爲人少言不泄, 有氣敢任. 天子嘗欲敎之孫吳兵法, 對曰:「顧方略何如耳, 不至學古兵法.」天子爲治第, 令驃騎視之, 對曰:「匈奴未滅, 無以家爲也.」由此上益重愛之. 然少而侍中, 貴, 不省士. 其從軍, 天子爲遣太官齎數十乘, 旣還, 重車餘弃粱肉, 而士有飢者. 其在塞外, 卒乏糧, 或不能自振, 而驃騎尚穿域蹋鞠. 事多此類. 大將軍爲人仁善退讓, 以和柔自媚於上, 然天下未有稱也.

## 표기 장군 광거병의 아들

표기장군은 원수 4년의 토벌이 있은 지 3년만인 원수 6년에 죽었다.

천자는 이를 슬퍼하여, 변경 5군의 속국들로부터 철갑을 두른 무장병을 동원시켜 장안에서 무릉茂陵까지 행열을 지어 행진을 시키고, 그곳에 기련산의 모양을 따서 무덤을 만든 다음, 무용을 뜻하는 '경景'과, 땅을 넓혔다는

霍去病 묘지

뜻의 '환桓'을 합쳐 표기장군의 시호를 경환후景桓侯라 하였다.
그의 아들 곽선霍嬗이 뒤를 이어 후侯가 되었다. 그는 아직 나이가 어렸고 자는 자후子侯라 불렀다. 천자는 곽선을 사랑하여 그가 자라나면 장군으로 삼을 생각이었으나, 그로부터 6년이 지난 원봉元封 원년에 곽선이 죽자 애후哀侯라 시호를 내렸다. 아들이 없었기 때문에 뒤가 끊어지고 봉국도 없어졌다.

驃騎將軍自四年軍後三年, 元狩六年而卒. 天子悼之, 發屬國玄甲軍, 陳自長安至茂陵, 爲冢象祁連山. 諡之, 幷武與廣地曰景桓侯. 子嬗代侯. 嬗少, 字子侯, 上愛之, 幸其壯而將之. 居六歲, 元封元年, 嬗卒, 諡哀侯. 無子, 絶, 國除.

## 대장군 위청의 후손들

표기장군이 죽은 뒤, 대장군의 큰아들 의춘후 위항衛伉은 법에 저촉되어 후의 지위를 잃었다. 그로부터 5년 뒤에 위항의 두 아우, 즉 음안후 위불의衛不疑와 발간후 위등衛登은 다 함께 주금酎金의 사건에 연루되어 불경죄에 걸려 후의 지위를 잃었다. 그들이 후의 지위를 잃은 2년 뒤에 관군후의 봉국도 없어졌다. 그 4년 뒤에 대장군 위청이 죽자, 시호를 열후烈侯라 하였다. 그의 아들 위항이 뒤를 이어 장평후長平侯가 되었다.

自驃騎將軍死後, 大將軍長子宜春侯伉坐法失侯. 後五歲, 伉弟二人, 陰安侯不疑及發干侯登皆坐酎金失侯. 失侯後二歲, 冠軍侯國除. 其後四年, 大將軍青卒, 諡爲烈侯. 子伉代爲長平侯.

## 조선을 치느라 흉노 정벌을 미루다

대장군이 선우를 포위한 해로부터 14년 만에 죽었다.
그 동안 두 번 다시 흉노를 치지 않았던 것은 한나라에 군마가 적고, 또 남쪽으로 양월兩越을 무찌르고, 동쪽으로 조선朝鮮을 치고, 강족羌族과 서남이 만족蠻族을 치고 있었기 때문이다.

自大將軍圍單于之後, 十四年而卒. 竟不復擊匈奴者, 以漢馬少, 而方南誅兩越, 東伐朝鮮, 擊羌·西南夷, 以故久不伐胡.

### 평양공주의 남편 위청

대장군은 평양공주를 아내로 맞았기 때문에 장평후 위항이 뒤를 이어 후가 되었는데, 위항은 6년 뒤에 법에 저촉되어 후의 지위를 잃었다.

大將軍以其得尙平陽長公主故, 長平侯伉代侯. 六歲, 坐法失侯.

### 두 장군의 비장들

아래에 두 대장군과 그 여러 비장들에 대해 기술한다.

대장군 위청은 모두 일곱 번 흉노를 출격하여 흉노의 목을 베거나 포로로 사로잡은 자가 5만여 명이나 된다. 한번은 선우와 싸워 하남 땅을 손에 넣고 그곳에 삭방군을 설치하였다. 두 번 증봉되어 모두 1만 1천 800호를 봉령封領으로 가지고 있었다. 세 아들이 모두 후로 봉해져 각각 1천 300호의 봉령을 받았으니, 모두 합치면 1만 5천 700호의 봉령인 셈이었다. 그의 교위와 비장으로 대장군을 따른 관계로 후가 된 자가 9명이었다. 또 부하의 비장 및 교위로서 독립해 장군이 된 사람이 14명이었다. 비장이었던 사람 가운데는 이광이 있는데, 이광에게는 따로 전기傳記가 있다. 전기가 없는 사람은 다음과 같다.

左方兩大將軍及諸裨將名:

最大將軍靑, 凡七出擊匈奴, 斬捕首虜五萬餘級. 一與單于戰, 收河南地, 遂置朔方郡, 再益封, 凡萬一千八百戶. 封三子爲侯, 侯千三百戶. 幷之, 萬五千七百戶. 其校尉裨將以從大將軍侯者九人. 其裨將及校尉已爲將者十四人. 爲裨將者曰李廣, 自有傳. 無傳者曰:

## 〈2〉공손하公孫賀

### 공손하의 경력과 아들

장군 공손하公孫賀는 의거義渠 사람으로 그의 조상은 호족胡族이었다. 공손하의 아버지 혼야渾邪는 경제 때 평곡후平曲侯가 되었으나, 법에 걸려 후의 지위를 잃고 말았다. 공손하는 무제가 태자였을 때 가신이었다. 무제가 즉위한 지 8년에 태복으로서 경거장군이 되어 마읍에 주둔하였다. 그 4년 뒤에 경거장군으로서 운중군에서 출격하였다. 그 5년 뒤에 기장군으로서 대장군을 따라 군공이 있어 남교후로 봉해졌다. 그 1년 뒤에 좌장군으로서 다시 대장군을 따라 정양군에서 출격하였으나 공은 없었다. 그 4년 뒤에 주금酎金 관계로 불경죄에 저촉되어 후의 지위를 잃었다. 그로부터 8년 뒤에, 부저장군浮沮將軍으로서 오원五原에서 2천여 리나 출격을 하였으나 공은 없었다. 또 그 8년 뒤에는 태복에서 승상에 임명되어 갈역후葛繹侯에 봉해졌다.

공손하는 일곱 차례 장군이 되어 흉노를 공격하였으나 큰 공은 없었다. 그러나 두 차례나 후가 되고 또 승상이 되었다. 그의 아들 공손경성公孫敬聲은 양석공주陽石公主와 사통하고 무술巫術로써 사람을 저주한 죄로 일족이 몰살당하는 화를 입어 뒤가 끊어졌다.

將軍公孫賀. 賀, 義渠人, 其先胡種. 賀父渾邪, 景帝時爲平曲侯, 坐法失侯. 賀, 武帝爲太子時舍人. 武帝立八歲, 以太僕爲輕車將軍, 軍馬邑. 後四歲, 以輕車將軍出雲中. 後五歲, 以騎將軍從大將軍有功, 封爲南窌侯. 後一歲, 以左將軍再從大將軍出定襄, 無功. 後四歲, 以坐酎金失侯. 後八歲, 以浮沮將軍出五原二千餘里, 無功. 後八歲, 以太僕爲丞相, 封葛繹侯. 賀七爲將軍, 出擊匈奴無大功, 而再侯, 爲丞相. 坐子敬聲與陽石公主姦, 爲巫蠱, 族滅, 無後.

## 〈3〉이식李息

### 재관장군

장군 이식李息은 욱질郁郅 사람으로 경제를 섬겼다. 무제가 즉위한 지 8년이 되던 해 재관장군材官將軍이 되어 마읍에 주둔하였다. 그 6년 뒤에 장군으로서 대군에서 출격하였다. 그 3년 뒤에 장군으로서 대장군을 따라 삭방으로 출격하였으나 모두 공을 세우지 못하였다. 모두 세 차례 장군이 되었으며 그 후로는 항상 대행大行으로 있었다.

將軍李息, 郁郅人. 事景帝. 至武帝立八歲, 爲材官將軍, 軍馬邑; 後六歲, 爲將軍, 出代; 後三歲, 爲將軍, 從大將軍出朔方: 皆無功. 凡三爲將軍, 其後常爲大行.

## 〈4〉공손오公孫敖

### 수항성受降城을 쌓다

장군 공손오公孫敖는 의거 사람이다. 낭관郎官으로서 무제를 섬겼다. 무제가 즉위한 지 12년째 되던 해 기장군으로서 대군에서 출격하였다가 사졸 7천 명을 잃었다. 그 죄가 사형에 해당하였으나 속죄금을 물고 평민이 되었다.

그로부터 5년 뒤에 교위로서 대장군을 따라 공이 있어 합기후에 봉해졌다. 그 1년 뒤에 중장군으로서 대장군을 따라 다시 정양군에서 출격하였다. 그러나 공은 없었다. 2년 뒤에 장군으로서 북지군에서 출격하였다. 이때 표기장군과의 약속한 기일에 도착하지 못하여 사형에 해당하였으나 속죄금을 물고 평민이 되었다.

다시 그 2년 뒤, 교위로서 대장군을 따랐지만 공은 없었다. 그로부터 14년 뒤에 인우장군因杅將軍으로서 수항성受降城을 쌓았다. 7년 뒤에 다시 인우장군으로서 흉노를 공격하여 여오수余吾水에 이르렀다. 그러나 사졸을 많이 잃어 형리의 손으로 넘어가 사형에 해당하였으나, 죽었다고 속이고 도망쳐서 5, 6년 동안이나 민간에 숨어 살았다. 그러나 뒤에 발각되어 다시 옥에 갇히게 되었다. 그의 아내가 굿을 하여 사람을 저주한 죄로 인해 온 가족이 몰살당하였다. 모두 네 차례 장군이 되어 흉노에 출격하였고 한 차례 후에 봉해졌다.

將軍公孫敖, 義渠人. 以郎事武帝. 武帝立十二歲, 爲(驃)騎將軍, 出代, 亡卒七千人, 當斬, 贖爲庶人. 後五歲, 以校尉從大將軍有功, 封爲合騎侯. 後一歲, 以中將軍從大將軍, 再出定襄, 無功. 後二歲, 以將軍出北地, 後驃騎期, 當斬, 贖爲庶人. 後二歲, 以校尉從大將軍, 無功. 後十四歲, 以因杅將軍築受降城. 七歲, 復以因杅將軍再出擊匈奴, 至余吾, 亡士卒多, 下吏, 當斬, 詐死, 亡居民閒五六歲. 後發覺, 復繫. 坐妻爲巫蠱, 族. 凡四爲將軍, 出擊匈奴, 一侯.

## 〈5〉이저李沮

### 강노장군

장군 이저李沮는 운중雲中 사람으로 경제를 섬겼다. 무제가 즉위한 지 17년째 되던 해 좌내사로서 강노장군彊弩將軍이 되었다. 그 1년 뒤에 다시 강노장군이 되었다.

將軍李沮, 雲中人. 事景帝. 武帝立十七歲, 以左內史爲彊弩將軍. 後一歲, 復爲彊弩將軍.

## 〈6〉이채李蔡

### 경거장군

장군 이채李蔡는 성기成紀 사람으로 문제·경제·무제를 섬겼다. 경거장군으로서 대장군을 따라 공이 있어 낙안후에 봉해졌다. 그 뒤 승상이 되었으나 법에 저촉되어 죽었다.

將軍李蔡, 成紀人也. 事孝文帝·景帝·武帝. 以輕車將軍從大將軍有功, 封爲樂安侯. 已爲丞相, 坐法死.

## 〈7〉장차공張次公

### 아버지의 활솜씨

장군 장차공張次公은 하동河東 사람이며 교위로서 대장군 위청을 따라 공이 있어 안두후에 봉해졌다. 그 뒤 왕태후王太后가 죽자 장군이 되어 북군을 거느리게 되었다. 그 1년 뒤에 장군이 되어 대장군을 따랐다. 두 차례 장군이 되었으나 법에 저촉되어 후의 지위를 잃었다. 장차공의 아버지 융隆은 경거輕車로 활을 쏘는 무사였는데, 활을 잘 쏘았기 때문에 경제의 사랑을 받아 가까이 두고 총애하였다.

將軍張次公, 河東人. 以校尉從衛將軍青有功, 封爲岸頭侯. 其後太后崩, 爲將軍, 軍北軍. 後一歲, 爲將軍, 從大將軍, 再爲將軍, 坐法失侯. 次公父隆, 輕車武射也. 以善射, 景帝幸近之也.

## 〈8〉소건蘇建

### 대군 태수

장군 소건蘇建은 두릉杜陵 사람이다. 교위 신분으로 대장군 위청을 따라 공이 있어 평릉후에 봉해졌다. 장군이 되어 삭방군에 요새를 쌓았다. 그 4년 뒤에 유격장군이 되어 대장군을 따라 삭방으로 출격하였다. 그 1년 뒤에 우장군으로 다시 대장군을 따라 정양군에서 출격하였으나, 흡후 조신이 도망치고 군사를 잃는 일로참형에 해당되는 죄였는데, 속죄금을 물고 평민이 되었다. 그 뒤 대군 태수로 있다가 죽었다. 무덤은 대유향大猶鄕에 있다.

將軍蘇建, 杜陵人. 以校尉從衛將軍青, 有功, 爲平陵侯, 以將軍築朔方. 後四歲, 爲游擊將軍, 從大將軍出朔方. 後一歲, 以右將軍再從大將軍出定襄, 亡翕侯, 失軍, 當斬, 贖爲庶人. 其後爲代郡太守, 卒, 冢在大猶鄉.

## 〈9〉조신趙信

### 선우에게 투항한 장군

장군 조신趙信은 흉노의 상국으로서 한나라에 귀순하여 흡후로 봉해졌다. 무제가 즉위한 지 17년 되던 해 전장군이 되었으나 선우와 싸우다가 패하여 흉노에 투항하였다.

將軍趙信, 以匈奴相國降, 爲翕侯. 武帝立十七歲, 爲前將軍, 與單于戰, 敗, 降匈奴.

## 〈10〉장건張騫

### 오손과 국교를 열다

장군 장건張騫은 사신으로 대하大夏로 가서 대하와 국교를 맺었으며 돌아와 교위에 임명되었다. 그 뒤 대장군을 따라 공이 있어 박망후에 봉해졌다. 그 3년 뒤, 장군이 되어 우북평에서 출격을 하였으나, 이광과의 기일을 지키지 못하고 늦게 도착하였다. 참형에 해당되었으나 속죄금을 물고 평민이 되었다. 그 뒤 사신이 되어 오손烏孫과의 국교를 열었다. 대행으로 있다가 죽었다. 무덤은 한중漢中에 있다.

將軍張騫, 以使通大夏, 還, 爲校尉. 從大將軍有功, 封爲博望侯. 後三歲, 爲將軍, 出右北平, 失期, 當斬, 贖爲庶人. 其後使通烏孫, 爲大行而卒, 冢在漢中.

## 〈11〉조이기趙食其

### 출정 중에 길을 잃어

장군 조이기趙食其는 대우祋祤 사람이다. 무제가 즉위한 지 22년 되던 해 주작도위로서 우장군이 되어 대장군을 따라 정양군에서 출격하였는데 길을 잃고 헤매었다. 참형에 해당되었으나 속죄금을 물고 평민이 되었다.

將軍趙食其, 祋祤人也. 武帝立二十二歲, 以主爵爲右將軍, 從大將軍出定襄, 迷失道, 當斬, 贖爲庶人.

## 〈12〉조양曹襄

### 조삼의 손자

장군 조양曹襄은 평양후로서 후장군이 되어 대장군 위청을 따라 정양군에서 출격하였다. 조양은 조삼曹參의 손자이다.

將軍曹襄, 以平陽侯爲後將軍, 從大將軍出定襄. 襄, 曹參孫也.

## 〈13〉한열韓說

### 무고의 난 때 피살됨

장군 한열韓說은 궁고후弓高侯의 서손庶孫이다. 교위로서 대장군 위청을 따라 군공이 있어 용액후에 봉해졌다. 그러나 그 뒤 주금법으로 불경죄에 걸려 후의 지위를 잃었다. 원정元鼎 6년, 대조待詔의 신분으로 횡해장군橫海將軍에 임명되어, 동월을 쳐서 공을 세워 안도후按道侯에 봉해졌다.

태초太初 3년에 유격장군이 되어 오원 북쪽의 변방 지역 여러 성에 주둔해 있었다. 그 뒤 광록훈光祿勳이 되었으나, 무고巫蠱의 난 때 태자궁의 땅 속에서 나무 인형을 파내다가 위태자에게 피살되었다.

將軍韓說, 弓高侯庶孫也. 以校尉從大將軍有功, 爲龍頟侯, 坐酎金失侯. 元鼎六年, 以待詔爲橫海將軍, 擊東越有功, 爲按道侯. 以太初三年爲游擊將軍, 屯於五原外列城. 爲光祿勳, 掘蠱太子宮, 衛太子殺之.

## 〈14〉곽창郭昌

### 곤명을 정벌하였으나

장군 곽창郭昌은 운중 사람이다. 교위로서 대장군 위청을 따랐다. 원봉 4년, 태중대부로서 발호장군拔胡將軍이 되어 삭방군에 주둔하였다. 그곳에서 돌아온 뒤 곤명昆明을 쳤으나, 공을 세우지 못하여 장군의 인을 빼앗겼다.

將軍郭昌, 雲中人也. 以校尉從大將軍. 元封四年, 以太中大夫爲拔胡將軍, 屯朔方. 還擊昆明, 毋功, 奪印.

## 〈15〉순체荀彘

### 조선을 쳤던 인물

장군 순체荀彘는 태원太原 광무廣武 사람이다. 마차를 잘 몰아서 천자를 뵙게 되어 시중에 임명되었다. 그 뒤 교위가 되어 자주 대장군 위청을 따랐다. 원봉 3년, 좌장군으로서 조선朝鮮을 쳤으나, 공을 세우지 못하였으며 누선장군樓船將軍 양복楊僕을 구속한 죄로 법에 걸려 죽었다.

將軍荀彘, 太原廣武人. 以御見, 侍中, 爲校尉, 數從大將軍. 以元封三年爲左將軍擊朝鮮, 毋功. 以捕樓船將軍坐法死.

## 〈16〉곽거병霍去病

### 표기장군

표기장군 곽거병霍去病은 모두 여섯 차례에 걸쳐 흉노를 공격하였다.

그 중 네 차례는 장군이 되어 출격한 것이었다. 목을 베거나 포로를 잡은 자가 11만여 명이 넘었고, 거기에 혼야왕이 그의 군사 수만을 거느리고 항복해 옴으로써 마침내 하서河西, 주천酒泉 땅을 얻게 되었다. 이로 인해 서쪽 방면에서의 흉노의 침략은 아주 적어지게 되었다. 네 차례 증봉되어 식읍이 모두 1만 5천 100호의 봉령을 가졌다. 그의 부하 장교로서 군공이 있어 후로 봉한 사람이 모두 6명, 뒤에 독립하여 장군이 된 사람이 2명이었다.

霍去病 묘지

最驃騎將軍去病, 凡六出擊匈奴, 其四出以將軍, 斬捕首虜十一萬餘級. 及渾邪王以衆降數萬, 遂開河西酒泉之地, 西方益少胡寇. 四益封, 凡萬五千一百戶. 其校吏有功爲侯者凡六人, 而後爲將軍二人.

## 〈17〉노박덕路博德

### 복파장군이 되다

장군 노박덕路博德은 평주平州 사람이다. 우북평 태수 신분으로 표기장군을 따라 공을 세워 부리후符離侯에 봉해졌다. 표기장군이 죽은 뒤, 박덕은 위위衛尉로서 복파장군伏波將軍이 되어 남월을 쳐서 깨뜨리고 증봉되었다.

그러나 그 뒤 법에 저촉되어 후의 지위를 잃고 강노도위彊弩都尉로서 거연에 주둔해 있다가 죽었다.

將軍路博德, 平州人. 以右北平太守從驃騎將軍有功, 爲符離侯. 驃騎死後, 博德以衛尉爲伏波將軍, 伐破南越, 益封. 其後坐法失侯. 爲彊弩都尉, 屯居延, 卒.

## 〈18〉조파노趙破奴

### 흉노에 생포되었다가

장군 조파노趙破奴는 원래가 흉노의 구원九原 사람이다. 일찍이 흉노로 도망갔다가 다시 한나라로 돌아와 표기장군의 사마司馬가 되어 북지군에서 출격하였다. 그때 공을 세워 종표후에 봉해졌다. 그러나 주금 때문에 불경죄에 걸려 후의 지위를 잃었다.

그로부터 1년 뒤에 흉하장군匈河將軍이 되어 흉노를 쳐 흉하수匈河水까지 진격하였으나 공은 없었다. 그 2년 뒤에 흉노의 누란왕을 쳐서 포로로 잡음으로써 다시 착야후에 봉해졌다.

그로부터 6년 뒤, 준계장군浚稽將軍이 되어 기병 2만 명을 거느리고 흉노의 좌현왕을 쳤다. 좌현왕은 이를 맞아 공격하여 기병 8만 명의 군사로서 조파노를 포위하였다. 조파노는 적에게 생포되고 그의 군사는 전멸당하였다. 그리고 흉노에게 10년 동안 억류되어 있다가 흉노의 태자 안국安國을 데리고 다시 한나라로 도망쳐 돌아왔다. 그 뒤 굿을 하여 사람을 저주한 죄로 집안이 몰살당하였다.

將軍趙破奴, 故九原人. 嘗亡入匈奴, 已而歸漢, 爲驃騎將軍司馬. 出北地時有功, 封爲從驃侯. 坐酎金失侯. 後一歲, 爲匈河將軍, 攻胡至匈河水, 無功. 後二歲, 擊虜樓蘭王, 復封爲浞野侯. 後六歲, 爲浚稽將軍, 將二萬騎擊匈奴左賢王, 左賢王與戰, 兵八萬騎圍破奴, 破奴生爲虜所得, 遂沒其軍. 居匈奴中十歲, 復與其太子安國亡入漢. 後坐巫蠱, 族.

### 위씨 일족의 봉후

위衛씨 일족이 일어나기 시작하여 대장군 위청이 제일 먼저 후로 봉해졌고, 그 뒤로 한 집안에 후가 다섯이나 되었다. 그러나 24년 동안에 다섯 후는 모조리 후의 지위를 잃고 위씨로서 후는 한 사람도 없게 되었다.

自衛氏興, 大將軍靑首封, 其後枝屬爲五侯. 凡二十四歲而五侯盡奪, 衛氏無爲侯者.

### 사마천의 평어

나 태사공은 이렇게 생각한다.

소건이 나에게 이렇게 말한 적이 있다.

"나는 일찍이 대장군 위청을 두고 지극히 높은 자리에 앉아 있으나, 천하의 어진 사대부로서 장군을 칭송하는 사람은 없으니, 바라건대 옛날 유명한 장군들이 어진 사람들을 골라 초빙한 일들을 생각하여 그렇게 하는 데에 힘을 기울여 달라고 책망하였다. 그러나 대장군은 그것을 받아들이지 않으면서 '위기후魏其侯와 무안후武安侯가 빈객들을 후히 대접하여 위세를 떨치게 된 뒤부터 천자는 항상 이를 갈며 미워하고 있었다. 사대부들을 가까이 한다거나 어진 사람을 불러들이고 착하지 못한 사람을 물리치는 것은, 임금이 가질 수 있는 권한이다. 신하된 사람은 법을 따르며 직책을 지키고 있으면 그것으로 족한 것이다. 내가 어떻게 어진 선비들을 불러들이는 일을 생각할 수 있겠는가?'라고 말하였소."

표기장군 곽거병도 역시 그와 같은 생각을 하고 있었다. 그들의 장군으로서의 마음가짐은 이러하였다.

太史公曰: 蘇建語余曰:「吾嘗責大將軍至尊重, 而天下之賢大夫毋稱焉, 願將軍觀古名將所招選擇賢者, 勉之哉. 大將軍謝曰:『自魏其·武安之厚賓客, 天子常切齒. 彼親附士大夫, 招賢絀不肖者, 人主之柄也. 人臣奉法遵職而已, 何與招士!』」驃騎亦放此意, 其爲將如此.

史記列傳

# 052(112) 평진후주보 열전平津侯主父列傳

① 평진후平津侯, 公孫弘 ② 주보언主父偃

## 〈1〉공손홍公孫弘

### 마흔이 넘어 학문에 들어서다

승상 공손홍公孫弘은 제나라 치천국菑川國 설현薛縣 사람으로 자는 계季이다. 그는 젊었을 때 설의 옥리獄吏로 있다가 죄를 저지르고 면직되었다. 그로부터 바닷가에서 돼지를 길러 겨우 생계를 이어가다가, 40세가 넘어서야 비로소 《춘추春秋》와 제가諸家의 학설을 공부하였으며 계모에게 효성을 다하였다.

丞相公孫弘者, 齊菑川國薛縣人也, 字季. 少時爲薛獄吏, 有罪, 免. 家貧, 牧豕海上. 年四十餘, 乃學《春秋》雜說. 養後母孝謹.

### 무제에게 꾸중을 듣고

건원建元 원년, 무제武帝가 즉위하여 전국에 현량賢良과 문학文學의 선비를 추천하게 하였을 때, 공손홍도 추천되어 박사博士에 임명되었다. 이때 그의 나이 이미 60이었다. 그러나 흉노에 사신으로 다녀와서 보고를 올린 것이 천자의 마음에 들지 않자, 천자는 공손홍을 무능하다 여겨 화를 내었다. 이에 공손홍은 병을 핑계로 사직하고 고향으로 돌아갔다.

建元元年, 天子初卽位, 招賢良文學之士. 是時弘年六十, 徵以賢良爲博士. 使匈奴, 還報, 不合上意, 上怒, 以爲不能, 弘迺病免歸.

### 서남이는 쓸모 없는 땅

원광元光 5년, 재차 조서가 내려 문학의 선비들을 초빙하자, 치천국에서는 다시 공손홍을 추천하였다. 이때 공손홍은 이렇게 사양하였다.

"나는 앞서 서쪽 경사京師로 갔다가 천자의 명에 응한 일이 있었지만,

무능한 탓으로 벼슬을 그만두고 돌아왔습니다. 부디 다른 사람을 추천해 주십시오."

그래도 그 나라 사람들이 굳이 그를 추천하여 공손홍은 태상太常에게로 갔다. 태상은 추천되어 온 학자 100여 명에게 각각 천자의 물음에 대한 대책을 써서 내도록 하였다. 공손홍의 성적은 그 중 하위에 속하였다. 그런데 답안이 천자에게로 올라가자, 천자는 공손홍의 답안을 첫째로 뽑아 그를 불러들였다. 그리고 공손홍의 풍모가 매우 단아해 마음에 들어 박사로 임명하였다.

당시 한나라에서는 서남이西南夷로 통하는 길을 내고 군郡을 설치하였다. 이 일로 파巴와 촉蜀 백성들이 부역에 시달리고 있었다. 이에 천자는 조서를 내려 공손홍에게 그 실정을 살펴보고 오도록 하였다. 공손홍이 돌아와 상황을 보고하면서 서남이가 쓸모 없음을 주장하였다. 그러나 천자는 공손홍의 말을 받아들이지 않았다.

元光五年, 有詔徵文學, 菑川國復推上公孫弘. 弘讓謝國人曰:「臣已嘗西應命, 以不能罷歸, 願更推選.」國人固推弘, 弘至太常. 太常令所徵儒士各對策, 百餘人, 弘第居下. 策奏, 天子擢弘對爲第一. 召入見, 狀貌甚麗, 拜爲博士. 是時通西南夷道, 置郡, 巴蜀民苦之, 詔使弘視之. 還奏事, 盛毁西南夷無所用, 上不聽.

## 천자의 마음에 들도록 언행을 조심하다

공손홍은 사람됨이 폭이 넓고 견문도 많았다. 그는 늘 임금된 자의 마음이 넓고 크지 못한 것이 염려스럽고, 신하된 자가 검소하고 절약할 줄 모르는 것을 염려된다라 말하곤 하였다. 이에 공손홍은 늘 베로 만든 이부자리를 쓰며 밥상에 올리는 고기는 한 가지로 제한하였다.

계모가 죽었을 때는 3년 상복을 입었다. 조정에서의 회의가 있을 때는 어떤 문제에 대해 찬성과 반대의 실마리만 진술하여 천자 스스로 결정을 내릴 수 있도록 이끌어 갈 뿐, 상대의 잘못을 정면으로 지적하여 공석에서 논쟁을 벌이려 들지 않았다. 이리하여 천자는 공손홍의 언행이 돈후하고 변론에 여유 있으며 법률과 관리 능력에도 뛰어나고, 또 유학儒學으로 잘 다듬어진 것을 알게 되어 각별히 그를 좋아하였다.

이에 공손홍은 2년도 채 되지 않아 좌내사左內史에 승진되었다. 그는 안건을 주청해 그것이 천자에게 받아들여지지 않아도 조정에서 그것을 따지는 일이 없었다.

그때마다 그는 주작도위主爵都尉 급암汲黯과 함께 천자의 한가한 틈을 타서 알현을 청하되, 급암이 먼저 이야기를 꺼내고 자신은 뒤에 보충하였다. 그리하여 천자는 늘 기분이 좋아 그가 말하는 것을 들어 주었다. 그는 날이 갈수록 더욱 신임을 받게 되었다.

언젠가 공손홍은 공경들과 어떤 일에 대해 서로 약속을 해 놓고도 천자 앞에 나가서는 약속을 완전히 뒤엎고 천자의 의향을 따른 일이 있었다. 이에 급암은 조정에서 공손홍에게 따지고 들었다.

"제나라 사람은 거짓이 많고 진실된 데가 없다더니 귀공은 처음 우리들과 같이 이 일을 논의해 놓고서 이제 와서 그 약속을 모두 저버리고 말았소. 이야말로 불충한 일이오."

그러자 천자가 무슨 문제인가를 물었다. 공손홍은 사죄하며 이렇게 말하였다.

"신을 아는 사람은 신을 충성스럽다고 하지만, 신을 모르는 사람은 신이 불충하다고 합니다."

천자는 공손홍의 말이 옳다고 여겼다. 이로부터 좌우의 총신들이 공손홍을 헐뜯어도 오히려 천자는 그를 후대할 뿐이었다.

弘爲人恢奇多聞, 常稱以爲人主病不廣大, 人臣病不儉節. 弘爲布被, 食不重肉. 後母死, 服喪三年. 每朝會議, 開陳其端, 令人主自擇, 不肯面折庭爭. 於是天子察其行敦厚, 辯論有餘, 習文法吏事, 而又緣飾以儒術, 上大說之. 二歲中, 至左內史. 弘奏事, 有不可, 不庭辯之. 嘗與主爵都尉汲黯請閒, 汲黯先發之, 弘推其後, 天子常說, 所言皆聽, 以此日益親貴. 嘗與公卿約議, 至上前, 皆倍其約以順上旨. 汲黯庭詰弘曰:「齊人多詐而無情實, 始與臣等建此議, 今皆倍之, 不忠.」上問弘. 弘謝曰:「夫知臣者以臣爲忠, 不知臣者以臣爲不忠.」上然弘言. 左右幸臣每毀弘, 上益厚遇之.

## ◎ 삭방군 설치만 찬성

원삭元朔 3년, 어사대부 장구張歐가 면직되고 공손홍이 그 후임이 되었다. 당시 한나라는 서남이와 왕래하고 동쪽으로는 창해군滄海郡을 설치하였으며, 북쪽으로는 삭방군朔方郡에 성을 쌓고 있었다. 공손홍은 중국을 피폐하게 만들면서까지 쓸모 없는 땅을 경영하는 일을 중지해 줄 것을 천자에게 여러 번 간언하였다. 그러자 천자는 주매신朱買臣 등으로 하여금 삭방군을 두었을 때의 이점 10가지를 열거하여 공손홍에게 반론을 제시하도록 명하였다. 그러자 공손홍은 한 마디 반론도 없이 곧 이렇게 사죄하였다.

"신은 산동의 촌사람이라 이익이 이토록 큰 것인 줄 몰랐습니다. 그러나 앞으로는 서남이와 창해군의 일을 중지하고 오로지 삭방군에만 주력하시기를 바랍니다."

천자는 이를 허락하였다.

元朔三年, 張歐免, 以弘爲御史大夫. 是時通西南夷, 東置滄海, 北築朔方之郡. 弘數諫, 以爲罷敝中國以奉無用之地, 願罷之. 於是天子乃使朱買臣等難弘置朔方之便. 發十策, 弘不得一. 弘迺謝曰:「山東鄙人, 不知其便若是, 願罷西南夷·滄海而專奉朔方.」上乃許之.

## ◎ 평진후에 봉해진 공손홍

급암이 말하였다.

"공손홍은 삼공三公의 지위에 있어 그 봉록이 아주 많은데도 베로 만든 이불을 쓰고 있습니다. 이것은 위선입니다."

천자가 이에 대해 공손홍에게 묻자 공손홍은 사죄하며 이렇게 말하였다.

"급암의 비난은 당연한 것입니다. 대체로 구경九卿들 가운데 급암처럼 신과 친한 사람은 없습니다. 그런데 급암은 오늘 조정에서 신을 꾸짖었습니다. 그것은 참으로 신의 결점을 잘 지적한 것입니다. 신이 삼공의 지위에 있으면서도 베 이불을 덮고 있는 것은, 참으로 마음에도 없는 일을 하여 겉치레를 하며 이름을 얻으려는 생각에서였습니다. 듣건대 관중管仲은 제나라 재상이 되어 삼귀三歸의 저택을 가지고 있었으며, 천자와 비길 정도로 사치하면서 환공桓公이 패업을 이루도록 하였다 합니다. 이것은 위로 임금에 대해 너무 지나친 행동을 한 것입니다. 그러나 안영晏嬰은 제나라 경공景公의 재상이 되어서도 상에는 두 가지 고기를 오르게 하지 않았고, 그의 처첩에게는 비단옷을 입히지 않았으나 역시 제나라는 잘 다스려졌습니다. 이것은 아래로 백성들의 생활을 따른 것입니다. 지금 신은 어사대부의 지위에 있으면서 베 이불을 덮고 있습니다. 이렇게 되면 구경으로부터 말단 관리에 이르기까지 차별을 지을 수 없습니다. 참으로 급암의 말 그대로입니다. 그리고 또 급암의 충성이 아니었던들, 폐하께서는 이 같은 곧은 말을 들을 수 없었을 것입니다."

이에 천자는 공손홍의 그 겸허함을 높이 평가하고 후대하더니, 마침내는 그를 승상에 임명하고 평진후平津侯에 봉하였다.

汲黯曰:「弘位在三公, 奉祿甚多, 然爲布被, 此詐也.」上問弘. 弘謝曰:「有之. 夫九卿與臣善者無過黯, 然今日庭詰弘, 誠中弘之病. 夫以三公爲布被, 誠飾詐欲以釣名. 且臣聞管仲相齊, 有三歸, 侈擬於君, 桓公以霸, 亦上僭於君. 晏嬰相景公, 食不重肉, 妾不衣絲, 齊國亦治, 此下比於民. 今臣弘位爲御史大夫, 而爲布被, 自九卿以下至於小吏, 無差, 誠如汲黯言. 且無汲黯忠, 陛下安得聞此言.」天子以爲謙讓, 愈益厚之. 卒以弘爲丞相, 封平津侯.

### 어짊을 인정할 수밖에 없는 선행

공손홍의 성격은 의심이 많고 남을 시기하여 겉으로는 너그러운 척하였으나 속마음은 각박하였다. 일찍이 대립하였던 자에게는 비록 겉으로는 친밀한 체하여도 보이지 않는 곳에서 반드시 그들에게 앙갚음을 하였다. 주보언主父偃을 죽이고 동중서董仲舒를 교서膠西로 귀양보낸 것도 모두 공손홍의 짓이었다. 그러나 상에는 고기를 한 가지밖에 놓지 않았고 현미로 밥을 지어먹으면서도 옛 친구나 친한 빈객들이 생활비를 얻으러 오면 봉록받은 것을 있는 대로 다 털어 주어 집에는 남는 것이 없었다, 이것을 보고 선비들도 그의 어짊을 인정하였다.

弘爲人意忌, 外寬內深. 諸嘗與弘有郤者, 雖詳與善, 陰報其禍. 殺主父偃, 徙董仲舒於膠西, 皆弘之力也. 食一肉脫粟之飯. 故人所善賓客, 仰衣食. 弘奉祿皆以給之, 家無所餘. 士亦以此賢之.

## 무제의 각별한 사랑

회남왕淮南王과 형산왕衡山王의 반란으로 그 일당에 대한 조사가 준엄하게 행해지고 있을 때, 중병을 앓고 있던 공손홍은 스스로 이렇게 생각했다.

"이렇다 할 공로도 없으면서 벼슬이 승상에까지 올라 있으니 마땅히 명군을 도와 나라를 안정시키고, 사람들로 하여금 신하된 도리를 지키도록 했어야 했다. 지금 제후들이 반란을 꾀하였다는 것은 모두가 승상인 내가 직책을 다하지 못하였기 때문이며 만일 이대로 병으로 죽게 된다면 책임을 다할 길이 없게 된다."

그리고 이렇게 글을 올렸다.

"신이 듣건대 천하에 변하지 않는 도道가 다섯 가지가 있는데, 이것을 실행하는 방법으로는 세 가지가 있다고 합니다. 즉 군신·부자·형제·부부·장유의 차례 이 다섯 가지는 천하의 변하지 않는 도이고, 지智·인仁·용勇 세 가지는 천하에 변하지 않는 덕德으로 도리를 실행하게 하는 방법입니다. 따라서 '실행하기를 힘쓰는 것은 인에 가깝고, 묻기를 좋아하는 것은 지에 가깝고, 부끄러움을 아는 것은 용에 가깝다'고 말한 것입니다. 이 세 가지를 알면 제 스스로 자기를 다스릴 줄을 알게 되고, 제 스스로 자기를 다스릴 줄 알면 비로소 남을 다스릴 줄을 알게 됩니다. 천하에 자기 스스로를 다스리지 못하면서 남을 다스릴 수 있는 사람은 아직 없었습니다. 이것은 백대를 지나더라도 바꿀 수 없는 도리입니다.

지금 폐하께서는 크게 효도를 몸소 실천하시고, 삼왕을 거울삼아 큰 도를 세우시며, 주周나라의 정치 도리를 세우시고, 문왕과 무왕의 덕과 재능을 모두 가지고 계시며, 어진 사람을 격려하여 녹을 주시고, 유능한 사람을 골라 벼슬을 주고 계십니다. 그런데 신은 짐이나 끄는 무능한 말과도 같은 우둔한 몸일 뿐 아니라 땀 흘려 싸운 공로조차도 없습니다.

폐하께서는 신에게 은총을 내리시어 미천한 가운데서 발탁하여 열후에 봉하시고, 삼공의 지위에 오르게 하셨습니다. 신은 덕행이나 재능은 언급할 가치도 없습니다. 본래부터 병약한 몸이어서 저의 진심을 다하기 전에 먼저 쓰러져 구덩이에 빠져 죽음으로써 끝내는 소임을 다하여 덕성에 보답하지 못할까 두렵습니다. 바라건대 후侯의 인수를 돌려드리고 직책에서 물러나 어진 사람에게 나아갈 길을 열어 주고자 합니다."

그러자 천자는 이렇게 답하였다.

"옛날부터 공이 있는 사람에게 상을 주고, 덕이 있는 사람을 칭찬하며, 이전 사람들이 이룩한 사업을 지키기 위해서는 문文을 숭상하고, 어려운 때를 당해서는 무武를 귀하게 여겼소. 예로부터 이를 바꾼 사람은 없었소. 짐도 밤낮으로 그렇게 하기를 힘써 바라고 있었으며, 지존의 자리를 이어받아 천하를 편안케 하지 못할까 두려워하며, 누구와 더불어 천하를 다스릴 것인가를 생각하고 있다는 것을 그대는 잘 알 것이오. 또 생각건대 군자는 선善을 좋아하고 악惡을 미워하는 것이오. 경의 근실한 행실에 대하여 짐은 잠시도 잊은 적이 없소. 경은 불행히도 거처를 잘못하여 병이 들었으나 어찌 곧 낫지 않겠소? 그런데도 글을 올려 후를 돌려주고 직책에서 물러나고 싶다고 하는 것은 도리어 짐의 부덕함을 드러내는 것이 되오. 지금 나라일은 다소 한가롭소. 공연한 걱정은 하지 말고 마음을 한결같이 하여 의약의 도움을 받아 몸을 보전하기 바라오."

그리고 공손홍에게 휴가를 주며 아울러 쇠고기와 술, 비단 등을 내렸다. 그로부터 몇 달이 지나자 공손홍의 병은 완쾌되어 다시 일을 볼 수 있게 되었다.

淮南·衡山謀反, 治黨與方急. 弘病甚, 自以爲無功而封, 位至丞相, 宜佐明主塡撫國家, 使人由臣子之道. 今諸侯有畔逆之計, 此皆宰相奉職不稱, 恐竊病死, 無以塞責. 乃上書曰:「臣聞天下之通道五, 所以行之者三. 曰君臣, 父子, 兄弟, 夫婦, 長幼之序, 此五者天下之通道也. 智, 仁, 勇, 此三者天下之通德, 所以行之者也. 故曰『力行近乎仁, 好問近乎智, 知恥近乎勇』. 知此三者, 則知所以自治; 知所以自治, 然後知所以治人. 天下未有不能自治而能治人者也, 此百世不易之道也. 今陛下躬行大孝, 鑒三王, 建周道, 兼文武, 厲賢予祿, 量能授官. 今臣弘罷駑之質, 無汗馬之勞, 陛下過意擢臣弘卒伍之中, 封爲列侯, 致位三公. 臣弘行能不足以稱, 素有負薪之病, 恐先狗馬塡溝壑, 終無以報德塞責. 願歸侯印, 乞骸骨, 避賢者路.」 天子報曰: 「古者賞有功, 褒有德, 守成尙文, 遭遇右武, 未有易此者也. 朕宿昔庶幾獲承尊位, 懼不能寧, 惟所與共爲治者, 君宜知之. 蓋君子善善惡惡, (君宜知之)君若謹行, 常在朕躬. 君不幸罹霜露之病, 何恙不已, 迺上書歸侯, 乞骸骨, 是章朕之不德也. 今事少閒, 君其省思慮, 一精神, 輔以醫藥.」 因賜告牛酒雜帛. 居數月, 病有瘳, 視事.

### 공손홍과 그 아들

원수元狩 2년, 공손홍은 다시 병이 들어 마침내는 승상으로 있으면서 죽었다. 그의 아들 공손도公孫度가 뒤를 이어 평진후가 되었다. 공손도는 산양山陽 태수가 되어 10여 년 있다가 법에 저촉되어 후의 지위를 잃었다.

元狩二年, 弘病, 竟以丞相終. 子度嗣爲平津侯. 度爲山陽太守十餘歲, 坐法失侯.

## 〈2〉주보언主父偃

### 누구에게나 대접을 받지 못하던 유생

주보언主父偃은 제나라 임치臨菑 사람이다. 처음 전국시대의 합종合從·연횡連衡의 술術을 배웠으나 뒤에 《역易》·《춘추春秋》와 제자백가諸子百家의 학설을 배웠다. 제나라 유생들과 어울리고자 하였으나, 어느 누구도 그를 대접해 주지 않고 오히려 제나라 유생들이 서로 짜고 배척하여 도저히 제나라에 있을 수 없게 되었다. 그는 집이 가난하여 남에게 돈 빌릴 곳도 없었다. 이에 북쪽으로 연燕·조趙·중산中山 땅을 두루 돌아다녔으나 어디서도 그를 후대해 주는 사람이 없어 나그네로 떠돌며 이루 말할 수 없는 나그네로서의 고생을 겪었다.

무제의 원광元光 원년, 주보언은 마침내 제후 중에는 그가 모실 만한 사람이 없다고 판단하고, 서쪽 관중關中으로 들어가 위衛장군을 만나게 되었다. 장군이 천자에게 종종 그를 추천해 주었으나 천자는 끝내 그를 불러들이지 않았다. 그런데 주보언은 돈도 없으면서 오래 머물러 버티는 모습에, 제공諸公들과 그들의 빈객들은 모두 그를 아주 싫어하였다.

이에 마지막으로 조정에 글을 올리게 되었다. 아침에 글을 올리자 저녁 무렵에 불리어 궁중으로 들어가 천자를 알현하게 되었다.

主父偃者, 齊臨菑人也. 學長短縱橫之術, 晚乃學易·春秋·百家言. 游齊諸生閒, 莫能厚遇也. 齊諸儒生相與排擯, 不容於齊. 家貧, 假貸無所得, 迺北游燕·趙·中山, 皆莫能厚遇, 爲客甚困. 孝武元光元年中, 以爲諸侯莫足游者, 乃西入關見衛將軍. 衛將軍數言上, 上不召. 資用乏, 留久, 諸公賓客多厭之, 乃上書闕下. 朝奏, 暮召入見.

## 주보언의 상서

그 글의 내용은 아홉 가지였는데, 그 중 여덟 가지는 율령律令에 관한 것이었고, 한 가지는 흉노 토벌에 관한 것이었다. 그 상소문의 내용은 이렇다.

"신이 듣건대 명석한 임금은 간절한 간언을 미워하지 않고 넓게 보고 들으며, 충신은 감히 가혹한 벌을 피하지 않고 직간한다. 그러므로 모든 일에 실책이 없어 그 공이 만세에 전한다라고 합니다. 지금 신은 감히 충심을 감추거나 죽음을 피하지 않을 생각으로 어리석은 계책을 말씀드립니다. 폐하께서는 신을 용서하시고 잠시 살펴 주시기 바랍니다.

〈사마법司馬法〉에 '나라가 크다해도 싸움을 좋아하면 틀림없이 망할 것이요, 천하가 태평해도 싸움을 잊으면 틀림없이 위태롭게 된다'라 하였습니다. 천하가 태평스러운데도 대개大凱를 연주하며, 봄이 되면 수蒐라는 사냥을, 가을에는 선獮이라는 사냥을 행하며 군대에게 실전 연습을 시키며, 제후들은 봄에 군대를 정비하고, 가을에는 군사를 훈련시키는 것은 곧 싸움을 잊지 않기 위한 것이라 하였습니다. 또 적에게 화를 내는 것은 덕을 거스르는 일이며, 병기란 흉기이며, 싸움은 어쩔 수 없을 때 맨 마지막 수단입니다. 옛 임금이 한 번 노여워하면 반드시 사람을 죽여 피를 보아야 하였습니다. 그러므로 성왕은 이런 일을 신중하게 하였던 것입니다. 대체로 싸움에 이기는 것만을 힘써 함부로 전쟁만을 일삼은 사람으로서 예로부터 뉘우치지 않은 사람은 없습니다. 옛날 진나라 시황제始皇帝는 전승戰勝의 위엄을 자랑하며 천하를 잠식하여 전국戰國을 병합함으로써 천하통일을 보게 되었고, 그 공은 하夏·은殷·주周 삼대三代에 맞먹게 되었습니다. 진시황이 싸움에 이기기만을 힘써 쉴 줄을 모르고 흉노를 치려 하자, 이사李斯가 간언하되 '옳지 못합니다. 대체로 흉노는 성곽을 쌓아 그 속에 일정하게 사는 것도 아니고, 식량을 저축하여 두고 지키는 것도 아닙니다. 새가 떼를 지어 날아 옮기듯이 이동하니 이를 잡아 다스리기는 어려운 무리들이옵니다. 가볍게 무장한 군대로써 깊숙이 쳐들어가면 틀림없이 식량이 떨어지고 말 것이며, 군량이 떨어지지 않도록 행군을 하게 되면 무거운 짐으로 인해 싸움을 제대로 할 수 없습니다. 흉노의 땅은 얻어도 이익이 될 만한 곳이 없고, 흉노의 백성을 얻어 후대하더라도 그들을 부리고 지키게 할 수도 없습니다. 그렇다고 이기는 곳마다 모두 죽인다는 것은 백성의 부모 된 천자의 도리에 어긋나는 일입니다. 중국을 피폐시켜 가면서까지 흉노와 끝까지 싸우는 일은 좋은 계책이 되지 못합니다'라고 하였습니다.

그러나 진시황은 이 말을 받아들이지 않았습니다. 그리고 드디어는 몽염蒙恬에게 명하여 군대를 이끌고 흉노를 침으로써 천리의 땅을 열어 황하로써 그 경계를 삼게 되었습니다. 그러나 그 땅은 원래가 소금기가 많은 늪지라 곡식이 자라지 않습니다. 그 뒤 진나라에서는 천하의 장정들을 징발하여 북하北河의 땅을 수비하게 하였으나, 병사들을 벌판에서 시달리게 하기를 10여 년, 이루 헤아릴 수 없이 많은 병사들을 죽게 만들었을 뿐 아니라 끝내 황하를 건너 북진하지도 못하였습니다. 이것이 어찌 병력이 모자라고 무기와 장비가 제대로 갖춰지지 못하였기 때문이라 하겠습니까? 그것은 형세가 그럴 수밖에 없었기 때문입니다. 또 온 천하 백성들에게 말먹이와 군량을 운반시켰는데, 황현黃縣·추현腄縣·낭야군琅邪郡 등 바닷가 군현에서 북하까지 수송하면, 대체로 30종鍾을 보내어야 겨우 한 석 정도만이 도착하는 형편이었습니다. 남자가 애써 농사를 지어도 군량이 모자라고, 여자들이 길쌈을 해도 군막을 만들기에 부족하여 백성들은 지쳐 쓰러지고, 고아·과부·노인과 어린아이는 부양할 사람이 없어서 길바닥에 죽은 사람이 널려져 있는 형편이었습니다. 이리하여 천하는 비로소 진나라를 배반하기 시작한 것입니다.

고황제高皇帝께서 천하를 평정함에 이르러, 변경을 공략할 때 흉노가 대代의 산골짜기 밖에 모여 있다는 말을 듣고 이를 공격하려 한 적이 있었습니다. 이때 어사御史 성成이 나아가 이렇게 간하였습니다.

'그것은 안 됩니다. 무릇 흉노의 천성은 짐승처럼 모였다가 새처럼 흩어지기 때문에 이를 쫓아 친다는 것은 손으로 그림자를 치는 것과 같습니다. 지금 폐하의 성덕으로 흉노를 친다 해도 신은 위태롭다 생각됩니다'

그러나 고황제는 이 말을 듣지 않고, 마침내는 북쪽으로 대代의 산골짜기로 나갔다가 결국은 평성平城에서 흉노에게 포위되고 말았습니다. 고황제는 이 일을 몹시 후회하고 유경劉敬을 흉노에 사신으로 보내어 화친의 약속을 맺게 한 뒤에 천하는 전쟁을 잊게 되었습니다. 병법에는 '군사 10만 명을 일으키면 하루 천금의 비용을 쓰게 된다'고 하였습니다. 대체로 진나라는 항상 군사를 모아 싸움터로 내보낸 것이 몇 십만 명이었습니다. 이렇게 되면 적군을 전멸시키고 적장을 죽이고, 흉노의 선우單于를 사로잡는 공을 세우더라도, 그로 인해 적과 원한을 맺어 복수심을 깊게 만들게 되므로 천하의 비용을 보상하기에 부족한 것입니다. 대체로 위로는 국고를 탕진하고, 아래로는 만민을 피폐시켜 가며 나라 밖을 정벌하는 데에 몰두하는 것은 완전한 일이 되지 못합니다. 흉노를 붙들어 다스리기 힘들다는 것은 오늘에 한정된 일이 아닙니다. 이리저리 몰려다니며 도적질과 약탈을 행하는 것은, 그들의 한 생활 방법으로서 타고난 천성이 그들을 그렇게 만들고 있는 것입니다.

멀리 우虞나 하·은·주의 옛날부터 그들에게 세를 거두지 않고 잘못을 벌주지 않았으며, 금수처럼 여기고 사람과 같이 취급하지 않았습니다. 위로는 우나 하·은·주의 통치법을 살펴보지 않고, 아래로는 가까운 시대의 실책을 그대로 따르려는 것에 대하여 신의 크게 걱정하는 바이며, 만백성들이 괴로워하는 것입니다. 또 전쟁을 오래 끌게 되면 변란이 생기기 마련이며, 사태가 어렵게 되면 생각이 달라지는 법입니다. 즉 변경에 있는 백성들은 지치고 괴로운 나머지 모반할 마음을 품게 되고, 장사와 군리들은 서로 의심을 품고 다른 나라와 내통하여 사사로운 이익을 구하게끔 됩니다. 이런 까닭으로 위타尉佗와 장한章邯은 그들의 야심을 이룰 수 있었던 것입니다. 대체로 진나라의 통치가 불가능하게 된 것은 권세가 위타와 장한 두 사람에게 나뉘어졌기 때문이며, 이것이야말로 이해득실을 보여 준 사례입니다. 그러므로 《주서周書》에 '나라의 안위는 천자의 명령에 달려 있고, 나라의 존망은 어떤 인물을 쓰느냐에 달려 있다'라 하였습니다. 바라건대 폐하께서는 이 점을 자세히 살피시어 잠시 깊이 헤아려 주십시오'라고 말입니다."

所言九事, 其八事爲律令, 一事諫伐匈奴. 其辭曰:

「臣聞明主不惡切諫以博觀, 忠臣不敢避重誅以直諫, 是故事無遺策而功流萬世. 今臣不敢隱忠避死以效愚計, 願陛下幸赦而少察之.

司馬法曰:『國雖大, 好戰必亡; 天下雖平, 忘戰必危.』天下旣平, 天子大凱, 春蒐秋獮, 諸侯春振旅, 秋治兵, 所以不忘戰也. 且夫怒者逆德也, 兵者凶器也, 爭者末節也. 古之人君一怒必伏尸流血, 故聖王重行之. 夫務戰勝窮武事者, 未有不悔者也. 昔秦皇帝任戰勝之威, 蠶食天下, 幷呑戰國, 海內爲一, 功齊三代. 務勝不休, 欲攻匈奴, 李斯諫曰:『不可. 夫匈奴無城郭之居, 委積之守, 遷徙鳥擧, 難得而制也. 輕兵深入, 糧食必絶; 踵糧以行, 重不及事. 得其地不足以爲利也, 遇其民不可役而守也. 勝必殺之, 非民父母也. 靡獘中國, 快心匈奴, 非長策也.』秦皇帝不聽, 遂使蒙恬將兵攻胡, 辟地千里, 以河爲境. 地固澤(鹹)鹵, 不生五穀. 然後發天下丁男以守北河. 暴兵露師十有餘年, 死者不可勝數, 終不能踰河而北. 是豈人衆不足, 兵革不備哉? 其勢不可也. 又使天下蜚芻輓粟, 起於黃·腄·琅邪負海之郡, 轉輸北河, 率三十鍾而致一石. 男子疾耕不足於糧饟, 女子紡績不足於帷幕. 百姓靡敝, 孤寡老弱不能相養, 道路死者相望, 蓋天下始畔秦也.

及至高皇帝定天下, 略地於邊, 聞匈奴聚於代谷之外而欲擊之. 御史成進諫曰:『不可. 夫匈奴之性, 獸聚而鳥散, 從之如搏影. 今以陛下盛德攻匈奴,臣竊危之.』高帝不聽, 遂北至於代谷, 果有平城之圍. 高皇帝蓋悔之甚, 乃使劉敬往結和親之約, 然後天下忘干戈之事. 故兵法曰『興師十萬, 日費千金』. 夫秦常積衆暴兵數十萬人, 雖有覆軍殺將係虜單于之功, 亦適足以結怨深讎, 不足以償天下之費. 夫上虛府庫, 下敝百姓, 甘心於外國, 非完事也. 夫匈奴難得而制, 非一世也. 行盜侵驅, 所以爲業也, 天性固然. 上及虞夏殷周, 固弗程督, 禽獸畜之, 不屬爲人. 夫上不觀虞夏殷周之統, 而下(脩)[循]近世之失, 此臣之所大憂, 百姓之所疾苦也. 且夫兵久則變生, 事苦則慮易. 乃使邊境之民獘靡愁苦而有離心, 將吏相疑而外市, 故尉佗·章邯得以成其私也. 夫秦政之所以不行者, 權分乎二子, 此得失之效也. 故《周書》曰『安危在出令, 存亡在所用』. 願陛下詳察之, 少加意而熟慮焉.」

## 서악이 올린 글

이때 조나라 사람 서악徐樂과 제나라 사람 엄안嚴安도 함께 글을 올려 당면한 급무를 논하였는데, 그것은 각각 다른 일에 대해서였다. 서악이 올린 글은 다음과 같다.

“신이 듣건대 ‘천하의 근심은 밑에서 서서히 무너져 내리는 토붕土崩에 있을 뿐, 위가 갑자기 허물어져 내리는 와해瓦解에는 있지 않다. 이것은 고금을 통해 변함이 없다’라고 합니다. ‘토붕’이 어떤 것이겠습니까? 진나라 말세가 바로 그것입니다. 진섭陳涉에게는 천승의 높은 지위에 있지도 않았고 조그마한 영토도 없었습니다. 신분 또한 왕공이나 대인, 명문의 자손도 아니었고 향리에서의 명성도 없었으며, 공자·묵자·증자와 같은 현인도 아니고 도주공陶朱公이나 의돈猗頓과 같은 부자도 아니었습니다. 그러나 누추한 골목에서 들고일어나 창을 잡고 휘두르며 한 팔을 걷고 크게 외치자, 온 천하의 백성들은 바람에 휩쓸리 듯 그를 따랐습니다. 이것은 무엇 때문이겠습니까? 그것은 백성들이 괴로워해도 임금은 이를 돌보지 않고, 아랫사람이 원망을 해도 위에서는 이를 모르고 있었으며, 세상은 이미 어지러워져 정치를 제대로 처리해 주지 않았기 때문입니다. 이 세 가지는 진섭이 들고일어나게 된 밑바탕이 되었던 것으로 이것이 바로 '토붕'이란 것입니다. 그러므로 천하의 근심은 토붕에 있다고 말씀드리는 것입니다.

'와해'란 어떤 것이겠습니까? 오·초·제·조 등의 반란이 바로 그것입니다. 오·초 등 7국이 공모하여 반역을 도모, 각각 만승萬乘의 천자라 일컬으며 무장한 군사는 몇 십만 명에 달하여, 그들의 위엄은 영내를 두렵게 하기에 충분하였고, 재력은 그들 사민士民들을 끌어들이기에 충분하였습니다. 그러나 서쪽으로 향해 한 자 한 치의 땅도 빼앗지 못하고, 몸은 중원中原에서 사로잡히는 신세가 되고 말았습니다. 그것은 무엇 때문이겠습니까? 그들의 권세가 필부보다도 가볍고, 병력이 진섭만 못하지는 않았습니다만, 당시는 선황제先皇帝의 은택이 아직 쇠하지 않았고, 그 땅에 편안히 살고 있으면서 세상을 즐기는 백성들이 많았기 때문에, 제후들에게는 밖으로부터의 도움을 주는 자가 없었기 때문이었습니다. 이것을 바로 '와해'라고 합니다. 그러므로 천하의 근심은 와해에 있는 것이 아니라고 하는 것입니다.

이것으로 미루어 볼 때, 천하에 참으로 토붕의 형세로 기울게 되면, 가난한 뒷골목에 사는, 지위도 벼슬도 없는 천한 백성이라도 때론 반란을 일으켜 천하를 위태롭게 할 수 있습니다. 진섭이 바로 그 예입니다. 더구나 삼진三晉의 군주와 같은 강자가 존재한다면 어떻겠습니까? 천하가 아직 크게 다스려지고 있지 않다면, 참으로 토붕의 형세가 이루어져 있지 않고 강한 나라와 강한 군사가 있더라도 뒤돌아 설 겨를도 없을 만큼 재빨리 몸은 포로가 되고 마는 것입니다. 오·초·제·조 등이 바로 그런 경우입니다. 하물며 뭇 신하들이나 백성들이 어떻게 반란을 일으킬 수 있겠습니까? 이 두 가지 점은 나라의 안위를 가름하는 분명하고도 중요한 일로서 현명한 군주라면 유의하여 깊이 살펴야 할 일입니다.

그 사이 관동關東 땅은 모든 곡식이 제대로 익지 못해 평년 수확에 이르지 못하였고, 많은 백성들은 곤궁에 처해 있으며, 게다가 변방에서는 뜻하지 않은 일이 거듭 일어나고 있습니다. 사리와 자연의 이치로 미루어 볼 때, 그곳에서 편안함을 얻지 못하는 사람이 많은 것으로 생각됩니다. 편안하지 못하면 자연히 동요하기 쉽고, 동요하기 쉬운 것은 곧 토붕의 형세가 되는 것입니다. 그러므로 현군은 혼자 만물이 변화하는 근본 원인을 살펴보고, 국가 안위의 기틀을 밝게 알아, 이를 조정에서 해결하며 환란을 미연에 방지하는 것입니다. 중요한 것은 천하에 토붕의 형세가 생겨나지 않도록 하는 것입니다. 이것만 이룩할 수 있다면 비록 강국과 강병이 있다 하더라도, 폐하께서는 달리는 짐승을 쫓고 날아가는 새를 쏘며, 유원지를 넓혀 마음껏 놀이를 즐기고, 사냥의 즐거움을 누리며 태연자약한 마음을 가질 수 있습니다. 종과 북, 거문고와 피리의 소리는 귀에서 끊이지 않고, 장막 안에서의 기쁨과 배우·주유侏儒의 웃음소리가 앞을 떠나지 않으며, 그리고도 천하에는 오래도록 걱정이 없게 되는 것입니다. 어찌하여 은나라 탕왕과 주나라 무왕을 부러워하고, 구태여 주나라 성왕成王과 강왕康王 때의 태평성대를 얻고 싶은 생각이 들겠습니까!

신이 생각하건대 폐하께서는 타고난 성덕과 너그럽고 인자한 자질을 가지고 계시므로 진실로 천하를 다스리는 데 힘을 기울이신다면, 탕왕·무왕의 명성을 얻는 것은 조금도 어려울 것이 없으며, 성成·강康 때의 풍속을 다시 일으킬 수 있습니다. 이 두 가지 근본을 이룩한 다음, 높고 편안한 상태에서 당대에 명예를 드날리어, 천하의 백성들을 가까이하시고 사방 오랑캐들을 심복시켜 남은 은덕이 여러 대에 걸쳐 융성을 가져오게 하며, 천자의 자리에서 의扆를 등지고 남면하여 소매를 여미어 왕공들을 인견하는 것이 폐하께서 하셔야 할 일입니다. 신이 듣건대 '왕자王者가 될 것을 도모하다가 그것을 이루지 못하더라도 천하를 편안하게 할 수는 있다'라 하였습니다. 천하가 편안해지면 폐하께서 어느 것을 구하시든 얻지 못할 것은 없으며, 무슨 일을 하시든 이룩하지 못할 것이 있겠습니까? 어디를 치시든 굴복하지 않을 자 있겠습니까!"

是時趙人徐樂·齊人嚴安俱上書言世務, 各一事. 徐樂曰:
「臣聞天下之患在於土崩, 不在於瓦解, 古今一也. 何謂土崩? 秦之末世是也. 陳涉無千乘之尊, 尺土之地, 身非王公大人名族之後, 無鄕曲之譽, 非有孔·墨·曾子之賢, 陶朱·猗頓之富也, 然起窮巷, 奮棘矜, 偏袒大呼而天下從風, 此其故何也? 由民困而主不恤, 下怨而上不知(也), 俗已亂而政不脩, 此三者陳涉之所以爲資也. 是之謂土崩. 故曰天下之患在於土崩. 何謂瓦解?

吳·楚·齊·趙之兵是也. 七國謀爲大逆, 號皆稱萬乘之君, 帶甲數十萬, 威足以嚴其境內, 財足以勸其士民, 然不能西攘尺寸之地而身爲禽於中原者, 此其故何也? 非權輕於匹夫而兵弱於陳涉也, 當是之時, 先帝之德澤未衰而安土樂俗之民衆, 故諸侯無境外之助. 此之謂瓦解, 故曰天下之患不在瓦解. 由是觀之, 天下誠有土崩之勢, 雖布衣窮處之士或首惡而危海內, 陳涉是也. 況三晉之君或存乎! 天下雖未有大治也, 誠能無土崩之勢, 雖有彊國勁兵不得旋踵而身爲禽矣, 吳·楚·齊·趙是也. 況羣臣百姓能爲亂乎哉! 此二體者, 安危之明要也, 賢主所留意而深察也.

間者關東五穀不登, 年歲未復, 民多窮困, 重之以邊境之事, 推數循理而觀之, 則民且有不安其處者矣. 不安故易動. 易動者, 土崩之勢也. 故賢主獨觀萬化之原, 明於安危之機, 脩之廟堂之上, 而銷未形之患. 其要, 期使天下無土崩之勢而已矣. 故雖有彊丘勁兵, 陛下逐走獸, 射蜚鳥, 弘游燕之囿, 淫縱恣之觀, 極馳騁之樂, 自若也. 金石絲竹之聲不絶於耳, 帷帳之私俳優侏儒之笑不乏於前, 而天下無宿憂. 名何必湯武, 俗何必成康! 雖然, 臣竊以爲陛下天然之聖, 寬仁之資, 而誠以天下爲務, 則湯武之名不難侔, 而成康之俗可復興也. 此二體者立, 然後處尊安之實, 揚名廣譽於當世, 親天下而服四夷, 餘恩遺德爲數世隆, 南面負扆攝袂而揖王公, 此陛下之所服也. 臣聞圖王不成, 其敝足以安. 安則陛下何求而不得, 何爲而不成, 何征而不服乎哉!」

## 엄안이 올린 글

다음으로 엄안이 올린 글은 다음과 같았다.

"신이 듣건대 '주나라는 천하를 차지하여 잘 다스리기 300여 년, 성왕·강왕 때가 가장 융성한 시기여서 형법을 버려 두고 40여 년 동안이나 쓰지 않았다'라 하더이다. 이에 주나라는 쇠약해진 뒤에도 다시 300여 년의 명맥을 유지할 수 있었고, 그 사이에 오패五霸가 번갈아 일어나게 되었습니다. 오패는 언제나 천자를 도와 이익 되는 일을 일으키고 해악은 제거하였으며, 난폭한 자를 죽이고 간사한 것을 금하며, 천하를 바로잡아 천자의 권위를 높였습니다. 오패가 사라진 뒤에는 이를 이을 만한 현인과 성인이 나오지 않아 천자는 외롭고 약해져 호령을 행하지 못하고, 제후들은 행동이 방자하여져 강한 것은 약한 것을 업신여기고, 많은 것은 적은 것을 못살게 굴어, 전상田常은 제나라를 찬탈하고 육경六卿은 진晉나라를 분할하는 등 결국 전국시대戰國時代를 맞게 된 것입니다. 이것이 백성들이 고통받게 된 시초였습니다. 이리하여 강한 나라는 침략을 일삼고 약한 나라는 지키기에 바빠, 혹은 합종合從을 하고, 혹은 연횡連衡하였고, 달리는 전차가 너무 많아 서로 바퀴가 부딪치고, 싸움을 너무 오래 끌어 투구와 갑옷에 이가 들끓는 형편이었으나 백성들은 어느 곳에도 그 고통을 호소할 데가 없었습니다.

이윽고 진秦나라 왕이 천하를 잠식하여 전국戰國을 병탄하기에 이르러 황제皇帝라 이름하고, 천하의 정치를 한 손에 쥐어 제후들의 성을 파괴하고 제후국의 병기를 녹여 종鐘을 만듦으로써 다시는 병기를 쓰지 않을 것을 천하에 보였습니다. 이에 착한 백성들은 전국의 고통을 벗어나 명철하신 천자를 만나게 되었다 여겨 저마다 다시 살아난 듯한 느낌을 가지게 되었던 것입니다. 이때 진나라가 형벌을 늦추고 세금을 줄이고 부역을 덜며, 인의仁義를 존중하고 권세와 이익을 천하게 여기며, 독실하고 후덕한 것을 숭상하고, 교활한 지혜와 기교를 멀리하여 나쁜 풍속을 바로잡아 천하를 올바로 이끌었더라면 진나라는 대대로 태평을 누렸을 것이 틀림없습니다.

그런데 진나라는 이같이 하지 않고, 옛날 진나라 풍습에 따라 교활한 지혜와 권세와 이익에 힘쓰는 사람은 나아가게 되고, 독실하고 돈후하며 충성스럽고 신의가 있는 사람은 물리쳤으며, 법은 무섭고 정치는 까다롭게 되어 아첨하는 사람이 많아졌습니다. 황제는 날마다 아첨하는 무리들의 말만 들어 생각이 교만해지고, 마음은 방탕해져서 함부로 위엄을 천하에 떨치려 하였습니다. 그리하여 몽염으로 하여금 군사를 이끌고 북쪽으로 흉노를 치도록 하여 땅을 얻고 국토를 넓혔으며, 군사를 동원하여 북하北河의 땅을 지키게 하고, 그 뒤를 대기 위해 말먹이와 군량을 힘겹게 실어 보냈습니다.

그리고 위타尉佗와 도수屠睢로 하여금 수군水軍을 이끌고 남쪽으로 백월百越을 치게 하고, 감록監祿으로 하여금 운하를 파서 양식을 운반하게 하여 월나라 땅 깊숙이 쳐들어 가도록 명하였습니다. 월나라 사람들은 처음에는 도망쳐 달아났으나, 진나라 군대가 오랜 시일을 허송하는 동안 군량이 떨어진 것을 알자, 공격을 가해 진나라 군대는 대패하고 말았습니다. 이에 진나라는 위타로 하여금 군사를 거느리고 월나라를 방어하게 하였던 것입니다. 당시 진나라는 북쪽으로는 흉노와 평화를 맺고, 남쪽으로는 월과 화친을 맺어, 군사는 쓸데없는 땅에 머물러 있으면서 나아갈 수는 있어도 물러날 수는 없는 상태에 있었습니다.

이리하여 10여 년 동안 장정들은 갑옷을 두른 채 싸움터에서 보내고, 처녀들은 짐을 실어 나르기에 지쳤습니다. 고통을 견디지 못하여 스스로 길가의 나무에 목을 매어 죽은 사람들이 줄을 지어 서로 바라볼 수 있을 정도였습니다.

진시황이 죽자, 천하는 모두 진나라를 배반하였습니다. 즉 진승陳勝과 오광吳廣은 진陳에서 군사를 일으키고, 무신武臣과 장이張耳는 조나라에서 군사를 일으키고, 항량項梁은 오나라에서 군사를 일으켰으며, 전담田儋은 제나라에서 군사를 일으켰고, 경구景駒는 영郢에서 군사를 일으켰고, 주불周市은 위魏에서 군사를 일으키고, 한광韓廣은 연나라에서 군사를 일으켰으며, 그 밖의 깊은 산과 골짜기에서 이루 헤아릴 수 없을 정도의 호걸들이 함께 들고일어났습니다. 그렇지만 그들은 모두 공후公侯의 자손도 아니고, 장관의 관리 쯤도 아니었습니다. 아무런 세력도 없이 시골 마을에서 일어나, 창 한 자루를 자랑삼아 때를 타고 움직인 사람들뿐이었지만, 서로 통하지 않은 채 함께 들고일어나 약속도 없이 서로 만나고 모여 차츰 땅을 빼앗아 세력을 확장하여, 패왕霸王에까지 이르렀던 것입니다.

결국 진秦나라의 정치가 그렇게 만든 것이었습니다. 진나라가 천자의 귀한 자리에 앉아 천하의 부를 누리고 있었으면서도, 자손의 뒤가 끊어지고 종묘의 제사를 잇지 못하게 된 것은, 지나치게 전쟁에만 힘써 온 때문에 생겨난 화였습니다.

그러므로 주나라는 약하였기 때문에 천하를 잃고, 진나라는 강하였기 때문에 천하를 잃었던 것이니 그렇다면 모두가 똑같이 시대의 변화에 따라 정책을 바꾸지 못하였기 때문에 일어난 화환禍患이었습니다.

지금 한漢나라에서는 남쪽 오랑캐를 불러들이고, 야랑夜郎을 조공하게 하며, 강북羌僰을 항복시키고, 예주濊州를 공략하여 성읍을 세우고, 흉노 땅에 깊이 쳐들어가 그들의 농성蘢城을 불태우려 합니다. 말하는 사람들은 이것을 잘한 일이라 칭찬하고 있으나 그것은 다만 신하된 자로서의 이익을 위해 하는 말일 뿐, 천하를 위한 좋은 계획은 아닙니다.

지금 중국 안은 개 짖는 소리에도 놀라는 일이 없을 만큼 태평스러우나, 밖으로 먼 지방의 수비에 시달리게 되어 나라를 피폐하게 하는 것은, 백성을 자식으로 거느리고 있는 천자로서 취하실 길이 아닙니다. 끝없는 욕망을 실천하기 위해 마음껏 행동하여 흉노와 원한을 맺게 되는 것은, 변경을 편안케 하는 길이 되지 못합니다. 화가 맺혀져 풀리지 않고 싸움이 그쳤는가 하면 다시 일어나, 가까이 있는 사람은 걱정과 고통을 겪게 되고 멀리 있는 사람은 두려워하게 될 것입니다. 이는 천하를 오래도록 지탱하는 방책이 아닙니다.

지금 천하는 갑옷을 입고 칼을 갈며, 화살을 바로잡고 활줄을 매며 군량을 실어 나르느라 잠시도 틈이 없고 싸움이 그치지를 않습니다. 천하는 다같이 이를 걱정하고 있습니다.

대체로 전쟁을 오래 끌면 변란이 일어나게 마련이며, 일이 번거로워지면 걱정이 생기게 되는 법입니다. 지금 변경 군郡의 땅이 사방 천리 가까이 되고, 수십 개의 성들이 줄지어 있습니다. 산천의 형세와 토지에 근거하여 그곳 백성들을 통제하고 인근 제후들을 속박 위협하고 있습니다. 이것은 종실宗室의 이익이 될 수 없습니다. 멀리 제·진晉나라가 망하게 된 까닭을 생각해 보면, 공실公室의 지위는 낮아지고 위세가 줄어든 데 반해, 육경六卿의 권세가 크게 커졌기 때문이라 하겠습니다. 가까이 진秦나라가 망하게 된 까닭을 헤아려 보면, 법령이 너무 엄한데다 황제의 욕심이 너무 커서 한이 없었기 때문입니다. 지금 군수郡守의 권세는 육경보다 무겁습니다. 땅은 사방 천 리에 가까워 진승 등이 근거로 하였던 마을에 비할 바가 못됩니다. 또 갑옷과 병기 따위도 정교하여 갈래진 창의 쓰임에 비할 바가 되지 않습니다. 만일에라도 이러한 때에 큰 변란이라도 일어나게 되면 황공하오나 나라의 멸망은 피할 길이 없는 줄로 압니다."

嚴安上書曰:

「臣聞周有天下, 其治三百餘歲, 成康其隆也, 形錯四十餘年而不用. 及其衰也, 亦三百餘歲, 故五伯更起. 五伯者, 常佐天子興利除害, 誅暴禁邪, 匡正海內, 以尊天子. 五伯旣沒, 賢聖莫續, 天子孤弱, 號令不行. 諸侯恣行, 彊陵弱, 衆暴寡, 田常簒齊, 六卿分晉, 並爲戰國, 此民之始苦也. 於是彊國務攻, 弱國備守, 合從連橫, 馳車擊轂, 介冑生蟣蝨, 民無所告愬.

及至秦王, 蠶食天下, 幷呑戰國, 稱號曰皇帝, 主海內之政, 壞諸侯之城, 銷其兵, 鑄以爲鍾虡, 示不復用. 元元黎民得免於戰國, 逢明天子, 人人自以爲更生. 嚮使秦緩其刑罰, 薄賦斂, 省繇役, 貴仁義, 賤權利, 上篤厚, 下智巧, 變風易俗, 化於海內, 則世世必安矣. 秦不行是風而(脩)[循]其故俗, 爲智巧權利者進, 篤厚忠信者退; 法嚴政峻, 諂諛者衆, 日聞其美, 意廣心軼. 欲肆威海外, 乃使蒙恬將兵以北攻胡, 辟地進境, 戍於北河, 蜚芻輓粟以隨其後. 又使尉(佗)屠睢將樓船之士南攻百越, 使監祿鑿渠運糧, 深入越, 越人遁逃. 曠日持久, 糧食絶乏, 越人擊之, 秦兵大敗. 秦乃使尉佗將卒以戍越. 當是時, 秦禍北構於胡, 南挂於越, 宿兵無用之地, 進而不得退. 行十餘年, 丁男被甲, 丁女轉輸, 苦不聊生, 自經於道樹, 死者相望. 及秦皇帝崩, 天下大叛. 陳勝·吳廣擧陳, 武臣·張耳擧趙, 項梁擧吳, 田儋擧齊, 景駒擧郢, 周市擧魏, 韓廣擧燕, 窮山通谷豪士並起, 不可勝載也. 然皆非公侯之後, 非長官之吏也. 無尺寸之勢, 起閭巷, 杖棘矜, 應時而皆動, 不謀而俱起, 不約而同會, 壤長地進, 至于霸王, 時教使然也. 秦貴爲天子, 富有天下, 滅世絶祀者, 窮兵之禍也. 故周失之弱, 秦失之彊, 不變之患也.

今欲招南夷, 朝夜郎, 降羌僰, 略濊州, 建城邑, 深入匈奴, 燔其蘢城, 議者美之. 此人臣之利也, 非天下之長策也. 今中國無狗吠之驚, 而外累於遠方之備, 靡敝國家, 非所以子民也. 行無窮之欲, 甘心快意, 結怨於匈奴, 非所以安邊也. 禍結而不解, 兵休而復起, 近者愁苦, 遠者驚駭, 非所以持久也. 今天下鍛甲砥劍, 橋箭累弦, 轉輸運糧, 未見休時, 此天下之所共憂也. 夫兵久而變起, 事煩而慮生. 今外郡之地或幾千里, 列城數十, 形束壤制, 旁脅諸侯, 非公室之利也. 上觀齊晉之所以亡者, 公室卑削, 六卿大盛也; 下觀秦之所以滅者, 嚴法刻深, 欲大無窮也. 今郡守之權, 非特六卿之重也; 地幾千里, 非特閭巷之資也; 甲兵器械, 非特棘矜之用也: 以遭萬世之變, 則不可稱諱也.」

## ◎ 어찌 만남이 이렇게 늦었을까

세 사람의 상서가 천자에게 올려지자, 천자는 이들 셋을 불러 말하였다.

"그대들은 지금껏 어디에 있었소? 만나는 것이 어찌 이토록 늦었소?"

이리하여 천자는 주보언·서악·엄안을 낭중에 임명하였다.

주보언은 자주 천자를 뵙고 글을 올려 나라일을 논하곤 하였다. 천자는 주보언을 인정하여 조서를 내려, 알자謁者에 임명하였다가 다시 중대부中大夫로 옮겨가는 등 1년 동안에 네 차례나 승진시켰다.

書奏天子, 天子召見三人, 謂曰:「公等皆安在? 何相見之晚也!」於是上乃拜主父偃·徐樂·嚴安爲郎中. [偃]數見, 上疏言事, 詔拜偃爲謁者, 遷(樂)爲中大夫. 一歲中四遷偃.

## ◎ 제후와 토호를 약화시키십시오

주보언은 다시 천자에게 진언하였다.

"옛 제후들의 봉지는 사방 100리에 지나지 않아 강하고 약함을 떠나 형세를 통제하기 쉬웠습니다. 그런데 지금 제후들은 수십 개의 성읍을 지니고 있고 봉지는 사방 천 리나 됩니다. 평시에는 교만하고 사치하여 음란에 빠지기 쉽고, 위급할 때에는 그의 강한 것을 믿고 서로 연합하여 조정에 반항하게 됩니다. 그렇다고 법으로써 봉지를 삭감하게 되면 반란의 기운이 싹트게 됩니다. 일찍이 조착鼂錯의 경우가 그러하였습니다.

지금 제후의 자제들은 수십 명이 되더라도 본처 소생의 맏아들이 뒤를 이을 뿐, 그 밖의 아들들은 같은 골육인데도 한 자 한 치의 봉토도 얻지 못하고 있습니다. 이래서는 인과 효의 도리가 펼쳐질 수 없습니다. 바라건대 폐하께서는 제후들에게 명령을 내려 자제들에게 고루 봉지를 나누어주고 후를 봉할 수 있도록 하여 주십시오. 그렇게 되면 그들은 소원을 이루게 되어 기뻐할 것입니다. 폐하께서는 은혜를 베풀어 주시면서 실은 제후들의 나라를 갈라 주는 것이므로 제후들의 봉지를 일부러 삭감하지 않아도 점점 약해지게 될 것입니다."

천자가 그의 계책을 따랐다. 주보언이 다시 천자에게 진언하였다.

"지금 무릉茂陵에 현이 섰습니다. 천하의 호걸, 부호들과 혼란을 일으킨 백성들을 모조리 무릉 땅으로 옮기는 것이 좋습니다. 그러면 안으로는 경사京師를 충실하게 만들고 밖으로는 간사하고 교활한 무리들을 없애게 되어 이른바 벌을 가하지 않고도 해독을 제거하는 것이 됩니다."

천자는 또 그의 계책에 따랐다.

偃說上曰:「古者, 諸侯不過百里, 彊弱之形易制. 今諸侯或連城數十, 地方千里, 緩則驕奢易爲淫亂, 急則阻其彊而合從以逆京師. 今以法割削之, 則逆節萌起, 前日鼂錯是也. 今諸侯子弟或十數, 而適嗣代立, 餘雖骨肉, 無尺寸地封, 則仁孝之道不宣. 願陛下令諸侯得推恩分子弟, 以地侯之. 彼人人喜得所願, 上以德施, 實分其國, 不削而稍弱矣.」於是上從其計. 又說上曰:「茂陵初立, 天下豪桀幷兼之家, 亂衆之民, 皆可徙茂陵, 內實京師, 外銷姦猾, 此所謂不誅而害除.」上又從其計.

## ◎ 뇌물을 받는 이유

주보언은 위황후衛皇后를 세우는 데도, 연나라 왕 유정국劉定國의 비밀을 밝혀내는 데도 공이 있었다. 대신들은 모두 주보언의 입을 두려워하여 다투어 뇌물을 보낸 것이 수천 금이 되었다. 그 가운데 주보언을 보고 이렇게 충고하는 사람도 있었다.

"너무 횡포가 심합니다."

그러면 주보언은 이렇게 대답하였다.

"나는 젊어서부터 각지로 유세한 지 40여 년이나 되었으나 아직 뜻을 이루지 못하였소. 어버이는 나를 자식으로 생각지 않았고 형제들은 돌보아 주지 않았으며 빈객들도 나를 버렸소. 나는 너무도 오랜 동안 곤궁하게 지내왔소. 또한 남자가 세상에 태어난 이상 오정五鼎의 식사를 할 수 없을 때는 죽어서 오정에 삶겨질 따름이오. 나는 해는 저물고 갈 길은 먼 것처럼 이미 나이는 늙었으나 해야 할 일이 너무 많소. 이에 순서를 바꾸어 서둘러 일을 하는 것이라오."

尊立衛皇后, 及發燕王定國陰事, 蓋偃有功焉. 大臣皆畏其口, 賂遺累千金. 人或說偃曰:「太橫矣.」主父曰:「臣結髮游學四十餘年, 身不得遂, 親不以爲子, 昆弟不收, 賓客弃我, 我阨日久矣. 且丈夫生不五鼎食, 死卽五鼎烹耳. 吾日暮途遠, 故倒行暴施之.」

## 삭방군을 설치하다

주보언은 삭방朔方은 땅이 비옥하고, 외부와는 하수河水로 둘러싸여 있으며, 몽염은 이곳에 성을 쌓고 흉노를 내쫓았으니 그곳을 다스리게 되면, 안으로는 식량 수송과 군대의 수비와 수로로 운반하는 일을 덜게 되며, 중국을 넓히고 흉노를 없애는 근본이 될 것이라 주장하였다.

천자는 그의 말이 현명하다고 생각하여 공경들의 논의에 붙였다. 그러나 공경들은 모두가 타당하지 못하다고 지적하였다. 특히 공손홍은 이렇게 말하였다.

"진秦나라 때, 일찍이 30만의 많은 군대를 동원하여 북하北河의 땅에 성을 쌓은 일이 있었으나, 결국은 목적을 이루지 못하였으며 마침내는 그곳을 방치하고 말았습니다."

그러나 주보언은 그것의 이로운 점을 열심히 주장하였다. 천자는 결국 주보언의 주장에 따라 삭방군朔方郡을 설치하게 되었다.

偃盛言朔方地肥饒, 外阻河, 蒙恬城之以逐匈奴, 內省轉輸戍漕, 廣中國, 滅胡之本也. 上覽其說, 下公卿議, 皆言不便. 公孫弘曰:「秦時常發三十萬衆築北河, 終不可就, 已而弃之.」主父偃盛言其便, 上竟用主父計, 立朔方郡.

## 제나라 재상으로 부임하여

원삭元朔 2년, 주보언은 제나라 왕은 궁궐 안에서 음탕하고 방자하여 그 행동이 옳지 못하다고 거론하였다. 이에 천자는 주보언을 제나라 재상에 임명하였다. 그는 제나라에 도착하자 형제들과 옛날 빈객들을 한 사람 남기지 않고 불러들인 다음 500금을 풀어 그들에게 나누어 주면서 이렇게 꾸짖었다.

"전날 내가 가난하게 살 때, 형제들은 내게 옷도 밥도 주지 않았으며, 빈객들은 내 집 문 안에 발을 들여놓지 않았다. 그런데 지금 내가 제나라 재상이 되자, 여러분들 중에는 나를 천 리 먼 곳까지 나와 맞아 준 사람도 있다. 나는 이제 여러분과 절교하겠으니 앞으로 두 번 다시 내 집 문을 들어서지 말라."

주보언은 그 뒤 사람을 시켜 제나라 왕이 그의 맏누이와 밀통하고 있는 것을 자신이 알고 있다고 위협하며, 왕의 마음을 움직여 보려 하였다. 왕은 끝내 죄를 벗어나지 못할 것으로 짐작하고, 연나라 왕처럼 사형을 받게 될 것이 두려워 자살하고 말았다. 유사有司가 이 사실을 천자에게 보고하였다.

元朔二年, 主父言齊王內淫佚行僻, 上拜主父爲齊相. 至齊, 遍召昆弟賓客, 散五百金予之, 數之曰:「始吾貧時, 昆弟不我衣食, 賓客不我內門; 今吾相齊, 諸君迎我或千里. 吾與諸君絶矣, 毋復入偃之門!」乃使人以王與姊姦事動王, 王以爲終不得脫罪, 恐效燕王論死, 乃自殺. 有司以聞.

### 주보언을 족멸하다

주보언이 처음 아직 지위도 벼슬도 없는 평민이었을 때, 일찍이 연나라와 조나라에 있은 적이 있었다. 그런데 주보언이 높은 지위에 오른 뒤에 연나라의 비밀을 들추어 내자, 조나라 왕은 자신에게도 화가 미치게 되지나 않을까 두려워 글을 올려 주보언의 비밀을 고발하려 하였다. 그러나 주보언이 조정에 있었기 때문에 감히 고발하지는 못하였다. 이제 그가 제나라 재상이 되어 밖으로 나가게 되자, 조나라 왕은 지체 없이 사람을 시켜 주보언은 제후들에게서 뇌물을 받았으며, 그로 인해 제후들의 자제들 중에 봉지를 얻은 사람이 많다고 글을 올리도록 하였다.

한편 제나라 왕의 자살 소식을 들은 천자는 크게 노하였다. 주보언이 제나라 왕을 위협하여 자살하게 한 것으로 생각하고, 그를 불러들여 형리에게 넘긴 다음 그의 죄를 다스리도록 하였다. 주보언은 제후들로부터 돈을 받은 죄만은 시인하였으나, 실제로 제나라 왕을 위협하여 자살하도록 한 것은 아니라고 하였다. 천자 역시 그를 죽일 생각은 없었으나 당시 어사대부로 있던 공손홍이 이렇게 주장하고 나섰다.

"제나라 왕이 자살하고 그의 후사가 없기 때문에 저절로 나라는 없어져서 조정의 직할 군이 되었습니다. 이런 결과를 빚은 것은 주보언 때문입니다. 그를 사형에 처하지 않으면 천하에 대해 변명할 길이 없을 것입니다."

그리하여 주보언은 그 가족과 함께 몰살당하고 말았다.

主父始爲布衣時, 嘗游燕·趙, 及其貴, 發燕事. 趙王恐其爲國患, 欲上書言其陰事, 爲偃居中, 不敢發. 及爲齊相, 出關, 卽使人上書, 告言主父偃受諸侯金, 以故諸侯子弟多以得封者. 及齊王自殺, 上聞大怒, 以爲主父劫其王令自殺, 乃徵下吏治. 主父服受諸侯金, 實不劫王令自殺. 上欲勿誅, 是時公孫弘爲御史大夫, 乃言曰:「齊王自殺無後, 國除爲郡, 入漢, 主父偃本首惡, 陛下不誅主父偃, 無以謝天下.」乃遂族主父偃.

## 아무도 거두어주지 않은 시신

그가 한창 천자의 총애를 받고 있을 때에는 빈객의 수가 거의 천을 헤아릴 정도였다. 그러나 집안이 몰살당하자, 누구 한 사람 그의 시체를 거두어 주는 사람이 없었다. 다만 효현洨縣 사람 공거孔車만이 시체를 거두어 장사를 지내 주었다.

천자는 뒤에 이 이야기를 듣고 공거를 장자長者로 여겼다.

主父方貴幸時, 賓客以千數, 及其族死, 無一人收者, 唯獨洨孔車收葬之. 天子後聞之, 以爲孔車長者也.

## 사마천의 평어

나 태사공은 이렇게 생각한다.

공손홍은 행동에서나 의리에서나 수양이 되어 있는 사람이었지만, 역시 때를 만난 사람이었다. 한나라가 일어난 지 80여 년, 천자의 마음은 바야흐로 학문으로 쏠리고 있어서, 훌륭한 인재들을 불러모아 유가儒家와 묵가墨家의 학문을 넓히려 하고 있었다. 공손홍은 그 첫 번째로 천거된 사람이다.

주보언이 요직에 있을 때, 제공諸公들은 모두 그를 칭찬하였다. 그러나 명성이 떨어져 사형에 처해지게 되자, 선비들은 다투어 그의 악행만을 말하였다. 슬픈 일이로다!

太史公曰: 公孫弘行義雖脩, 然亦遇時. 漢興八十餘年矣, 上方鄉文學, 招俊乂, 以廣儒墨, 弘爲擧首. 主父偃當路, 諸公皆譽之, 及名敗身誅, 士爭言其惡. 悲夫!

## 태황태후의 조칙

아래는 한나라 평제孝平帝의 할머니인 태황태후太皇太后 왕王씨가 평제의 섭정으로서 그때의 대사도大司徒·대사공大司空에게 내린 조서이다.

"듣기로 나라를 다스리는 길은 백성을 잘살게 하는 것을 첫째로 하고, 백성을 잘살게 하는 데 가장 중요한 것은 절약과 검소에 있다고 한다. 《효경孝經》에 '위를 편하게 하고 백성을 다스리는 데는 예禮보다 더한 것은 없다'라 하였다. 또 '예는 사치하기보다는 검소한 편이 낫다'라고도 하였다. 옛날 관중管仲은 제나라 환공의 재상으로서 환공을 제후의 패자로 만들고, 제후들을 한데 합쳐 천하를 바로잡은 공로가 있다. 그런데 공자孔子는 관중을 평하여 예를 모른다고 말하였다. 관중이 심히 사치하여 군주와 비교되는 생활을 하였기 때문이다. 하夏나라 우왕은 궁실을 낮게 하고 의복을 허름하게 입었으나, 그 자손들은 이를 따르지 못함으로써 망하고 만 것이다.

이로 미루어 보건대, 처음 나라가 흥성할 때는 임금의 덕망이 높이 뛰어나 있다. 덕행에는 절약과 검소함보다 더 높은 것은 없다. 절약과 검소함의 덕으로써 백성과 풍속을 교화하면 존비의 차례가 서고, 골육간의 정이 두터워지며 싸움의 근원이 사라지게 된다. 이것은 곧 집이 넉넉해져서 부족한 것이 없어지므로, 치세의 형벌을 쓸 필요 없이 버려 두어도 되는 근본이 되는 것이 아니겠는가? 이를 실현시키도록 힘쓰지 않을 수 있으리오!

무릇 삼공은 백관의 어른이며 만민의 스승이다. 이제까지 곧은 기둥을 세워 구부러진 그림자가 비친 일은 없다. 공자도 '위에 있는 그대가 앞장서서 바른 도리를 행하면 백성들로서 누가 감히 바르지 않을 자가 있겠느냐', '착한 사람을 위에 두어 능하지 못한 사람을 가르치면 백성들은 자연 착한 일을 힘쓰게 된다'라고 말하지 않았던가. 생각건대 우리 한나라가 일어난 이래 수족과 같은 신하들 가운데서 몸소 검약한 생활을 하며 재물을 가볍게 여기고 의리를 소중히 하여 뚜렷이 세상에 알려진 사람으로는, 전 승상이었던 평진후 공손홍 만한 사람이 없다. 그는 승상의 지위에 있으면서도 질박한 베 이불을 덮고, 거친 밥에 고기 반찬은 한 가지를 넘지 않았다. 그러면서도 옛 친구나 친한 손들에 대해서는 자신의 봉록을 털어 나누어 주고 집에 남은 것이 없었다. 참으로 안으로는 극기와 검약에 힘쓰고, 밖으로는 스스로 제도에 따랐던 것이다.

급암이 이를 힐책하자, 공손홍은 조정에서 있는 그대로를 말하였다. 그것은 분명 제도를 벗어난 검약이기는 하지만, 그것은 실행하여 조금도 해될 것은 없는 일이다. 공손홍의 덕이 뛰어나 있었기 때문에 그것을 실행한 것이지, 그렇지 못하였으면 실행하지 않았을 것이다. 안으로는 사치를 일삼으면서 밖으로는 괴상한 옷차림으로 명예를 얻으려는 사람과는 전혀 그 성질을 달리한다.

공손홍이 병으로 벼슬에서 물러날 것을 청하자, 효무황제武帝께서는 곧 조서를 내려 '공이 있는 사람은 상을 주고, 덕이 있는 사람은 표창하며, 착한 것을 좋아하고 악한 것을 미워하는 짐의 마음을 그대는 알아주기 바란다. 공연한 걱정은 하지 말고 마음을 가다듬어 의약의 도움을 받아 몸을 돌보시오'라 하고 휴가를 내려 병을 치료하게 하고, 쇠고기·술·비단 등을 하사하셨다. 몇 달이 지나 공손홍의 병은 완쾌되어 나라 일을 보게 되었고, 그 뒤 원수 2년에 이르러 공손홍은 승상의 지위에 있으면서 일생을 잘 마쳤던 것이다. 신하를 아는 것은, 군주 만한 이가 없다고 한 말은 이것으로 그 증명이 된다. 공손홍의 아들 공손도는 아비의 벼슬을 잇고, 뒤에 산양군 태수가 되었으나 법에 저촉되어 후의 지위를 잃었다.

생각건대 덕이 있는 사람과 의리가 있는 선비를 표창하는 것은 백성들을 이끌어 교화에 힘쓰는 것으로서 성왕의 제도인 동시에 만고에 바꿀 수 없는 도리이다. 이에 공손홍의 자손으로서 다음으로 뒤를 잇게 될 사람에게 관내후關內侯의 작위와 식읍 300호를 내린다. 그를 불러 공거公車로 나오게 하고 그 이름을 상서尙書에 올리도록 하라. 짐이 직접 그를 임명하리라."

太皇太后詔大司徒大司空:「蓋聞治國之道, 富民爲始; 富民之要, 在於節儉. 《孝經》曰『安上治民, 莫善於禮』. 『禮, 與奢也寧儉』. 昔者管仲相齊桓, 霸諸侯, 有九合一匡之功, 而仲尼謂之不知禮, 以其奢泰侈擬於君故也. 夏禹卑宮室, 惡衣服, 後聖不循. 由此言之, 治之盛也, 德優矣, 莫高於儉. 儉化俗民, 則尊卑之序得, 而骨肉之恩親, 爭訟之原息. 斯乃家給人足, 刑錯之本也歟? 可不務哉! 夫三公者, 百寮之率, 萬民之表也. 未有樹直表而得曲影者也. 孔子不云乎, 『子率而正, 孰敢不正』. 『擧善而教不能則勸』. 維漢興以來, 股肱宰臣身行儉約, 輕財重義, 較然著明, 未有若故丞相平津侯公孫弘者也. 位在丞相而爲布被, 脫粟之飯, 不過一肉. 故人所善賓客皆分奉祿以給之, 無有所餘. 誠內自克約而外從制. 汲黯詰之, 乃聞于朝, 此可謂減於制度而可施行者也. 德優則行, 否則止, 與內奢泰而外爲詭服以釣虛譽者殊科. 以病乞骸骨, 孝武皇帝卽制曰『賞有功, 褒有德, 善善惡惡, 君宜知之. 其省思慮, 存精神, 輔以醫藥』. 賜告治病, 牛酒雜帛. 居數月, 有瘳, 視事. 至元狩二年, 竟以善終于相位. 夫知臣莫若君, 此其效也. 弘子度嗣爵, 後爲山陽太守, 坐法失侯. 夫表德章義, 所以率俗厲化, 聖王之制, 不易之道也. 其賜弘後子孫之次當爲後者爵關內侯, 食邑三百戶, 徵詣公車, 上名尙書, 朕親臨拜焉.」

### 반고의 평론

다음은 반고班固의 《한서漢書》에 있는 공손홍·복식卜式·예관兒寬의 논찬論贊으로 후세 사람이 여기에 보충 기록한 것이다.

반고는 이렇게 평하였다.

"공손홍·복식·예관 등은 모두 기러기와 같은 날개를 가지고 있으면서 제비나 참새 따위에게 시달림을 받아 멀리 궁벽한 곳에서 양과 돼지를 기르며 살았다. 만일 때를 만나지 못하였다면 어떻게 이런 높은 지위에 오를 수 있었겠는가? 당시는 한나라가 일어난 지 60여 년, 천하는 편안히 다스려지고, 부고府庫는 가득 차 있었으나 여전히 사방의 오랑캐들은 복종하지 않고, 제도에는 많은 결함이 있었다. 무제는 바야흐로 문·무의 인재들을 혹시나 빠뜨릴세라 열심히 찾아 쓰려 하였다. 처음 포륜蒲輪으로 매승枚乘을 맞았고, 또 주보언을 만나 보고 늦게 만난 것을 안타까워하였다. 이리하여 뭇 신하들은 황제를 사모하여 따르고 빼어난 능력을 가진 자들이 잇달아 나타났다.

복식은 목자牧者에서 등용되었고, 상홍양桑弘羊은 장사꾼에서 발탁되었으며, 위청衛靑은 종의 몸으로 일어났고, 김일제金日磾는 항복한 흉노의 몸에서 태어났다. 이들은 옛날에 판版으로 담을 쌓던 부열傅說이나 소먹이 출신인 영척寧戚과 같은 경우이다. 한나라 왕실로서 인재를 얻은 점에 있어서는 이 때가 가장 성황을 이루었다. 올바른 유학자로는 공손홍·동중서董仲舒·예관이 있었고, 행실이 돈독한 선비로는 석건石建·석경石慶이 있었으며, 바탕이 정직하기로는 급암과 복식이 있었고, 어진 사람을 잘 천거하기로는 한안국韓安國·정당시鄭當時가 있었다. 그리고 법령을 잘 만든 사람으로는 조우趙禹와 장탕張湯이 있었고, 문장에 뛰어난 사람으로는 사마천司馬遷·사마상여司馬相如가 있었으며, 골계에 능한 사람으로는 동방삭東方朔과 매고枚皐가 있었고, 손님 접대에 능숙한 사람으로는 엄조嚴助와 주매신朱買臣이 있었다. 또 천문과 역수曆數에 능한 사람으로는 당도唐都와 낙하굉落下閎이 있었고, 음률을 잘 정리한 사람으로는 이연년李延年이 있었으며, 산수와 회계에 뛰어난 사람으로는 상홍양桑弘羊이 있었다. 외국에 간 사신으로는 장건張騫과 소무蘇武가 있었고, 장군으로서는 위청과 곽거병霍去病이 있었으며, 유조遺詔를 받들어 어린 임금을 보좌한 사람으로는 곽광霍光·김일제가 있었다. 이 밖에도 이루 다 헤아릴 수 없는 많은 인재들이 있었다. 그러므로 공업功業을 일으키고 제도를 확립시켜 빛나는 문물을 남긴 점에서는 후세에도 이때를 미칠 만한 시대는 없다.

선제孝宣帝가 대통을 잇게 되자, 무제의 큰 사업을 이어받아 다시 육예六藝를 강론하고 뛰어난 인재들을 불러모았다. 소망지蕭望之·양구하梁丘賀·하후승

夏侯勝·위현성韋玄成·엄팽조嚴彭祖·윤갱시尹更始는 유학에 뛰어난 것으로 등용되었고, 유향劉向·왕포王褒는 문장이 뛰어난 것으로 세상에 알려졌다. 장상將相으로는  장안세張安世·조충국趙充國·위상魏相·병길邴吉·우정국于定國·두연년杜延年이 있었고, 백성들을 잘 다스린 사람으로는 황패黃霸·왕성王成·공수龔遂·정홍鄭弘·소신신邵信臣·한연수韓延壽·윤옹귀尹翁歸·조광한趙廣漢 등이 있었는데, 모두가 공적이 있어서 후세에 알려져 있다. 명신名臣을 많이 내고 있는 점에서도 이 때가 그 다음이 된다.

班固稱曰: 公孫弘·卜式·兒寬皆以鴻漸之翼困於燕雀, 遠迹羊豕之閒, 非遇其時, 焉能致此位乎? 是時漢興六十餘載, 海內乂安, 府庫充實, 而四夷未賓, 制度多闕, 上方欲用文武, 求之如弗及. 始以蒲輪迎枚生, 見主父而歎息. 羣臣慕嚮, 異人並出. 卜式試於芻牧, 弘羊擢於賈豎, 衛青奮於奴僕, 日磾出於降虜, 斯亦曩時版築飯牛之朋矣. 漢之得人, 於玆爲盛. 儒雅則公孫弘·董仲舒·兒寬, 篤行則石建·石慶, 質直則汲黯·卜式, 推賢則韓安國·鄭當時, 定令則趙禹·張湯, 文章則司馬遷·相如, 滑稽則東方朔·枚皐, 應對則嚴助·朱買臣, 曆數則唐都·落下閎, 協律則李延年, 運籌則桑弘羊, 奉使則張騫·蘇武, 將帥則衛青·霍去病, 受遺則霍光·金日磾. 其餘不可勝紀. 是以興造功業, 制度遺文, 後世莫及. 孝宣承統, 纂脩洪業, 亦講論《六藝》, 招選茂異, 而蕭望之·梁丘賀·夏侯勝·韋玄成·嚴彭祖·尹更始以儒術進, 劉向·王褒以文章顯. 將相則張安世·趙充國·魏相·邴吉·于定國·杜延年, 治民則黃霸·王成·龔遂·鄭弘·邵信臣·韓延壽·尹翁歸·趙廣漢之屬, 皆有功迹見述於後. 累其名臣, 亦其次也.

## 053(113) 남월 열전南越列傳

漢旣平中國 而佗能集楊越以保南藩 納貢職 作南越列傳。

### 초한전의 혼란한 틈을 타다

「전왕지인(滇王之印)」 1956 雲南 晉寧縣 滇王墓 출토

남월왕南越王 위타尉佗는 진정眞定 사람으로 성은 조趙씨이다. 당시 진秦나라는 천하를 통일하자, 양주楊州의 남쪽越 땅을 공략하여 평정하고 계림군桂林郡·남해군南海郡·상군象郡을 설치한 다음, 13년 간이나 그곳으로 범법자들을 이주시켜 월나라 사람들과 섞여 살게 하였다.

위타는 진나라 때 임용되어 남해군 용천龍川 현령이 되었다. 2세 황제 때, 남해군 군위郡尉 임효任囂가 병으로 죽음에 임박하여 용천령 조타에게 이렇게 말하였다.

"듣기로는 진승陳勝 등이 반란을 일으켰다 하오. 진나라가 무도한 짓을 하여 온 천하가 이를 고통스러워하던 참이라, 항우項羽와 유방劉邦, 그리고 진승과 오광 등이 각 주군에서 제각기 군사를 일으키고 사람들을 끌어 모아 호랑이가 고기를 놓고 다투듯이 천하를 다투고 있어, 중국은 시끄러워 언제 안정을 찾게 될지 알 수 없고, 호걸들은 진나라를 배반하고 저마다 왕이 되어 있는 형편이라 하오. 우리 남해군은 멀고 구석진 땅이기는 하지만, 아무래도 그 도적의 군사들이 여기까지 침입해 오지나 않을까 염려스럽소. 이에 나는 군사를 일으켜, 새로 개통된 길을 차단하고 스스로의 힘으로 제후들의 변란에 대비할 생각이었는데, 뜻밖에도 이렇게 중병에 걸리고 말았소. 이 반우番禺는 험한 산을 등지고 남쪽은 바다로 막혀 있으며, 동쪽에서 서쪽까지는 수천 리나 되는데다가 중국 사람들도 많이 살아 서로 돕고 있으니, 하나의 주로서 독립하여 나라를 세울 수도 있는 곳이오. 그러나 군郡 안에 있는 고관 중에는 함께 상의할 만한 사람이 없어 그대를 불러 의논하는 것이오."

그리고 임효는 거짓 조서를 만들어 조타에게 주고 자신을 대신하여 남해군의 군위 직무를 맡도록 하였다.

임효가 죽자, 조타는 곧 격문을 돌려 횡포橫浦·양산陽山·황계湟谿의 각 관문에 통고하였다.

"도적의 군대가 침입해 오려 하고 있다. 급히 길을 차단하고 군사를 모아 각자가 지키도록 하라."

이리하여 조타는 차례로 법을 거꾸로 이용하여 진나라가 임명한 고관들을 죽이고, 자기편 사람을 임시 군수로 앉혔다. 진나라가 패하여 망하게 되자, 조타는 계림군과 상군을 쳐서 이를 병합하고, 스스로 남월南越의 무왕武王이 되었다.

한나라 고제高帝는 이미 천하를 평정하였으나, 중국이 전란에 막 시달리고 난 참이라 조타를 그대로 놓아둔 채 토벌하려 하지 않았다. 그리고 한나라 고조 11년에 육가陸賈를 보내어 정식으로 조타를 월왕越王으로 세워 부절을 주고 사절을 내왕하도록 하였다. 또한 조타가 백월百越의 백성들을 안정시켜 한나라 남쪽 변경에서 문제가 발생하는 일이 없도록 하고 장사長沙와 국경을 맞대게 하였다.

南越王尉佗者, 眞定人也, 姓趙氏. 秦時已幷天下, 略定楊越, 置桂林·南海·象郡, 以謫徙民, 與越雜處十三歲. 佗, 秦時用爲南海龍川令. 至二世時, 南海尉任囂病且死, 召龍川令趙佗語曰:「聞陳勝等作亂, 秦爲無道, 天下苦之, 項羽·劉季·陳勝·吳廣等州郡各共興軍聚衆, 虎爭天下, 中國擾亂, 未知所安,豪傑畔秦相立. 南海僻遠, 吾恐盜兵侵地至此, 吾欲興兵絶新道, 自備, 待諸侯變, 會病甚. 且番禺負山險, 阻南海, 東西數千里, 頗有中國人相輔, 此亦一州之主也, 可以立國. 郡中長吏無足與言者, 故召公告之.」卽被佗書, 行南海尉事. 囂死, 佗卽移檄告橫浦·陽山·湟谿關曰:「盜兵且至, 急絶道聚兵自守!」因稍以法誅秦所置長吏, 以其黨爲假守. 秦已破滅, 佗卽擊幷桂林·象郡, 自立爲南越武王. 高帝已定天下, 爲中國勞苦, 故釋佗弗誅. 漢十一年, 遣陸賈因立佗爲南越王, 與剖符通使, 和集百越, 毋爲南邊患害, 與長沙接境.

## 중국과 대등한 제도를 시행하다

고후高后 때, 유사의 주청으로 남월과 국경 관시關市에서 철기鐵器의 교역을 중지시키자 조타가 말하였다.

"고제는 나를 왕으로 세우고 사절의 내왕과 교역을 허락하였다. 그런데 지금 고후는 참소하는 신하의 말을 받아들여 만이蠻夷라 하여 차별 대우를 하며 이쪽에서 원하는 기물의 교역을 끊어 버렸다. 이것은 틀림없이 장사왕長沙王의 계략이리라. 그는 중국을 등에 업고 남월을 쳐서 없앤 다음 이곳 왕이 되어 스스로 공을 세우려 하는 것이다."

그리고 스스로 존호를 높여 남월의 무제武帝라 칭하며 군사를 동원하여 장사의 변경 고을들을 쳐서 몇 현을 깨뜨리고 물러갔다.

이에 고후는 장군 융려후隆慮侯 주조周竈를 보내어 이를 치게 하였으나, 더위와 습기를 만나 많은 병사들이 전염병에 걸려 그만 양산령陽山嶺을 넘을 수가 없었다. 그리고 1년 남짓 지나 고후가 죽자, 한나라는 공격을 멈추고 군대를 철수시켰다.

그러나 조타는 그 기회를 타서 군대를 보내어 변경을 위협하고 또 민월閩越·서쪽의 구월甌越·낙월駱越 등에 뇌물을 주어 그들을 속국으로 만들었다. 이리하여 남월 땅은 동서가 1만여 리나 되었다. 조타는 황옥黃屋을 타고 좌독左纛의 깃발을 세우며 명령命令을 제制라 칭하는 등 중국과 똑같이 행동하였다.

高后時, 有司請禁南越關市鐵器. 佗曰:「高帝立我, 通使物, 今高后聽讒臣, 別異蠻夷, 隔絶器物, 此必長沙王計也, 欲倚中國, 擊滅南越而幷王之, 自爲功也.」於是佗乃自尊號爲南越武帝, 發兵攻長沙邊邑, 敗數縣而去焉. 高后遣將軍隆慮侯竈往擊之. 會暑濕, 士卒大疫, 兵不能踰嶺. 歲餘, 高后崩, 卽罷兵. 佗因此以兵威邊, 財物賂遺閩越·西甌·駱, 役屬焉, 東西萬餘里. 迺乘黃屋左纛, 稱制, 與中國侔.

## 한나라에 복속하기로 서약하다

문제孝文帝 원년, 한나라는 천하를 처음으로 진압, 위무하고, 제후와 사방 오랑캐들에게 문제가 대代에서 들어와 황제에 즉위한 사실을 통고하며 성덕을 일깨워 주도록 하였다. 그리고 조타의 부모 무덤이 있는 진정의 그곳 조타의 무덤을 지키는 민가를 마련하여 해마다 제사를 받들게 하고, 조타의 종형제들을 불러 높은 벼슬이며 후한 금품을 내려 그들을 총애하였다.

〈七牛虎耳銅貯貝器〉(서한) 雲南 晉寧縣 출토

그리고 승상 진평陳平 등에게 조서를 내려 남월로 보낼 사신으로서 적임자를 추천하게 하였다. 그러자 진평이 호치현好時縣의 육가는 선제先帝 때 남월에 사신으로 간 적이 있어 그쪽 사정에 밝다고 추천하였다.

이에 황제가 육가를 불러 태중대부太中大夫에 임명한 뒤, 사신으로 남월로 가도록 하여 조타가 스스로 제왕이 되었음에도, 보고를 위해 한 사람의 사신도 보내오지 않은 것을 책망하려 하였다. 그러나 육가가 남월에 도착하자, 조타는 심히 두려워하며 글로써 사죄하였는데 그 글은 이러하였다.

"만이의 대장인 노신 조타는 앞서 고후께서 남월을 차별 대우하였을 때, 장사왕이 신을 참소한 것으로 의심하고 또 멀리서 고후가 위타의 일족을 모조리 죽이고, 조상의 무덤을 파내어 불태웠다는 헛소문을 들었습니다. 그로 인해 마구 장사의 변경을 침범하였던 것입니다. 그리고 또 이곳 남방은 지대가 낮아 습기가 심하고 만이들의 중간에 위치하고 있습니다. 동쪽에는 민월이 있는데 겨우 1천 명의 백성을 거느리고 왕이라 부르고 있으며, 서쪽에는 구월과 낙월의 나국裸國 역시 미개한 나라인데도 이 또한 왕이라 부르고 있습니다. 노신이 멋대로 제호帝號를 참칭僭稱한 것은 오직 스스로 즐겨 본 것일 뿐, 어찌 감히 천자께 보고드릴 수 있겠습니까!"

이리하여 조타는 머리를 조아려 사죄하며 길이 한나라의 번신藩臣으로서 조공을 바치고 그 직분을 다할 것을 다짐하였다. 그리고 곧 나라 안에 포고를 내렸다.

"내 듣기로 '두 영웅은 함께 서지 못하고, 두 어진 이는 세상을 함께 차지하지 않는다'고 들었다. 한나라 황제는 현명한 천자이시다. 지금부터 나는 내가 쓰던 제제帝制·황옥·좌독을 폐지한다."

육가가 돌아와 사실을 보고하자, 문제는 크게 기뻐하였다. 조타는 드디어 경제孝景帝 때에 이르러는 신臣이라 일컬으며, 봄·가을로 사신을 보내어 조공을 바쳤다. 그러나 그의 나라 안에서는 몰래 제왕의 칭호를 쓰고, 천자에게 사신을 보낼 때만 왕이라 불렀다. 한나라 조정으로부터는 제후로서 대우를 받고 있었다. 건원建元 4년에 조타는 죽었다.

及孝文帝元年, 初鎭撫天下, 使告諸侯四夷從代來卽位意, 喩盛德焉. 乃爲佗親冢在眞定, 置守邑, 歲時奉祀. 召其從昆弟, 尊官厚賜寵之. 詔丞相陳平等擧可使南越者, 平言好畤陸賈, 先帝時習使南越. 迺召賈以爲太中大夫, 往使. 因讓佗自立爲帝, 曾無一介之使報者. 陸賈至南越, 王甚恐, 爲書謝, 稱曰:「蠻夷大長老夫臣佗, 前日高后隔異南越, 竊疑長沙王讒臣, 又遙聞高后盡誅佗宗族, 掘燒先人冢, 以故自弃, 犯長沙邊境. 且南方卑濕, 蠻夷中閒,其東閩越千人衆號稱王, 其西甌駱裸國亦稱王. 老臣妄竊帝號, 聊以自娛, 豈敢以聞天王哉!」乃頓首謝, 願長爲藩臣, 奉貢職. 於是乃下令國中曰:「吾聞兩雄不俱立, 兩賢不並世. 皇帝, 賢天子也. 自今以後, 去帝制黃屋左纛.」陸賈還報, 孝文帝大說. 遂至孝景時, 稱臣, 使人朝請. 然南越其居國竊如故號名, 其使天子, 稱王朝命如諸侯. 至建元四年卒.

## ◎ 두 월나라의 싸움

조타의 손자 조호趙胡가 남월왕이 되었다. 이때 민월왕 영郢이 군사를 일으켜 남월 변경 마을을 침범하자, 조호는 사신을 보내어 이렇게 글을 올렸다.

"두 월나라는 다같이 한나라 번신인만큼 함부로 군사를 일으켜 공격할 수는 없는 일인 줄 압니다. 그런데 지금 민월은 군사를 일으켜 신을 침범하였습니다. 신은 감히 군사를 일으켜 대항하지 않습니다. 바라건대 천자께서 조칙을 내려 주옵소서."

천자는 남월이 의리를 지키며 번신으로서의 직분과 분수를 넘지 않는 것을 가상히 여겨 그를 위해 군사를 일으키고 왕회王恢와 한안국韓安國 등 두 장수를 보내어 민월을 치게 하였다. 그러나 한나라 군대가 아직 국경인 고개를 넘기 전에, 민월왕의 아우 여선餘善이 영을 죽이고 항복하여 이로써 정벌은 중단되었다.

佗孫胡爲南越王. 此時閩越王郢興兵擊南越邊邑, 胡使人上書曰:「兩越俱爲藩臣, 毋得擅興兵相攻擊. 今閩越興兵侵臣, 臣不敢興兵, 唯天子詔之.」於是天子多南越義, 守職約, 爲興師, 遣兩將軍往討閩越. 兵未踰嶺, 閩越王弟餘善殺郢以降, 於是罷兵.

## ◎ 장조를 속이고 입조하지 않다

천자는 장조莊助를 사신으로 하여 한나라 군대가 민월을 토벌한 상황과 천자가 뜻하는 바를 알리게 하였다. 그러자 남월왕 조호는 머리를 조아리며 말하였다.

"천자께서는 신을 위하여 군사를 일으켜 민월을 토벌해 주셨습니다. 죽어도 이 은덕만은 다 갚을 길이 없습니다."

이리하여 태자인 영제嬰齊를 한나라로 들여보내 조정의 숙위宿衛로 가도록 하면서 사신 장조에게 이렇게 말하였다.

"나라가 방금 외적의 침략을 받았습니다. 사자께서 먼저 떠나십시오. 나도 서둘러 조정에 들어가 천자를 뵐 것입니다."

장조가 떠난 다음 남월의 대신들은 남월왕 조호를 말리며 간하였다.

"한나라가 군사를 일으켜 민월왕 영을 무찔렀습니다. 이것은 또한 남월을 위협하는 것이기도 합니다. 또 선왕께서는 옛날 '천자를 섬기는 데는 예를 잃지 않아야 한다'고 말씀하셨습니다. 바라건대 달콤한 말에 끌리어 입조해서는 안 될 것입니다. 입조하였다가 돌아올 수 없게 되면 나라는 망하고 맙니다."

이에 조호는 병을 핑계로 끝내 천자를 알현하러 가지 않았다.

그로부터 10여 년 뒤, 조호는 실제로 중병에 걸리게 되어 태자 영제는 청하여 본국으로 돌아왔고, 조호가 죽자 문왕文王이란 시호가 내려졌다.

天子使莊助往諭意南越王, 胡頓首曰:「天子乃爲臣興兵討閩越, 死無以報德!」遣太子嬰齊入宿衛. 謂助曰:「國新被寇, 使者行矣. 胡方日夜裝入見天子.」助去後, 其大臣諫胡曰:「漢興兵誅郢, 亦行以驚動南越. 且先王昔言, 事天子期無失禮, 要之不可以說好語入見. 入見則不得復歸, 亡國之勢也.」於是胡稱病, 竟不入見. 後十餘歲, 胡實病甚, 太子嬰齊請歸. 胡薨, 謚爲文王.

## 영제가 왕이 되어

영제가 뒤를 이어 왕이 되었다. 그리고 그는 곧 선조인 무제가 쓰던 옥새를 감춰 버렸다. 영제가 한나라에 들어가 장안에서 숙위로 있을 때 한단邯鄲의 규씨樛氏 딸에게 장가들어 흥興이란 아들을 얻었었다. 이에 왕이 되자, 곧 글을 올려 규씨의 딸을 왕비로 삼고 흥을 태자로 삼고 싶다고 청하였다.

한나라에서는 자주 사신을 보내어 은밀히 영제에게 입조하도록 타일렀다. 그러나 영제는 함부로 살생을 즐기며 멋대로 사는 것을 좋아하였기 때문에, 조정에 들어가면 한나라 법에 따라 제후들과 똑같은 대우를 받게 될 것이 두려웠다. 이에 끝내 병을 핑계로 조정에 들지 않고 대신 아들 차공次公을 조정으로 들여보내 숙위를 하게 하였다. 영제는 죽어서 명왕明王이란 시호가 내려졌다.

嬰齊代立, 卽藏其先武帝璽. 嬰齊其入宿衛在長安時, 取邯鄲樛氏女, 生子興. 及卽位, 上書請立樛氏女爲后, 興爲嗣. 漢數使使者風諭嬰齊, 嬰齊尙樂擅殺生自恣, 懼入見要用漢法, 比內諸侯, 固稱病, 遂不入見. 遣子次公入宿衛. 嬰齊薨, 諡爲明王.

## 태후의 사통

태자 흥이 뒤를 이어 왕이 되고, 그의 어머니는 태후가 되었다. 태후는 영제의 총희가 되기 전에 패릉霸陵의 안국소계安國少季와 사통한 일이 있었다.

영제가 죽은 뒤 원정元鼎 4년, 한나라는 안국소계를 사신으로 하여 남월왕과 그의 태후에게 조정에 들어와 중국 제후들과 동등한 대우를 받도록 타일렀다. 그와 동시에 변설에 뛰어난 간대부諫大夫 종군終軍 등으로 하여금 황제의 의사를 전달하도록 하고, 용사 위신魏臣 등에게 그의 부족한 점을 보충하도록 하는 한편, 위위衛尉 노박덕路博德으로 하여금 군사를 이끌고 계양桂陽에 주둔하도록 하면서 사신들의 귀국을 기다리고 있었다.

남월왕은 어리기도 하였을뿐더러, 태후는 중국인으로서 일찍이 안국소계와 좋아지냈던 터라, 그가 사신으로 도착하자 다시 정을 통하게 되었다. 남월 사람들은 대강 짐작들을 하고 있어 모두들 태후를 못마땅하게 생각하였다. 이에 태후는 반란이 일어날까 겁이 났고, 또 한나라의 위엄을 의지할 생각으로 자주 왕과 군신들에게 한나라에 복종할 것을 권하였다. 이에 사신을 통해 글을 올리고 중국의 제후들과 마찬가지로 3년에 한 번 조정에 들 것과 변경의 관문을 폐지시켜 줄 것 등을 청원하였다.

천자는 이를 허락하고 남월의 승상 여가呂嘉에게는 한나라의 은인銀印을, 내사內史·중위中尉·태부太傅에게는 각각 한나라 인印을 주고, 그 밖의 벼슬은 왕이 직접 임명할 수 있도록 하였다.

또 남월의 관습인 문신과 코 베는 형벌을 폐지시키고, 한나라 법률과 제도를 쓰며, 그 밖의 것들도 중국의 제후들에 따르도록 하였다. 아울러 사신들은 모두 계속해 머물러 있으면서 진무에 임하도록 하였다. 왕과 태후는 행장을 꾸려 귀중한 선물을 골라 조정에 들 준비를 하였다.

太子興代立, 其母爲太后. 太后自未爲嬰齊姬時, 嘗與霸陵人安國少季通. 及嬰齊薨後, 元鼎四年, 漢使安國少季往諭王·王太后以入朝, 比內諸侯; 令辯士諫大夫終軍等宣其辭, 勇士魏臣等輔其缺, 衛尉路博德將兵屯桂陽, 待使者. 王年少, 太后中國人也, 嘗與安國少季通, 其使復私焉. 國人頗知之, 多不附太后. 太后恐亂起, 亦欲倚漢威, 數勸王及羣臣求內屬. 卽因使者上書, 請比內諸侯, 三歲一朝, 除邊關. 於是天子許之, 賜其丞相呂嘉銀印, 及內史·中尉·大傅印, 餘得自置. 除其故黥劓刑, 用漢法, 比內諸侯. 使者皆留塡撫之. 王·王太后飭治行裝重齎, 爲入朝具.

## 태후와 여가의 갈등

한편 남월의 승상 여가呂嘉는 나이가 많았다. 3대에 걸쳐 왕을 모시면서 승상으로 있었기 때문에, 그의 집안에는 벼슬하여 높은 지위에 오른 사람이 70여 명이나 되었다. 여가의 아들들은 모두 왕의 딸을 아내로 맞았고, 딸들은 모두 왕자나 왕의 형제 또는 종실로 시집갔으며, 또 창오蒼梧의 진왕秦王 조광趙光과도 인척 관계를 맺고 있었다.

여가는 나라에서 대단한 권세를 가지고 있었다. 월나라 사람들은 여가를 믿었고, 또 그의 눈과 귀가 되어 일하는 사람도 많았다. 민심을 얻고 있는 점에서는 왕보다도 나은 편이었다.

왕이 천자에게 글을 올리려 하였을 때, 여가가 못하도록 자주 간하였으나 왕이 끝내 듣지 않자, 그는 모반할 뜻을 품고 자주 병을 핑계하며 한나라 사신과 만나지 않았다. 따라서 사신들도 모두 여가를 눈 여겨 살피게끔 되었다. 그러나 정세로 보아 아직 그를 죽일 수는 없었다.

하지만 왕과 태후는, 여가가 선수를 쳐 반란을 일으키지나 않을까 겁을 먹고 있었다. 이에 술자리를 베풀어 한나라 사신들의 권세를 빌려 여가 등을 무찌를 계획을 꾸몄다. 한나라 사신들은 모두 동향하고 태후는 남향하고, 왕은 북향하고, 승상 여가와 대신들은 모두 서향해 앉아 술을 마시기 시작하였다. 여가의 아우는 장군으로서 군사들을 데리고 궁전 밖에 있었다. 술잔이 돌기 시작하자 태후는 여가에게 말하였다.

"남월이 한나라에 복종하는 것은 나라의 이익 때문이오. 그런데 승상이 이롭지 않다고 몹시 못마땅해하는 이유는 무엇이오?"

이렇게 말을 꺼냄으로써 한나라 사신들을 격분시키려 하였으나, 사신들은 영문을 몰라 서로 미루며 아무도 일을 크게 만들려 하지 않았다. 여가는 분위기가 전과 다름을 깨닫고 곧 일어나 밖으로 나갔다. 이때 태후는 노하여 창으로 여가를 찌르려 하였으나 왕이 말렸다.

여가는 드디어 밖으로 나가 아우가 거느리고 있는 병사의 일부를 호위로 삼아 집으로 돌아간 다음, 병을 핑계로 왕과 사신들을 만나려 하지 않았다. 그리고는 대신들과 반란을 일으키려 하였다. 그러나 왕에게는 처음부터 여가를 죽일 생각이 없었고, 여가도 그것을 잘 알고 있었기 때문에 몇 달 동안은 별다른 일 없이 지나갔다.

태후가 음란한 행동을 하였다고 월나라 사람들은 그를 따르지 않았다. 이에 태후는 혼자 힘으로 여가 등을 죽여 없애고 싶었지만 힘이 모자라 어쩔 수가 없었다.

其相呂嘉年長矣, 相三王, 宗族官仕爲長吏者七十餘人, 男盡尙王女, 女盡嫁王子兄弟宗室, 及蒼梧秦王有連. 其居國中甚重, 越人信之, 多爲耳目者, 得衆心愈於王. 王之上書, 數諫止王, 王弗聽. 有畔心, 數稱病不見漢使者. 使者皆注意嘉, 勢未能誅. 王·王太后亦恐嘉等先事發, 乃置酒, 介漢使者權, 謀誅嘉等. 使者皆東鄕, 太后南鄕, 王北鄕, 相嘉·大臣皆西鄕, 侍坐飮. 嘉弟爲將, 將卒居宮外. 酒行, 太后謂嘉曰:「南越內屬, 國之利也, 而相君苦不便者, 何也?」以激怒使者. 使者狐疑相杖, 遂莫敢發. 嘉見耳目非是, 卽起而出.

太后怒, 欲鏦嘉以矛, 王止太后. 嘉遂出, 分其弟兵就舍, 稱病, 不肯見王及使者. 乃陰與大臣作亂. 王素無意誅嘉, 嘉知之, 以故數月不發. 太后有淫行, 國人不附, 欲獨誅嘉等, 力又不能.

## 여가가 드디어 반란을 일으키다

천자는 여가가 왕의 명령을 듣지 않는 데다가, 왕과 태후는 힘이 약해 고립된 채 여가를 누를 수가 없으며, 사신들은 겁이 많아 결단을 내리지 못한다는 것을 들었다. 그러나 한편으로 왕과 태후는, 이미 한나라에 복종하고 있는 이상 홀로 여가가 반란을 일으킨다 해도 군사를 보낼 것까지는 없다고 생각하였다. 이에 장삼張參에게 군사 2천 명을 주어 사신으로 가게 하였다. 그러나 장삼은 말하였다.

"친선을 위해 떠나는 것이라면 몇 사람으로 충분합니다. 그리고 무력을 위해 가는 것이라면 2천 명으로는 부족합니다."

장삼은 명령을 받아들이려 하지 않아, 천자는 할 수 없이 장삼의 파견 계획을 중지하였다. 그러자 겹현郟縣의 장사로서 옛날 제북濟北의 승상이었던 한천추韓千秋가 분연히 일어나 말하였다.

"하찮은 월나라의 일인 데다가 왕과 태후의 내응도 있습니다. 다만 승상 여가만이 화를 꾸미려 하고 있을 뿐입니다. 용사 200명만 주신다면 반드시 여가를 목베어 보답하겠습니다."

이에 천자는 한천추를 보내기로 하고, 남월 태후의 친정 동생 규락樛樂과 함께 2천 명을 거느리고 떠나도록 하였다. 한천추 등이 월나라 국경으로 들어서자, 바로 그 때 여가 등은 마침내 반란을 일으켰다. 그리고 전국에 영을 내렸다.

"왕은 나이가 어리고 태후는 중국 사람이다. 또 태후는 한나라 사신과 간통하며 오로지 한나라에만 복종하려 하여 선왕의 보기寶器들을 모조리 가져다 천자에게 바쳐 스스로 아첨하려 하고 있다. 또 많은 사람들을 장안으로 데리고 가서 포로로 팔아 종을 만들고, 그 자신 한때를 모면하는 이익을 취할 뿐 우리 조趙씨의 사직을 돌보거나 만세의 계획을 세울 생각은 없다."

이리하여 그의 아우와 함께 군사를 거느리고 왕과 태후 및 한나라 사신들을 공격해 죽였다. 그리고 사신을 창오의 진왕 및 그의 모든 군현에 보내어 통고하고, 명왕明王의 장남으로 월나라 여자가 낳은 아들인 술양후術陽侯 건덕建德을 왕으로 세웠다.

한편 한천추의 군사는 남월로 들어가 몇 개의 작은 고을들을 함락시켰다. 그러자 남월은 길을 열어 식량을 공급하였다. 한천추의 군사가 반우에서 40리 떨어진 곳에 이르렀을 때, 월나라는 병력을 증강시켜 한천추 등을 공격하여 마침내 이를 전멸시켰다. 그리고 사람을 시켜 한나라 사신들의 부절을 함에 넣어 국경의 요새 위에 놓아두게 하고, 거짓말을 그럴듯하게 꾸며 사죄를 한 다음 군사를 요충지로 보내어 지키도록 하였다. 이에 천자는 이렇게 말하였다.

"한천추는 비록 공은 없었으나, 군의 선봉으로서는 제일인이다."

그리고는 천추의 아들 한연년韓延年을 성안후成安侯에 봉하였다. 또 규락은 그의 누님이 남월왕의 태후로서 솔선하여 한나라에 소속될 것을 원해 왔다는 공으로, 그 아들 광덕廣德을 용항후龍亢侯에 봉하였다. 그런 뒤에 다음과 같은 조칙을 내렸다.

"《춘추春秋》에는 천자의 위엄이 약해져서 제후들이 서로 힘으로 겨루고 있을 때, 신하로서 난적을 치지 않은 것을 기록하고 있다. 지금 여가·건덕 등이 반란을 일으키고 스스로 왕이라 일컬으며 태연히 앉아 있다. 죄수 및 장강長江·회수淮水 이남의 수군 10만 명으로 하여금 나아가 이를 치도록 하라."

天子聞嘉不聽王, 王·王太后弱孤不能制, 使者怯無決. 又以爲王·王太后已附漢, 獨呂嘉爲亂, 不足以興兵, 欲使莊參以二千人往使. 參曰:「以好往, 數人足矣; 以武往, 二千人無足以爲也.」辭不可, 天子罷參也. 郟壯士故濟北相韓千秋奮曰:「以區區之越, 又有王·太后應, 獨相呂嘉爲害, 願得勇士二百人, 必斬嘉以報.」於是天子遣千秋與王太后弟樛樂將二千人往, 入越境. 呂嘉等乃遂反, 下令國中曰:「王年少. 太后, 中國人也, 又與使者亂, 專欲內屬, 盡持先王寶器入獻天子以自媚, 多從人, 行至長安, 虜賣以爲僮僕. 取自脫一時之利, 無顧趙氏社稷, 爲萬世慮計之意.」乃與其弟將卒攻殺王·太后及漢使者. 遣人告蒼梧秦王及其諸郡縣, 立明王長男越妻子術陽侯建德爲王. 而韓千秋兵入, 破數小邑. 其後越直開道給食, 未至番禺四十里, 越以兵擊千秋等, 遂滅之. 使人函封漢使者節置塞上, 好爲謾辭謝罪, 發兵守要害處. 於是天子曰: 「韓千秋雖無成功, 亦軍鋒之冠.」 封其子延年爲成安侯. 樛樂, 其姊爲王太后, 首願屬漢, 封其子廣德爲龍亢侯. 乃下赦曰: 「天子微, 諸侯力政, 譏臣不討賊. 今呂嘉·建德等反, 自立晏如, 令罪人及江淮以南樓船十萬師往討之.」

## ◎ 원정대를 편성하다

원정元鼎 5년 가을, 위위 노박덕은 복파장군伏波將軍이 되어 계양을 나서서 회수匯水로 내려가고, 주작도위主爵都尉 양복楊僕은 누선장군樓船將軍이 되어 예장豫章에 나가 횡포橫浦로 내려가고, 월나라 사람으로 한나라에 투항한 월후越侯 두 사람은 과선장군戈船將軍·하려장군下將軍이 되어 영릉零陵으로 나가, 한 사람은 이수離水로 내려가고, 또 한 사람은 창오로 진출하였다. 또 치의후馳義侯로 하여금 파巴·촉蜀의 죄수들을 모으고, 야랑족夜郎族의 군사를 동원시켜 장가강牂柯江을 타고 내려가도록 하였다. 그리고 모두가 번우番禺에서 합류하게 하였다.

元鼎五年秋, 衛尉路博德爲伏波將軍, 出桂陽, 下匯水; 主爵都尉楊僕爲樓船將軍, 出豫章, 下橫浦; 故歸義越侯二人爲戈船·下厲將軍, 出零陵, 或下離水, 或抵蒼梧; 使馳義侯因巴蜀罪人, 發夜郎兵, 下牂柯江: 咸會番禺.

## ◎ 여가의 반란군을 제압하다

원정 6년 겨울, 누선장군은 정예부대를 이끌고 먼저 심협尋陜을 함락시킨 다음, 석문石門을 깨뜨리고 남월의 배와 양식을 얻어 다시 전진하여 남월의 예봉을 꺾었으며, 수만 명을 거느리고 복파장군이 오기를 기다리고 있었다.

그러나 복파장군은 죄수들을 거느리고 있는 데다 길까지 멀어 약속한 날짜에 다다를 수가 없었고, 누선장군과 합류하였을 때에는 1천여 명을 거느리고 있을 뿐이었다. 두 군대는 함께 나아갔는데 누선장군이 앞장을 서서 먼저 번우에 도착하였다. 건덕과 여가 등은 모두 성을 지키고 있었다. 누선장군은 스스로 편리한 지점을 골라 동남쪽에 진을 치고, 복파장군은 서북쪽에 진을 치고 있었다. 어두워질 무렵 누선장군은 공격을 가해 남월 군사를 깨뜨리고 불을 놓아 성을 태워버렸다.

남월에서는 평소부터 복파장군의 용맹을 듣고 있었으나, 날이 저물어 그의 병력이 얼마나 되는지는 알지 못하였다. 복파장군은 이러한 상황을 이용하여 진영을 펴고, 사자를 보내어 항복하는 사람들을 불러들인 다음, 그들을 성 안으로 들여보내어 항복을 권유하도록 하였다. 누선장군은 힘껏 적과 싸우며 불로 공격을 가해 남월 군사들을 복파장군의 진영으로 내몰았다.

이튿날 아침, 성 안 군사들은 모두 복파장군에게 항복을 하였다.

그러나 여가와 건덕은 벌써 밤중에 그들 일당 수백 명과 함께 도망쳐 바다로 나가 배를 타고 서쪽으로 가고 없었다. 복파장군은 항복해 온 귀인貴人들에게 물어 여가 등이 도망간 곳을 안 다음 군사를 보내어 추격하도록 하였다. 마침내 교위 사마소홍司馬蘇弘은 건덕을 사로잡은 공로로 해상후海常侯에, 남월의 낭관郎官 도계都稽는 여가를 사로잡은 공로로 임채후臨蔡侯에 각각 봉해졌다.

元鼎六年冬, 樓船將軍將精卒先陷尋陜, 破石門, 得越船粟, 因推而前, 挫越鋒, 以數萬人待伏波. 伏波將軍將罪人, 道遠, 會期後, 與樓船會乃有千餘人, 遂俱進. 樓船居前, 至番禺. 建德·嘉皆城守. 樓船自擇便處, 居東南面; 伏波居西北面. 會暮, 樓船攻敗越人, 縱火燒城. 越素聞伏波名, 日暮, 不知其兵多少. 伏波乃爲營, 遣使者招降者, 賜印, 復縱令相招. 樓船力攻燒敵, 反驅而入伏波營中. 犁旦, 城中皆降伏波. 呂嘉·建德已夜與其屬數百人亡入海, 以船西去. 伏波又因問所得降者貴人, 以知呂嘉所之, 遣人追之. 以其故校尉司馬蘇弘得建德, 封爲海常侯; 越郎都稽得嘉, 封爲臨蔡侯.

## 남월의 멸망

창오왕蒼梧王 조광趙光은 남월왕과 같은 성이다. 한나라 군사가 왔다는 소식을 듣자, 남월의 게양揭陽 현령인 정定과 함께 스스로 현민들을 거느리고 한나라에 귀속하였다.

또 남월의 계림桂林 군감郡監인 거옹居翁은 구월과 낙월 두 나라를 타일러 한나라에 귀속하게 하여 이들은 모두 후가 되었다.

과선장군·하려장군의 군사 및 치의후가 동원시킨 야랑의 군사가 아직 남하하지도 않아서 남월은 이미 평정되어 한나라의 9군郡이 설치되었다. 복파장군은 증봉을 받았고, 누선장군은 그의 군사가 적의 굳은 진지를 함락시킨 공로로 장량후將梁侯에 봉해졌다.

남월은 위타가 처음 왕이 되고 나서 5대 93년 만에 멸망하였다.

蒼梧王趙光者, 越王同姓, 聞漢兵至, 及越揭陽令定自定屬漢; 越桂林監居翁諭甌駱屬漢: 皆得爲侯. 戈船·下厲將軍兵及馳義侯所發夜郎兵未下, 南越已平矣. 遂爲九郡. 伏波將軍益封. 樓船將軍兵以陷堅爲將梁侯.

自尉佗初王後, 五世九十三歲而國亡焉.

## 사마천의 평어

나 태사공은 이렇게 생각한다.

위타가 왕이 된 것은 원래가 임효의 덕분이었다. 한나라가 처음으로 안정을 보게 된 시기를 만나 제후가 된 것이다. 융려후의 군사가 습기로 말미암아 전염병이 걸린 것으로 인해 위타는 더욱 교만해졌다. 구월·낙월 두 나라가 마주 공격하고 있을 때, 남월은 흔들리고 있었다. 그 때 한나라 군사가 국경에 이르게 되었으므로 영제는 조정에 들게 되었다. 그 뒤 망국의 조짐은 규씨의 딸로부터 시작되었다. 여가는 조그만 충성으로써 위타의 뒤를 끊고 말았다. 누선장군은 욕심을 부리며 게으르고 오만하여 미혹에 빠져들었고, 복파장군은 곤궁 속에 빠져서도 더욱 지혜와 생각을 더함으로써 화를 복으로 이끌었다. 성공과 실패의 뒤바뀌는 모습은 비유컨대 새끼를 꼬는 것과 같다.

太史公曰: 尉佗之王, 本由任囂. 遭漢初定, 列爲諸侯. 隆慮離濕疫, 佗得以益驕. 甌駱相攻, 南越動搖. 漢兵臨境, 嬰齊入朝. 其後亡國, 徵自樛女; 呂嘉小忠, 令佗無後. 樓船從欲, 怠傲失惑; 伏波困窮, 智慮愈殖, 因禍爲福. 成敗之轉, 譬若糾墨.

## 054(114) 동월 열전東越列傳

### ◎ 동구왕東甌王 요搖

민월왕閩越王 무저無諸와 월나라의 동해왕東海王 요搖는 다 함께 월왕越王 구천句踐의 후예로써 성은 추씨騶氏였다.

진秦나라가 천하를 통일하자, 진나라는 왕위를 폐하여 군장君長으로 하고 그곳을 민중군閩中郡으로 만들었다.

그 뒤 제후들이 진나라를 배반하자, 무저와 요는 월나라를 거느리고 파양鄱陽 현령 오예吳芮에게 귀순하였다. 오예는 파군鄱君으로 불린 사람으로 제후들을 따라 진나라를 멸망시켰다. 당시는 항우項羽가 제후들을 호령하고 있었는데, 그가 무저와 요를 왕으로 인정하지 않자, 그들 역시 초나라를 따르지 않았다.

한漢나라가 항우를 치게 되자, 무저와 요는 월나라 사람들을 이끌고 한나라를 도왔다.

한나라 5년, 다시 무저를 민월왕으로 세워 민중閩中의 옛 땅을 통치하게 하고 동야東冶에 도읍하도록 하였다.

혜제孝惠帝 3년, 고제高帝 때의 월나라 공로를 들어 이렇게 칭찬하였다.

"민군閩君 요는 공로가 많았으며, 그의 백성들은 그를 좋아하여 잘 따랐다."

그리고 요를 세워 동해왕東海王으로 하여 동구東甌에 도읍을 정하도록 하였다. 세상에서는 그를 동구왕東甌王이라 불렀다.

閩越王無諸及越東海王搖者, 其先皆越王句踐之後也, 姓騶氏. 秦已幷天下, 皆廢爲君長, 以其地爲閩中郡. 及諸侯畔秦, 無諸·搖率越歸鄱陽令吳芮, 所謂鄱君者也, 從諸侯滅秦. 當是之時, 項籍主命, 弗王, 以故不附楚. 漢擊項籍, 無諸·搖率越人佐漢. 漢五年, 復立無諸爲閩越王, 王閩中故地, 都東治. 孝惠三年, 擧高帝時越功, 曰閩君搖功多, 其民便附, 乃立搖爲東海王, 都東甌, 世俗號爲東甌王.

## ◎ 오초칠국의 난에 휩쓸리지 않아

그로부터 몇 대를 지나 경제孝景帝 3년, 오왕 유비劉濞가 한나라에 반란을 일으켜 민월을 자기 세력으로 만들고자 하였다. 그러나 민월은 오나라를 따라 출병하려 하지 않았고, 동구만이 오나라를 따랐다. 오나라가 패하자, 동구는 한나라가 내건 현상에 응해 오나라 왕을 단도丹徒에서 죽였다. 그로 인해 민월과 동구 사람들은 한나라의 처벌을 모면하고 자기 나라로 돌아갈 수 있었다.

後數世, 至孝景三年, 吳王濞反. 欲從閩越, 閩越未肯行, 獨東甌從吳. 及吳破, 東甌受漢購, 殺吳王丹徒, 以故皆得不誅, 歸國.

## ◎ 덕을 베풀지 않으면

오나라 왕의 아들인 자구子駒는 민월로 도망가서, 동구가 그의 아비를 죽인 데 대한 원한을 품고 항상 민월에 대해 동구를 치도록 권하였다.

건원建元 3년, 마침내 민월은 군사를 동원하여 동구를 포위하였다. 동구는 양식이 떨어져 곤궁한 나머지 항복을 눈앞에 두게 되었다. 이에 사신을 천자에게 보내어 위급한 사정을 보고하였다. 천자가 그에 대한 처리를 위해 태위太尉 전분田蚡에게 묻자 전분은 이렇게 대답하였다.

"월나라 사람들이 서로 공격하여 싸우는 것은 항상 있는 일이며, 또 월나라 사람의 한나라에 대한 거취는 떳떳하지 못합니다. 그러므로 번거롭게 중국에서 군사를 보내 도울 것까지는 없습니다. 월나라는 진나라 때부터 버려 둔 채 굳이 귀속시키려 하지 않았습니다."

그러자 중대부中大夫 장조莊助가 전분을 이렇게 힐책하였다.

"천자의 힘이 월나라를 도울 수 없고, 덕德으로 월나라를 보살피지 못하는 것이 걱정입니다. 실제로 할 수 있다면 어찌하여 그들을 버린다는 말입니까? 그리고 진나라는 수도 함양咸陽을 포함한 온 천하를 다 버린 것이지, 월나라만을 버린 것은 아닙니다. 지금 작은 나라가 궁지에 빠져서 위급함을 천자께 알려 온 터에 천자께서 구해 주지 않으면 작은 나라는 어디에 호소할 곳이 있겠습니까? 또 천자는 무엇으로 모든 나라를 자식으로 대한다 할 수 있겠습니까?"

이에 천자는 이렇게 말하였다.

"태위는 함께 의논하기에 부족하오. 짐은 즉위한 지 얼마 되지 않아 호부虎符를 내어 정식으로 군국郡國의 군사들을 징발할 생각이 없소."

그리고는 장조에게 사신의 부절符節을 주어 회계군會稽郡에서 군사를 징발하도록 하였다. 그러나 회계 태수는 호부가 없다 하여 군사를 징발하지 않으려 하였다. 장조는 사마司馬 한 사람의 목을 베고서야 천자의 의향을 타일러 마침내는 군사를 내어 바다를 건너 동구를 구원할 수 있게 되었다.

그러나 한나라 군대가 아직 도착하기도 전에 민월은 군사를 이끌고 물러가 버렸다. 동구는 나라를 몽땅 중국으로 옮겨와 살고 싶다고 청하여 마침내 장강·회수 사이에 이주하여 살게 되었다.

吳王子子駒亡走閩越, 怨東甌殺其父, 常勸閩越擊東甌. 至建元三年, 閩越發兵圍東甌. 東甌食盡, 困, 且降, 乃使人告急天子. 天子問太尉田蚡, 蚡對曰:「越人相攻擊. 固其常, 又數反覆, 不足以煩中國往救也. 自秦時弃弗屬.」於是中大夫莊助詰蚡曰:「特患力弗能救, 德弗能覆; 誠能, 何故弃之? 且秦舉咸陽而弃之, 何乃越也! 今小國以窮困來告急天子, 天子弗振, 彼當安所告愬? 又何以子萬國乎?」上曰:「太尉未足與計. 吾初卽位, 不欲出虎符發兵郡國.」乃遣莊助以節發兵會稽. 會稽太守欲距不爲發兵, 助乃斬一司馬, 諭意指, 遂發兵浮海救東甌. 未至, 閩越引兵而去. 東甌請舉國徙中國, 乃悉舉衆來, 處江淮之閒.

## 왕을 죽여 그 목을 바치다

건원 6년에 이르러 민월이 남월을 쳤다. 남월은 천자와의 약속을 지키며 함부로 군사를 내어 이를 치지 않고 천자에게 보고하였다. 천자는 대행大行 왕회王恢를 예장豫章으로 나아가게 하고, 대농大農 한안국韓安國을 회계로 나아가게 하여 두 사람을 장군에 임명하였다. 한나라 군대가 대유령大庾嶺을 넘기 전에, 민월왕 영郢이 군사를 내어 험한 곳을 의지하여 막고 있었다.

이때 그의 아우 여선餘善이 재상 및 종족들과 의논하여 말하였다.

"우리 왕은 마음대로 군대를 동원시켜 남월을 치며 천자에게 주청하지 않았다. 그 때문에 천자의 군사가 우리나라를 치려고 왔다. 그런데 한나라 군사는 많고 강하다. 지금 요행으로 이긴다 해도 앞으로 더욱 많은 군사가 쳐들어오게 되어 필경에는 우리나라를 멸망시키고 말 것이다. 지금 왕을 죽여 천자께 사죄하고 천자가 이를 받아들이면, 우리나라는 본래대로 무사할 수 있을 것이다. 천자가 받아들이지 않으면 그때에 가서 힘 자라는 데까지 싸우고 싸워 이기지 못하면 바다로 도망치면 될 것이다."

사람들이 모두 말하였다.

"좋습니다."

이에 왕을 찔러 죽이고 사신으로 하여금 그 머리를 가져다가 대행에게 바치도록 하였다. 그러자 대행이 말하였다.

"우리가 멀리서 온 것은 민월왕을 무찌르기 위해서였다. 그런데 지금 민월왕의 머리를 베고 사죄해 옴으로써 민월 문제는 싸우지 않고 해결된 것이다. 이보다 더 좋은 것은 없다."

이에 곧 군대를 멈추게 하고 대농군大農軍에 연락을 취하는 한편, 사람을 시켜 민월왕의 머리를 가지고 말을 달려 천자에게 보고하도록 하였다. 이로써 천자는 조서를 내려 두 장군의 토벌을 중지시켰다. 그 조서는 이러하였다.

"영 등은 악의 우두머리이다. 그러나 무저의 손자 요군繇君 축丑만은 모의에 가담하지 않았다."

그리고는 낭중장郎中將을 사신으로 하여 축를 월나라 요왕繇王으로 세우고 민월의 조상 제사를 받들도록 하였다.

至建元六年, 閩越擊南越. 南越守天子約, 不敢擅發兵擊而以聞. 上遣大行王恢出豫章, 大農韓安國出會稽, 皆爲將軍. 兵未踰嶺, 閩越王郢發兵距險. 其弟餘善乃與相·宗族謀曰:「王以擅發兵擊南越, 不請, 故天子兵來誅. 今漢兵衆彊, 今卽行勝之, 後來益多, 終滅國而止. 今殺王以謝天子. 天子聽, 罷兵, 固一國完; 不聽, 乃力戰; 不勝, 卽亡入海.」皆曰「善」. 卽鏦殺王,使使奉其頭致大行. 大行曰:「所爲來者誅王. 今王頭至, 謝罪, 不戰而耘, 利莫大焉.」乃以便宜案兵告大農軍, 而使使奉王頭馳報天子. 詔罷兩將兵, 曰:「郢等首惡, 獨無諸孫繇君丑不與謀焉.」乃使郎中將立丑爲越繇王, 奉閩越先祭祀.

### 여선을 동월왕으로

여선이 이미 영을 죽인 뒤로 그의 위엄과 명령이 민월에 행해지게 되어 많은 백성들이 그를 추종하였다. 이에 여선은 은근히 스스로 왕이 될 생각을 하였다.

그러나 세력이 약한 요왕은 부하를 통솔하여 정통을 이어갈 수 없었다. 천자 역시 이 소식을 들었으나 여선을 치기 위해 다시 군대를 보낼 것까지는 없다고 여기며 이렇게 덧붙였다.

"여선은 자주 영과 함께 반란을 꾀하기는 하였으나, 뒤에서 그가 주동이 되어 영을 무찔렀다. 그로 인해 한나라 군사는 수고를 덜 수 있었다."

이어 여선을 동월왕東越王으로 세워 요왕과 병립하게 하였다.

餘善已殺郢, 威行於國, 國民多屬, 竊自立爲王. 繇王不能矯其衆持正. 天子聞之, 爲餘善不足復興師, 曰:「餘善數與郢謀亂, 而後首誅郢, 師得不勞.」因立餘善爲東越王, 與繇王並處.

### 남월이 다시 모반하다

원정元鼎 5년에 이르자, 남월이 모반하였다. 동월왕 여선은 글을 올려 군사 8천 명을 거느리고 누선장군樓船將軍을 따라 여가呂嘉 등을 치겠다고 청해 왔다. 그러나 그의 군대가 게양揭陽에 이르자 바다에 바람이 일고 있다는 핑계로 더 나아가지 않는 채, 두 가지 생각을 품고 몰래 남월로 밀사를 보내어 내통하고 있었다. 그리고 한나라 군대가 반우를 깨뜨릴 때까지 군대를 전진시키지 않았다. 이에 그때 누선장군 양복楊僕이 사자를 천자에게 보내어 이렇게 청하였다.

"군사를 이끌고 동월을 치게 해 주십시오."
그러나 천자는 이를 허락하지 않았다.
"군사들이 피로해 있다."
그리고는 토벌을 중지시킨 다음 군사를 해산시켜 버렸다. 이어 모든 교위校尉들에게 예장의 매령梅嶺에 주둔하고 있으면서 명령을 기다리도록 하였다.

至元鼎五年, 南越反, 東越王餘善上書, 請以卒八千人從樓船將軍擊呂嘉等. 兵至揭揚, 以海風波爲解, 不行, 持兩端, 陰使南越. 及漢破番禺, 不至. 是時樓船將軍楊僕使使上書, 願便引兵擊東越. 上曰士卒勞倦, 不許, 罷兵, 令諸校屯豫章梅領待命.

## 여선이 반란을 일으키다

원정 6년 가을, 여선은 자신을 치겠다고 주청한 누선장군이 한나라 군대를 이끌고 국경에 머물러 있으면서 곧 출격할 것이라는 것을 알게 되자 드디어 반란을 일으키고 말았다. 여선은 군대를 내어 한나라로 통하는 길을 막고, 장군 추력騶力 등에게 탄한장군呑漢將軍이라 이름을 주었다. 탄한장군 등은 백사白沙·무림武林·매령으로 들어가 한나라 교위 3명을 죽였다.
당시 한나라는 대농大農 장성張成과 전 산주후山州侯 유치劉齒를 주둔군의 장군으로 삼고 있었다. 그들은 나아가 적을 공격할 생각은 아니하고 안전한 곳으로 물러나 있기만 하였다가, 둘 모두 겁이 많고 제 살길만 도모하였다는 죄명으로 처형되었다.

元鼎六年秋, 餘善聞樓船請誅之, 漢兵臨境, 且往, 乃遂反, 發兵距漢道. 號將軍騶力等爲「呑漢將軍」, 入白沙·武林·梅嶺, 殺漢三校尉. 是時漢使大農張成·故山州侯齒將屯, 弗敢擊, 卻就便處, 皆坐畏懦誅.

## ◎ 여선의 대응과 한나라의 출전

여선은 위타를 본받아 '무제武帝'라는 옥새를 새겨 스스로 황제라 부르며 백성들을 속이는 망언을 함부로 저질렀다.

천자는 횡해장군橫海將軍 한열韓說로 하여금 구장句章에서 출격하여 바다를 건너 동쪽에서 나아가도록 하였다. 또 누선장군 양복은 무림武林으로부터, 중위中尉 왕온서王溫舒는 매령으로부터 출격하게 하고, 월후越侯 두 사람을 과선장군戈船將軍·하뢰장군下瀨將軍으로 삼아 각각 약야若邪·백사白沙로부터 출격하게 하였다.

원봉元封 원년 겨울, 그들은 일제히 동월로 밀고 들어갔다. 동월도 미리부터 군대를 내어 험한 곳을 가로막고 순북장군徇北將軍으로 하여금 무림을 지키게 하였다. 그들은 누선장군의 휘하에 있는 몇 사람의 교위를 깨뜨리고 장리長吏를 죽였다. 그러나 이 싸움에서 누선장군의 부하 전당錢唐 출신의 원종고轅終古란 자가 순북장군의 목을 베고 어아후禦兒侯에 봉해졌다. 한나라 군사가 출격하기 이전의 일이다.

餘善刻「武帝」璽自立, 詐其民, 爲妄言. 天子遣橫海將軍韓說出句章, 浮海從東方往; 樓船將軍楊僕出武林; 中尉王溫舒出梅嶺; 越侯爲戈船·下瀨將軍, 出若邪·白沙. 元封元年冬, 咸入東越. 東越素發兵距險, 使徇北將軍守武林, 敗樓船軍數校尉, 殺長吏. 樓船將軍率錢唐轅終古斬徇北將軍, 爲禦兒侯. 自兵未往.

## ◎ 멸망은 면할 수 있으리라

옛 월나라의 연후衍侯 오양吳陽은 전부터 한나라에 와 있었기 때문에, 한나라는 오양을 월나라로 돌려보내 여선을 타이르도록 하였다. 그러나 여선이 이를 받아들이지 않았다. 횡해장군이 맨 먼저 도착하자, 월나라 연후 오양은 그의 봉읍 사람 700명을 거느리고 여선을 배반하여 한양漢陽에서 월나라 군사를 공격하였다. 그리고 건성후建成侯 오오敖를 따라 부하 병사들과 함께 요왕 거고居股의 밑으로 들어가 이렇게 모의를 하였다.

"반역의 우두머리 여선이 우리를 위협하고 있다. 지금 한나라 군대가 내려와 있는데 수도 많고 강하다. 헤아리건대 여선을 죽이고 이쪽에서 한나라 장군에게 귀순하면 요행으로 멸망은 면할 수 있을 것이다."

그리하여 드디어 힘을 모아 여선을 죽이고 부하들을 이끌어 횡해장군에게 항복하였다.

그로 인해 한나라는 요왕 거고를 동성후東成侯에 봉하여 1만 호를 주고, 건성후 오를 개릉후開陵侯에, 월나라의 연후 오양을 북석후北石侯에 각각 봉하였다. 또 횡해장군 한열을 안도후案道侯에, 횡해교위橫海校尉 유복劉福을 요앵후繚嫈侯에 봉하였다.

유복은 성양城陽의 공왕共王의 아들로서, 원래는 해상후海常侯였다가 법에 저촉되어 후의 지위를 잃은 적이 있었다. 이에 이 기회에 분연히 일어나 종군하게 되었지만 공을 세우지는 못하였다. 그러나 종실宗室이기 때문에 후의 작위를 얻었다. 그 밖의 모든 장수들은 모두 공이 없어 후로 봉해진 사람이 없었다.

동월의 장군 다군多軍은 한나라 군사가 쳐들어오자, 그의 군대를 버리고 항복해 와 무석후無錫侯에 봉해졌다. 이리하여 천자가 말하였다.

"동월은 영역이 좁고 험한 곳이 많으며, 민월은 사람들이 모질고 사나워서 다스리기 어려워 언제 반역할지 모른다."

천자는 군리軍吏에게 명하여 그들 백성들을 모조리 끌어다가 장강·회수 사이로 옮겨 살게 하여, 동월 땅은 드디어 텅 비게 되고 말았다.

故越衍侯吳陽前在漢, 漢使歸諭餘善, 餘善弗聽. 及橫海將軍先至, 越衍侯吳陽以其邑七百人反, 攻越軍於漢陽. 從建成侯敖, 與其率, 從繇王居股謀曰:「餘善首惡, 劫守吾屬. 今漢兵至, 衆彊, 計殺餘善, 自歸諸將, 儻幸得脫.」乃遂俱殺餘善, 以其衆降橫海將軍, 故封繇王居股爲東成侯, 萬戶; 封建成侯敖爲開陵侯; 封越衍侯吳陽爲北石侯; 封橫海將軍說爲案道侯, 封橫海校尉福爲繚嫈侯. 福者, 成陽共王子, 故爲海常侯, 坐法失侯. 舊從軍無功, 以宗室故侯. 諸將皆無成功, 莫封. 東越將多軍, 漢兵至, 弃其軍降, 封爲無錫侯.

於是天子曰東越狹多阻, 閩越悍, 數反覆, 詔軍吏皆將其民徙處江淮閒. 東越地遂虛.

## 사마천의 평어

나 태사공은 이렇게 생각한다.

월나라는 만이의 나라이긴 하나 그들 조상은 백성들에 대해 큰 공로가 있었으리라. 그토록 오래 계속되었단 말인가! 여러 대를 내려오면서 항상 군왕君王으로 있었고, 구천은 한 차례 패자의 이름을 칭한 일까지 있었다. 그러나 여선은 지극히 대역大逆한 사람이어서 나라를 망치고 백성을 중국으로 옮겨 살게 만들었다. 같은 조상의 자손인 요왕 거고 등은 그런 뒤에도 오히려 만호후萬戶侯에 봉해졌다. 이것으로 미루어 보건대 월나라가 대대로 공후公侯가 된 것은, 대체로 먼 조상으로 불리는 하夏나라 우왕이 후세에 남긴 공덕이 크기 때문일 것이다.

太史公曰: 越雖蠻夷, 其先豈嘗有大功德於民哉, 何其久也! 歷數代常爲君王, 句踐一稱伯. 然餘善至大逆, 滅國遷衆, 其先苗裔繇王居股等猶尙封爲萬戶侯, 由此知越世世爲公侯矣. 蓋禹之餘烈也.

史記列傳

# 055(115) 조선 열전朝鮮列傳

## 위만이 중국에서 온 망명자를 모아

조선왕朝鮮王 위만衛滿은 본래 연燕나라 사람이다. 연나라가 온전하던 시기에 진번眞番과 조선을 공략하여 복속시켰고, 그곳에 관리를 두었으며 국경에 요새를 쌓았다. 진秦나라가 연나라를 멸망시키자, 조선은 요동遼東 국경 밖의 땅이 되었다.

한漢나라가 흥기하고 나서 조선은 너무 먼 곳이어서 지킬 수가 없다 하여 다시 요동의 옛 요새를 수축하여 패수浿水까지를 경계로 삼아 연나라에 소속시켰다.

연나라 왕 노관盧綰이 한나라를 배반하고 흉노로 도망칠 무렵, 위만도 무리 천여 명을 모아 머리를 상투 모양으로 틀고 만이蠻夷의 복장으로 동쪽의 요새를 벗어났다. 그리고 패수를 건너 진나라 옛 땅으로 비어 있던 장鄣에 터를 잡고 차츰 진번과 조선의 만이들과 옛 연나라와 제나라에서 망명한 자들을 복속시켜 그들의 왕이 되었으며 왕검王儉을 도읍으로 하였다.

朝鮮王滿者, 故燕人也. 自始全燕時嘗略屬眞番·朝鮮, 爲置吏, 築鄣塞. 秦滅燕, 屬遼東外徼. 漢興, 爲其遠難守, 復修遼東故塞, 至浿水爲界, 屬燕. 燕王盧綰反, 入匈奴, 滿亡命, 聚黨千餘人, 魋結蠻夷服而東走出塞, 渡浿水, 居秦故空地上下鄣, 稍役屬眞番·朝鮮蠻夷及故燕·齊亡命者王之, 都王險.

## 요동 태수와의 약속

마침 그 때는 혜제孝惠帝와 여후呂后 시기로 천하가 안정되어 가고 있었으며, 요동 태수는 위만과 이렇게 약속했다.

"외신外臣이 되어, 한나라 요새 밖의 만이를 보호하여 변경을 침범하는 일이 없도록 하며, 만이의 군장君長들이 한나라 천자를 뵙고자 하면 그 길을 막지 말라."

요동 태수가 이를 올리자 천자가 허락하였다. 위만은 이를 근거로 군사와 재물을 얻게 되자 이웃 소읍들을 침략하여 항복받았고, 진번·임둔臨屯 등도 복속해 와서 사방 수천 리의 영역을 지니게 되었다.

會孝惠·高后時天下初定, 遼東太守卽約滿爲外臣, 保塞外蠻夷, 無使盜邊; 諸蠻夷君長欲入見天子, 勿得禁止. 以聞, 上許之, 以故滿得兵威財物侵降其旁小邑, 眞番·臨屯皆來服屬, 方數千里.

## 사신 섭하가 조선 장수를 죽이다

그 아들을 거쳐 손자 우거右渠로 왕위가 전해지는 동안, 유혹을 받고 한나라에서 도망쳐 나오는 사람들이 늘어났다. 그리고 조선왕은 한나라에 입견入見한 적도 없었다. 그리고 나아가 진번의 이웃 여러 나라에서 글을 올려 천자를 알현하고자 하면, 길을 가로막아 한나라와의 교류를 저지하였다.

원봉元封 2년, 한나라는 섭하涉何를 사신으로 보내어 우거를 달랬으나, 그는 끝내 조칙을 받들려 하지 않았다. 섭하는 돌아오는 길에 국경 패수에 이르렀을 때, 수레를 끄는 자를 시켜 그곳까지 전송 나온 조선의 비왕裨王 장長을 찔러 죽이고, 그 길로 패수를 건너 한나라 요새로 달려들어가 드디어 돌아와서는 천자에게 이렇게 보고하였다.

"조선의 장군을 죽였습니다."

천자는 그 말에 훌륭한 일을 하였다고 여기며 섭하에게 책임을 묻지 않았다. 그리고 오히려 섭하를 요동의 동부도위東部都尉에 임명하였다. 조선은 섭하에게 원한을 품고, 군대를 일으켜 섭하를 공격하여 죽이고 말았다.

傳子至孫右渠, 所誘漢亡人滋多, 又未嘗入見; 眞番旁衆國欲上書見天子, 又擁閼不通. 元封二年, 漢使涉何譙諭右渠, 終不肯奉詔. 何去至界上, 臨浿水, 使御刺殺送何者朝鮮裨王長, 卽渡, 馳入塞, 遂歸報天子曰「殺朝鮮將」. 上爲其名美, 卽不詰, 拜何爲遼東東部都尉. 朝鮮怨何, 發兵襲攻殺何.

## ❂ 조선에게 패배하다

천자는 죄수들을 모집하여 조선을 치도록 하였다. 그 해 가을, 누선장군樓船將軍 양복楊僕을 파견하여 제齊나라를 출발하여 발해渤海를 건너 5만 명을 병사로 출정하게 하였으며, 좌장군 순체荀彘는 요동에서 출정하여 우거를 치게 하였다. 그러자 우거도 군대를 일으켜 험준한 지형을 근거로 막고 있었다.

이때 좌장군의 졸정卒正 다多가 먼저 요동 군사를 이끌고 멋대로 진격하였으나, 패주하여 흩어져 이들이 돌아오자 군법에 의해 참수를 당하였다.

누선장군은 제나라의 군사 7천 명을 이끌고 먼저 왕검성에 이르렀다. 우거는 성을 지키면서 누선장군의 군사가 소수임을 탐지하고, 곧 성을 나와 누선을 공격하였으며, 누선의 군대는 패하여 흩어져 도망가고 말았다.

한편 장군 양복은 부하 군사를 모두 잃은 채 10여 일을 산중에 숨어 있다가 흩어졌던 군사를 조금씩 수습하여 다시 모아들였다. 좌장군 순체 역시 조선의 패수 서쪽에서 공격하였으나, 앞으로 격파하여 나가지 못하고 제자리에 있을 뿐이었다.

天子募罪人擊朝鮮. 其秋, 遣樓船將軍楊僕從齊浮渤海; 兵五萬人, 左將軍荀彘出遼東: 討右渠. 右渠發兵距險. 左將軍卒正多率遼東兵先縱, 敗散, 多還走, 坐法斬. 樓船將軍將齊兵七千人先至王險. 右渠城守, 窺知樓船軍少, 卽出城擊樓船, 樓船軍敗散走. 將軍楊僕失其衆, 遁山中十餘日, 稍求收散卒, 復聚. 左將軍擊朝鮮浿水西軍, 未能破自前.

## ❂ 패수를 건너려다 되돌아간 조선의 태자

천자는 두 장군의 이처럼 불리해지자, 이에 위산衛山을 조선에 사자로 보내어 한나라의 병력의 위용을 근거로 우거에게 설득하도록 하였다. 우거는 사자를 만나 머리를 조아리며 이렇게 사과하였다.

"항복하고자 하였으나 두 장군이 신을 속여 죽일까 두려웠습니다. 이제 천자의 믿을 만한 부절을 보았으니 청컨대 항복하겠소."

그리고 태자를 한나라로 보내어 사과하고, 말 5천 필과 군대를 먹일 식량을 바치기로 하였다. 그런데 태자를 따라오는 1만여 명의 많은 무리가 패수를 건너게 되었는데, 이들은 모두가 무기를 지니고 있었다. 이들이 막 패수를 건널 때 한나라 사자 위산과 좌장군 순체는 그들이 변란을 일으킬까 의심스러워, 태자에게 이미 항복하였으니 의당 이들 무리로 하여금 무기를 지니지 못하도록 명령할 것을 요구하였다.

그러자 태자 역시 한나라 사자나 좌장군이 자신을 속이고 죽이지 않을까 의심하여, 드디어 패수를 건너지 않고 이들을 이끌고 되돌아가 버렸다. 위산이 돌아와 천자에게 그 사실을 보고하자 천자는 위산을 죽여버렸다.

天子爲兩將未有利, 乃使衛山因兵威往諭右渠. 右渠見使者頓首謝:「願降, 恐兩將詐殺臣; 今見信節, 請服降.」遣太子入謝, 獻馬五千匹, 及饋軍糧. 人衆萬餘, 持兵, 方渡浿水, 使者及左將軍疑其爲變, 謂太子已服降, 宜命人毋持兵. 太子亦疑使者左將軍詐殺之, 遂不渡浿水, 復引歸. 山還報天子, 天子誅山.

### 왕검성을 포위하고

좌장군은 패수 가에서 조선군을 격파한 다음, 계속 전진하여 왕검성 아래에 이르러 그 성의 서북쪽을 포위하였다. 그리고 누선장군도 가서 합류하여 성의 남쪽에 머물렀다. 우거가 드디어 성을 견고히 지키자 여러 달이 지나도록 성을 함락시킬 수가 없었다.

左將軍破浿水上軍, 乃前, 至城下, 圍其西北. 樓船亦往會, 居城南. 右渠遂堅守城, 數月未能下.

### 한나라 두 장군의 알력과 공손수

좌장군은 본래 시중으로 천자의 총애를 받았으며, 연나라와 대代의 군사들을 통솔하였는데 그들은 사나웠으며 게다가 싸움마다 이긴 것을 믿고 군사들이 거의 교만하였다. 그러나 누선장군은 제나라 출신의 병사들을 거느렸으며, 이들이 바닷길로 건너면서 이미 많은 패배와 도망자가 있었다. 그에 앞서 우거와 싸웠을 때, 곤욕을 치렀으며 패망한 병졸들이라 병졸들이 모두가 겁에 질려 있었고, 장수들은 마음 속으로 치욕을 느끼고 있었다. 그리하여 우거를 포위하고서도 항상 화친을 지속하고 있었다.

그런데 좌장군이 우거를 급습하자, 조선의 대신들은 몰래 첩자를 보내어 누선장군에게 항복의 밀약을 맺기 위해 사자를 내왕시켰는데 아직 교섭만 할 뿐 결정을 내리지는 않고 있었다. 좌장군이 몇 번이나 누선장군과 전투를 벌일 것을 기약하자, 누선은 조선의 항복 약속을 빨리 얻고자 하여 좌장군과 만나는 일을 피하였다. 좌장군 역시 그러한 사이마다 사람을 조선에 보내 투항을 요구하였지만, 조선은 그의 말을 듣지 않은 채 계속 누선에게 마음을 기울이고 있었다. 이런 까닭으로 두 장군은 서로 화합을 이룰 수 없었다.

좌장군은 마음 속으로 누선은 앞서 군사를 잃은 죄가 있으니, 지금 조선과 사사로이 친할 것이며 게다가 항복을 받아내지도 않고 있으니 모반할 계획을 세우고 있으리라 의심하였다. 그러나 이를 감히 발설할 수도 없었다. 한편 천자는 이렇게 말하였다.

"장수들의 통솔이 능하지 못하여 이에 위산으로 하여금 우거의 투항을 권하도록 한 것이었다. 그 때 우거는 태자를 한나라로 보내기로 하였었는데 위산은 사신으로써 전결 능력이 없어 좌장군과 의논함으로써 오히려 일을 그르쳐 마침내 항복 약속을 저지당하고 말았다. 지금 두 장군이 적의 왕검성을 포위하고는 있으나 또 의견을 달리한다니 그런 까닭으로 오랜 시간이 지나도 해결을 하지 못하고 있는 것이다."

그리하여 제남濟南 태수 공손수公孫遂로 하여금 가서 이를 바로잡아 그 일에 따라 편한 대로 처리할 수 있도록 하였다. 공손수가 도착하자 좌장군은 이렇게 말하였다.

"조선은 벌써 아주 오래 전에 이미 함락시켰어야 하지만 아직 항복시키지 못한 데는 그럴만한 사정이 있습니다."

그리고 누선장군이 여러 차례 싸움을 약속하고서도 기일을 지키지 않았음과 평소 마음 속에 품었던 의혹을 공손수에게 고하여 이렇게 말하였다.

"지금 이와 같은 자를 잡아들이지 않으면 큰 변고가 생길 것으로 염려됩니다. 이는 유독 누선만이 그러한 것이 아닙니다. 다시 게다가 조선과 하나가 되어 우리 군대를 멸망시킬 것입니다."

공손수도 역시 그렇다고 여겨 부절로써 좌장군의 진영에서 회담할 일이 있으니, 오도록 불러 좌장군의 휘하에게 명하여 누선장군을 체포하도록 명하고, 그가 거느렸던 병력을 합해 버렸다.

그러나 그 사실을 천자에게 보고하자, 천자는 공손수를 죽여버렸다.

左將軍素侍中, 幸, 將燕代卒, 悍, 乘勝, 軍多驕. 樓船將齊卒, 入海, 固已多敗亡; 其先與右渠戰, 困辱亡卒, 卒皆恐, 將心慙, 其圍右渠, 常持和節. 左將軍急擊之, 朝鮮大臣乃陰閒使人私約降樓船, 往來言, 尚未肯決. 左將軍數與樓船期戰, 樓船欲急就其約, 不會; 左將軍亦使人求閒郤降下朝鮮, 朝鮮不肯, 心附樓船: 以故兩將不相能. 左將軍心意樓船前有失軍罪, 今與朝鮮私善而又不降, 疑其有反計, 未敢發. 天子曰: 「將率不能, 前(及)[乃]使衛山諭降右渠, 右渠遣太子, 山使不能剸決, 與左將軍計相誤, 卒沮約. 今兩將圍城, 又乖異, 以故久不決.」 使濟南太守公孫遂往(征)[正]之, 有便宜得以從事. 遂至, 左將軍曰: 「朝鮮當下久矣, 不下者有狀.」 言樓船數期不會, 具以素所意告遂, 曰: 「今如此不取, 恐爲大害, 非獨樓船, 又且與朝鮮共滅吾軍.」 遂亦以爲然, 而以節召樓船將軍入左將軍營計事, 卽命左將軍麾下執捕樓船將軍, 幷其軍, 以報天子. 天子誅遂.

## 조선의 평정과 한사군의 설치

좌장군은 양군을 합병하자 곧 조선을 급습하였다. 이에 조선의 재상 노인路人과 한음韓陰, 이계尼谿의 재상 삼參과 장군 왕겹王唊 등이 서로 모여 이렇게 모의하였다.

"처음에 누선장군에게 항복하려 하였으나 이제 누선장군은 잡혀버리고 말았으며, 오직 좌장군이 양군을 아울러 장수가 되었으니 싸움이 더욱 급박하게 되고 말았다. 아마 당해내지 못할 것인데 우리 임금은 결코 항복하려 들지 않을 것이다."

그리고는 한음·왕겹·노인 등은 모두 도망쳐 한나라에 투항하였다. 그러나 노인은 도중에 죽고 말았다.

원봉元封 3년 여름, 이계의 재상 삼이 사람을 시켜 조선왕 우거를 살해한 다음 한나라에 투항해 왔다. 그러나 왕검성은 항복하지 않은 채, 옛 우거의 대신 성사成巳가 다시 반란을 일으켜 관리들을 공격하였다. 좌장군은 우거의 아들 장항長降과 재상 노인의 아들 최最로 하여금 백성들을 달래게 하는 한편 성사를 죽이도록 하였다. 이리하여 드디어 조선을 평정한 한나라는 그 땅에 4군을 설치하였다.

삼은 화청후澅淸侯로, 한음은 적저후荻苴侯로, 왕겹을 평주후平州侯로, 장항은 기후幾侯로 봉하였고, 최는 아버지가 죽음으로써 공을 세웠다 하여 온양후溫陽侯에 봉하였다.

左將軍已幷兩軍, 卽急擊朝鮮. 朝鮮相路人·相韓陰·尼谿相參·將軍王唊相與謀曰:「始欲降樓船, 樓船今執, 獨左將軍幷將, 戰益急, 恐不能與, (戰)王又不肯降.」陰·唊·路人皆亡降漢. 路人道死. 元封三年夏, 尼谿相參乃使人殺朝鮮王右渠來降. 王險城未下, 故右渠之大臣成巳又反, 復攻吏. 左將軍使右渠子長降·相路人之子最告諭其民, 誅成巳, 以故遂定朝鮮, 爲四郡. 封參爲澅淸侯, 陰爲荻苴侯, 唊爲平州侯, 長[降]爲幾侯. 最以父死頗有功, 爲溫陽侯.

## 전쟁 뒤처리와 처벌

좌장군은 천자에게 소환되어 공을 다투고 질투하여 계책을 어긋나게 하였다 하여 기시棄市의 형에 처해졌다. 누선장군도 역시 그 군사가 열구洌口에 이르렀을 때, 좌장군의 도착을 기다렸어야 함에도 제멋대로 진군함으로써 많은 군사를 잃었다 하여 사형에 해당되었으나, 속죄금을 물고 서민이 되었다.

左將軍徵至, 坐爭功相嫉, 乖計, 弃市. 樓船將軍亦坐兵至洌口, 當待左將軍, 擅先縱, 失亡多, 當誅, 贖爲庶人.

## 사마천의 평어

나 태사공은 이렇게 생각한다.

우거는 요새의 견고함을 믿었기 때문에 나라를 망쳐 선조의 제사를 끊었고, 섭하는 공로를 속여 싸움을 발단시켰다. 누선은 그가 거느린 병졸이 적고 협소하여 난을 당하자 허물에 걸려들고 만 것이며, 반우番禺에서의 실패 南越傳 참조를 뉘우친 것이 도리어 의심을 샀다. 순체는 공로를 다투다가 공손수와 함께 주살당하였다. 양군이 모두 치욕을 입었으며, 장솔 누구도 후에 봉해지지 못하였다.

太史公曰: 右渠負固, 國以絶祀. 涉何誣功, 爲兵發首. 樓船將狹, 及難離咎. 悔失番禺, 乃反見疑. 荀彘爭勞, 與遂皆誅. 兩軍俱辱, 將率莫侯矣.

# 056(116) 서남이 열전西南夷列傳

## ◎ 서남쪽의 종족과 나라들

서남이西南夷는 수십 개의 소국으로 나뉘어져 있는데, 야랑夜郎이 가장 큰 나라였다. 그 서쪽은 미막靡莫의 무리들로서 역시 수십 개의 소국으로 나뉘어져 있으며, 그 중에서 전滇이 가장 컸다. 전의 북쪽으로도 수십 개의 소국이 있으며, 그 중에서는 공도邛都가 가장 컸다. 이들은 모두가 머리에 상투 틀고 밭을 갈며 마을을 이루어 살았다.

그밖에 서쪽 동사同師의 동쪽과 북쪽 엽유楪榆에 이르기까지는 수巂·곤명昆明이라고 불렀다. 이들은 모두 머리를 땋아 내리고 가축을 따라 옮겨다니며 살고 있어, 정착함이 없고 군장의 우두머리도 없으며, 그 땅은 사방 수천 리에 걸쳐 뻗었다. 수로부터 동북쪽으로는 사徙·작도筰都가 가장 컸다. 작도의 동북쪽으로는 염冉·방駹이 가장 컸다. 이들은 혹은 토착해 살기도 하고, 혹은 옮겨다니며 생활을 하였는데 모두 촉나라 서쪽에 해당된다. 다시 염·방의 동북쪽으로는 백마白馬가 가장 컸으며, 이들은 저족氐族으로서 파巴·촉蜀 서남쪽 바깥에 사는 만이蠻夷들이다.

西南夷君長以什數, 夜郎最大; 其西靡莫之屬以什數, 滇最大; 自滇以北君長以什數, 邛都最大: 此皆魋結, 耕田, 有邑聚. 其外西自同師以東, 北至楪榆, 名爲巂·昆明, 皆編髮, 隨畜遷徙, 毋常處, 毋君長, 地方可數千里. 自巂以東北, 君長以什數, 徙·筰都最大; 自筰以東北, 君長以什數, 冉駹最大. 其俗或士箸, 或移徙, 在蜀之西. 自冉駹以東北, 君長以什數, 白馬最大, 皆氐類也. 此皆巴蜀西南外蠻夷也.

## 전국시대 이후의 서남쪽

처음 초나라 위왕威王 때 초나라는 장군 장교莊蹻를 시켜 군사를 거느리고 강수江水 연안을 거슬러 올라가 파·촉·검중군黔中郡 서쪽을 공략하게 하였다.

장교는 원래가 초장왕楚莊王의 후손이었다. 장교는 전지滇池에 이르자, 땅이 사방 300리나 되었으며, 그 일대에는 수천 리에 걸쳐서 비옥한 평야가 있었다. 장교는 그곳을 평정하자 곧 초나라에 돌아와 보고하려 하였으나, 때마침 진秦나라가 초나라를 공격해 파군과 검중군을 빼앗아갔기 때문에 길이 차단되자, 장교는 이에 그 부하들을 거느린 채 전지로 되돌아가 그곳 왕이 되어 옷차림을 바꾸는 등 그곳 풍속을 따랐다.

진나라 때에 상알常頞이 그 곳을 공략해 폭 다섯 자의 길을 개통시켜 이들 나라에 많은 관리를 두어 통치하였으나, 10여 년이 지난 뒤 진나라는 멸망하였다. 그리고 새로 일어선 한漢나라에서는, 이들 나라를 모두 버려둔 채 파·촉의 옛 요새를 부활시켜 관새關塞로 삼고 이들 나라와의 교통을 끊어 버렸다.

그러나 파·촉의 백성들이 몰래 관새를 벗어나 그들과 거래를 하며 작筰에서는 말馬, 북僰에서는 노비, 모髦에서는 소牛를 사들여 왔기 때문에 파·촉 일대는 풍부한 물자가 모이게 되었다.

始楚威王時, 使將軍莊蹻將兵循江上, 略巴·(蜀)黔中以西. 莊蹻者, 故楚莊王苗裔也. 蹻至滇池, 方三百里, 旁平地, 肥饒數千里, 以兵威定屬楚. 欲歸報, 會滇擊奪楚巴·黔中郡, 道塞不通, 因還, 以其衆王滇, 變服, 從其俗, 以長之. 秦時常頞略通五尺道, 諸此國頗置吏焉. 十餘歲, 滇滅. 及漢興, 皆弃此國而開蜀故徼. 巴蜀民或竊出商賈, 取其筰馬·僰僮·髦牛, 以此巴蜀殷富.

## 서남쪽의 교통로를 열다

건원建元 6년, 대행大行 왕회王恢가 동월을 치자, 동월은 그들의 왕 영郢을 죽이고 이를 통보하였다. 왕회는 다시 군대의 위력을 과시하며 파양番陽 현령인 당몽唐蒙을 남월에 보내어 은밀히 귀순할 것을 권하였다. 이때 남월에서 당몽에게 촉나라 구장枸醬을 대접하자, 당몽은 그것을 어디서 가져왔느냐고 물었다. 이에 남월에서는 이렇게 대답하였다.

"서북쪽 장가강牂柯江을 거쳐서 온 것입니다. 장가강은 폭이 몇 리에 걸치며 반우番禺 성 밑으로 흘러내려옵니다."

당몽이 장안에 돌아와 촉나라 장사꾼에게 물었더니 그들은 이렇게 대답하는 것이었다.

"촉나라에서만 구장을 만들어 내고 있는데, 그곳 사람들이 몰래 가지고 나와 야랑에서 장사를 합니다. 그 야랑은 장가강에 인접해 있으며, 강의 폭은 백 보가 넘어 배로 건널 수 있습니다. 남월은 재물을 보내 주어 야랑을 귀속시키고, 다시 서쪽으로 동사同師까지 세력을 뻗치고는 있으나 그렇다고 그들을 신하처럼 부리지는 못합니다."

이에 당몽은 천자에게 글을 올려 이렇게 설명하였다.

"남월왕은 천자를 모방하여 황옥黃屋의 수레를 타며 그 왼쪽에 독기纛旗의 깃발을 세우고 다닙니다. 또한 그곳 땅은 동서 1만 리가 넘습니다. 명의상 우리의 외신外臣으로 되어 있으나, 실상은 한 주의 군주입니다. 그렇다고 그들을 토벌하기 위하여 장사長沙·예장豫章의 군사를 동원한다고 해도 물길이 자주 끊어져 가기가 매우 곤란합니다. 하지만 신이 알아본 바에 의하면, 야랑이 가지고 있는 정병이 10여만 명이 된다고 합니다. 그들을 이끌고 배로 장가강을 내려가 남월의 허점을 찌른다면 틀림없이 남월을 누를 수 있을 것입니다. 이 또한 기발한 계책이리라 생각합니다. 진실로 한나라의 강대함에 파·촉의 풍요를 더하시려면 야랑으로 통하는 길을 열고 관리를 두어 통치하는 것이 가장 쉬운 일일 줄 압니다."

천자는 이를 받아들이고 당몽을 낭중장郎中將에 임명하였다. 당몽은 군사 1천 명과 식량 및 군수 물자 운송 인부 1만여 명을 거느리고 파의 작관筰關으로부터 야랑으로 들어가 마침내 야랑후夜郎侯 다동多同과 만나게 되었다. 그리고 다동에게 후한 선물을 주며 천자의 위덕을 알림으로써 그곳에 통치를 위한 관리를 두기로 약속받았다. 이로써 그곳은 한나라 현縣으로 취급되어 다동의 아들이 현령에 임명됐다.

야랑 주변의 소국들 역시 한나라 비단이 탐날 뿐 아니라 한나라에서 오는 길이 험하기 때문에 이 땅을 그리 오래 차지할 수는 없을 것이라 여기고 모두들 당몽의 약속을 받아들였다.

당몽이 돌아와 그에 대한 보고를 올리자, 한나라는 곧 그 땅을 건위군犍爲郡으로 하고 파·촉의 군사를 징발하여 길을 만들어 북도현僰道縣에서 장가강까지 통하게 하였다.

이 무렵 촉나라 사람 사마상여司馬相如 역시 서이의 공邛과 작筰의 땅에도 군을 설치할 만하다는 의견을 올려왔다. 이에 천자는 상여를 낭중장에 임명한 다음, 그들을 한나라에 귀속시키도록 명하였다. 그 결과 서이들에게도 모두 남이처럼 통치를 위하여 한 명의 도위都尉 10개 현을 두고 촉에 귀속시키게 되었다.

建元六年, 大行王恢擊東越, 東越殺王郢以報. 恢因兵威使番陽令唐蒙風指曉南越. 南越食蒙蜀枸醬, 蒙問所從來, 曰「道西北牂柯, 牂柯江廣數里, 出番禺城下」. 蒙歸至長安, 問蜀賈人, 賈人曰:「獨蜀出枸醬, 多持竊出市夜郎. 夜郎者, 臨牂柯江, 江廣百餘步, 足以行船. 南越以財物役屬夜郎, 西至同師, 然亦不能臣使也.」 蒙乃上書說上曰:「南越王黃屋左纛, 地東西萬餘里, 名爲外臣, 實一州主也. 今以長沙·豫章往, 水道多絕, 難行. 竊聞夜郎所有精兵, 可得十餘萬, 浮船牂柯江, 出其不意, 此制越一奇也. 誠以漢之彊, 巴蜀之饒, 通夜郎道, 爲置吏, 易甚.」 上許之. 乃拜蒙爲郎中將, 將千人, 食重萬餘人, 從巴蜀筰關入, 遂見夜郎侯多同. 蒙厚賜, 喩以威德, 約爲置吏, 使其子爲令. 夜郎旁小邑皆貪漢繒帛, 以爲漢道險, 終不能有也, 乃且聽蒙約. 還報, 乃以爲犍爲郡. 發巴蜀卒治道, 自僰道指牂柯江. 蜀人司馬相如亦言西夷邛·筰可置郡. 使相如以郎中將往喩, 皆如南夷, 爲置一都尉, 十餘縣, 屬蜀.

### 서남이 경략을 잠시 중단하다

당시 파·촉 등의 4군漢中·巴·廣漢·蜀은 서남이로 통하는 길을 열기 위하여 군대를 보내어 국경을 지키며 양식을 실어 보냈다. 그러나 몇 해가 지나도 길은 통하지 않았고, 사졸들은 피로와 굶주림에 지치고 말았으며 습기 때문에 죽는 사람이 매우 많았다. 게다가 서남이들의 반란이 잦아 그때마다 군사를 보내어 공격을 하곤 하였으나, 점점 소모만 커질 뿐 효과를 얻지 못하였다.

천자는 이를 걱정하여 공손홍公孫弘을 보내어 살펴보도록 하였다. 이를 돌아보고 온 공손홍은 유익할 것이 없다고 진언하였다. 또한 공손홍은 어사대부가 되었을 때, 한나라에서는 삭방군朔方郡에 성을 쌓고, 하수河水를 거점으로 하여 흉노를 몰아내고 있을 때였던 터라 이렇게 말하였다.

"서남이의 경략은 잠시 중단하고 오로지 흉노에만 힘을 기울여야 합니다."

그는 자주 서남이의 해를 주장하였다. 마침내 천자는 서이西夷의 경략을 중지하고, 다만 남이와 야랑 두 현에 도위 하나를 두어 건위군으로 하여금 점차로 완성시켜 나가게 하였다.

當是時, 巴蜀四郡通西南夷道, 戍轉相饟. 數歲, 道不通, 士罷餓離濕死者甚衆; 西南夷又數反, 發兵興擊, 秏費無功. 上患之, 使公孫弘往視問焉. 還對, 言其不便. 及弘爲御史大夫, 是時方築朔方以據河逐胡, 弘因數言西南夷害, 可且罷, 專力事匈奴. 上罷西南夷, 獨置南夷夜郎兩縣一都尉, 稍令犍爲自葆就.

## 인도를 찾아 떠났지만

원수元狩 원년에 이르러 박망후博望侯 장건張騫이 대하大夏에 사신으로 갔다가 돌아와 이렇게 보고하였다.

"대하에 있을 때 촉의 베와 공邛의 대나무 지팡이를 보았습니다. 어디서 들어온 것이냐고 물었더니 '동남쪽에 있는 연독국身毒國(인도)에서 가져온 것이며 연독국은 수천 리나 먼 곳에 있는데, 그곳에서 촉의 장사꾼들에게서 산 것이다'라 하였습니다. 혹은 공에서 서쪽 2천 리쯤 되는 곳에 연독국이 있다고도 들었다고 하였습니다."

장건은 또 다음과 같이 주장하였다.

"대하는 한나라 서남쪽에 있습니다. 중국을 흠모하고 있으나 흉노가 한나라로 통하는 길을 막고 있어 안타까워하고 있습니다. 참으로 촉과 연독국을 통하게 되면 길도 편리하고 가까워 이익이 있을 뿐 해는 없을 것입니다."

이에 천자는 왕연우王然于·백시창柏始昌·여월인呂越人 등을 사신으로 하여 사잇길로 서이의 서쪽을 벗어나 연독국을 찾아가도록 하였다. 그들이 전滇에 도착하자, 전왕滇王 상강嘗羌이 서쪽으로 길을 찾아 나선 이들 10여 명을 억류하였다. 1년 남짓 되었으나 모두 곤명에 갇혀 있어 연독국으로 갈 방법이 없었다.

及元狩元年, 博望侯張騫使大夏來, 言:「居大夏時見蜀布·邛竹杖, 使問所從來, 曰『從東南身毒國, 可數千里, 得蜀賈人市』. 或聞邛西可二千里有身毒國.」騫因盛言:「大夏在漢西南, 慕中國, 患匈奴隔其道, 誠通蜀, 身毒國道便近, 有利無害.」於是天子乃令王然于·柏始昌·呂越人等, 使閒出西夷西, 指求身毒國. 至滇, 滇王嘗羌乃留, 爲求道西十餘輩. 歲餘, 皆閉昆明, 莫能通身毒國.

## 전 땅의 가치를 인정하다

전왕은 한나라 사신들과 이야기하는 가운데 이렇게 물었다.

"한나라와 우리나라와는 어느 쪽이 더 큰가?"

이것은 야랑후도 역시 물어보았던 말이다. 길이 통하지 않고 있었기 때문에 곤명왕이나 야랑후는 저마다 천자를 다만 한 주州의 군주쯤으로 생각하고 있을 뿐 한나라의 광대한 세력을 모르고 있었던 것이다. 사신들은 돌아오자, 전은 큰 나라로서 한나라와 가까이하여 귀속시킬 만하다고 진언하였다. 이에 천자도 전을 주목하게 되었다.

滇王與漢使者言曰:「漢孰與我大?」及夜郎侯亦然. 以道不通故, 各自以爲一州主, 不知漢廣大. 使者還, 因盛言滇大國, 足事親附. 天子注意焉.

## 두란을 정벌하자 야랑이 귀속하다

남월이 반란을 일으킴에 미쳐서 천자는 치의후馳義侯를 사신으로 하여 건위군에서 남이의 군사를 징발하도록 하였다. 그런데 저란且蘭의 왕은 자신의 군대가 멀리 원정을 떠나고 없는 사이에 근처에 있는 나라들이 자기 나라의 노약자들을 포로로 잡아가지 않을까 하여 겁을 내었다. 이에 부족들과 함께 반란을 일으켜 치의후와 건위군 태수를 죽여버렸다.

이에 한나라는 파·촉의 죄인들 가운데 남월을 친 적이 있는 자들과 팔교위八校尉를 보내어 저란을 깨뜨렸다. 때마침 남월이 무너졌기 때문에, 한나라의 팔교위는 남하하는 대신 군사를 이끌고 되돌아와 다시 두란頭蘭을 정벌하였다. 두란은 항상 전滇으로 통하는 길을 가로막고 있는 나라였는데, 이 두란을 평정하게 되자 마침내 남이를 평정하고 그 땅에 장가군을 설치하였다.

야랑후는 처음 남월을 의지하고 있었으나, 그 남월이 멸망하자 한나라 군사들이 돌아와 한나라를 배반한 자들을 죽이자 야랑도 드디어 조정에 입조하였다. 천자는 그를 야랑왕夜郎王으로 삼았다.

及至南越反, 上使馳義侯因犍爲發南夷兵. 且蘭君恐遠行, 旁國虜其老弱, 乃與其衆反, 殺使者及犍爲太守. 漢乃發巴蜀罪人嘗擊南越者八校尉擊破之. 會越已破, 漢八校尉不下, 卽引兵還, 行誅頭蘭. 頭蘭, 常隔滇道者也. 已平頭蘭, 遂平南夷爲牂柯郡. 夜郎侯始倚南越, 南越已滅, 會還誅反者, 夜郎遂入朝. 上以爲夜郎王.

## 서남쪽에 군을 설치하다

남월을 깨뜨린 뒤, 한나라가 저란과 공邛의 군주를 베고, 또 작후筰侯를 죽이자, 염冉·방駹 등은 두려워한 나머지 한나라 신하가 되겠으니 관리를 두어 달라고 청원해 왔다. 이에 공도邛都를 월수군越嶲郡으로, 작도筰都를 침리군沈犁郡으로, 염·방을 민산군汶山郡으로, 광한廣漢 서쪽의 백마白馬를 무도군武都郡으로 하였다.

南越破後, 及漢誅且蘭·邛君, 幷殺筰侯, 冉駹皆振恐, 請臣置吏. 乃以邛都爲越嶲郡, 筰都爲沈犁郡, 冉駹爲汶山郡, 廣漢西白馬爲武都郡.

## 익주군에 소속시키다

천자는 전왕에게 왕연우를 보내어 월나라를 깨뜨리고 남이를 무찌른 한나라의 위세로써 은연중에 그로 하여금 조회에 들도록 하였다. 그러나 전왕에게는 수만 명의 백성들이 있고, 또 가까운 동북쪽에는 노침勞浸·미막靡莫이 있었는데 모두 같은 성으로 서로가 도우면서 그 말을 따르지 않았다. 노침·미막에서는 오히려 한나라 사신과 관리와 군졸들을 침범하는 일이 잦았다.

원봉元封 2년, 천자는 파·촉의 군사를 동원시켜 노침과 미막을 쳐 없앤 다음 군대를 전에 주둔시켰다. 그러나 전왕의 경우, 그가 처음부터 한나라에 호의를 가지고 있었기 때문에 죽음을 당하지는 않았다. 전왕 이난離難은 서남이의 나라를 통틀어 항복한 다음, 한나라 관리를 두게 하고 조회에 들고 싶다고 청하였다. 이에 그 땅을 익주군益州郡으로 하고, 전왕에게 왕인王印을 주어 전과 같이 그곳 백성들의 군장으로 머물게 하였다.

서남이의 군장은 수백 명이나 되었지만, 그 중 야랑과 전만이 왕인을 받았다. 전은 작은 나라이긴 하지만, 한나라에게 가장 우대받고 있었다.

上使王然于以越破及誅南夷兵威風喩滇王入朝. 滇王者, 其衆數萬人, 其旁東北有勞浸·靡莫, 皆同姓相扶, 未肯聽. 勞浸·靡莫數侵犯使者吏卒. 元封二年, 天子發巴蜀兵擊滅勞浸·靡莫, 以兵臨滇. 滇王始首善, 以故弗誅. 滇王離難西南夷, 擧國降, 請置吏入朝. 於是以爲益州郡, 賜滇王王印, 復長其民.

西南夷君長以百數, 獨夜郎·滇受王印. 滇小邑, 最寵焉.

## 사마천의 평어

나 태사공은 이렇게 생각한다.

초나라 조상은 하늘의 복을 받은 것일까? 주나라 시대에는 문왕文王의 스승이 되어 초나라에 봉해졌고, 주나라가 약해졌을 때에는 그 땅이 이미 5천 리로 늘어나 있었다. 진나라는 제후들을 멸망시켰으나, 초나라 자손만은 전왕滇王으로서 남아 있었다. 한나라가 서남이를 무찔러 많은 나라들이

망하였지만, 전만은 여전히 한나라 천자의 우대를 받는 왕이 되었다. 그러나 남이 정벌의 발단이 당몽이 번우에서 구장枸醬을 보았기 때문이고, 대하大夏에서 장건이 공邛의 대나무 지팡이를 보았기 때문이다. 서이西夷는 뒤에 서쪽과 남쪽 둘로 갈라지고 드디어는 7개 군으로 되었다.

太史公曰: 楚之先豈有天祿哉? 在周爲文王師, 封楚. 及周之衰, 地稱五千里. 秦滅諸侯, 唯楚苗裔尚有滇王. 漢誅西南夷, 國多滅矣, 唯滇復爲寵王. 然南夷之端, 見枸醬番禺, 大夏杖邛竹. 西夷後揃, 剽分二方, 卒爲七郡.

史記列傳

임동석(茁浦 林東錫)

慶北 榮州 上茁에서 출생. 忠北 丹陽 德尙골에서 성장. 丹陽初中 졸업. 京東高 서울教大 國際大 建國大 대학원 졸업. 雨田 辛鎬烈 선생에게 漢學 배움. 臺灣 國立臺灣師範大學 國文研究所(大學院) 博士班 졸업. 中華民國 國家文學博士(1983). 建國大學校 教授. 文科大學長 역임. 成均館大 延世大 高麗大 外國語大 서울대 등 大學院 강의. 韓國中國言語學會 中國語文學研究會 韓國中語中文學會 會長 역임. 저서에 《朝鮮譯學考》(中文) 《中國學術概論》《中韓對比語文論》. 편역서에 《수레를 밀기 위해 내린 사람들》《栗谷先生詩文選》. 역서에 《漢語音韻學講義》《廣開土王碑研究》《東北民族源流》《龍鳳文化源流》《論語心得》〈漢語雙聲疊韻研究〉 등 학술 논문 50여 편.

임동석중국사상100

사기열전史記列傳

司馬遷 著 / 林東錫 譯註

1판 1쇄 발행/2009년 12월 12일
2쇄 발행/2012년 8월 1일

발행인 고정일

발행처 동서문화사

창업 1956. 12. 12. 등록 16-3799

서울강남구신사동563-10 ☎546-0331~6 (FAX)545-0331

www.dongsuhbook.com

잘못 만들어진 책은 바꾸어 드립니다.

*



*

사업자등록번호 211-87-75330
ISBN 978-89-497-0563-7 04080
ISBN 978-89-497-0542-2 (세트)